EDMOND ET JULES DE GONCOURT

LES

HOMMES DE LETTRES

PARIS
E. DENTU, LIBRAIRE-ÉDITEUR
PALAIS-ROYAL, 13, GALERIE D'ORLÉANS

1860

LES
HOMMES DE LETTRES

EDMOND ET JULES DE GONCOURT

EN 18... Un vol. in-18..	3 fr.	» c.
UNE VOITURE DE MASQUES. Un vol. in-18..	3	»
LA LORETTE. Un vol. in-24 (3ᵉ édition).	»	50
LES ACTRICES. Un vol. in-24 (2ᵉ édition).	»	50
LE SALON DE 1852. Un vol. in-18..	3	»
LA PEINTURE AU SALON DE 1855.	»	»
LA RÉVOLUTION DANS LES MŒURS. In-18.	1	»
HISTOIRE DE LA SOCIÉTÉ FRANÇAISE PENDANT LA RÉVOLUTION. Un vol. in-18 (2ᵉ édition).	5	»
HISTOIRE DE LA SOCIÉTÉ FRANÇAISE PENDANT LE DIRECTOIRE. (2ᵉ édition).	5	»
SOPHIE ARNOULD, d'après sa Correspondance et ses Mémoires inédits..	1	
HISTOIRE DE MARIE-ANTOINETTE. 2ᵉ édition, revue et augmentée de documents inédits et de pièces tirées des Archives de l'Empire.	5	»
PORTRAITS INTIMES DU DIX-HUITIÈME SIÈCLE. In-18. Deux séries à..	3	»
LES SAINT-AUBIN. Gr. in-4ᵉ imprimé par Louis Perrin et tiré à 200 exemplaires. Étude contenant quatre portraits inédits gravés à l'eau forte.	10	»

SOUS PRESSE

POUR FAIRE SUITE AUX SAINT-AUBIN

WATTEAU, Étude contenant quatre dessins inédits gravés à l'eau forte.... 5 fr.

PARIS. — IMP. SIMON RAÇON ET COMP., RUE D'ERFURTH, 1.

EDMOND ET JULES DE GONCOURT

LES
HOMMES DE LETTRES

PARIS
E. DENTU, LIBRAIRE-ÉDITEUR,
PALAIS ROYAL, GALERIE D'ORLÉANS, 15

1860

Tous droits réservés.

PRÉFACE

... Je dis en effet ce que je dis, et nullement ce qu'on assure que j'ai voulu dire, et je réponds encore moins de ce qu'on me fait dire, et que je ne dis point.

La Bruyère.

LES
HOMMES DE LETTRES

I

— Un article?... Tu me demandes s'il y a un article dans mon histoire? Mais, malheureux, un enfant de six ans en ferait une comédie en vers les yeux bandés! Scène première : le foyer de la Comédie-Française... tu comprends... la maison de Molière... Talma... les souvenirs... la tirade : c'est là où César cause avec Scapin, où Melpomène prend l'éventail de Thalie, où..., où..., où... il n'y a pas de raison pour que ça finisse! Tu passes aux indiscrétions : Provost et Anselme qui jouent aux échecs, l'ingénue qui demande une glace, l'huissier qui fait découvrir le grand-duc héréditaire de Toscane, et mademoiselle Fix qui le fait rougir de ne s'être point découvert de lui-même, la *Société du rachat des captifs*...

— Hein! la société...?

— Tu ne la connais pas? C'est pourtant une société secrète... Devine ce qu'il y a dans le foyer de la Comédie!... Il y a des poulpes! C'est terrible! Une fois accroché, c'est fini! ils vous entraînent au fond de leur conversation. Voilà, je suppose, un homme ou une femme, les poulpes n'y regardent pas, Got, si tu veux, ou mademoiselle Ricquier, pincés par Frappart ou par M. Benett, l'auteur anglais... très-bien ! Un membre de la Société accourt : Pardon ! j'aurais un mot à vous dire... — Sauvé, mon Dieu ! dit l'autre... Et voilà ce que c'est que la Société du rachat des captifs !... Si tu ne fais pas cinquante lignes avec ça... Et puis il y a les tableaux du foyer...

— Après ?

— Après ? après, tu poses ta femme : une comédienne célèbre... Tu ne la nommes pas... tu dis seulement : Notre Célimène... ça ne compromet personne !... Notre Célimène passait les mains dans les cheveux d'un grand poëte... Ici, l'initiale du poëte... Il faut toujours nommer un poëte, sans ça on peut le confondre avec un homme qui fait des vers... Et tu entames le dialogue : « O mon poëte ! — fait la Célimène — pourquoi ne faites-vous plus de ces charmantes comédies comme vous seul savez en faire ?... Pour un rôle de vous où j'aurais quinze ans, je donnerais dix ans de ma vie !... » Ici tu peux lâcher le mot : Célimène, vous y auriez gagné !... et tu passes au poëte. Le poëte a dîné; il a ronflé pendant une heure tout seul dans une loge de huit places; il est bu, mais bu... il ferait un poëme épique, et il parle nègre ! Fais-le parler nègre, le public adore ça, ça lui rappelle *Paul et Virginie!* — « Moi... pièce ?... moi... comédie ?... travailler ?... pas d'intérieur !... impossible !... sale... rien trouver... brosses à dent partout !... travailler !... trop sale !... — Mais si quelqu'un vous installait dans un joli petit appartement bien rangé ? — Oh !... divin !... pas de peignes sur les meubles... intérieur... plumes taillées... une pièce !... deux pièces !... trois pièces !... toujours ! — A demain matin... » — et la comédienne serre la main du poëte avec un sourire... tu trouveras le sourire ! Le poëte est exact comme un billet. Il essaye un fauteuil : on y aurait dormi, — sans lire !... Une table, du papier blanc, des plumes, de l'encre... — « S'il y avait des cigares, soupire le poëte, il y aurait ici tout ce qu'il faut pour écrire. » Célimène envoie chercher deux

boîtes de cigares. L'heure du déjeuner arrive. « Ah! tenez, — dit le poëte, — il faut que je quitte vos pantoufles... et puis je déjeunerai avec des amis... nous causerons... impossible... journée perdue! — Mettez deux couverts, — fait Célimène à la cantonade, et se retournant : Vous mangerez ici. Qu'aimez-vous? — Tout, sauf le poulet rôti et le vin de Bordeaux. » Le soir, nouvelles lamentations du poëte : « Tenez! si je m'en vais chez moi, je n'arriverai que demain, je me lèverai après-demain, et... — Allons! voulez-vous que je vous fasse faire un lit dans le salon? — Non, j'ai peur la nuit, et vous?... » Bref, au bout de huit jours la pièce est faite. Elle est copiée. « Ah! — crie tout à coup le poëte, — un ruban!... un ruban pour l'amour de Dieu, un ruban pour l'amour de moi, il me faut un de vos rubans! Tenez, celui-là!... Oui, j'ai l'habitude comme cela de nouer mes manuscrits avec une jolie faveur... Une idée!... c'est bête... mais voilà. » Célimène donne le ruban, fait la rosette, et le poëte court porter sa pièce à... parbleu! à l'autre Célimène du Théâtre-Français!.
— Maintenant, toi, appelle ça : *Roueries d'hommes*, sers chaud, et — ça y est!

Ceci était dit dans une grande pièce tendue d'un papier bleuâtre jauni par la fumée des cigares. Les murs n'eussent eu d'autre décor que des patères à boule de cristal pour accrocher les chapeaux, si une immense lithographie ne se fût étalée au milieu d'un panneau, collée par quatre pains à cacheter : cela représentait une immense procession de personnages à grosses têtes et plus laids encore que nature, s'acheminant sur des jambes de fœtus vers un panthéon où Nadar faisait aux vivants la distribution de prix de la Postérité. Toute la garniture de cheminée était trois enveloppes de papier à cigarette Job recroquevillées sur la tablette. Une grande table, recouverte d'un tapis vert, prenait le milieu de la pièce. Les huit chaises rangées autour, le divan logé dans un coin, révélaient seuls la prospérité de la maison avec l'éloquence particulière à un meuble neuf, bien pareil, en acajou, et dans la première fleur d'un lampas rouge.

II

Il y avait cinq hommes dans cette grande pièce qui était le bureau de rédaction du journal le *Scandale*.

L'un avait les cheveux blonds, le front court, les yeux et les sourcils très-noirs, un petit nez droit et charnu, de longues moustaches blondes frisées, la bouche très-petite, les lèvres épanouies et sensuelles, le visage plein et potelé d'un jeune homme qui aura du ventre.

L'autre était un jeune homme de trente-quatre ans, petit, ramassé, trapu, avec des épaules de chasseur de Vincennes, qui semblait porter sur son cou court la tête de bossu de Mendelshom. Son poil roux, son œil rayé par des filets de sang, sa face tiraillée et tressaillante, lui donnaient quelque chose de l'apparence d'un féroce de la petite race.

Des cheveux de femme, une bouche de femme, un nez de soubrette, l'œil gamin, la mine espiègle, le geste polissonnant, le contentement de la niche accomplie et le rayonnement du bonheur de vivre, prêtaient au plus jeune l'air de Chérubin et l'âge d'un collégien en vacances.

Quelques mèches grises, ramenées de derrière la nuque, cachaient à peu près le crâne beurre frais du plus vieux. Les yeux de celui-ci n'avaient point de couleur, point d'âme : ils ne regardaient pas; et son visage muet se cachait derrière une barbe maigre et flave.

Le cinquième ressemblait à tout le monde. Il était beau comme un monsieur qui passe, beau comme un homme coiffé, frisé, verni, brossé; beau comme un homme qui porte sa barbe et un lorgnon.

Le premier, qui, débraillé et le gilet déboutonné, signait un article, merveilleusement calligraphié, en faisant asseoir dans la majuscule ornée de son nom un singe aux genoux d'une idée, s'appelait Mollandeux.

Le second, tout entier à faire des appels au mur, armé d'une grande règle, s'appelait Nachette.

Le troisième, qui faisait solennellement une cocote grande comme un principe, s'appelait Couturat.

Le quatrième, qui, roide et serré dans son col militaire de satin noir, coupait avec une allumette un volume tout frais, s'appelait Malgras.

Le cinquième, qui, debout, le bras appuyé sur la tablette de la cheminée, dans la pose mondaine d'un personnage d'Eugène Lami, faisait tomber avec le petit doigt de sa main gauche la cendre blanche de son cigare, s'appelait Bourniche.

Mollandeux, Nachette, Couturat, Malgras et Bourniche formaient la rédaction du *Scandale*. Ils en étaient les hommes, les plumes ordinaires, l'armée officielle, les réguliers que venaient soutenir toutes les semaines les guérillas ralliés, les faiseurs de livres sans ouvrage, les vaudevillistes sans collaboration, toute l'armée flottante et au jour le jour de la petite presse.

Ces cinq hommes qui avaient l'oreille à la bouche de bronze de Paris, qui vivaient dans les coulisses de tous les mondes et dans la cuisine de toutes les réclames, qui savaient tout ce qui fait une blessure à un homme ou un cheveu blanc à une femme, ces cinq hommes ne travaillaient point au *Scandale* pour le seul plaisir de se donner la comédie et de la donner aux autres. Nul parmi eux n'était ce bon sceptique représenté dans la vignette d'un petit journal, mettant toute sa joie à faire danser entre ses jambes, au bruit d'un tambourin qui rit, des pantins graves et des grotesques honorables. Ils poursuivaient, dans le petit journal et à travers le métier de leur esprit, autre chose encore que l'argent : leur carrière, les vœux divers et les aspirations particulières de leurs vanités, de leurs ambitions, de leurs tempéraments. Chacun de ces enfants terribles cachait un homme et un but.

Mollandeux, le petit journal fait homme, esprit fin, malin,

alerte et délicat, étroit, sans hauteur, mais éveillé, verveux, rongeur, et faisant où il voulait le trou d'une dent de souris; paradiste charmant, le grand homme de la critique pantalonnante et de l'esthétique au gros sel; ce Mollandeux, né à Paris sous la statue de Pasquin, avec l'imagination de l'ironie, le génie du petit article, rompu à toutes les ficelles de son art, lettré, savant, presque érudit, ayant la lecture et la mémoire, et pouvant, au besoin, renouveler les cadres usés, retaper les plaisanteries, rééditer la *Silhouette* et rhabiller Bachaumont, — Mollandeux avait hâte de quitter cette vie au jour le jour, et cette clownerie de la pensée qui use si vite les plus jeunes et les plus forts. Au fond de ce gamin de lettres il y avait un bourgeois, affamé de la considération, de la position et du bonheur bourgeois. Il voulait jouer à la famille et savourer la propriété. Il visait au repos, à la paresse carrée, à la grasse sérénité du boutiquier retiré qui s'arrondit et se reproduit. Toutes ses sensualités s'épanouissaient d'avance dans l'amour sous la main, dans les bons plats de ménage, dans la satisfaction béate et légitime de tous ses appétits. Le beau jour où, déposant son costume d'ogre taché d'encre, il aurait la maison blanche à volets verts, une campagne à la Paul de Kock, où il jouerait le beau rôle d'un bailli de village qui, de blanches manchettes sur ses mains de bailli, fait danser la mariée qui rougit!... Quand il faisait ces rêves, quand accoudé à sa chope il voyait cet avenir marcher devant lui avec la majesté d'un opéra-comique, — la vie précaire, les avances escomptées, les dîners incertains, le crédit refusé, « *l'œil crevé* » comme il disait, les rues barrées par une créance, les rues *brûlées*, le mauvais vin, la pâtée douteuse, les sens à jeun, Mollandeux oubliait tout.

Autant le rêve de Mollandeux allait au petit pas, dans sa redingote à la propriétaire, vers les vœux satisfaits d'Horace et de Jérôme Paturot, autant l'ambition de Nachette, surexcitée par ses trente-quatre ans sonnés, courait les hasards et les casse-cou.

Un jour, un propriétaire d'une petite ville des Vosges entra chez son avoué, M⁶ Nachette, pour lui payer l'état de frais d'un procès insignifiant. L'état de frais lui parut un peu enflé : — Je vous l'enverrai taxé, fit l'avoué. Il l'envoya et fut payé. Une affaire appela le propriétaire à Épinal, et, comme il causait avec le président du tribunal, allié à sa famille : — Vous m'avez laissé plumer l'autre semaine. — Quelle affaire? dit le président. — Robinot et Verdureaux. — Nous n'avons pas eu ça. — Oh! monsieur le président, j'ai votre signature. C'était Nachette qui était mon avoué. — Nachette? Il y a plus d'un mois que je n'ai taxé quelque chose de son étude... Envoyez-moi donc votre état de frais, vous m'obligerez, fit le président. Au reçu du dossier, le président, M. Duperreux, manda M⁶ Nachette dans son cabinet : — Monsieur, dit-il en lui montrant la pièce, vous savez où cela mène!... Je ne vous y enverrai pas; mais j'ai votre parole que vous aurez vendu votre étude avant six semaines. Nachette s'inclina, sortit, et ne vendit pas. Au bout de six semaines, M. Duperreux lui rappelant sa promesse, Nachette lui parla de clients à désintéresser, d'affaires à liquider, et finit par le supplier de lui accorder un délai de six autres semaines. M. Duperreux donna les six semaines. Au sortir du tribunal, Nachette fut vu sur la promenade, dont il fit trois fois le tour avec Gagneur, le premier clerc de M⁶ Langlois, un vrai cheval de travail, comme il en reste encore dans les études de province, mais sans un sou, désespérant de jamais pouvoir acheter une étude et se voyant premier clerc à perpétuité. Les six semaines expirées, Nachette ne vendant pas, M. Duperreux le menaça; Nachette répondit qu'il n'y avait pas de preuves, qu'il ne vendrait pas, et là-dessus salua. M. Duperreux sonna, se fit apporter le registre déposé au greffe qui contenait la pièce : la pièce n'y était plus. M. Duperreux fit poursuivre; mais les poursuites s'arrêtèrent faute de preuves. Nachette garda son étude. Peu après, Gagneur achetait l'étude de son patron. Tout Épinal se dit à l'oreille qu'il avait reçu trente mille francs de Nachette pour la soustraction du fameux état de frais. A quelques mois de là, le bruit de l'affaire, le murmure public, la ruine

1.

de son étude désertée, forçaient Nachette à quitter le pays. Il disparut, laissant sa femme, la fille d'un gros fermier des environs, enceinte et réduite à une petite maison, avec, pour tout bien, douze cents francs d'un fermage qu'il n'avait pu aliéner. Au scandale du procès et de la fuite du mari, se joignirent, pour le bonheur des mauvaises langues de la petite ville, les ridicules de cette paysanne jouant à la madame, et qui, dans l'orgueil de sa maternité, reçut les visites de relevailles avec son chapeau dans son lit, un chapeau de Paris! Aussi, à peine homme, le premier duvet de la jeunesse, le *tafoulot* aux joues, comme on dit là-bas, ses classes bâclées au collége de Neufchâteau, le fils de l'avoué Nachette s'était sauvé de cette ville où pesait sur lui le passé de son père, poursuivi, croyait-il, par les haines de la magistrature, où lui pesait son nom, où lui pesait sa mère! Froissé, ulcéré dès l'enfance, dévoré de rancunes, les plaisanteries éternelles sur le chapeau des couches de sa mère, avaient par-dessus tout exaspéré ses colères, et il s'était enfui à Paris, emportant au fond de lui les vengeances d'un Coriolan.

A Paris, il trouva Gagneur. Gagneur, pris la main dans le sac dans une affaire d'usure, dégraissé par la justice, menacé par les paysans qu'il avait tondus, sa charge vendue et mal vendue, venait d'ouvrir, sur le quai des Grands-Augustins, une petite boutique de librairie, où il avait mis les six à sept mille francs sauvés dans sa déroute. Nachette entra chez Gagneur comme commis à vingt-cinq francs par mois, avec la nourriture et le logement. Il fit des courses à user un fiacre, il usa des souliers de la rue Guérin-Boisseau. Il se reposait en dévorant la bibliothèque de son patron, et en se bourrant de romans malsains et de livres pornographiques que Gagneur vendait sous le manteau. Il vivait seul, soucieux, rechigné, crispé, enfoncé dans son coin, effrayé de lui-même lorsqu'il sondait le désaccord de ses appétits et de ses forces, se sauvant comme d'une tentation et d'un crève-cœur du luxe, des voitures, des femmes, de tout ce qui est la vie parisienne. Puis, un beau soir, il se jeta dans le plaisir, et y vécut toutes les nuits. Il devint *entraîneur* de bal. Il fit ce métier de danser au Château-Rouge et à Valentino de huit à onze heures du soir pour une portion de viande et un litre de vin. Un hasard lui fit rencontrer un compatriote de son âge, le joli dessinateur Giroust. Giroust l'amena à son atelier, se moqua de lui et de sa boutique, lui mit l'esprit à l'aise avec les lazzi de son métier, et, tout étonné de ses saillies lorsqu'il l'eut déboutonné et débarbouillé, lui persuada d'écrire. Giroust fournissait à un grand libraire du boulevard des bois pour ses illustrations ; présenté par lui, Nachette obtint du libraire la rédaction de quelques prospectus. Les prospectus de Nachette « allèrent » au libraire, qui le mit à la tête de la grosse caisse de son établissement, des réclames dans lesquelles il enveloppait ses produits, des annonces dans les journaux, en un mot, de toute la banque ordinaire et extraordinaire du succès. Des pièces de vingt, vingt-cinq, cent francs même, commencèrent alors à tomber dans la poche de l'ex-trottin de librairie. Nachette, mis par ce métier de chef de claque en rapport avec les hommes et les amours-propres qu'il avait mission de gratter par-devant public, écrivailla longtemps dans tous les petits journaux mort-nés ; puis se fit pousser au *Scandale*, où une série de petits articles mordants, cassants, la plume au feutre et le feutre sur l'oreille, l'avaient fait tout de suite apprécier.

Vif, âpre, nerveux, rodomont, tourmenté de ce reste de sang espagnol qu'ont gardé la Franche-Comté et les Vosges, l'esprit de ce garçon s'était fait du premier jour à cette vie de tapage, à cette langue de cliquetis, à ce monde où la blague, avec la liberté d'une fille et l'air d'une bonne fille, promène de l'un à l'autre, sur l'aile de la riposte, la caresse de la bête fauve qui lèche jusqu'au sang. Une fois la main faite, emporté par sa nature, Nachette poussa le jeu à outrance, démoucheta ses plaisanteries, et tâta les épidermes avec des brutalités, comme s'il eût voulu toucher dans chacun le fond de sa patience et le point de sa sensibilité, reconnaître les forts et monter sur les faibles. Sous cette brutalité de la blague parlée ou écrite, du verbe ou de la copie, de l'homme même et de son geste, il y avait les bourrasques et les sautes d'humeur d'un caractère inquiet, mécontent, chagrin, les mille tiraillements des susceptibilités et des caprices, les exigences et les ennuis d'une nature de courtisane. Irrité du moindre obstacle, jeté hors de lui-même par les contrariétés journalières de la vie, entrant dans de folles colères contre les garçons de café, les hommes, les chevaux de fiacre, le temps et l'amour tout fait, montrant le poing au ciel et à la terre, à Dieu et à son portier, Nachette était un de ces malheureux qui s'élancent aux choses et en prennent rageusement possession, sans que cette possession leur donne le contentement et la satisfaction. A chaque rêve qu'il atteignait, à chaque échelon que son ambition montait, il ne s'arrêtait que pour se venger de son désir, regretter son effort, humilier et piétiner sa victoire, semblable à ces enfants qui fouettent, pour le punir de leur déception, le joujou éventré où ils croyaient trouver quelque chose. Prompt au découragement, comme les natures violentes, la volonté saccadée, sans suite, sans ordre ni marche, les admirations et les convictions tournant au vent, Nachette n'avait pas les reins à porter une de ces grandes œuvres qui demandent à l'homme de lettres la continuité et la fermeté de la foi en lui-même, la constance des religions et des espérances. Grisé par ses débuts au *Scandale* Nachette avait donné toute sa voix, tous ses effets. Dénué du fond des études classiques, cette terre de salut où tous les Antées du feuilleton moderne reprennent leurs forces et refont leur imagination, Nachette commençait à se ronger les ongles devant une feuille de papier blanc. Il courait les cafés, les divans, les brasseries, les débauches de l'esprit parisien et ses mauvais lieux, s'aiguillonnant, se fouettant le cerveau, cherchant à retremper et à entraîner sa verve au bruit des mots, au choc des paradoxes, à tous les pugilats de l'ironie.

Tout, en cet homme, disait la soif inassouvie et furieuse des jouissances bruyantes, patentes, orgueilleuses, étalées en spectacle, comme ces amours attablés à la fenêtre d'un restaurant du boulevard Italien, de ces jouissances de vanité et d'avant-scène, qui ont la curiosité publique pour confidente, la chronique pour trompette, l'humiliation du parterre pour ambition. Nachette se ruait à ces joies comme une révolution qui monte le grand escalier des Tuileries, et, se retournant vers la petite ville de son enfance, il envoyait aux échos moqueurs du passé la lettre de félicitation d'un grand critique, une invitation à un grand bal, sa charge crayonnée par un grand homme de la charge et publiée dans un journal, tout le bruit de ce nom de Nachette qui grandissait à Paris. Et quand les Parisiens dans leur lit se demandaient, en lisant leur journal, pourquoi ce petit Père Duchêne était si fort en colère, Nachette, dans un rêve, voyait l'entrée de sa célébrité dans la petite sous-préfecture ; il passait dans les saluts et ne saluait personne ; il dînait chez le sous-préfet, et le matin il envoyait son vin, une bouteille de Clos-Vougeot ; au bal, chez M. de Grandpré, — il allait au bal chez M. de Grandpré ! — il marchait sur le pied de tous les hommes, il disait à madame de Grandpré un sec : — Je ne danse pas, — et comme mademoiselle de Grandpré lui parlait du mois de mai à la campagne comme un volume de poésies, il lui répondait en refaisant le nœud de sa cravate : — Le mois de mai ? Moi, mademoiselle, je l'adore à Paris : il commence à faire jour le soir, et l'on voit les petites filles qui sortent des magasins...

Couturat, l'enfant, le diable à quatre, le collégien, le faiseur de bulles de savon, l'enleveur de chaises sous le séant des gens, l'homme aux cocottes, l'homme des jeux de mains et du : Passe-la à ton voisin, ce fou, si jeune d'apparence, si innocent, si vide d'arrière-pensée que vous l'auriez pris pour un grelot ou pour une pantomime, Couturat avait en lui une volonté de fer, la volonté froide, sourde, terrible, d'un parlement qui veut devenir un tiers état, ou d'une secte qui veut devenir une religion. Par l'observation, un sens qui était le génie de sa nature, Couturat avait percé, dès l'enfance, les enveloppes et les surfaces. Il était allé curieusement à tout ce que l'homme en état de société cache ou habille, trouvant chez chacun, avec la sûreté d'une seconde vue, le secret, l'infirmité, la tare, le mauvais instinct, la mauvaise action, usant de ses découvertes pour surprendre les confidences, usant des aveux forcés pour tenir les gens sous une domination consentie, et qu'il avait soin de ne jamais pousser aux extrêmes. Plus tard, causant beaucoup avec les femmes, qu'il savait faire parler, trouvant en elles la meilleure des polices, une police sans le savoir, il était parvenu à connaître, comme l'amour et de sa bouche, ce qu'un homme avait dans le ventre. Maître de sa nature libre admirablement asservie, de ses sympathies et de ses antipathies domptées et muettes, supérieur au premier mouvement, indifférent aux individus comme aux pièces d'un échiquier, assez fort dans la mêlée du chacun pour soi, dans l'enivrement de la bataille des lettres, pour sacrifier une vengeance à un traité de paix, un bon mot à un ami et sa vanité à son avenir, Couturat avait un petit nombre d'amis; mais il avait su les faire ses débiteurs tout dévoués en les aidant, selon les occasions de sa plume, de son entregent et de son épée. Possédant toutes les expériences du petit journalisme, ses tacts et ses rouéries, la science des nuances, la valeur des mots, pouvant d'une réclame faire une attaque, sachant dans une attaque commandée bâtonner une œuvre avec de si beaux saluts, que l'auteur était flatté d'être battu si respectueusement, il avait assez de sang-froid pour doser la ciguë, et pour n'égratigner jusqu'au sang que les gens dans son chemin et lui faisant obstacle. Se réfugiant à tout moment dans la charge, qui le sauvait de faire de l'esprit à coups de personnalités, désarmant les jalousies en ne paraissant attacher à sa copie que la valeur d'un éclat de rire, Couturat, laissant aux conscrits le zèle, l'entraînement et l'essoufflement, avait l'habileté de s'arrêter en plein succès, la force rare de ménager son talent, de bien ordonner sa verve; et jamais il n'avait plus d'esprit que dans les mauvais numéros, lors des mauvaises semaines en été, quand la chaleur, la campagne et Bade font Paris si désert et les eaux du petit journal si basses.

Chez cet homme, qui ne portait pas son âge, il y avait des gaudissements intérieurs, des rires intimes à montrer son masque et à cacher son visage, à se voir si bien déguisé et compté pour si peu, à regarder Nachette déjà las courir après une idée, à l'enfoncer dans le plaisir, à le fatiguer dans des orgies où se jouait son tempérament, mais d'où Nachette sortait la gorge sèche, la tête lourde, la cervelle vide, à retrouver le lendemain dans le journal, signées de Nachette, ses vengeances à lui, ses coups de pattes, ses indiscrétions à l'oreille et comme échappées aux confidences du vin. Couturat trouvait un bonheur de singe à passer pour l'exploité de cet enfant qu'il roulait, et à qui il faisait endosser toutes les haines qu'il ne voulait pas mettre à son nom.

Par les filles, qu'il caressait à leur gré, prenant au sérieux les unes, amusant les autres, sachant se faire des amis de toutes avec une familiarité de bonne amitié, un pied d'égalité, et comme un ton de compagnonnage, il avait pris position dans le monde interlope. Il s'était poussé dans ce grand monde des grandes lorettes où le plaisir fait les présentations. Frotté à leur cour, aux banquiers, aux derniers gentilshommes, aux riches étrangers, il était entré dans le courant des relations profitables, au cœur de cette Capoue où un millionnaire est un homme, et où l'argent, gris parfois comme les sens de son maître, peut se laisser aller à l'aventure, céder à l'occasion, et se livrer aux plans d'un homme d'esprit qui tend son chapeau.

Couturat se sauvait de la petite déconsidération que donne l'habitude de ce monde par la fréquentation de l'autre, du monde honnête, du grand monde bourgeois, où il était parvenu à se glisser, et où il révélait un Couturat que ses amis ne connaissaient pas, le Couturat des salons.

C'était un garçon qui, sans façon, d'un bond, sautait dans votre familiarité, d'un éclat de rire à votre poignée de main. Le lendemain, il vous tutoyait, le tout avec tant d'entrain, tant de grâce, si peu de conséquence, que vous le laissiez faire. Vous blessait-il? Il prenait les devants, se blaguait lui-même, et rentrait en riant dans votre amitié qu'il affichait de plus belle. Par là-dessus, infatigable, toujours courant et tournant, poussant ses relations, embranchant ses connaissances, chauffant la réclame, montant la publicité jusqu'à la popularité, ne négligeant rien, usant du petit moyen, devenant ce personnage de Poë « l'Homme des foules, » allant partout, à tous les *raouts* des étrangers, à tous les bals de la Chaussée-d'Antin, rencontré l'hiver, rencontré l'été, et se montrant même où l'on se cache, toujours présent, passant, appelé, salué, montré, reconnu, Couturat avait résolu le problème impossible d'être un homme européen à Paris, — la plus grande ville de province connue.

Toutes ces facultés, toutes ces menées de Couturat aboutissaient à son avenir : la direction d'un grand journal. Le grand journal, imaginé par Couturat, était le dernier mot, la dernière évolution, l'avénement officiel du petit journal, un corsaire devenant un vaisseau de ligne. Agrandissant son format, quadruplant sa publicité, le faisant quotidien et journal du soir, le flanquant en tête d'un résumé impartial et sans passion des nouvelles politiques du jour, et d'un court dépouillement des journaux du matin, le chargeant en queue d'un cours de la Bourse détaillé, renseigné et renseignant, Couturat débarrassait tout le corps de son grand-petit journal des articles scientifiques, théoriques, agricoles, polémiques, économiques, et le remplissait d'un énorme courrier de Paris, plus complet, plus piquant, plus bourré de nouvelles, plus salé d'indiscrétions que tous les courriers passés et présents : il y attelait trois hommes, trois plumes taillées dans la béquille du Diable boiteux. Puis venaient des courriers de Londres et de toutes les capitales, alternant avec des courriers du monde, des courriers des clubs, des courriers des ateliers, des courriers des théâtres, des physiologies, des biographies, — en un mot, le cabinet noir des quatre points cardinaux de la société et des cinq parties du monde.

Ce journal, prenant un public immense, tout le public qui

passe dans le journal les articles sérieux, ou les lit pour rattraper
l'argent de son abonnement, devenant en quelques années le
grand journal de l'époque, Couturat comptait le proposer au
pouvoir. Si le pouvoir devenait une révolution, Couturat démasquait son journal, lui donnait une couleur et se faisait lancer par
lui à quelque haute position politique et financière. Depuis deux
ans, Couturat travaillait comme une taupe. L'argent, les bailleurs
de fonds étaient sondés; les quelques hommes de lettres indispensables au journal, tâtés. Couturat avait piqué ses correspondants sur la carte de l'Europe. Des lords anglais lui avaient promis d'être indiscrets. Il avait grisé trois diplomates allemands,
qui ne répugnaient pas à médire en français. Des actrices, engagées à Saint-Pétersbourg, devaient confesser pour lui la Russie
tout entière. Il avait, de charmants grands seigneurs italiens,
l'assurance d'articles sur la société italienne et le théâtre italien.
— Et voilà l'œuvre et le monde que ce garçon portait dans sa
tête, en riant, en jouant, en gambadant, en cabriolant dans l'enfantillage, la farce, le calembour, et la tape sur le ventre.

Malgras, le père Malgras, comme on l'appelait, était un homme
de quarante-cinq ans qui parlait de sa femme, ses seules amours,
morte toute jeune, et des enfants qu'elle lui avait laissés, ses
seuls amis. Il parlait de la sainteté du foyer, de la mission de la
paternité, de l'honneur de la famille, du bonheur de voir grandir
de chères petites créatures dans le respect et l'amour de l'auteur
de leurs jours, sans contrainte et sans autre règle d'éducation
que l'appel fait à leur raison, à leurs bons instincts, au premier
mouvement de leur jeune conscience. Son éloquence melliflue et
doucereuse ressemblait à un discours de Robespierre passé à l'eau
bénite. Elle n'avait à la bouche que les devoirs de l'homme, les
obligations sociales, la théorie du dévouement et du sacrifice, la
dignité morale, tout cela débité avec une parole froide, lente et
coulante, une voix plate et sans timbre qui semblait frappée par
un palais de bois. Quand la morale du père Malgras descendait
du ciel sur la terre, elle déplorait la facilité de mœurs et l'irré-

gularité de vie de ses compagnons du journal. Le père Malgras disait alors les choses crûment, appelant la corruption par son nom, et ne se refusant pas le cynisme des pères de l'Église, mais toujours du même ton, sans colère et sans émotion. Sous ses manières douces, et jusqu'en son obséquiosité, perçait quelque chose du dédain d'un quaker tombé au milieu d'une bande de sacripants. Content de son sort, résigné et heureux dans sa médiocrité, stoïque pour lui comme pour les autres, il lui arrivait de rire au récit de certaines misères, de certains malheurs : c'était un accès de rire singulier, un rire en dedans, nerveux, muet et sans éclat, qui, joint à cette voix unie et comme morte, faisaient froid, — presque peur.

Couturat, qui avait étudié Malgras de près, et avec l'intérêt d'un physiologiste trouvant un Épictète au bagne ou une vierge dans une actrice, Couturat, qui « tenait son bonhomme, » c'était son mot, affirmait qu'il y avait sous toute cette tartuferie laïque ce fond satanique que M. de Maistre prête à la Révolution française. Le père Malgras, suivant lui, était dans l'espèce journaliste et dans l'espèce homme un accident, une rareté, un sujet, un de ces phénomènes précieux pour la science qu'ils éclairent en la déroutant : à en croire Couturat, le père Malgras aimait le mal pour le mal. Couturat expliquait son cas par les mécomptes de sa vie, par son âge et la conscience de son âge, par le découragement et le désespoir de ses ambitions, par le souci de la vieillesse sans position, par ses passions internes et renfoncées, par son libertinage d'imagination exaspérée, par une timidité insurmontable auprès de la femme, par une maladie chronique d'estomac qui lui reprochait le moindre excès, la plus petite débauche de boire ou de manger, par toutes les misères enfin qui mêlaient en cet homme le fiel de la vieille fille et le fiel de l'homme de lettres.

Pour Bourniche, c'était l'homme à tout faire du journal, une plume à volonté. Point d'article, point de corvée à laquelle il ne fût propre : il sautait et rebondissait d'une tartine sur les eaux d'Ems à une critique de poésies madécasses, du compte rendu des courses du bois de Boulogne au compte rendu des ventes de l'hôtel Drouot, de la biographie d'un guillotiné tout chaud à un *canard* en faveur de la pâte Aubril. A toutes sauces, à toutes fins, monté par tous les à-propos et prenant tous les *la*, attelé aux idées des autres et ballotté d'un monde à un autre du matin jusqu'au soir, cet esprit en était venu à n'avoir plus conscience de lui-même : il avait perdu le *moi*. Il n'était guère resté d'autre personnalité à Bourniche qu'un flux de métaphores et d'imitations cocasses qui roulaient dans sa conversation ainsi que des paillasses dans une foire de village. Bourniche, naïf, vertueux, presque marié, — il avait une maîtresse dont il ne tutoyait pas la mère, — très-jeune et très-crédule malgré son métier, était l'amusement et le souffre-douleur du foyer intime du *Scandale*. Turlupiné, mystifié, moqué sans pitié, il avait appris à la fin à donner le coup de pied de l'âne tout aussi bien qu'un ami. Puis, regardant autour de lui, il avait vu tant de gens houspillés, un si grand peuple de Poinsinets bernés et rebernés, qu'il s'était mis à consoler sa dignité avec les humiliations de son prochain ; en sorte que, à chaque chiquenaude donnée par le *Scandale* sur le nez des passants, Bourniche reprenait fièrement de la considération pour lui-même.

III

Le petit journal était alors une puissance. Il était devenu une de ces façons de domination qui surgissent tout à coup par le changement des mœurs d'une nation. Il faisait des fortunes, des noms, des influences, des positions, du bruit, des hommes, — et presque des grands hommes. Né de l'esprit royaliste de Rivarol, de Champcenets, de Chamfort, le petit journal n'avait point eu cette réussite tout d'abord. La *Chronique scandaleuse*, le petit journal de 1789, avait mené ses auteurs à la banqueroute, à l'exil, au suicide, à l'échafaud. Leurs héritiers du Directoire, les rédacteurs du *Thé*, du *Journal des dix-huit*, n'avaient guère été plus heureux. Le 18 fructidor avait déporté à Cayenne la malice française. Ce fut seulement sous la Restauration et sous la Royauté de juillet que le petit journalisme commença à devenir un chemin; mais ce n'était encore qu'un chemin de traverse. A ceux qui s'y engageaient, il fallait mille choses, une étoile, des circonstances, de l'esprit, le mépris des préjugés du temps; et pour arriver à quoi? A une notoriété anonyme. Le petit journalisme de ces années, borné aux lecteurs des cafés, des établissements publics, des cabinets de lecture, restreint dans son cercle et sa publicité, n'entrait pas dans le public. Il n'entrait pas avec le *Constitutionnel* dans l'intérieur du bourgeois. Il était ignoré de la famille, exclu du foyer. Ne pouvant rien pour la personnalité littéraire de ses rédacteurs, que la loi Tinguy n'astreignait pas à signer, il ne pouvait rien pour l'enrichissement de ses rédacteurs avec un chiffre flottant, dans les mains les plus habiles, de 800 à 1200 abonnements. Mais, en 1852, la pensée publique, sevrée soudainement de ses émotions journalières, privée de tant de spectacles et de tant de champs de bataille où se battaient ses colères et ses enthousiasmes, condamnée à la paix du silence après le bruit de toutes les guerres de la pensée, de l'éloquence, des ambitions, après le tapage des partis politiques, littéraires, artistiques, des assemblées et des cénacles, la pensée publique, sans travail, était en grève. Cette pensée dont la fièvre est la vie, et qui a toujours besoin d'être caressée, brutalisée, occupée comme une maîtresse, cette pensée qui, dans le relais des révolutions, pendant l'entr'acte des débats parlementaires, des duels d'écoles, des conflits d'églises, des questions d'équilibre européen, fait pâture de tout et se rue aux pantins, aux silhouettes, au parfilage, à la potichomanie, aux procès émotionnants, aux tables tournantes; cette pensée de la France, on la vit se pendre un beau jour, tout entière, à la queue du chien d'Alcibiade! La victoire des hommes et des choses du nouveau pouvoir, défendant à l'opinion l'accès des hauteurs et la région des orages, toute l'opinion tourna en curiosité. L'attention, les oreilles, les âmes, l'abonné, la société, tombèrent aux cancans, aux médisances, aux commérages, aux calomnies, à la curée des basses anecdotes, à la savate des personnalités, aux lessives de linge sale, à la guerre servile de l'envie, aux biographies déposées au bas de la gloire, à tout ce qui diminue, en un mot, l'honneur de chacun dans la conscience de tous.

Le petit journal fut, en cette œuvre, admirablement soutenu et poussé par la complicité du public. Il le vengeait de ses dieux; il le libérait de ses admirations. Ce rire gaulois marchant derrière les plus petits triomphes comme l'insulte de l'esclave antique, ces *Nuées* punissant le bruit d'une œuvre ou d'un nom, cette torture hebdomadaire du talent, du travail, du bonheur conquis, du légitime orgueil, ces trop longues popularités assommées à coups de pierres, comme les vieillards chez les peuplades océaniennes, ces amours-propres mis aux mains dans le ruisseau, régalaient Paris des joies de Rome et des joies d'Athènes, des satisfactions de l'ostracisme et des voluptés du cirque. Le petit journal grattait et chatouillait par là une des plus misérables passions de la petite bourgeoisie. Il donnait une voix et une arme à son impatience de l'inégalité des individus devant l'intelligence et le renom, à sa rancune latente, honteuse, mais profonde et vivace des priviléges de la pensée. Il la consolait dans ses jalousies, il la renforçait dans ses instincts et dans ses préjugés contre la nouvelle aristocratie des sociétés sans caste : l'aristocratie des lettres.

Des éléments nouveaux, entrés dans le monde littéraire, depuis une dizaine d'années, aidaient encore à la fortune du petit journal. Une race nouvelle d'esprits, sans ancêtres, sans bagage, sans patrie dans le passé, libre de toute éducation, franche de toute tradition, était parvenue à la publicité et à l'étalage. Montée derrière le livre charmant d'un des siens, le *Voyage autour d'une pièce de cent sous*, la Bohème, ce peuple besoigneux, bridé et fouetté par le besoin, n'entrait point dans l'art comme y était entrée la génération précédente, les hommes de 1830, dont presque tous, et les meilleurs, appartenaient à la bourgeoisie aisée : la Bohème apportait les exigences de sa vie dans la poursuite de ses ambitions; ses appétits tenaient ses croyances à la gorge. Condamnée à la misère par la baisse du salaire littéraire, la Bohème appartenait fatalement au petit journal, et le petit journal devait trouver en elle des hommes tout faits, une armée toute prête, une de ces terribles armées nues, mal nourries, sans souliers, qui se battent pour la soupe. Le fiel dévoré, le pain dur mangé, les aigreurs, les froissements, les éclaboussades des succès qui leur passaient dessus sans les voir, la maîtresse sans châle, le foyer sans feu, le livre sans éditeur, les déménagements au mont-de-piété, les dettes hurlantes, tout à venger, tout à gagner, donnaient à la Bohème les haines d'un prolétariat, et il y eut dans le mouvement qui la jeta au *Scandale* quelque chose d'un peuple qui monte à l'assaut d'une société, et comme un écho du cri de la journée du 16 avril 1848 : *A bas les gants!*

Tout conspirait donc pour la fortune du petit journal. Il fut tout ce qu'il voulut être, un succès, une mode, un gouvernement, une bonne affaire. Il eut des registres qui ressemblaient à la fosse commune, tant les abonnés s'y pressaient. Il fut crié sur les boulevards, épelé par les cafés, récité par les femmes, lu en province. Le produit de ses annonces suffit à faire ses rédacteurs gras comme des chanoines et bardés de louis. Devant lui, tous tremblaient, l'auteur pour son livre, le musicien pour son opéra, le peintre pour sa toile, le sculpteur pour son marbre, l'éditeur pour son annonce, le vaudevilliste pour son esprit, le théâtre pour sa recette, l'actrice pour sa jeunesse, l'enrichi pour son sommeil, la fille pour ses revenus...

Dans cet avénement du petit journal, il y eut un pire mal que sa tyrannie. Il causa un malheur plus grand, d'ordre plus élevé, de suites plus déplorables et plus longues. Le mouvement littéraire de 1830 avait fait de la France un grand public. Par lui, la patrie de Boileau et de Voltaire, la fille aînée du bon sens, agrandissant son goût et son génie, échappant aux idolâtries de son éducation, traduisant Shakspeare et retrouvant Pindare, avait appris à vivre, dans une Jérusalem céleste de poésie, de lyrisme, d'imagination. Elle était devenue le digne auditoire et la glorieuse complice des fantaisies ravissantes et des révoltes magnifiques de l'Idée. 1830 avait mis en ses mains les couronnes qui commandent un grand siècle, en son cœur les sympathies qui font de l'art un héros.

Le petit journal abaissait ce niveau intellectuel. Il abaissait le public. Il abaissait le monde des lecteurs. Il abaissait les lettres elles-mêmes en faisant du sourire de M. Prudhomme l'applaudissement du goût de la France.

IV

Malgras avait pris la parole. Il nageait dans la verbosité qui lui était naturelle. Il parlait de la médiocrité présente, de la qualité secondaire des talents du jour, de la mauvaise santé morale des œuvres contemporaines.

— ... Et n'est-il pas rigoureusement logique, et nécessairement fatal, monsieur Bourniche, — Bourniche possédant les seules oreilles patientes du bureau avait été choisi par Malgras pour essuyer son éloquence, — oui, fatal, que l'affaiblissement des vérités constitutives de l'ordre moral, la dégradation du bon sens primordial, et l'oubli du catéchisme des principes naturels, entraînent à leur suite l'affaiblissement, je dirai plus, la viciation du sens créatif, de l'imagination? Et lorsque la débauche des paradoxes, monsieur Bourniche, et ce que j'appellerai le manque de respect des intelligences, est entré dans le cœur d'une génération, toutes les fois que dans une société la vénération des idées contrôlées par la raison, et associées par la tradition...

— Étais-tu assez gris l'autre jour, père Malgras ! — interrompit Couturat.

— Monsieur Couturat, — dit Malgras d'un ton digne, — je ne vous ai jamais donné le droit de me tutoyer... Je n'ai pas l'habitude de boire, moi.

— Je te tutoie..., je te tutoie avec respect d'abord; et puis qu'est-ce que tu viens nous embêter avec tes idées filandreuses..., ça a l'air de tendons de bœuf, tes idées! Bourniche en est bleu, de t'écouter!

— C'est vrai!... Bourniche! Bourniche! il va se trouver mal....

Et Nachette fit respirer de force à Bourniche le soufre d'une boîte d'allumettes.

— Bourniche, — reprit Couturat, — je te défends d'écouter Malgras! Il te mettra des perce-oreilles dans l'entendement... Il t'insuffle du pathos, malheureux! Un beau jour, tu vas t'enlever sur une phrase en baudruche, tu verras!

— Vous plaisantez toujours, monsieur Couturat, — dit Malgras, — mais ce que je dis pourtant...

— Obscur!... complétement obscur, père Malgras! — fit Couturat en tirant le rideau de la fenêtre, ce qui fit tout à coup la nuit dans le bureau.

— Quand vous ne serez plus jeune...

— Éclairons le raisonnement!

Et Couturat rouvrit un peu le rideau.

— Tu es insupportable, Couturat, avec ton rideau! — dit Mollandeux, — laisse-moi donc lire...

— Qu'est-ce que tu lis?

— La quatrième édition du livre de Burgard.

— On les connaît ces quatrièmes éditions-là, — dit Nachette, — on mange l'argent de la première en annonces, on passe à la seconde, et ainsi de suite...

— Messieurs, — dit Mollandeux, — Bilboquet avant de mourir sur la montagne de Meaux dans les bras de l'ange de la Réclame, a montré la terre promise à une dizaine de gaillards que je ne nomme pas..., mais très-forts!

— Viens ici, Nachette, — dit Couturat; — suppose que tu t'appelles...

— ... *p' à l'oignon*, tu me dirais : es-tu sou... *pe à l'oignon*.

— Non. Suppose que tu sois un Anglais, et que tu parles comme Levassor; suppose que tu voyages pour trouver la paix du cœur; suppose que tu arrives dans une auberge, et que l'aubergiste... — Bourniche, ici!... Suppose que tu es l'aubergiste; — suppose que l'aubergiste te demande ce que tu veux, et que tu lui répondes que tu veux la *paix di cûr;* suppose que l'aubergiste comprenne que tu demandes le pédicure... — Mollandeux, arrive! Suppose que tu es le pédicure... Non! ça ne peut pas aller... Nous ne sommes pas assez... C'est dommage...

— Combien donc faut-il être? — demanda Bourniche.

— Trente-neuf... dans les années bissextiles !

V

La porte intérieure du bureau s'ouvrit. Un grand homme, maigre, à la tournure militaire, les cheveux gris, les moustaches presque blanches, parut. Il avait un pantalon à pied, et des journaux à la main.

— Ah çà ! — fit-il en allant à Malgras, et jetant en passant les journaux sur la table, — Tenez ! vous autres, voilà de quoi avoir des idées... Ah çà ! dites-moi un peu, vous! Comment?... Sapristi ! si je n'étais pas là... Pour une fois que je ne mets pas le nez dans le journal... Mais vous ne savez donc pas ce que c'est qu'une feuille de chou?

— Monsieur Montbaillard... — fit doucement Malgras.

L'homme au pantalon à pied était Montbaillard, le directeur du *Scandale*.

— Comment, une semaine où nous faisons des envois en province, vous laissez passer une balançoire sur les provinciaux!...

Ce qu'il y a? il y a trois grands jours que la chanteuse italienne est arrivée, et le service ne lui est pas encore fait! C'est honteux, ma parole d'honneur!

Malgras voulut répondre : — Au prochain départ, je...

— C'est ça! ne vous pressez pas! Mais un journal, monsieur Malgras, un journal, ça doit sauter à la figure de ces femmes-là quand elles arrivent, et faire les papillottes de leurs mères quand elles s'en vont !... Combien d'abonnements?

— Cinq.

— Cinq! que cinq, un jour où il fait du soleil! Nous allons faire un journal pour l'honneur tout à l'heure! Il faut que je leur flanque une prime... une orange que je leur ferai payer dix sous; mais je leur donnerai le papier de soie... Les courtiers?

— Rien depuis hier, — dit Malgras.

— Vous les flanquerez à la porte, et net... Les annonces?

— La page est prise.

— Le journal est-il fait? Qu'est-ce qu'il y a? l'article de tête? Grindu a-t-il apporté sa machine sur les grains de beauté de Paris?

— Je n'ai rien vu, — dit Malgras.

— Grindu? — dit Mollandeux, — vous ne savez donc pas? il part; il a six mille francs par an pour promener en Orient un petit jeune homme qui a fait ses farces.

— C'est embêtant, — dit Montbaillard, — il allait bien ce petit Grindu; il allumait le public... Comment! le voilà bonne d'enfant !... Moi qui avais envie de le lâcher contre une grosse gloire : il aurait fait du train, j'aurais fait des abonnements; je lui arrangeais une petite affaire bien gentille avec un bon garçon qui aurait eu très-peu de salle... Et encore un que j'aurais lancé!... C'est ça les épreuves?...

Et Montbaillard prit un paquet sur la table.

— Oui. Tenez, — dit Malgras, — voilà tout le numéro en ordre.

— Mauvais numéro! — dit Montbaillard en le feuilletant. — Ça ne dit rien, ça ne pince pas... Mais tous les gens dont on parle là dedans passeront une bonne nuit!... Qu'est-ce que c'est, ces... bêtises-là?

— Ça? — dit Malgras, — c'est du grand poëte... son nouveau volume... des extraits.

— Ah! — fit Montbaillard, — je n'avais pas lu...

— ... La signature! — dit finement Mollandeux en achevant la phrase à demi-voix.

— Ma foi, tant pis! — reprit Montbaillard sans entendre, — nous serons sages cette semaine; mais la semaine prochaine, un numéro étincelant! Nous abîmerons un ténor, un millionnaire, une actrice... et un ami... Nous dirons du ténor qu'il engraisse, du millionnaire qu'il n'a pas le sou, de l'actrice qu'elle est la sœur aînée de sa mère, et de l'ami que nous ne le connaissons pas... Tu feras ça, toi, Nachette.

— Vous avez lu ça? — dit Mollandeux à Montbaillard, — ils vous empoignent... dur!

— Oui... c'est un petit garçon qui veut entrer ici.

— Oh! mais, — reprit Nachette, — vous êtes attrapé sur toute la ligne, Montbaillard!

Montbaillard haussa les épaules.

— Qu'est-ce qu'ils ont à crier? Je fais mon affaire, voilà. Je vous paye, n'est-ce pas? et plus cher que ça ne vaut! Eh bien, quoi? parce que nous parlons des filles, n'est-ce pas? Le public n'en parle pas, hein?... Parce que nous faisons des éreintements? avec ça que le public n'en fait pas... des éreintements!... Est-ce que ça me regarde les *fours*? C'est comme si on me mettait les succès sur le dos! Merci! Les gens qu'on siffle, je les siffle; les gens qu'on porte en triomphe, je les fais mousser... Je n'ai pas un ennemi, moi, ni un ami... Nous ne sommes pas un journal, nous sommes un baromètre... Pas d'école, pas de parti, pas de coterie: une impartialité!... enfin, quoi! un public, voilà ce que nous sommes... Est-ce que vous croyez que le public qui a jeté une couronne d'immortelles à mademoiselle Mars à sa dernière représentation était bien gentil? Ça enfonce un peu le *Scandale*, ça!... On dirait que je veux leur ôter le pain de la bouche, à tous ces criailleurs-là! Je m'en moque pas mal!... Pour six cents malheureux abonnés qu'ils ont récolté à la force du poignet!... Ont-ils fini!

VI

— Messeigneurs, — fit en entrant le plus joli garçon du monde, — je suis votre valet! Bonjour, tas de grands hommes!

— Florissac?

— On te croyait mort!

— Le père Malgras affirmait que tu étais dans tes terres... à Clichy...

— Fi donc! — exclama Florissac. — J'aurais été tué en duel que je ne me porterais pas mieux!

— Alors, c'est que tu as fait le tour du monde?

— Ou de moi-même, c'est plus long. — Et Florissac se laissa tomber sur le divan, dans un rayon de soleil. Ainsi, la tête renversée, le visage éclatant de lumière, ses cheveux blonds noyés comme d'une gloire céleste, baigné d'or, il semblait un Endymion lutiné par le jour.

— Tu es tout *monrose*, dis donc, Florissac?

— C'est vrai, qu'est-ce qu'il a?

— Moi? Rien. Il me semble que j'ai moins de génie qu'hier.

— Ah çà, mon petit, — dit Montbaillard, — qu'est-ce qu'il y a de neuf?

— Il n'y a rien de neuf — que les chapeaux retapés et les consciences retournées... Le soleil continue à éclairer le monde... Cet astre jouit vraiment d'une longévité ridicule : il ressemble à nos parents...

— Parle pour toi, hein, Florissac! — dit Couturat d'une voix brusque. — Tu sais que je n'aime pas ces poses-là.

— Je me tais : je respecte toutes les opinions, — même les miennes.

— Allons donc, Florissac, — reprit Montbaillard, — tu dois savoir une foule de choses...

— Moi? tout ce que vous voudrez! Une robe de soie verte avec des velours noirs et verts croisés en losange est la mode d'hier matin... On a arrêté aux *Montagnes-Russes* le compte de madame *** à quarante mille francs... Son mari est enchanté : il craignait qu'elle n'eût pas de dettes... Ah çà, un instant, est-ce que vous me prenez à l'heure ou à la course?

— Hein? — fit Montbaillard.

— Par la sambleu! mon cher, me croyez-vous né dans une soupente du Valais de l'union fangeuse d'un goîtreux et d'une portière? « Florissac, qu'est-ce que tu sais? » Et je vais vous montrer là-dessus, gratis, le pot au fard et le pot-au-feu, le dessous des cartes et le dedans des tabliers, le revers et l'envers des grands hommes, l'alcôve, la robe de chambre, la boîte à la malice, le trou de serrure et le secret de Polichinelle! Allons donc! ce fumier-là c'est de l'or en barre par le public qui court!. Le succès y pousse comme un champignon! Ah! parbleu! si je ne faisais pas mes Mémoires...

— Bah! ce sera drôle! toi, des Mémoires? Tu devrais nous donner ça...

— Drôle, drôle comme un conseil de révision! J'y déshabille le plus de monde que je peux.

— Il a toujours le petit mot pour rire, ce crapaud-là, — dit Montbaillard, qui se remit à écrire.

— Mon cher, il n'y a qu'un peuple pour savoir faire les rasoirs et les journaux. Ici on cause, on raconte, on est brillant, on est informé... Le journal vous fait votre conversation comme un foulard. A Londres il y a un homme, un homme qui a le traitement d'un préfet chez nous, simplement pour venir causer dans le bureau d'un journal, entre quatre et cinq; il apporte la matière du journal, des idées, des mots, des nouvelles, de

2.

l'esprit : tout ce que tu essayes de chiper aux passants, farceur !

— Pourquoi ne fais-tu pas de copie?

— Mon cher, je regarde la littérature comme un état violent dans lequel on se maintient par des moyens excessifs... Sur ce, je vous souhaite des rêves bleus... — et Florissac s'allongea sur le divan, — bonsoir !

— Tu vas dormir? Quelle bêtise! — dit Bourniche.

— Dormir, une bêtise?... Bourniche, tu ne sais pas vivre!

— Si tu dors, — dit Couturat, — je te lis le journal de demain.

— Je l'ai lu hier... Je suis persuadé, monsieur Malgras, que vous ne vous imaginez pas que j'ai commis dans ma vie une sottise plus grosse que les autres?

— Je ne suis pas indiscret, monsieur Florissac.

— Monsieur Malgras, j'ai fait dans ma vie un article...

— La *Dernière pensée du bœuf gras!* — fit Mollandeux.

— Oui. C'était parfait. J'étais posé, j'étais arrivé, j'étais... j'étais l'auteur de la *Dernière pensée du bœuf gras!*... On n'est pas parfait. J'eus la crétinerie de faire un second article... Bourniche, sais-tu à quoi mène un second article? à un troisième, tout bêtement, mon bonhomme!... Ah! j'ai perdu un bel avenir... La postérité dira de moi : C'était un producteur!... Au fait, vous ai-je dit que j'arrivais de Naples? Vous ne savez pas? je suis amoureux comme une guitare!... c'est une danseuse italienne... elle est Allemande... Je l'ai ramenée... Ah! vous ne vous figurez pas tous les bagages d'une danseuse : douze douzaines de souliers, un enfant... J'ai vu le moment où elle voulait emporter un mari!

— Et où en es-tu? — demanda Nachette.

— J'en suis à être amoureux : j'embrasse sur le cou de son enfant la place d'un de ses baisers.

— Qu'est-ce que vous ferez à trente ans, monsieur Florissac? — dit Malgras en accentuant presque sa phrase.

— Oh!... je serai très-bien conservé, — répondit Florissac en jouant avec le gland d'un des coussins du divan.

VII

— Ah ! Pommageot !... Messieurs, le vrai Pommageot des salons ! — cria soudainement Couturat en voyant entrer dans le bureau un petit homme assez râpé, qui portait ses bras comme des poids et sa tête comme un saint sacrement.

Ce petit homme était suivi pas à pas d'un grand, long et maigre garçon, qui laissait voir dans tout son individu, dans son chapeau et presque dans ses souliers, quelque chose d'horriblement misérable et de profondément convaincu.

— Vive Pommageot ! Le réalisme était en Pommageot, et Pommageot était en réalisme ! A bas les phrases ! Brûlons un poëte ! Vive Pommageot ! Pommageot, fils de la Vérité ! Des lampions ! des lampions ! Enfoncé Balzac ! Monsieur est ton ami ? Ça se voit ! Messieurs ! Pommageot et son ami, un Dieu et son peuple, c'est comme ça que commence la Bible ! Couronnons-nous de prose ! et exécutons des poses élastiques !

Et Couturat tournait en dansant autour de Pommageot. Il l'enguirlandait de gestes, de cris et de ce qu'il appelait « des poses élastiques, » — les poses d'un bas-relief antique arrangées par Cham.

— Tu as fini ? — dit Pommageot ; et, tournant une des poses de Couturat, il alla vers Montbaillard, toujours suivi de son compagnon, qui emboîtait mécaniquement son pas : — Montbaillard, je vous présente un garçon d'avenir... mon ami Soupardin.

Soupardin salua le dos de Pommageot.

— Il vous apporte une petite nouvelle. Je l'ai lue : c'est étudié, c'est fouillé, c'est observé, c'est... très-fort.

— Heu ! heu ! une nouvelle, ça ne nous va guère... Et qu'est-ce que c'est ?

— Les *Amours d'un donneur d'eau bénite*... Soupardin en a connu trois, pour tout faire d'après nature... Vous verrez ça, —

dit Pommageot en mettant le manuscrit à côté de Montbaillard.
— Si ça ne vous allait pas, il peut vous faire autre chose : voulez-vous qu'il vous apporte une série d'empoignements sur les fantaisistes?

— Monsieur Soupardin, — dit Florissac en se retournant à moitié sur le divan et en ouvrant un œil, — je suis l'auteur de la *Dernière pensée du bœuf gras*. Je vous enverrai mes témoins.

Soupardin resta immobile. Il regardait comme un tableau le collet de la redingote de Pommageot.

— Ah çà, par exemple, tant que tu voudras, — dit Montbaillard. — Tu sais, moi, je n'ai pas d'opinions littéraires...

— Est-ce que vous avez de la place dans le numéro de dimanche?

— Tu es bête! Il y a toujours de la place... Pourquoi?

— Vous m'avez laissé attraper un peu trop fort, dimanche dernier, savez-vous?

— Moi?... Ah! oui, c'est Chose qui a écrit ça à l'imprimerie... Ça m'a passé... Je lui ai dit...

— C'est que je vous apportais une lettre en réponse... et...

— Une colonne... C'est ça, — dit Montbaillard en regardant la lettre. — Je t'avais fait garder une colonne.

— Ah! — laissa échapper Pommageot.

— Tu ne t'imagines pas que je laisse embêter des gens qui ont ton talent pour le seul plaisir de leur enfoncer des épingles?... Une réponse à une attaque, mais c'est le meilleur article d'un homme! Il le lime, il le soigne... il le réussit toujours! J'ai vu Merlin avoir de l'esprit dans une réponse, Frappart de la dignité, et Daunois de l'orthographe!... Et puis, rien à payer, conçois-tu? Oh! je sais faire un journal!... Diable! — ajouta-t-il en parcourant de l'œil la réponse de Pommageot, — c'est un exposé de principes, ta réponse : « L'imagination a fait son temps... Il y a
« plus de poésie dans la *Gazette des Tribunaux* que dans Ho-
« mère... L'esprit est une maladie... Le style est un mot de con-
« vention... »

— S'il pense tout cela? — dit Couturat à Bourniche, — s'il le pense? mais il en est capable... Pommageot, c'est une religion en chambre! N'est-ce pas, Pommageot, que tu penses...

— Je pense, — dit Pommageot en s'animant, — que toutes les vieilles blagues du romantisme sont finies; je pense que le public en a assez, des phrases en sucre filé; je pense que la poésie est un borborygme; je pense que les amoureux de mots et les aligneurs d'épithètes corrompent la moelle nationale; je pense que le vrai, le vrai tout cru et tout nu est l'art; je pense que les portraits au daguerréotype ressemblent...

— C'est un paradoxe! — cria Florissac.

— Je pense qu'il ne faut pas écrire, là!... Je pense que Hugo et les autres ont fait reculer le roman, le véritable roman, le roman de Rétif de la Bretonne, oui! Je pense qu'il faut se relever les manches et fouiller dans la loge des portiers et l'idiotisme des bourgeois : il y a là un nouveau monde pour celui qui sera assez fort pour mettre la main dessus; je pense que le génie est une mémoire sténographique... Je pense... je pense... voilà ce que je pense! Et ceux à qui ça donne des engelures... j'en suis fâché!

Et Pommageot fit un geste de dédain que Soupardin ne put s'empêcher de répéter derrière lui.

— Il parle comme un de ses livres! — dit Florissac.

— Ah! tu sais, Nachette, — dit Montbaillard, je te coupe vingt lignes...

— Mais, dites donc, vous ne faites que ça. Vous prenez mes articles pour de la galette; ça me porte sur les nerfs, à la fin... Parce que je n'ai pas crié l'autre semaine.... Qu'est-ce qui remplit donc le journal cette fois-ci?

— Eh bien! il y a d'abord en tête un grand article de Demailly...

— Ça continue donc? En voilà une scie! Avec ça que ça amuse le public, les articles de Demailly!

— En attendant, mon cher, — dit Montbaillard, — tu ne feras jamais une machine comme sa machine : le Vice parisien...

Il y avait un *geint* là dedans !... Quand il baissera, sois tranquille... Tu sais que ce n'est pas moi qui ai inventé les Invalides... Au fond, tenez, voulez-vous que je vous dise : il vous embête.

— Moi, — dit Florissac, — par exemple !... je ne le lis pas.

— Talent d'amateur, — dit Mollandeux.

— Il ne sait pas le français, — dit Nachette.

— Le fait est — dit Bourniche, — qu'il a des mots... des mots...

— Des mots d'auteur ! — dit Couturat en riant. — C'est vrai : son style est pourri de mots d'auteur !

— Un garçon qui aurait pu faire autre chose que de la littérature ! — murmura Malgras en manière d'aparté.

— Votre Demailly ? — dit Pommageot, — mais tout le monde le dit : il n'a plus rien dans le ventre, il est *vidé !*

VIII

— Vous parliez de moi ? — dit Charles Demailly, qu'on n'avait pas entendu entrer. — Une autre fois, je tousserai avant d'entrer : comme ça, au moins, on est toujours sûr de trouver les femmes seules et ses amis la bouche en cœur. Où en étiez-vous ? Mais allez donc, ne vous gênez pas ! Blaguez ! Qu'est-ce que vous disiez ? Que j'étais un idiot... un crétin... une brute... Mais nous passons notre journée à nous dire de ces petits mots-là... dans le dos ! Je sais ce que c'est : un bureau de journal et un office de domestiques, ça ne concourt pas pour les éloges académiques ! Ah çà, mais, vous n'étiez que cinq pour m'éreinter ; je vous manquais. Eh bien ! oui, je fais du petit journal... Je fais des articles, je fais de l'esprit... je joue de l'orgue et de la clarinette... Il y a des choses que je signe : en les signant, je sais qu'elles n'auront pas plus d'immortalité qu'un gâteau monté... Le plus bas métier du monde, mes amis ! Vous avez bien raison ; ma conscience me le chante depuis assez longtemps; vous la doublez, je vous dois quelque chose! Parbleu! si vous croyez que je suis arrivé là du premier coup!... J'ai eu l'âge où l'on présente une tragédie à l'Odéon... Je cherchais la petite bête... Je voulais souffler dans mes doigts, creuser dans mon coin, faire un beau livre... J'avais des illusions, des idées... Dites donc, est-ce que par hasard vous me prenez pour un homme de lettres? Un homme de lettres, moi! allons donc! je suis un cheval de fiacre : touchez là, mes amis! — et Charles étendit les deux mains, — touchez là : vous me valez!

— Mon cher...

— Mais, Demailly...

— Je t'assure...

— Qui? toi? toi, Florissac? Mais que diable as-tu donc fait? Des dettes, des mots, et des échelles de corde... Tu n'as écrit qu'un roman, ta vie : eh bien! vrai, j'aime mieux *Faublas*! Toi, Nachette? Et qu'est-ce que tu as derrière toi? des articles ; et devant? des articles!... Parce que tu fais tout ce qui concerne ton état, il n'y a pas de quoi être si sévère... Toi? malheureux! — et Charles se tourna vers Pommageot, — j'ai assommé un grand homme l'autre jour avec toi!... Oui, je me suis amusé à battre la caisse devant tes œuvres pour savoir combien une parade peut amasser de sots... Il y en a autant qu'il t'en faut, mon ami!

— Sapristi! Demailly, — fit Montbaillard, — au lieu de mettre tout ça dans le journal!

— Tu perds de la copie à cinq sous la ligne, mon cher, — dit Florissac, qui était retourné s'allonger sur le divan.

— C'est vrai, — fit Charles, — je suis un imbécile.

— Viens, — dit Pommageot à Soupardin.

Et tous deux firent comme un seul homme une sortie digne.

— Ma foi! — dit tout haut Charles en se parlant à lui-même, quand Pommageot eut tiré la porte sur lui, — je regrette presque de lui avoir dit ce que je pense : lui, au moins, il travaille et il croit.

— Tiens! — dit Mollandeux, qui parcourait un journal de théâtre, — on vient de découvrir en province une arrière .. arrière... petite-fille de Racine, qui meurt de faim.

— Ah! par exemple, — dit Nachette, — en voilà une à qui la Comédie-Française doit, comme droits d'auteurs...

— Un tombeau, certainement, — dit Charles.

— Passe-moi le journal, Mollandeux, — fit Montbaillard. — Copiez ça, Malgras... Une semaine que le numéro sera fade, nous ouvrirons une souscription... ça fait toujours bien. Ah ça, personne de vous ne va donc dans le monde? C'est dégoûtant! Il me faudrait un courrier des bals, des soirées, des concerts : ça a de l'œil; on a l'air d'y aller... Tenez, vous, Demailly, qui avez du linge...

— Moi? Ah! bien, vous tombez bien! D'abord le monde, comme vous savez, est une invention d'Eugène Guinot...

Et, laissant là son idée, Charles prit quelque chose à lire sur la table, puis, rejetant ce qu'il lisait :

— Ah! ça commence à devenir monotone! On ne peut plus faire un pas sans entendre insulter un banquier... Ça devient le père Cassandre de la comédie et du journal... Que diable! il y a des sots qui n'ont pas le sou... et puis je trouve qu'on tire un peu sur le million en France... comme on tire sur les diligences en Espagne...

— Qu'est-ce qui a vu le palais de notre grand vaudevilliste Voudenet? — demanda Couturat.

— Où ça? — fit Mollandeux.

— A Passy.

— Je l'ai vu. C'est très-beau... — dit Montbaillard, qui, se levant, rentra dans son appartement.

— C'est bâti en devises de mirliton? — demanda Charles.

— Je te souhaite son parc, mon cher, — lui dit Couturat.

— Je n'en demande pas tant, va! — répondit Charles. — Quand je voudrai être heureux, j'aurai un coin, un jardinet, un tout petit morceau de terre; mais bien borné et sans vue. J'aurai là dedans une énorme citrouille assise par terre, sous un parasol de grandes feuilles, avec sa grande tige verte enroulée comme le tuyau de pipe d'un pacha accroupi; j'adore la citrouille, moi, un vrai fruit de la Bible : ça me rappelle Jehovah! J'aurai une pièce d'eau faite d'une moitié de tonneau; sur l'eau nageront de ces petites lentilles vertes, vous savez, au milieu desquelles sauteront et plongeront des grenouilles... Une cigogne auprès du puits méditera sur une patte... Puis un singe, dont j'aurai la corde en main... un singe qui grignote et grimace... J'achèterai, tu comprends, un rayon de soleil pour tout ce petit monde-là... Et puis j'aurai un *gong*... Ce sera un paradis... Je regarde ma citrouille pieusement; ma cigogne pense comme un livre allemand; je jette un caillou, toutes les grenouilles se jettent dans le baquet; je claque mon singe, et d'un coup de pied j'éveille les musiques du gong, tantôt caressant le bronze pour qu'il soit le murmure confus d'une foule, le glas lointain d'un tocsin, le bruit sourd, la nuit, d'une capitale dont les pavés se lèvent... et tantôt je le flagelle pour qu'il rugisse et tonne... Tu as déjà vu un gong : un fond de casserole où Jupiter aurait caché ses foudres, n'est-ce pas?

Et sur cette phrase, Charles prit son chapeau.

— Tu t'en vas? — lui dit Mollandeux.

— Oui, je crois que j'ai quelque chose à faire aujourd'hui.

— C'est que j'avais une invitation générale à formuler, — reprit Mollandeux, l'homme généreux, et connu pour laisser couler l'argent entre ses doigts, — j'ai le plaisir de vous annoncer que j'ai touché quelques sous, et l'honneur de vous inviter à les manger... Oui, un éditeur, tout ce qu'on fait de mieux en fait d'éditeur, qui s'est imaginé de mettre une série de mes articles en volume... Une idée d'éditeur!... et si l'honorable société veut me permettre de lui offrir ce soir un festin modeste... Vous venez, Demailly?

— J'irai vous retrouver.

— Et vous, Malgras?

— Désolé, monsieur Mollandeux..., je dîne aujourd'hui avec

mes enfants..., tous les samedis..., je n'y ai jamais manqué une fois, une seule !

— Et qu'est-ce que tu comptes en faire de tes enfants, père Malgras? — dit Florissac.

— D'honnêtes gens si je puis, monsieur Florissac.

— Il te faudra des protections.

— Et toi, Bourniche? — dit Mollandeux.

— Impossible absolument..., absolument impossible, gnouf, gnouf! — répondit Bourniche avec la voix de Grassot.

— Enfin, — dit Mollandeux, — ceux qui viendront, viendront, ceux qui ne viendront pas...

Et l'on s'en alla.

— Au fait, — dit Bourniche, — on va ce soir chez madame de Mardonnet?

— Ah! c'est vrai! Oui..., oui..., — firent quelques voix.

Il ne resta dans le bureau que Malgras, Bourniche, et Florissac.

— Vilain monde! monsieur Bourniche, — et Malgras étouffa un soupir. — Mon Dieu! la jeunesse..., je ne dis pas..., tout le monde est jeune..., je l'ai été..., la jeunesse..., c'est bien; mais perdre la conscience du devoir... Eh bien, quoi, monsieur Florissac? — dit Malgras à Florissac qui s'était penché vers lui, et lui parlait à l'oreille.

— Père Malgras, y en a-t-il encore un... pour moi?

— Un... quoi?

— Un louis... dans la caisse. C'est qu'il n'y a pas à dire..., si je n'envoie pas un bouquet avant sept heures, je suis un homme perdu...

— J'ai reçu l'ordre de M. Montbaillard d'arrêter les avances.

Florissac avala la réponse sans sourciller. Il s'étira, prit un livre à demi coupé sur la cheminée, et l'ayant ouvert :

— Penser qu'il y a encore des gens qui font des livres!... Macurel..., connais pas!... Père Malgras! voulez-vous mon opinion sur ce livre-là?

Florissac bâilla. — Puis il prit son chapeau et partit.

— L'absence de sens moral, monsieur Bourniche, — dit Malgras, — l'absence de sens moral !

IX

Il est un marchand de vin qui fleurit dans les hauteurs du faubourg Montmartre. Passez le comptoir, poussez la porte vitrée d'une arrière-boutique où des cochers de fiacre jouent au piquet, montez par un escalier tournant, aux marches roides et grasses, jusqu'à la salle du premier : c'est là où le marchand de vin a organisé une sorte de table d'hôte dont le coût est de trente-cinq sous.

Le dîner finissait. Le marchand de vin, monté avec le fromage, enlevait lui-même les assiettes du dessert, et quelques hommes étaient en manches de chemise. C'était le moment décisif, l'heure des extra, l'heure du café, du cognac et du vin à cachet vert. Le marchand de vin, frisé, souriant, se multipliait, courait, commandait, servait, ramassait les cure-dents, et trouvait encore le temps de tutoyer ses convives pour les pousser à la consommation. Accoudé à la table en fer à cheval, du côté des deux fenêtres, un groupe muet de dîneurs anonymes attendait un jeu de dominos. En face, la tête au mur, la chaise renversée contre la boiserie de chêne verni, deux ou trois auteurs inédits et un grand homme inconnu s'entretenaient avec furie du *criterium* du beau. De chaise en chaise, allait, tendant le museau, un chien très-maigre qui peut-être appartenait à quelqu'un. Quelques femmes, des lorettes en cheveux et sans châle, mettant leurs pieds sur les barreaux de leurs chaises et leurs coudes à leurs genoux, fumaient des cigarettes ou se cotisaient pour prendre un gloria, tandis que dans un autre coin deux maîtresses d'auteurs récitaient les œuvres de leurs amants avec des liaisons de piqueuses de bottines.

Nachette, Bourniche, Mollandeux tenaient le haut bout de la table et du bruit. Ils demandaient successivement la tête de Malherbe et la tête du marchand de vin.

— Une autre du même! — disait Mollandeux en montrant une bouteille de Corton. — Il est très-bien fait, ce vin-là! — Et Mollandeux passait la bouteille à la ronde, d'abord aux dames. — Pardon, monsieur, — fit-il en emplissant le verre de son voisin, — voulez-vous me permettre une indiscrétion?

— Faites, monsieur, — dit le voisin en entonnant son verre.

— Vous ne prenez jamais d'extra, et vous citez Élie Berthet : dans quelle Revue écrivez-vous?

— Moi? je suis plumitif.

— Un bel état...

— Oui, on ne nous demande que de la paresse et de l'exactitude.

— Hé, hé! vous faites des mots... Permettez : je vais voir si vous avez l'oreille d'un vaudevilliste.

— Mais...

— L'oreille est la physionomie morale de l'homme, vous ne saviez pas ça? Mais Napoléon, qui s'y connaissait en hommes, prenait toujours ses grognards par l'oreille... Voyez Gobert au Cirque..., c'est de tradition... Tenez, moi..., moi j'ai l'oreille d'un bon homme..., j'ai le nez, — le nez de Mollandeux perlait à ce moment, — j'ai le nez d'un homme sensuel..., c'est-à-dire d'un homme qui embrasse toutes les sensations... Et mes yeux... il y a toutes sortes de choses dans mes yeux... Monsieur, si j'arrive à la fortune littéraire, à la famille, — ici la voix de Mollandeux trembla d'une émotion superbe, — quand je pourrai dire : Asseyez-vous là, mon gendre!... j'aurai les yeux fiers... Une autre du même!... Ah! voilà Demailly.

X

Demailly et Nachette descendirent la rue ensemble, et comme ils passaient devant une brasserie qui laissait échapper dans la rue la lueur de ses mille clartés, et la rumeur de ses mille voix :

— Entrons une minute, — dit Nachette, — j'ai besoin de dire un mot au petit Rubin... Il faut qu'il me chauffe dans sa correspondance, qu'il me reproduise, qu'il me prête de vieux mots, qu'il me mette à la devanture... J'en ai assez de trois sous la ligne : il est temps que je saute à cinq.

Il y avait un rassemblement au milieu de la salle. On était en train de prendre d'assaut les poignées de main d'un membre de la brasserie fraîchement décoré, et qui se laissait assaillir de respects et d'hommages avec un sourire de bon enfant et un fond de dignité : il avait la grâce auguste.

Dans un coin, tout seul, un pot de bière de Bavière devant lui, absorbé dans une béatitude de bonze, était Giroust le dessinateur, dont Demailly avait plusieurs fois vanté dans le *Scandale* le talent rare de dessinateur parisien et de crayonneur de mœurs. Demailly alla s'asseoir à côté de lui, pendant que Nachette faisait ses affaires.

— Ah ! c'est vous, mon cher !... Il y a des siècles... — lui dit Giroust, — bonne bière !... Je n'en peux plus, mon cher..., j'ai travaillé douze heures..., levé à six heures..., une vieille habitude du temps où je me levais pour aller voir la lithographie de Gavarni... à l'étalage... le premier !... Sacr...! mon cher, vous devriez venir chez Ramponneau..., nous y dînons..., nous avons une chambre..., parce que moi, voyez-vous, tous vos cabarets dorés avec toutes sortes d'affaires... Non !... oui..., douze heures, hein ?... tous les jours..., diable de vie !... bûcher, toujours bûcher..., sale journal ! Il y a un animal dans le journal..., il veut toujours mettre des yeux à mes bonshommes de second plan, cet enragé-là!... C'est bon la bière..., je suis *ranplan!*... Ils sont à me dire que j'ai le sang échauffé... Je devrais aller là-bas quelque temps..., je sais bien..., me mettre au vert..., mais, sacr...! il n'y a que le pavé de Paris, mon cher!... Là-bas, rien, plus rien! là-bas, comme un bœuf!... Une seconde choppe!... Ah! vous vous en allez?

XI

Ils étaient en face d'une grande librairie du boulevard.
— Le temps de prendre la *Presse!* — dit Nachette à Demailly.
La librairie était pleine de jeunes Anglaises en chapeau à la Paméla, à voile feuille morte, choisissant des volumes au petit bonheur du titre. Les familiers de la maison, groupés autour du comptoir, causaient entre eux.

Un petit homme brun, alerte, sautant, allant, était partout.
— Bonsoir, messieurs, — dit le petit homme. — C'est fait, vous savez..., nous bouleversons la librairie moderne..., nous faisons entrer le livre partout, dans l'atelier, dans la chaumière..., partout!... Une vraie révolution!... la révolution que M. de Girardin a inaugurée dans le journalisme, nous l'inaugurons dans la librairie... Une bibliothèque Charpentier à un franc, c'est crâne, hein? et ça va vous faire lire! car c'est aussi bien votre affaire que la nôtre: il faut nous soutenir, nous lancer..

— Notre affaire?... à nous? — dit Demailly, — pardon. Comment, dans un temps où la plus haute paye du volume Charpentier est quatre cents francs; un temps où les meilleurs noms, les plus vrais talents, et jusqu'à de célèbres membres de l'Académie ne touchent pas trente centimes par exemplaire vendu de leurs livres; quand un volume in-octavo rapporte dans les meilleures conditions à peu près mille francs avec une vente à quinze cents exemplaires; quand le salaire littéraire en est là, vous allez encore le baisser...

— Nous ne baissons pas les prix; au contraire...

— Vous n'arriverez jamais à me faire croire, — reprit Demailly, — qu'un livre mis par vous dans le commerce à un franc, vous le payerez le même prix qu'en 1830, alors que le même ouvrage faisait deux volumes in-octavo, et qu'il se vendait quinze francs... Réduisez seulement les deux volumes en un comme à fait la spéculation Charpentier, vous baissez le salaire, c'est fatal... Vous me parliez du journalisme, le journal n'a-t-il pas généralement baissé ses prix de rédaction depuis que l'abonnement de quatre-vingts francs est tombé dans les quarante francs? Il est de principe élémentaire que dans le commerce de l'intelligence toute baisse de la marchandise est aux dépens du producteur. Car remarquez bien que pour le livre ce n'est pas la somme générale du bénéfice qui dicte le prix d'achat donné par l'éditeur, mais la quotité de bénéfice par chaque unité de l'objet vendu. Ainsi, quand vous passerez un traité avec un homme de lettres, et que vous lui direz : Nous gagnons deux sous par exemplaire, il est bien certain que ce seront ces deux sous qui feront la base de votre traité; et non le total de ces deux sous multipliés par le nombre d'exemplaires quel qu'il soit.. Maintenant une question : Croyez-vous qu'on crée immédiatement un public d'acheteurs de livres? un public permanent et grandissant, un public ayant la solidité et la durée d'un corps d'abonnés, et sur lequel votre collection puisse compter dans un an, dans deux ans, dans cinq ans, dans dix ans? Où est passé le public des publications illustrées, des livraisons à vingt et à cinquante centimes? On n'en sait rien. Avec du bruit et vos grandes relations de librairie, des primes aux libraires commissionnaires, vous enlèverez peut-être un public factice qui se jettera sur vos premiers volumes. Ce sera le succès des ballons roses, et après? après? Quand la concurrence aura jeté sur la place des cent milliers d'un franc, les quais en regorgeant, le dégoût venu..., qu'est-ce que vous ferez? Mais cela vous regarde... Pour nous, encore une fois, quel intérêt? Votre spéculation n'est belle, grande et large qu'avec des livres nouveaux, des noms qui se forment... Il vous faut une vente de sept mille pour couvrir vos frais. Vous essayerez des noms nouveaux, vous n'arriverez pas aux sept mille; et après deux ou trois essais vous ne voudrez plus vendre que des noms connus, des noms faits, des noms du passé, en un mot, des rééditions. Pour le livre attendu, le livre à succès encore vierge, vous ne l'aurez pas. Il trouvera toujours dans une mise en vente à cinq ou à trois francs de meilleures conditions que dans une mise en vente à un franc, gagnât-il, à un franc, vingt mille acheteurs... Et pour les jeunes gens, pour les talents de second ordre, une classe très-nombreuse et très-honorable après tout, vous les tuez par votre publication à un franc. Vous ne les éditez pas, et vous les empêchez de vendre leurs volumes à trois francs. Vous le savez mieux que moi, tout le monde n'est pas de la force d'une vente de sept mille, et... Tenez! je ne serais pas étonné que dans quatre ou cinq ans on en revînt à l'in-octavo.

— Je vois, monsieur Demailly, que vous ne comprenez pas du tout l'opération, — dit le petit homme d'un ton vexé, et, se tournant vers Nachette : — Dites donc, Nachette, voulez-vous nous donner un volume ?

— C'est que je n'ai rien..., — dit Nachette.

— Rien? Laissez donc! Il y a des gens qui ont des malles pleines... On a toujours un titre au moins....

— Un titre! un titre!... je n'en ai pas sur moi de titre...

— Eh bien, passez demain... Je vous ferai voir une liste de titres : vous choisirez.

— Oui, mais le sujet?

— Le sujet?... Mais j'ai aussi une liste de sujets...

Demailly se dit à lui-même : J'avais lu quelque chose comme ça, et je n'y croyais pas...

XII

Rue des Moulins, Nachette enfila une allée, prit, en ouvrant le carreau d'une loge, sa clef et un flambeau de cuivre, alluma sa bougie en jetant au portier qui sommeillait l'interrogation : — Vous n'avez rien ? — et monta avec Charles.

— Tu attends quelque chose ? — lui dit Charles.

— Oui, — fit Nachette, — quelque chose qui n'arrive pas souvent : l'avenir ! — Mais, changeant de ton à la vue d'un jeune homme qui redescendait l'escalier, et prenant sa voix de blague : — Te voilà, toi !

— Je viens de chez toi, — fit l'apostrophé.

— Eh bien, remonte... tu fumeras une pipe, et tu brosseras mon habit !

Et Nachette se retournant vers Charles et lui montrant le garçon qu'il poussait devant lui :

— Mon cher, je te présente monsieur... Je te dirais bien son nom, mais il n'en a pas !... Monte donc, Perrache... Monsieur est un boursier, sauf ton respect... qui a eu l'insolence de naître dans ma patrie... et qui me tutoie sous le prétexte que je le tutoie... Un *gandin*, comme tu vois... Il a une raie dans le dos dans la cervelle... Il est vingtième chez un agent de change, et quatre-vingt-dix-huitième chez une actrice des Folies-Nouvelles... Je lui ai entendu dire qu'il savait lire : c'est un jeune homme plein d'illusions !... et un ami de dix louis, n'est-ce pas, Perrache ?

— A ton service ! — dit Perrache. — Je venais pour t'inviter...

— A dîner ? Encore ? Ah çà, mon cher, c'est un tic ! Tu vous mènes dans une gargotte, à la *Maison-d'Or*... et tu te permets d'avoir des opinions au dessert ! Que diable ! quand on veut se frotter à nous autres, on fait proprement les choses : on se tait, et on se fend !... Un gigot de chevreuil ne suffit pas à réhabiliter un homme de bourse... Si tu crois qu'un homme connu se résignera à te connaître pour un dîner comme ton dernier dîner!... Ça manquait de truffes sous la serviette, — dit sévèrement Nachette en mâchonnant un filament du bouilli de son dîner retrouvé entre deux dents. Tout en parlant, il avait ouvert la porte de sa chambre, une misérable chambre meublée par l'occasion. L'unique fauteuil avait un bras cassé et mal remis. Une brosse à dents était passée par le manche entre la glace de la cheminée et le mur.

— Ah! — fit Nachette en voyant Demailly regarder, — ça n'est pas en *bois de boule*, ici! — et il força son sourire.

— On va bien chez toi? — dit Perrache pour dire quelque chose. — Ta famille?

— Ma famille? — dit Nachette d'un ton creux, — elle est finie!

— Allons! mon cher... — essaya de dire Demailly.

— Elle est finie! — reprit Nachette; et fouillant ses tiroirs, courant après ses affaires, s'animant et s'excitant dans cette recherche nerveuse en plein désordre: — Tiens! ça t'est bien facile, à toi! Toi, tes parents t'ont fait une jolie tête... tu es grand... tu as un sourire qui te va bien... Ils t'ont donné un nom propre, un nom qui sonne... Tu as presque l'air d'être noble, les femmes aiment ça... Ils t'ont laissé de l'*os*, ton pain sur la planche... de quoi ne pas faire des infamies!... Voilà ce qu'ils t'ont fait! Moi, les miens, de parents... bon! sacristi! une chemise déchirée!... Les miens? ils m'ont bâti comme un magot... je fais peur... j'ai des ongles d'ouvrier tapissier... et des mains!... je couvrirais mon pied avec ma main!... Ils m'ont fait sans le sou, mes parents, moi!... On m'a mis au collège avec un habit fait d'un vieux drap de billard, moi!... Mais toi, comment donc! par exemple! Des parents comme ça, tu as bien le droit de leur élever un mausolée dans ta mémoire!... Allons! je suis ficelé... partons... Maintenant, Perrache, lâche-nous : on pourrait nous rencontrer!

XIII

— Où en est-on, Joseph? — dit Nachette au domestique qui lui ôtait son paletot avec un empressement familier.

— On a chanté... c'est fini. Nous avons eu cette demoiselle qui a une voix d'homme... que M. Couturat dit qu'on lui a changé sa voix en nourrice.

— Il est là, Couturat?

— Oui, monsieur, et tous ces messieurs... Monsieur ne m'oubliera pas?... — et Joseph hasarda la main sur le bras de Nachette en train de boutonner ses gants, — pour les billets de spectacle... n'importe où... oh! le théâtre m'est égal...

— A une condition, Joseph : vous sifflerez.

— Oh! monsieur... avec un billet de faveur?

— Imbécile! — fit Nachette en entrant avec Demailly.

Tous deux se dirigèrent vers la maîtresse de la maison.

Madame de Mardonnet avait eu quarante ans : elle en avait trente-neuf. Elle n'avait sauvé de sa jeunesse que des épaules magnifiques et de beaux cheveux blonds qui n'étaient pas encore rares. Tout le reste avait sombré dans un de ces embonpoints impitoyables que la quarantaine déchaîne, et que les corsets, selon l'heureuse expression d'une femme, *boudinent* vainement. Sa beauté ressemblait à une ville enfouie : il fallait s'orienter pour retrouver l'emplacement de sa taille.

Il montait à tout moment, au visage de madame de Mardonnet, des chaleurs, un sang refoulé et errant. Ses yeux bridés, et dont le bleu léger et profond avait pris avec l'âge la sécheresse et l'aigreur de la faïence, avaient encore des battements de vingt ans, des coquetteries et des langueurs.

Madame de Mardonnet était l'auteur d'une série d'ouvrages écrits à l'usage et à la gloire de la femme : petits traités, petits catéchismes, le code et la règle, l'école et l'élévation de l'imagination de la femme, de sa rêverie, de sa religiosité morale, quelque chose comme le guide-âme de la sentimentalité, écrit dans un style *ad hoc*, filandreux, tendre et entêtant, mélangé de Genlis et de sainte Thérèse, relevé de sensualisme mystique et d'une pointe de quiétisme fénelonien. Ces livres de madame de Mardonnet avaient eu le débit d'un mauvais livre ou d'une brochure politique sans nom d'auteur. La France et l'Europe en avaient nourri leurs filles. Ce succès, cette vente, qui allaient toujours, joints aux prix que l'Institut accordait à peu près annuellement à madame de Mardonnet dans la section des prix pour « Ouvrages utiles aux mœurs, » rapportaient assez d'argent à madame de Mardonnet pour qu'elle eût un fort joli appartement au second, une soirée, des glaces, et une livrée tous les jeudis. Ces soirées du jeudi faisaient le fond de la vie de madame de Mardonnet. Si elles étaient sa grande dépense, elles étaient, en même temps, le grand moyen de son influence et l'achalandage de son nom, de ses livres, de sa spécialité.

Madame de Mardonnet donna, sans se lever, une poignée de main à l'anglaise aux deux arrivants, et reprit sa conversation avec un monsieur à favoris jaunes auquel elle proposait d'éditer un volume qui serait l'Éducation des filles du dix-septième siècle, remaniée, annotée, appropriée et étendue à tous les besoins délicats et inconnus, à toutes les aspirations nouvelles et légitimes, à tous les développements, aux exigences sociales comme au progrès psychique de la jeune fille moderne, de la jeune fille du dix-neuvième siècle.

Le concert venait de finir. Hommes et femmes, groupés deux à deux, causaient dans tous les coins du grand et du petit salon. La conversation, une causerie intime, voltigeait à l'oreille, sérieuse ici, là souriante et coupée du jeu de l'éventail. Un murmure d'aparté bourdonnait partout; car dans cette société de madame de Mardonnet il n'y avait rien du monde officiel, de ce monde, un camp de femmes à droite, une haie d'hommes à gauche, où tout à coup un homme plus brave que les autres, roide et crispé dans son audace, pousse une sortie jusqu'à une dame, lui tire de haut en bas deux ou trois phrases en pleine poitrine, puis rentre précipitamment dans les habits noirs qui se referment sur lui, comme sur un héros, avec le silence de l'admiration. Chacun chez madame de Mardonnet était à l'aise, et personne, même les hommes, n'était gêné de son sexe; nulle femme, même les jeunes filles, ne gênait par son âge. Il régnait dans ce salon cet entrain, cette grâce cordiale et cette liberté communicative que donne seul aux relations et aux plaisirs sociaux ce genre de femmes qu'on est convenu d'appeler les *femmes-garçon*, femmes charmantes et précieuses, qui, en restant femmes, savent être des camarades et des amies, et qui, délivrées par la franchise de leur caractère des conventions, des mensonges, des petitesses, des grimaces et des préjugés de leur sexe, parlent selon qu'elles pensent, rient quand elles en ont envie, prennent les mots et les poses qui leur viennent, et, toujours en plein naturel, se montrent, même aux sots, telles qu'elles sont. Un honnête homme de bourgeois qui eût présenté là sa fille eût été fort alarmé par la vivacité des rires, la familiarité et l'abandon des attitudes, la liberté des gestes, le ton, les airs, les mille riens sévèrement proscrits par la tradition et l'éducation de la famille. Et pourtant ce monde, malgré ses apparences et ses facilités, valait au fond le monde où les jeunes filles ne répondent que oui ou non, et où les femmes ne valsent qu'avec les valseurs autorisés par leur mari : on eût pesé les fautes de l'un avec les fautes de l'autre, que les jugements téméraires eussent été bien étonnés de voir les balances égales.

Un tel salon est peut-être le seul monde où l'homme de lettres puisse s'acclimater. Sortant de la conception et du rêve d'une œuvre, il veut toucher à la terre, trouver des femmes sans ailes, des esprits gais, des oreilles sans façon. Il lui faut la liberté de la parole pour le délassement de son imagination. Les comédies de la convenance apprise, le *cant* bourgeois, l'ennuient comme un menuet. Il y a dans les mensonges, les purismes et les innocences de la société quelque chose qui ne lui semble pas fait pour lui, des conventions qui le blessent dans sa conscience d'auteur et dans son amour-propre d'observateur. N'ayant ni le goût ni le temps des petits soins, il laisse à d'autres le métier de faire antichambre tout un hiver dans l'intimité d'une femme pour arriver enfin à lui parler; et comme pour lui la société n'est point une autre distraction que l'échange des idées, il demande à la femme qui se trouve être sa voisine dans un salon de causer avec lui comme un homme qu'il rencontrerait en diligence. Les femmes reçues par madame de Mardonnet satisfaisaient à toutes ces exigences d'un écrivain qui met un habit et des gants. Toutes, ou presque toutes, jeunes femmes d'auteurs, de musiciens, d'artistes, elles avaient les allures bon enfant, le premier mouvement garçonnier, la camaraderie d'une Diana Vernon. Frottées au métier, aux amis, à la langue technique de leurs maris, elles eussent étonné un étranger parlant parfaitement le français par des expressions toutes parisiennes, et qui les calomniait. De temps en temps un mot, un tour de l'argot des coulisses, de l'atelier ou du bureau de journal, se faisait jour dans leur langage. — Une couturière eût encore remarqué un caractère particulier à ce salon : la toilette y avait une signature propre. Elle n'était ni la toilette du monde bourgeois, ni la toilette du monde fille, ni la toilette provinciale de Paris, ni la toilette mondaine du monde; elle était une toilette originale, excentrique, marquée d'un cachet de caprice et de fantaisie individuelle, marquée surtout d'un cachet de cosmopolitisme qui rappelait dans toute la mise des femmes les voyages des maris.

Madame de Mardonnet fut interrompue au milieu de sa conversation d'affaires avec le monsieur à favoris jaunes par une jeune femme qui vint se réfugier à ses côtés d'un air assez effarouché.

— Qu'avez-vous, ma chère? — dit madame de Mardonnet à cette jolie brune tout fraîchement séparée de son mari.

— Ah! c'est M. Nachette... il est insupportable! Voilà une demi-heure qu'il me tourmente avec mon mari... Mon mari lui aurait raconté, à ce qu'il dit...

— Je gronderai M. Nachette, ma chère. — Et comme madame de Mardonnet se retournait, elle se trouva en face d'un grand garçon blondasse qui lui était présenté, et dont la spécialité en littérature était de se pendre aux pans d'habit de ses amis pour entrer partout, et de suivre les enterrements pour se faire des relations. Madame de Mardonnet, tout en répondant à ses très-humbles saluts, s'aperçut que la soirée languissait et que la causerie commençait à s'épuiser. Le proverbe qu'elle avait promis à ses invités manquait par la migraine d'un des deux personnages. Ce désappointement mettait de la froideur dans le salon.

— Oh! mais, — fit-elle en laissant là les compliments de la présentation, — est-ce que nous allons nous ennuyer? Je ne veux pas qu'on s'ennuie chez moi... Mais je serais perdue de réputation!... Comment! nous avons ici des hommes d'imagination patentés... et ils n'ont pas une idée! Voyons, messieurs... mais les anciens acteurs de la Comédie-Italienne improvisaient leurs rôles sur un canevas... Vous en feriez bien autant pour le public qui est ici? Attendez! mesdames, voulez-vous que nous cherchions un sujet? Ces messieurs seront chargés de nous faire immédiatement là-dessus quelque chose d'amusant... L'auteur, bien entendu, aura le droit de prendre autant d'acteurs qu'il voudra.

Un petit conciliabule de femmes se forma dans un coin, et après bien des chuchotements :

— Messieurs, — dit madame Mardonnet, — il s'agit d'une comédie, d'une charade, d'une parade, de tout ce que vous voudrez, sur... sur vous-mêmes. Notre sujet est : l'*Homme de lettres...* Vite les noms de tous ces messieurs dans un chapeau.

Ce fut le nom de Demailly qui sortit.

— Vous avez un quart d'heure pour avoir de l'esprit, — lui dit madame Mardonnet. — Qu'est-ce qu'il vous faut?

— Une grosse caisse, Florissac et Bourniche.

— Accordé! Il me semble qu'il y a une grosse caisse et des costumes de mon dernier bal masqué dans les débarras, là-haut. Vous les demanderez à Joseph.

Dix minutes après, la porte du salon s'ouvrait à deux battants, et le trio faisait une entrée solennelle.

Bourniche tambourinait sur la grosse caisse l'apothéose de Dumersan. — Son génie et Bobèche le mènent à l'immortalité, — ouverture à grand orchestre.

Florissac, en jeune *pitre*, un papillon balancé à un fil de fer lui dansant devant le nez, le feutre posé à la Jeannot, la souquenille de paillasse au dos, ressemblait à l'Antinoüs dans une toile à matelas.

Pour Demailly, il s'avançait drapé dans la dignité d'un Fontanarose à paillettes.

Bourniche, se laissant glisser, s'adossa au divan rond du milieu du salon, et mit ses deux jambes par-dessus la grosse caisse.

Florissac et Demailly sautèrent à genoux, nez à nez, sur le divan.

— Mesdames et messieurs! — cria Demailly avec l'accent d'un *boniment* — fantaisistes et réalistes! et vous, femmes charmantes! c'est pour avoir l'honneur de nous amuser que nous allons avoir celui de vous divertir par une grrrrrrande représentation du fameux *Catéchisme de l'homme de lettres!* morceau à deux voix! impromptu nouveau! écrit sans chandelle! par un auteur d'une renommée européenne!... Il est de moi, messieurs! et de cet imbécile de Vif-Argent!... Saluez, Vif-Argent!... et en avant la musique!

Bourniche joua par-dessous la jambe les trois premières mesures de la célèbre romance : *Zim! boum! boum!* — mélodie qu'il répéta en guise de répons tout le long de la parade.

— Vif-Argent! — dit Demailly à Florissac, — levez la toile! Florissac se moucha.

— La toile est levée! Vif-Argent?

— Bourgeois? — dit Florissac.

— Pourriez-vous me dire un peu ce que c'est que la littérature?

— Bourgeois, c'est une industrie de luxe.

— Vif-Argent?

— Bourgeois!

— Pourriez-vous me dire un peu l'opinion de vos parents sur la littérature?

— L'opinion de mes parents sur la littérature? Ç'a été un grand coup de pied dans... ma vocation.

— Vif-Argent?

— Bourgeois!

— Pourriez-vous me dire un peu ce que c'est que l'Académie?

— Bourgeois, c'est l'immortalité en première instance.

— Et la postérité, Vif-Argent?

— Bourgeois, c'est comme qui dirait la Cour de cassation.

— Vif-Argent, qu'est-ce que c'est qu'un homme de lettres?

— Bourgeois, c'est un homme qui fait danser la danse des œufs aux vingt-quatre lettres de l'alphabet, et qui lance jusqu'à l'avenir des idées qui lui retombent droit dans le gousset, en gros sous.

— Vif-Argent?

— Bourgeois!

— Faites-moi le plaisir de dire à l'honorable société à quoi on reconnaît un homme de lettres.

— A son déménagement, bourgeois.

— Et un grand homme de lettres, Vif-Argent?

— A son enterrement, bourgeois.

— Vif-Argent?

— Bourgeois!

— Par exemple, pourriez-vous nous dire ce que c'est qu'un livre?

— Un livre? bourgeois, c'est quelque chose comme un homme : ça a une âme, et ça se mange aux vers.

— Dites à ces messieurs ce que c'est que la réclame, Vif-Argent.

— C'est la poignée de main des hommes de lettres.

— Vif-Argent, pourriez-vous apprendre aux gens considérables qui nous écoutent ce que c'est qu'un éditeur?

— Le mont-de-piété des manuscrits.

— Mon petit Vif-Argent, il s'agit de nous dire à présent ce que c'est qu'un poëte.

— Oui, bourgeois. C'est un monsieur qui met une échelle contre une étoile, et qui monte en jouant du violon.

— Et la critique? Vif-Argent, qu'est-ce que c'est, s'il vous plaît?

— La poudre à gratter de l'opinion publique.

— Attention, Vif-Argent. Qu'est-ce qu'un vaudevilliste?

— Bourgeois, c'est un homme qui collabore.

— Vif-Argent, voilà la fin. Pourriez-vous nous dire seulement ce que c'est qu'un roman?

— Oui, bourgeois. C'est un conte de fées pour les grandes personnes.

— Un journal?

— Trois sous d'histoire dans un cornet de papier.

— Et un journaliste?

— C'est un homme de lettres à la journée, bourgeois.

— Ah! ah! ah! Qu'est-ce que le public, Vif-Argent?

— Bourgeois, c'est celui qui paye.

— Vif-Argent?

— Bourgeois!

— Si nous demandions une tasse de thé?

— Oui, bourgeois.

On rit, on applaudit. Madame de Mardonnet trouva la parade délicieuse, et remercia beaucoup Demailly, qui fut comblé de tasses de thé par toutes les femmes.

Le grand jeune homme blond profita du mouvement pour s'esquiver, en glissant à l'oreille de Couturat :

— Vous m'excuserez auprès de madame de Mardonnet... Je me sauve : je vais envoyer ça tout de suite à un journal belge.

A une heure, Demailly et ses amis sortirent en bande de chez madame de Mardonnet. Couturat, le long du chemin, éveillait en sursaut les cochers endormis sur leurs siéges, en leur criant avec les intonations de l'acteur Félix :

— Cocher! Eh! là-bas!... Nous sommes des fils de famille... en train de manger notre patrimoine!

— Est-ce qu'on se couche? — dit Nachette.

— Entrons au bal de l'Opéra : ce sera un prétexte pour souper.

XIV

Demailly, Couturat et Nachette entrèrent tous les trois au foyer. Au second tour, Nachette disparut avec une femme masquée jusqu'aux dents.

— C'est embêtant! — fit Couturat, — Je connais toutes ces dames comme... comme ma poche, parbleu!... — Qu'est-ce que tu veux, mon petit chat? — dit-il à un domino qui venait à lui, — m'intriguer? eh bien, intrigue-moi, ma petite Louise... Vois-tu, Demailly, il n'y a pas de position plus bête que ça au bal de l'Opéra : reconnaître tout le monde... J'aimerais presque autant ne connaître personne. Non, à la fin, je t'assure, ça impatiente de mettre le petit nom sur tous les masques : venir ici pour réciter le calendrier, tu conviendras... ce n'est pas une position!... Bonjour! bonjour!... — Et Couturat distribuait des inclinations de tête. — Tiens! une femme que je ne connais pas!... Tu vas voir ma chance! Je parie que c'est une femme que je ne connais plus!...

Et Couturat manœuvra au milieu de la presse pour arriver à une femme blonde auprès de laquelle un tout jeune homme était assis.

Couturat regarda la femme à travers son masque, se pencha, et lui glissa à l'oreille :

— Hermance!

Le domino tressaillit.

— Je savais bien!... Dis donc, tu les élèves donc à la brochette, maintenant? Qu'est-ce que c'est que ce petit monsieur?

— Des millions! mon cher.

— Sur quoi?

— Sur une vieille tante.

— Qu'est-ce qu'il fait?

— Il m'aime.

— On ne lui présente donc pas les amis?

— Impossible... Il est jaloux comme un vieux... Même, tu serais bien gentil de t'en aller, parce que s'il croyait... il me croit une femme bien, mon cher.

— Mes excuses, beau masque!

Et Couturat s'inclina de l'air le plus respectueux et le plus désappointé.

— Hein? qu'est-ce que je te disais? — dit-il à Demailly — c'est une femme, figure-toi... Enfin, dire que nous nous sommes trouvés avec trois sous!... un cinq janvier!... Nous avons été entendre un sermon dans une église où il y avait des paillassons!...

— Couturat! Couturat! j'ai quelque chose à te dire... Deux minutes...

Et une femme lui prit le bras d'autorité et l'entraîna dans une loge.

Demailly, resté seul, descendit dans la salle où il trouva, affaissé sur une banquette, les yeux écarquillés, Giroust, qui, dans un costume de paysan badois, semblait un poussah sur lequel on aurait passé une paire de bretelles.

— Demailly... mon cher.. je suis *ranplan!*

— Toujours?

— Tiens! vous êtes en pékin... Moi, ma culotte?... hein? Je crève dedans... J'ai envie de tirer des oies, comme à la fête de chez nous, avec un grand bâton... Mais ce n'est pas tout ça. J'ai mon idée... Je suis venu pour voir ce tremblement de là-haut... positivement. Mais je ne peux pas... non, jamais je ne pourrai y arriver... Aussi pourquoi font-ils des escaliers pour monter? C'est exprès : ils ne veulent pas qu'on monte, voyez-vous... Les pompiers font des salades d'oranges là-haut... C'est pour ça, ils ne veulent pas... Montons, hein, voulez-vous?... Ah! ce que c'est que mon costume... badois!... Forêt Noire... Y venez-vous cet été? Nous serons cinq... à pied... superbe... kirsch... excellent! Nous montons, n'est-ce pas?.

Charles avait pris Giroust sous le bras et le remorquait, non sans peine, dans l'escalier.

— Mon cher, c'est bête, j'ai du roulis dans les jambes, — disait Giroust, pendu à Charles et tirant sur son bras à chaque enjambée. — Je suis bien ennuyé, allez, maintenant : je ne sais plus ce que je jauge... Tant que je suis assis, ça va, mais... Un instant, que je souffle... Vous savez bien, Élisa? Nous sommes fâchés... Je vous dis ça, à vous, Demailly, parce que je sais... Ce soir, mon cher, je monte avec le cocher à cause de l'air, j'aime l'air, moi... Il me parlait, ce cocher... Je lui disais : Ne me parlez pas! Il me parlait!... Je vous demande un peu l'air que ça me donnait... Ce n'était pas pour moi, vous comprenez, mais pour le monde... A la fin, voilà qu'il donne des coups de fouet à ma maîtresse, qui était dans la voiture... Ça ne fait rien, c'était un insolent, ce cocher... Moi d'abord les femmes... oh! les femmes!... Mais je lui ai dit, à ce cocher, qu'il y avait deux gendarmes, le gendarme physique et le gendarme moral, le gendarme qui nous patrouille dans l'intérieur, sans cheval, ni bonnet à poil, ni sardine, la conscience, quoi!... et le gendarme de grande route... Oui... Ouf!

Charles avait enfin échoué Giroust sur une banquette des quatrièmes loges. Giroust s'allongea sur le rebord de la loge, mit les deux coudes sur le velours, et appuya son menton sur ses deux mains. Charles s'accouda, et tous deux contemplèrent quelque temps, sans rien se dire, la salle et le bal.

Au-dessus d'eux, au plafond, ici et là, un morceau de pourpre, une chair rose, un flanc de déesse, un pan de manteau, sortent confusément d'un ciel effacé et de nuées qui s'enfuient. Au-dessous d'eux, un ciel de lustres, un voile éblouissant de feux blancs; les guirlandes d'or des balcons, les cordons de feuillages balançant les instruments d'or; du haut en bas des loges, sur le repoussoir de leur fond rouge, des cravates blanches, des visages rougis par la chaleur, le triangle blanc des chemises d'hommes, des chapeaux noirs, des habits noirs; des ombres de femmes noires, des paires de gants blancs qui rabattent ou relèvent en causant la barbe d'un masque sur un menton; en bas, aux deux côtés de la salle, sur les deux escaliers rouges, entre les municipaux effarés, des flots de masques, des flots de femmes qui piétinent de marche en marche et piaffent déjà la danse; en bas, la salle qui engloutit tout! du blanc, du rouge, du rose, du vert, des plumes, des casques, des épaules, des jupes, des chamarres, des chapeaux, des bouffettes, des diamants faux... Une mer d'éclairs qui toujours sautent! manches en l'air, jupes qui tournent, avant-deux brouillés et heurtés, galops brisés, plumets et rubans en l'air... Et la musique, le déchaînement des cuivres, la batterie des tambours, le tonnerre de l'orchestre; et le bruit de la salle, les hourras, les vivat, les refrains, les chœurs, les huées, les appels du pied, le cri des crécelles, la claque des danseurs sur leur cuisse, et le plancher qui toujours ronfle sous la danse... — L'arc-en-ciel et le sabbat, tout leur monte aux yeux et aux oreilles dans un brouillard de rayons, dans un murmure de rumeurs, dans une nuée chaude, dans une vapeur fauve, dans la poussière et l'haleine d'une bacchanale...

— Est-ce beau! — dit tout à coup Giroust, que ce spectacle de vertige semblait avoir dégrisé. — Est-ce beau! Mais rendre ça!... le tripotis, le roulement, ça! Cristi! un rude monsieur qui fera danser ces chaudrons-là, ces soleils-là et ces fusées-là dans un dessin du diable!... Concevez-vous, hein, Demailly? quelque chose d'enragé comme cet avant-deux!... du poché, du claquant... et que ça tourbillonne! Peindre la musique, le cancan, tout! Et des coups de pistolet comme cette jupe jaune! Pan! pan! pan! — Et, du pouce, Giroust fit le geste d'un homme qui pose des tons de premier coup sur une toile. — Et penser à tant de belles choses modernes qui mourront!... qui mourront, mon cher, sans un homme, sans une main qui les sauve !... Ah ! que de crânes décors, et que de crânes bonshommes, les boulevards, les Champs-Élysées, les halles, la Bourse, Mabille, est-ce que je sais !... C'est pourtant ce gredin de journal... Quand je pense que je suis assez lâche pour... Tenez ! Demailly, vous vous dites : Pourquoi Giroust boit-il ?... Si vous ne le dites pas, il y en a d'autres qui le disent pour vous... Eh bien ! voilà pourquoi je bois... Parce que je sens, et que je ne peux pas !... Je vois des choses... impossible d'y monter ! C'est comme pour l'escalier tout à l'heure... Je voudrais vouloir, et je ne peux pas... et je bois !... Oui, c'est beau, ça !...

Deux minutes après, Giroust s'endormait sur la banquette.

Charles le laissa à ses rêves et redescendit. Couturat lui reprit le bras, et ils se promenaient dans le corridor des premières loges quand Nachette vint à eux d'un air de mauvaise humeur.

— Nachette, sur quoi as-tu marché ? — lui dit Couturat. — Sur une femme honnête ?

— Très-honnête ! — dit Nachette. — C'était la Raisin...

— Ah ! ah ! — dit Couturat. — Je suis sûr que Demailly ne sait pas...

— Je ne sais rien, — dit Demailly. — La Raisin est ?...

— Une juive, mon cher, — dit Nachette, — qui a voué son enfant à la Vierge, et qui l'aime !... Elle se confesserait publiquement pour lui faire plaisir, ce qui serait un joli dévouement, je t'en réponds ! Figure-toi une marchande à la toilette de mobiliers... mais rouée !... et qui a eu une idée... superbe ! On va chez elle, toi ou moi, mais généralement ce n'est ni toi ni moi, c'est une femme : Ah ! comme c'est gentil chez vous ! comme c'est bien arrangé ! Oui, dit la Raisin, ça me coûte assez cher... Mais j'ai d'autres meubles en vue, et si ceux-ci vous vont, vous me ferez des billets... — Un commerce d'or !... C'est pour cela que je l'intriguais, mon cher, pour un mobilier... son dernier mobilier... Je voulais déménager, avoir un appartement qu'un membre du conseil des avocats pût inspecter sans loucher... Tu ne sais pas ce qui m'arrive? Je tombe sur le premier mobilier que la Raisin veut garder... C'est clair, elle n'a pas confiance dans ma signature... Allons donc souper... Le bal est ignoble.

XV

Arrivés au boulevard Montmartre, à une porte couronnée de deux enfants en plâtre, assis aux côtés d'un petit phare où se lisait : Vachette, les trois amis franchirent une écaillère qui ouvrait avec fureur des huîtres d'Ostende et des huîtres de Maremne.

Des avalanches de garçons roulaient dans l'escalier. Des cris aigus se croisaient : *L'addition du 4 !* — *L'addition du 9 !* pendant que dans les entrailles du mur un taureau semblait mugir à l'oreille d'une cuisine enterrée vive la commande éternelle d'un monstre aux trois cents bouches.

— Un moment, — dit Couturat, — je vais vous présenter.

Et il entra dans le grand salon du restaurant en marchant sur les mains.

Toutes les tables étaient pleines. La chaleur du gaz, les bouffées des cigares, l'odeur des sauces, les fumées des vins, les détonations du champagne, le choc des verres, le tumulte des rires, la course des assiettes, les voix éraillées, les chansons commencées, les poses abandonnées et repues, les gestes débraillés, les corsets éclatant, les yeux émerillonnés, les paupières battantes, les tutoiements, les voisinages, les teints échauffés et martelés par le masque, les toasts enjambant les tables, les costumes éreintés, les rosettes aplaties, les chemises chiffonnées toute une nuit, les pierrots débarbouillés d'un côté, les ours à demi rhabillés en hommes, les bergères des Alpes en pantalon noir, un monsieur tombé le nez dans son verre, un solo de pastourelle exécuté sur une nappe par un auditeur au conseil d'État, et l'histoire du ministère Martignac racontée au garçon par un sauvage tatoué, — tout disait l'heure : il était cinq heures du matin. Comme ils entraient, il y avait un grand brouhaha au fond de la salle : trois grands drôles, costumés en plumets de cavalerie, priaient, — avec les mains, — un domino masqué de se démasquer.

— Ne démasquez pas cette dame! — criait un individu enveloppé d'un froc brun et assis à une petite table contre la cheminée, — c'est peut-être la femme de quelqu'un!

— Mais, — dit Couturat, — c'est la voix de...

— De Mollandeux!

Ils marchèrent vers la table : c'était Mollandeux en moine.

— Tiens!

— Lui-même!

— Toi?

— Moi. Asseyez-vous.

— Tu viens du bal?

— Jamais.

— Et ton costume de moine, où l'as-tu pris?

— Dans la garde-robe des vieilles institutions françaises... Garçon! des femmes!... Monsieur! eh! monsieur! là-bas! à quoi pensez-vous? Au chapeau d'Henri IV?... Comment! on bat les femmes!... Avance ici, sauvage! et songe un peu que si on avait retrouvé Ménandre, nous saurions ce que c'est que la comédie moyenne!... Tu me diras : Nous avons M. Scribe... Je te connais, tu me le diras... Pas un mot de plus!... Messieurs!... messieurs! que deviendra la vieille gaieté française? Nous secouons les derniers pampres... Messieurs, quand il y a dans un pays une chose qui s'appelle Académie des sciences morales et politiques... Je bois à la santé de nos enfants naturels!... Madame! madame! donnez-moi votre bouquet : j'ai envie d'embrasser une rose artificielle... Qu'est-ce qui me passe une épaule? Une épaule!... Une... soignée!... Hé!... voisine... Qu'est-ce qui dit que je suis drôle? Imbécile, c'est mon état!... Figurez-vous, Fanny... Avez-vous lu des contes de fées, ma petite chouchute? Il y avait une fois un journal qui s'appelait l'*Assemblée Nationale*... M. Guizot y écrivait sous le pseudonyme de Matharel de Fiennes : on ne l'a jamais reconnu... Eh bien ! il y avait dans le bureau de rédaction un tableau synoptique... synoptique, Julie !... Il aurait pu ne pas être synoptique... mais il était synoptique... des mots proscrits dans le feuilleton... Messieurs, vous voyez les deux globes d'albâtre de mademoiselle : il m'était défendu de les appeler par leur petit nom !... Zéphyrine ! vous n'êtes pas corrompue par la morale de Chamfort, ça me va ! Vous habitez la rue Papillon... et vous raccommodez des châles en cachemire... Vous êtes un ange !... Garçon ! garçon ! deux doigts de verrou !... Parbleu ! ce n'est pas sur la carte... mais c'est dans tous les romans de Crébillon fils... Est-il bête, ce garçon ! Il est né sur les ruines de la Bastille !

Ici, Mollandeux reprit haleine en buvant coup sur coup deux grands verres de bourgogne. Il avait un succès complet : les hommes pouffaient, et les dames le trouvaient *rigolot*. Demailly, assis à côté de lui, lui versait à boire. Couturat allait d'une table à l'autre en lutinant de vieilles connaissances, à qui il parlait à l'oreille, et dont il saluait les amants.

— Ton frère m'a ciré mes bottes à l'entrée du bal... Tu n'as rien fait pour l'éducation de cet enfant : vois mes bottes ! — disait Nachette à un domino abandonné, à côté duquel il était allé s'asseoir, et qui lui tournait le dos en mordant de colère un mouchoir brodé.

— Ah ! messieurs, — dit Mollandeux en se levant, — qu'est-ce que la vie, *vita* en latin ? Voulez-vous que je vous récite Byron ? La vie, un long enchaînement de misères... une vallée de larmes ! On perd des parapluies... ses parents... la confiance de ses fournisseurs... J'avais un ami qui faisait mes bottes neuves, je l'ai perdu, messieurs... On se trouve des chaussettes trouées... des camarades de collége... On est garçon; on se marie avec une femme qui n'est pas à la hauteur de vos sentiments... On a des enfants... et du ventre... Et puis on meurt... ***De profundis !***

Et Mollandeux donna le *la* sur une bouteille vide...

Sur le boulevard :

— Vient-on ? — dit une voix.

— Quoi faire ?

— Manger une soupe à l'oignon à la halle.

Tout le monde tourna le dos à la proposition. Et chacun rentra chez soi par les rues sans passants, où le pas sonne à travers la ville endormie, à travers ce Paris de la nuit, mystérieusement mort, immobile et muet sous la lune, comme une Pompeï gardée par des sergents de ville.

XVI

Demailly rentré chez lui, les pieds au feu qui l'attendait, son cigare allumé, prit sur une table un album qui avait un fermoir à serrure, écrivit dessus quatre ou cinq lignes, et se remit à fumer en feuilletant au hasard ce livre manuscrit qui portait à la première page : *Souvenirs de ma vie morte.*

C'est un des phénomènes de l'état de civilisation d'intervertir la nature primitive de l'homme, de transporter la sensation physique dans le *sensorium* moral, et d'attribuer aux sens de l'âme les acuités et les finesses que l'état sauvage attribue à l'ouïe, à l'odorat, à tous les sens du corps. Charles Demailly en était un remarquable et malheureux exemple. Nature délicate et maladive, sorti d'une famille où s'étaient croisées les délicatesses maladives de deux races dont il était le dernier rejeton et la pleine expansion, Charles possédait à un degré suprême le tact sensitif de l'impressionnabilité. Il y avait en lui une perception aiguë, presque douloureuse de toutes choses et de la vie. Partout où il allait, il était affecté comme par une atmosphère des sentiments qu'il y rencontrait ou qu'il y dérangeait. Il sentait une scène, un déchirement, dans une maison où il trouvait des sourires sur toutes les bouches. Il sentait la pensée de sa maîtresse dans son silence ; il sentait dans l'air les hostilités d'amis ; les bonnes ou mauvaises nouvelles, il les sentait dans l'entrée, dans le pas, dans le je ne sais quoi de l'homme qui les lui apportait. Et toutes ces perceptions intérieures étaient si bien en lui sentiment et pressentiment, qu'elles précédaient les impressions et les remarques de la vue, et qu'elles le frappaient avant l'éveil de son observation. Un regard, un son de voix, un geste, lui parlaient et lui révélaient ce qu'ils cachaient à presque tout le monde ; si bien qu'il enviait de tout son cœur ces bienheureux qui passent au travers de la vie, de l'amitié, de l'amour, de la société, des hommes et des femmes, sans rien voir que ce qu'on leur montre, et qui soupent toute leur vie avec une illusion qu'ils ne démasquent jamais.

Cela qui agit si peu sur la plupart, les choses, avait une grande action sur Charles. Elles étaient pour lui parlantes et frappantes comme les personnes. Elles lui semblaient avoir une physionomie, une parole, cette particularité mystérieuse qui fait les sympathies ou les antipathies. Ces atomes invisibles, cette âme qui se dégage des milieux de l'homme, avait un écho au fond de Charles. Un mobilier lui était ami ou ennemi. Un vilain verre le dégoûtait d'un bon vin. Une nuance, une forme, la couleur d'un papier, l'étoffe d'un meuble le touchaient agréablement ou désagréablement, et faisaient passer les dispositions de son humeur par les mille modulations de ses impressions. Aussi, le plaisir ne durait-il pas pour lui : Charles lui demandait un ensemble trop complet, un accord trop parfait des créatures et des choses. C'était un charme bien vite rompu. Une note fausse dans un sentiment ou dans un opéra, une figure ennuyeuse, ou même un garçon de café déplaisant, suffisaient à le guérir d'un caprice, d'une admiration, d'une expansion ou d'un appétit.

Cette sensitivité nerveuse, cette secousse continue des impressions, désagréables pour la plupart, et choquant les délicatesses intimes de Charles plus souvent qu'elles ne les caressaient, avaient fait de Charles un mélancolique. Non pas que Charles fût mélancolique comme un livre : avec de grandes phrases; il était mélancolique comme un homme d'esprit : avec du savoir-vivre. A peine s'il semblait triste. L'ironie était sa façon de rire et de se consoler, une ironie si fine et si voilée, que souvent il était ironique pour lui-même et seul dans le secret de son rire intérieur.

Charles n'avait qu'un amour, qu'un dévouement, qu'une foi : les lettres. Les lettres étaient sa vie ; elles étaient tout son cœur. Il s'y était voué tout entier ; il y avait jeté ses passions, le feu et la fièvre d'une nature ardente, sous une apparence froide.

Au reste, Charles était un homme comme tous les autres hommes. Il n'échappait pas à la personnalité et à l'égoïsme de l'homme de lettres, aux rapides désenchantements de l'homme d'imagination, à ses inconstances de goûts et d'affections, à ses brusqueries et à ses changements. Charles était faible. Il manquait de cette énergie toujours prête, de l'énergie au saut du lit. Il lui fallait se préparer à une action vigoureuse, se monter à une résolution violente, s'y exciter, s'y entraîner lui-même. L'être physique ferait-il l'homme? et nos qualités morales et spirituelles ne seraient-elles, ô misère! que le développement d'un organe correspondant ou son état morbifique? Charles devait peut-être tout son caractère, ses défaillances comme ses passions, à son tempérament, à son corps presque toujours souffrant. Peut-être aussi était-ce là qu'il fallait chercher le secret de son talent, de ce talent nerveux, rare et exquis dans l'observation, toujours artistique, mais inégal, plein de soubresauts, et incapable d'atteindre au repos, à la tranquillité de lignes, à la santé courante des œuvres véritablement grandes et véritablement belles.

Mais que sert de peindre Charles? il s'est confessé lui-même à lui-même dans ce journal de son âme, où sa main, ses yeux et sa pensée se promènent au hasard, accrochant ce qui suit au passage :

XVII

« ... Je suis retombé dans l'ennui de toute la hauteur du plaisir. Je suis mal organisé, prompt à la fatigue. Je sors de l'orgie avec un abattement d'âme, un affaissement de tout l'être, une prostration et un dégoût du désir, une tristesse vague, informulée et sans bornes. Mon corps et mon esprit ont des lendemains d'un gris que je ne puis dire. Après quelques ardeurs, une satiété immense, une indigestion morale, un vide, et comme une poche d'eau dans la cervelle ..

7 février.

Vendu aujourd'hui à un éditeur mon premier livre, — rien que les frais. — Je traversai le jardin des Tuileries en courant, heureux, léger comme une plume, respirant à grands traits, soufflant comme Éole, la bouche crispée en un gros sourire ; — il pleuvait ; — personne dans le jardin — que des enfants qui faisaient des gâteaux de boue, et me regardaient et riaient sans comprendre.

Mai.

Nous sommes derrière la Madeleine.
— Puis-je vous écrire ?
— Mon mari ouvre toutes mes lettres.
Elle s'arrête, et moi je m'accoude à une devanture de boutique.
— C'est impossible !
Un silence ; — elle se passe la main sur les yeux.
... — Non !
— Impossible ? Oh ! madame, est-ce qu'une femme...

Elle, agitée : — Tenez, il vaut mieux ne point se revoir.

— Oh! madame, pourquoi ne pas mettre un roman dans votre vie!

— Un roman?... un roman! — (soupirant) — oh! c'est bien sérieux pour moi! — (souriant à demi) — mon mari me défend d'en lire...

Elle me regarde, et brusquement : — Quittons-nous!

— Oui, madame, à une condition : je vous suivrai.

Elle traverse la rue; il y a une noce qui sort de l'église. Nous nous plaçons près de la grille. Elle a un rayon de soleil sur le front.

— Regardez la mariée... Est-elle jolie?

Moi d'un ton ému : — Vous ne me laisserez pas ainsi... je vous reverrai.

— Et pourquoi?... c'est un jeu pour vous, une chose sérieuse pour moi... Je vous ai provoqué... j'ai excité chez vous... un petit sentiment... j'ai été imprudente... je viens de vous dire mille paroles sans suite... les premières qui me sont venues à vous dire... Allez! ce n'est pas grand'chose chez vous tout cela... et ça ne laissera pas grande trace... Il vaut mieux qu'il n'y ait rien entre nous...

Je proteste de mon sérieux.

Elle, d'un ton de voix abandonné : — Oh! j'ai bien du plaisir à vous voir de près, moi qui ne peux vous voir que de loin...
— Puis brusquement : — Saluez-moi et partez!... voilà mon mari!

Décembre 185.

Ne sachant que faire, j'entre à un petit spectacle. Une fille mal vêtue au contrôle. Le placeur, c'est Jacqmin, l'ancien homme à tout faire du petit journal le *Crocodile*. Des filles aux avant-scènes et aux loges découvertes, quelques-unes voilées, se dévoilant à demi et se montrant un peu à des messieurs ou à un monsieur de l'orchestre; d'autres aux jeunes gens d'en face, souriant ou faisant des menaces du doigt. A tout moment, les ouvreuses, suivies de femmes, demandant aux gens placés le premier rang « pour des dames. » Les spectateurs de l'orchestre assis de côté, et tournant à demi le dos à la scène. La fille se sent dans son salon. Elle a les poses penchées de l'orgueil, du chez soi et de la calèche. Au balcon et aux avant-scènes, des rangs d'hommes au teint blafard que les lumières font paraître blanc; une raie androgyne en pleine tête, un soin féminin de la barbe et de la chevelure; se renversant comme des femmes et s'éventant avec le programme plié en éventail; gesticulant à tout moment de leur main chargée de bagues pour ramener de chaque côté des tempes leurs cheveux poisseux en un gros accroche-cœur, et se tapotant les lèvres avec la pomme d'une petite canne, ou fumant un sucre d'orge.

Novembre.

Point dormi de la nuit, et je me lève comme un homme qui a passé la nuit au jeu. Des espérances en moi qui viennent et reviennent. Ce n'est qu'un acte, la pièce que j'ai remise à l'Odéon, mais c'est un moyen d'arriver au public. Je n'ai pas le courage d'attendre la réponse chez moi, et je me sauve à la campagne, regardant bêtement à la portière du chemin de fer passer les arbres et les maisons. D'Auteuil, je gagne le pont de Sèvres. J'ai besoin de marcher. Là, sur la gauche, dans les vapeurs bleues, dans l'or de l'automne, je vais devant moi au hasard, sur la route de Bellevue. Je rencontre, tenant une blonde petite fille à la main, une jeune fille, maintenant une mère, que j'ai eu pendant huit jours la très-sérieuse intention d'épouser. — Oh! le vieux passé qu'elle me rappelle! Tant d'années qu'on ne s'est vu! On s'apprend les mariages et les morts, et l'on est grondé doucement d'avoir oublié d'anciens amis... J'accroche en passant un homme qui sort de la maison de santé du docteur Fleury : c'est le vieux dieu du drame, Frédérick Lemaitre... Et dans tout cela, par tous ces chemins, dans toutes ces rencontres, dans ma vie morte qui me revient, dans ce que fait repasser devant moi le hasard, dans cette ombre de ma jeunesse qui semble me promettre une vie nouvelle, je marche et roule, écoutant et regardant tout comme un présage tantôt bon, tantôt mauvais, plein de pensées qui se heurtent autour d'une pensée toujours fixe, prêtant aux choses un sentiment de ma fièvre, et croyant dans un air d'orgue qui passe entendre l'ouverture de ma pièce...

En rentrant, rien.

185.

La femme semble toujours avoir à se défendre de sa faiblesse. C'est à propos de tout et de rien, un antagonisme de désirs, une rébellion de menus vouloirs, une guerre de petites résolutions incessante et comme faite à plaisir. La combativité est à ses yeux la preuve même de son existence. Le caprice est la façon d'exercice de sa volonté. La femme gagne à ces batailles sourdes, courtoises, mais irritantes, une domination abandonnée, des victoires sur la lassitude, en même temps qu'un peu du mépris de l'homme qui n'aime ni ne sait dépenser sa force et son gouvernement en détail, à toute heure et sur tout.

Été voir un tableau de Grancey à Bougival. Ce petit pays, l'atelier, la patrie du paysage. Chaque pli de terrain, chaque saulée, rappelant un tableau. C'est comme si on se promenait sur la palette de presque tous nos paysagistes. Il y a des coins d'eau, d'herbes et de saules où l'on croit voir le numéro de l'exposition mal effacé et les chiffres danser dans le ciel. A Bougival, le garde champêtre ne garde point les propriétés : il garde les *vues*, les *effets*, il empêche qu'on ne vole les *soleils couchants*. — Grancey est le doyen de Bougival, avec Pelletan qui a été son prophète. — Déjà de l'histoire, déjà des reliques : la maison de Lireux, et les dîners du dimanche à ciel ouvert, la maison d'Odilon Barrot, et le kiosque propice à la digestion du libéralisme; — des murs, et des hommes qui vous parlent d'idées et de femmes qui ne sont plus; — deux catalpas dans l'île d'Aligre s'embrassant vers le haut, qui sont le premier tableau de Français; et l'on le revoit, et l'on revoit la petite femme nue couchée sur une peau de tigre, sous la verdure; — là-haut, est la Jonchère, aussi joliment perché qu'un château de Lucienne, regardant les ateliers de Bougival, d'aussi haut que la fortune d'un tailleur regarde un campement de bohémiens.

185..

Été tâter le pouls aux lettres dans les petits journaux. Plus d'école, plus de parti. Plus une idée, plus un drapeau. Des insultes où il n'entre pas même de colère, des attaques sans conviction ! La somme fixe d'injures qui se dépensaient hier, dans tout l'ensemble du pays, sur toutes les têtes administrantes, gouvernantes, régnantes, refluant aux lettres. Rien — que des scandales de coulisses, des bons mots de coiffeur, des plaisanteries scatologiques. Ni un jeune homme, ni une jeune plume, ni même une jeune amertume... Plus de public; une certaine quantité de gens seulement qui aiment lire pour leur digestion, comme on boit un verre d'eau après une tasse de chocolat, gens demandant une prose coulante et claire, de l'eau de Seine clarifiée; gens aimant à se faire raconter en voyage, en voiture, en chemin de fer, des histoires par un livre qui en tient beaucoup; gens qui lisent, non pas un livre, mais pour vingt sous.

Je réfléchis combien un de mes sens, la vue, m'a coûté. Combien dans ma vie aurai-je tripoté d'objets d'art, et joui par eux ! Insensible ou à peu près aux choses de la nature, plus touché d'un tableau que d'un paysage, et par l'homme que par Dieu...

Juillet.

La lorette ne devient belle qu'à quarante ans. — Un de mes amis en train de meubler en bois de rose une femme du monde — ou des environs, — me prend le bras au château des Fleurs, et, jetant un regard de mépris sur les créatures qui passent : — Les femmes du monde sont aussi jolies que ça..., et ça ne coûte rien, — la première fois !

Ma maîtresse me racontait qu'elle avait eu une fluxion de poitrine, où elle n'avait pas eu de quoi acheter le nombre de sangsues prescrites par le médecin... J'allais être ému plus peut-être qu'il n'était nécessaire pour être poli, quand j'ai pensé à toutes les souffrances qui ont de quoi s'acheter toutes les sangsues du monde... Le tout est de savoir si un homme qui meurt de mâle-amour ou de mâle-ambition souffre autant que l'homme qui meurt de faim. Pour moi, je le crois.

Hier j'ai rencontré chez un ancien ministre un de mes anciens camarades de collège qui se destine à être homme d'État. Il est resté toute la soirée dans la conversation des hommes de soixante ans, sans ouvrir la bouche, et sérieux comme un doctrinaire qui boit. — Garçon d'avenir ! a dû se dire l'ancien ministre, il écoute avec une profondeur !...

J'aime surtout les génies non officiels. — De l'homme sauvage à Rembrandt et à Hoffmann, quel chemin ! La merveilleuse corruption, si l'on veut.

J'ai vu aujourd'hui le modèle des maîtresses, la maîtresse d'un jeune Allemand, une Italienne assez attachée à la poitrine malade de son amant pour l'empêcher de sortir tous les soirs, s'enfermant avec lui, causant, fumant des cigarettes, lisant, — et cela toujours couchée sur une chaise longue, montrant un bout de jupon blanc, et les bouffettes rouges de ses pantoufles. Viennent deux ou trois Allemands qui apportent leurs pipes, deux ou trois idées hégéliennes, et un très-grand mépris pour la politique de la France qu'ils traitent de *politique sentimentale*. La dame du logis ne sort guère plus dans la journée que le soir. Elle a conservé à Paris les habitudes de réclusion de la femme italienne, et pour s'occuper, quand elle a découvert dans le *Constitutionnel* un roman qui ne dure pas vingt-quatre volumes, elle le traduit, — pour elle toute seule, — en pur toscan. — Un intérieur charmant. Mais trop de portraitures d'amis et de parents. Cela ressemble au temple de l'amitié. De tous ces portraits, un seul est intéressant au point de vue moral : c'est le portrait de la maîtresse par la mère de l'amant.

Janvier.

Un fier balayage de fortunes — ce Paris ! — et la mort aux jeunes gens !... et si vite, et avec si peu d'aventures, si peu de bruit ! Ah ! le boulevard en mange diablement de ces caracoleurs, de ces viveurs ! Un an, deux ans au plus, — et brûlés ! — Je rencontre un de mes anciens amis, qui a coupé ses dettes à temps, qui s'est rangé, qui a pris racine dans la vie provinciale, qui s'est fait à son cercle de sous-préfecture, aux jours qui se suivent et se ressemblent, à l'hiver, à la campagne. — « Et un tel ? lui demandai-je. — Il a un conseil judiciaire... Il empruntait à 400 pour 100 à des messieurs qu'il rencontrait aux courses... Ah! ce qu'il a mangé, celui-là, en bêtes de somme... et autres! — Et le gros que je voyais toujours chez toi? — Marié, mon cher... une chance! — Et l'autre si gai? — Il s'est retiré avec sa maîtresse en Dordogne, au diable, dans sa dernière ferme... Il fait le piquet avec son curé. — Et tu sais, Chose? — Ah! Chose, il a fini par un fait divers : il s'est fait sauter le caisson!... un coup de pistolet, vlan! » — C'est une suite de catastrophes, de misères, de ruines — ou de chutes dans le pot-au-feu.

Je vais au *Monde des Arts* pour y remettre un article. J'y trouve Masson, un homme que je n'avais encore vu que dans ses livres, et que j'aimais déjà en l'admirant. Une face pleine, presque lourde, le masque empâté d'un dieu où la divinité dort; des yeux où une intelligence superbe semble sommeiller dans la paresse et la sérénité du regard; dans toute cette tête, une lassitude et une force de Titan au repos. Un grand homme brun est à côté de lui qui s'écrie : — Oui, voilà mon système de travail : se coucher à huit heures, se lever à trois, prendre deux tasses de café noir et aller en travaillant jusqu'à onze... — Ici Masson sortant comme d'un songe : — Oh! cela me rendrait fol! Moi, le matin, ce qui m'éveille, c'est que je rêve que j'ai faim. Je vois des viandes rouges, des grandes tables avec des nourritures, des festins de Gamache... La viande me lève. Quand j'ai déjeuné, je fume. Je me lève à sept heures et demie, ça me mène à onze heures. Alors je traîne un fauteuil, je mets sur la table le papier, les plumes, l'encre, le chevalet de torture; et ça m'ennuie! ça m'a toujours ennuyé d'écrire, et puis c'est si inutile!... Là, j'écris comme ça, posément comme un écrivain public... Je ne vais pas vite, — il m'a vu écrire lui, — mais je vais toujours, parce que, voyez-vous, je ne cherche pas le mieux. Un article, une page, c'est une chose de premier coup, c'est comme un enfant : ou il est ou il n'est pas. Je ne pense jamais à ce que je vais écrire. Je prends ma plume, et j'écris. Je suis homme de lettres : je dois savoir mon métier. Me voilà devant le papier : c'est comme le clown sur le tremplin... Et puis j'ai une syntaxe très en ordre dans la tête : je jette mes phrases en l'air... comme des chats! je suis sûr qu'elles retomberont sur leurs pattes. C'est bien simple, il n'y a qu'à avoir une bonne syntaxe. Je m'engage à montrer à écrire à n'importe qui : je pourrais ouvrir un cours de feuilleton en vingt-cinq leçons!... Tenez, voilà de ma copie : pas de rature... Tiens! Florissac; eh bien, tu n'apportes rien? — Ah! mon cher, — lui répond Florissac, — c'est drôle! je n'ai plus aucun talent..., et je reconnais ça, parce que maintenant je m'amuse de choses crétines... C'est crétin, je le sais; eh bien, ça ne fait rien, ça me fait rire. — Tu étais *talenteux* pourtant, toi...

Les femmes ont certaines délicatesses auxquelles nous n'arriverons jamais. Je connais une jeune personne qui a eu l'idée la plus fraîche, la plus poétique, la plus — *femme :* elle a un reliquaire de gants, des gants qu'elle avait quand elle a donné la main à une personne qu'elle aimait.

Juillet.

Un oiseau qui chante par ricochets, des gouttes d'harmonie claire tombant goutte à goutte de son bec; — l'herbe haute, pleine de fleurs et de bourdons au dos doré, et de papillons blancs, et de papillons bruns; — les plus hautes herbes hochant la tête sous la brise qui les penche; — des rayons de soleil allongés et couchés en travers du chemin vert et couvert; — un lierre qui serre un chêne, pareil aux ficelles de Lilliput autour de Gulliver; — entre les feuilles, des piqûres de ciel blanc, comme des piqûres d'épingle; — cinq coups de cloche apportant au-dessus du fourré l'heure des hommes, et la laissant tomber sur la terre verte de mousse; — dans le bois bavard de cris d'oiseaux, des moucherons volant et sifflant tout autour de moi; — le bois plein d'une âme murmurante et bourdonnante; — un bon gros aboiement à l'horizon; — le ciel plein d'un soleil dormant... Et tout cela m'ennuie comme une description...

C'est peut-être la faute de ces deux chiens que je regardais jouant sur l'herbe : ils se sont arrêtés pour bâiller.

Mars 185..

Revu Masson au bureau du *Monde des Arts.* Compliments sur mon article d'Alger; — et, avec une mémoire étonnante, il me décrit, depuis la porte jusqu'au bocal de poissons rouges posé sur la table devant les musiciens, le café de la Girafe, rue de l'État-Major, dont j'ai dit un mot; puis il me dit : — Mais votre article ne sera pas compris. Sur cent personnes qui le liront, à peine deux qui le comprendront... Ici, ils sont enragés contre votre article... Et cela tient simplement à une chose, c'est que le sens *artiste* manque à une infinité de gens, même à des gens d'esprit. Beaucoup de gens ne voient pas. Par exemple, sur vingt-cinq personnes qui entrent ici, il n'y en a peut-être pas deux qui voient la couleur du papier. Tenez! voilà Blanchard qui entre. Eh bien, il ne verra pas si cette table est ronde ou carrée... Maintenant si, avec ce sens *artiste*, vous travaillez dans une forme *artiste*, si à l'idée de la forme vous ajoutez la forme de l'idée... oh! alors, vous n'êtes plus compris du tout... — Et prenant un petit journal au hasard : — Tenez! voilà comme il faut écrire pour être compris... des *nouvelles à la main!*... La langue française s'en va, c'est un fait... Eh! mon Dieu, tenez, dans mes romans, on me dit aussi qu'on ne comprend pas... Et pourtant je me crois l'homme le plus platement clair du monde... Parce que je mets, je suppose, un mot comme *architrave*... mais enfin je ne peux pas mettre l'architrave est un terme d'architecture qui signifie une chose comme ci et comme ça... Il faut que le lecteur sache les mots... Mais ça m'est égal. Critiques et louanges me louent et m'abîment sans comprendre un mot de ce que je suis. Toute ma valeur, ils n'ont jamais parlé de cela, c'est que je suis *un homme pour qui le monde visible existe...*

Le réalisme se répand et éclate alors que le daguerréotype et la photographie démontrent combien l'art diffère du vrai.

Me voilà en plein rêve de bien des gens, de l'argent dans ma poche, avec une femme bonne fille, vieille amie qui me raconte ses amants; libres tous les deux, n'ayant à craindre l'amour ni l'un ni l'autre, et bien à l'aise. Quelques jolis moments, comme de la voir dans la chambre, en camisole, un bout de cou, un morceau de bras passant de ci de là, jupe ballonnante, enfoncée et ronronnante dans un grand fauteuil; ou bien dans le bois, sous les feuilles, la joue piquetée de soleil, avec les pois de son voile semant sur sa peau, pleine de jour, des grains de beauté d'ombre; ou encore dans une allée retirée du parc, couchée tout de son long, les bras arrondis, en couronne, et sa robe ondoyant tout autour d'elle et tout autour de sa tête, paresseuse et blanche, enviée du regard par la marchande de coco tannée qui passe... Mais la femme est femme. Celle-ci est parfaite, — à cela près qu'elle est prise, en mangeant, d'une crise de narration. Dès que la soupe lui a ouvert la bouche, le dernier roman de la *Patrie* en découle sans arrêt, sans suite au prochain numéro, — à pleins bords. Et cela va jusqu'au légume, souvent jusqu'au dessert. L'étonnant est qu'elle mange, le miraculeux est qu'elle finit par finir, l'insupportable est qu'elle veut être comprise.

Je suis triste, et j'entends sur le marbre d'une cheminée tomber une à une avec un bruit sourd, — une chute à voix basse, — les feuilles d'un gros bouquet de pivoines; — et au-dessus et au-dessous de ma chambre des éclats de rire de femmes.

Je voudrais une chambre inondée de soleil, des meubles tout mangés de soleil, de vieilles tapisseries dont toutes les couleurs seraient éteintes et comme passées sous les rayons du Midi. Là, je vivrais dans des idées d'or, le cœur réchauffé, l'esprit bercé et baigné de lumière, dans une grande paix doucement chantante...
— C'est étrange, comme à mesure qu'on vieillit le soleil vous devient cher et nécessaire, et l'on meurt en faisant ouvrir la fenêtre pour qu'il vous ferme les yeux.

Décembre 185..

J'ai été une première fois à l'Hôtel-de-Ville. Cette fois-là, j'y ai vu, dans la salle Saint-Jean, les tués de Février, très-proprement embaumés et dans une chemise de mousseline. J'ai été une seconde fois à l'Hôtel-de-Ville. Cette fois-là, dans la même salle, je me suis mis à peu près aussi nu qu'un ver, j'ai endossé des lunettes bleues, et le conseil de révision, me trouvant trop bel homme pour être myope, me nomma, à la majorité des voix, hussard. — Je vais à l'Hôtel-de-Ville pour la troisième fois ce soir, mais au bal. Cela est riche et cela est pauvre; de l'or, et puis c'est toute la magnificence des salles et des galeries; du damas partout, à peine du velours; le tapissier partout, nulle part l'art; et sur les murs chargés de plates allégories peintes par des Vasari dont je ne veux pas savoir le nom, moins d'art encore qu'ailleurs... Ah! la galerie d'Apollon! la galerie d'Apollon! — Mais l'émerveillement des douze mille paires d'yeux qui sont là n'est pas bien exigeant. Pour le bal, c'est un bal : l'on se coudoie, et même l'on valse, et c'est là que j'ai vu valser une institution vieille comme le général Foy : ce n'étaient qu'élèves de l'École polytechnique voltigeant dans les robes de gaze bleue ou rose. — Ce qui m'a le plus frappé, et ce qui est vraiment une belle chose, ce sont les encriers siphoïdes du Conseil municipal : on les voit, ils sont ouverts au public ces grands jours-là. Ils sont monumentaux, sérieux, graves, recueillis, carrés, opulents, imposants. Ils ont tout à la fois quelque chose des pyramides d'Égypte et du ventre de M. Prudhomme : ils ressemblent à la fortune du Tiers-État.

Que n'ai-je écrit jour par jour, aux débuts de ma carrière, ce rude et horrible débat contre l'anonyme, toutes ces stations dans l'indifférence ou l'injure, ce public cherché et vous échappant, cet avenir vers lequel je marchais résigné, mais souvent désespéré, cette lutte de la volonté impatiente et fiévreuse contre le temps et l'ancienneté, un des grands priviléges de la littérature ? Point d'amis, point de relations, tout fermé !... Ce silence si bien organisé contre tous ceux qui veulent manger au gâteau de la publicité, ces tristesses et ces navrements qui me prenaient pendant ces années lentes où je battais l'écho sans pouvoir lui apprendre mon nom !... Ah ! cette agonie muette, intérieure, sans autres témoins que l'amour-propre qui saigne et le cœur qui défaille ! cette agonie monotone et sans événement, écrite sur le moment, sur le vif des souffrances, ce serait une bien belle étude que personne ne fera, parce qu'un rien de succès, l'éditeur trouvé, quelques cents francs gagnés, quelques articles à cinq ou six sous la ligne, votre nom connu par une centaine de personnes que vous ne connaissez pas, deux ou trois amis, un peu de réclame, vous guérissent du passé et vous versent l'oubli... Elles vous semblent si loin, ces larmes dévorées, ces misères, aussi loin que votre jeunesse ! vieilles plaies, dont vous ne vous souvenez que quand elles se rouvrent !

C'est un éclat de rire que son entrée, une fête que son visage. C'est, quand elle est dans la chambre, une grosse joie, et des embrassades de campagne. Une grosse femme, les cheveux blonds, crespelés et relevés autour du front, des yeux d'une douceur singulière, un bon visage à pleine chair : — l'ampleur et la majesté d'une fille de Rubens. Après tant de grâces maigres, tant de petites figures tristes, préoccupées, avec des nuages de saisie sur le front, toujours songeuses et enfoncées dans l'enfantement de la *carotte;* après tous ces bagous de seconde main, ces chanterelles de perroquet, cette pauvre misérable langue argotique et malsaine, piquée, mot à mot, dans les miettes de l'atelier et du *Tintamarre;* après ces petites créatures grincheuses et susceptibles, — cette santé du peuple, cette bonne humeur du peuple, cette langue du peuple, cette force, cette cordialité, cette exubérance, ce contentement épanoui et dru, ce cœur qui apparaît là-dedans avec de grosses formes et une brutalité attendrie, tout en cette femme m'agrée comme une solide et simple nourriture de ferme après les dîners des gargotes à trente-deux sous. Puis, pour porter un torse flamand, elle a gardé les jambes fines d'une Diane d'Allegrain, et le pied aux doigts longs d'une statue antique. — Puis l'homme a besoin de dépenser, à certaines heures, certaines grossièretés de langue, et surtout l'homme de lettres, le brasseur de nuages, en qui la matière opprimée par le cerveau se venge ainsi. C'est sa manière de descendre du panier où les Nuées font monter Socrate...

Je ne suis pas aussi heureux que ces gens qui portent, comme un gilet de flanelle qu'ils ne quittent pas même la nuit, la consolation d'une croyance fixe. Du soleil ou de la pluie me fait douter ou croire... La survie immortelle me sourit quand je pense à ma mère; mais une survie impersonnelle, une survie à la gamelle, ne me tente guère... Et me voilà matérialiste. Mais, si je me mets à vouloir m'affirmer à moi-même que mes idées sont le choc des sensations, que tout ce qu'il y a de spirituel ou de surhumain en moi, ce n'est rien que mes sens qui battent le briquet, — aussitôt me voilà spiritualiste.

XVIII

Le jour était venu, sans que Charles, perdu dans ce livre de son passé, l'eût vu venir, quand son domestique entra et lui remit cette lettre :

« Ferme de la Feuillée, février 185..

« Mon cher enfant,

« La vie est toujours ici la vie que tu as connue. Seulement mes petites filles, et mes pauvres petites nièces, ma petite famille grandit. C'est une petite couvée joyeuse dans la vieille ferme abbatiale : cela va, vient, rit, trotte, travaille; car ce sont déjà de petites ménagères, et, jusqu'à la moins haute, elles m'aident toutes les cinq, et me sont d'un grand secours dans mon exploitation. Songes-tu que j'ai, dans ce moment-ci, cinquante ouvriers qui ne me laissent guère le temps de rire? Nous vivons seuls et avec nous-mêmes, et nous ne nous en trouvons pas plus mal. Quelquefois un voisin frappe à notre porte. Nous lui donnons le souper et le coucher; l'hospitalité est toujours l'hospitalité de ton temps : la viande du cru, les légumes du cru, le poisson du cru, et même le vin du cru, — tu fais la grimace? — une hospitalité de fermier ou de patriarche; et quand, le lendemain matin, je rentre avec un perdreau ou un lièvre dans mon carnier, je trouve mes petites, — non, tu ne sais pas comme elles sont gentilles, dans leur costume du matin, sous la camisole, un petit bonnet battant l'œil et de travers, une *couette* de cheveux échappée et folle contre leur grosse petite joue, — je les trouve attelées à la grande pelle à four et retirant des pâtisseries, mais des pâtisseries... je te les souhaite! Et toujours le cœur à l'ouvrage, comme de braves filles de paysan qu'elles ne sont pas; car mes petites filles ont toutes les élégances, toutes les distinctions de corps, toutes les délicatesses d'âme de petites civilisées. Les châteaux se moquent bien un peu de nous dans le pays. On fait bien par-ci par-là quelques plaisanteries de ces habitudes arriérées, de cette vie qui est si peu la mode du siècle; mais, au fond, tous nous respectent, et beaucoup nous aiment... Mais qu'est-ce que je te disais, que notre maison était toujours la même? — Grand événement depuis toi : un hôte de plus, qui t'amusera. Tu te rappelles bien M. Rameau, le Père Rameau, de chez qui ton père s'est sauvé pour aller à la guerre? N'as-tu pas polissonné chez lui un été, tout enfant? Pour moi, je puis bien me vanter de l'avoir fait enrager dix ans, les dix meilleures années de ma vie. L'excellent bonhomme de prêtre, avec son tic nerveux qui lui donnait une grimace et un air étonné si drôles, son amour et sa science du latin, et cette étonnante mémoire! La grimace, le bon sens, le latin, tout lui est resté, jusqu'à la mémoire, entière, saine et nette, malgré les ans. Toujours *bigot* de Virgile, comme il dit. Cela te fait penser à son jardin, n'est-ce pas? à ce petit jardin de son espèce de collège, où il avait eu l'idée prodigieuse de tailler dans les vieux buis les personnages de l'Énéide, Énée, Turnus, Lavinie! Je vois encore Lavinie, et toi? Je suis bien heureux de l'avoir ici, car j'avais presque des remords en songeant à tous les tours que je lui ai joués. Pauvre cher maître! un saint à qui il n'a manqué que la vocation du martyre et le détachement d'un seul péché mignon, la gourmandise, qu'il déguise sous le nom de friandise ou de goût des petits plats; si bon et avec tant d'innocence, que les petites, dont il est le précepteur et le papa-gâteau, l'ont baptisé entre elles la bête à bon Dieu. Et elles le soignent!

« Donc, mon ami, c'est ta famille ici. Les petites filles voudraient te voir. Rien ne t'a oublié. La maison t'attend; et, pour le maître... tu sais que je n'ai pas de fils. Je ne peux plus aimer ceux qui sont partis, ton père, ta mère, qu'en toi. Je t'aime donc pour eux d'abord, pour toi après, et pour moi ensuite. Tu seras libre comme un hôte qui est chez lui. Tout ce que tu feras sera trouvé

5.

bon et bien. Tu retrouveras la bibliothèque grossie de tous les livres du département, qui, n'étant ni en maroquin rouge, ni aux armes, ni cités dans Brunet, m'ont été laissés par tes scélérats de bouquinistes de Paris, qui écrèment tout jusqu'ici ; voilà que ma chambre et le cabinet ne lui suffisent plus : elle a fait invasion dans la pièce à côté, où l'on fait sécher les poires tapées. Encore une fois, tout ici t'attend, et le jardin aussi, qui t'a vu tout petit, quand ta mère te portait, et le petit bois, où je crois encore entendre les discussions que nous avions ton père et moi sur les élections. Comme c'est vieux déjà ! et comme les meilleurs partent les premiers ! Au fait, je suis passé à Sommereuse ces jours-ci. J'avais à faire une livraison de blé par là. J'ai eu de la peine à reconnaître votre ancienne maison. Tout est bouleversé ; c'est une fabrique de limes et de tire-bouchons à présent. Plus de jardin ; un atelier à la place du fameux prunier qui a fait tant de tartes. Ils ont bouché les lucarnes du grenier d'où l'on canonnait les polissons du village à coups de pommes. On a démoli la salle au-dessus de la chambre à four, où le maître à danser du village, le célèbre Treillaget, — il s'appelait Treillaget, n'est-ce pas ? — t'apprenait à faire des entrechats.

« Tu m'as demandé une consultation sur les articles que tu m'as envoyés. La voilà : viens ici... passes-y six mois, un an ; viens-y mûrir et travailler. Donne-toi le temps nécessaire à l'assimilation de l'observation. Complète-toi par une lecture énorme et en tous sens, la base de tout homme fort. Écris à ton heure dans la retraite de ta réflexion ; concentre-toi dans une idée ; — et tu sortiras de chez un homme qui t'aura ennuyé le moins possible, avec un livre où tu auras montré tout ce que tu peux et mis tout ce que tu vaux. Et, si tu ne peux travailler que dans ton affreux Paris, si pour toi la campagne est, comme tu l'appelles, le « suicide de la tête, » prends ton courage à deux mains, enferme-toi chez toi tout le temps que nous voudrions te voir passer ici, et alors je te dirai ce que je pense du livre que tu m'enverras.

« Mon troupeau de petites filles me demande à qui j'écris. Elles me disent qu'elles t'embrassent. Écris-moi, car tu es mon unique journal, — et mon seul ami.

« CHAVANNES. »

Charles, après deux ou trois tours dans sa chambre, se résolut à faire ce qu'il avait de mieux à faire : il se coucha et s'endormit du sommeil d'un homme très-fatigué.

XIX

Le travail! le travail, mystère de vie profond comme ce mystère de mort : le sommeil! un état actif de l'homme, où l'homme échappe à la chair et s'en dégage; où l'homme n'a plus faim, n'a plus froid; où sa vue, retirée au fond de lui, n'a plus la perception de l'extérieur, où son oreille, emplie de la musique de ses idées et du bruit de sa tête, n'entend plus; où le temps se tait pour lui, et, n'ayant plus d'aiguille, n'a plus de mesure que les jours et les nuits; où ses entours, la vie ambiante des choses, le milieu où il est, cessent de l'affecter d'une sensation; cette belle, cette merveilleuse léthargie de la machine anéantie dans l'effort presque extatique du cerveau; ce débarras et cette évasion du corps qui donnent à l'esprit la libre volée d'une âme dans le monde immatériel des abstractions; cette fièvre divine, Charles la posséda et en vécut pendant de longs jours. Ce fut un peu de sa vie dérobé aux réalités. Les semaines passaient comme des jours. Il eut des mois entiers sans ennui, sans ce spleen qui prend, après un trop long repos, l'esprit habitué à l'exercice et à la lutte avec lui-même; des mois où le superbe égoïsme de l'intelligence le délivra de tout ce qui est sentiment; des mois où le plus sérieux des choses sociales ne le distrayait pas plus et n'entrait pas plus en lui que les affaires d'un autre dans la cervelle d'un intendant amoureux. Et plus il allait, plus il s'enfonçait tout entier dans le travail, plus il mourait au monde.

Charles a suivi le conseil de Chavannes. Il fait un livre. Dans sa chambre, il va, il vient; il arpente, il se promène; son pas est comme le pouls de sa pensée : il est lent, il est bref, il est saccadé, il s'endort, il se réveille. Charles marche d'ici là, puis de là ici. Il fait autour de sa table autant de tours que le barbet de Faust; il s'arrête, il repart aussi brusquement qu'un ressort. Il remue les lèvres, siffle un mot, murmure une phrase. Ses mains se croisent derrière son dos, tombent dans ses poches de pantalon, s'agitent, jettent en courant des griffonnages sur le papier. Charles mord le bout d'une plume, penche la tête, tombe en arrêt, ferme à demi les yeux, attend, entend, évoque... Il fait la nuit, il fait le silence dans les quinze pieds carrés de sa chambre. Il s'arrache aux distractions. Une paillette sur un cadre, le regard d'un portrait, le roulement d'une voiture, le tintement d'un lustre, une porte fermée à côté ou au-dessus, ne font plus que traverser ses sens de la même façon qu'il traversent un songe... D'abord, c'est dans sa tête un brouillard, une confusion; puis c'est comme un voile qui pâlit, et derrière lequel on verrait, dans le nuage, s'accorder avant l'ouverture du jour les mille rayons d'une aurore; puis, sous la contraction de la volonté, sous la fixité du regard intérieur, des formes, des groupes commencent à se laisser poursuivre; puis, sous la persévérance de la contention, la ligne naît, l'idée s'incarne, l'image se lève. Lui, alors, saisissant ces visions formulées et fixées, vivantes et toutes prêtes au papier, les pesait, les essayait, les retournait; et souvent, mécontent, les rejetait dans l'inconnu et le vide où les idées se brisent sans plus de bruit, sans plus de traces qu'une bulle de savon sous un souffle d'enfant. Abîmé dans un fauteuil, les yeux voilés, la tête dans les mains, les mains nerveuses palpant et maniant son front, le pressant et le poussant comme la porte des rêves, Charles fouillait et plongeait encore dans sa pensée, et de nouvelles images lui venaient, mais qui passaient et voulaient s'enfuir : vous eussiez dit ces jeunes filles qui se font prier pour danser, et murmurent le plus doux des *nenni* en détournant la tête. Cependant Charles courait à elles, et, les emportant presque physiquement dans ses bras, les faisait entrer dans la ronde de son œuvre. Bientôt, toutes ses facultés cérébrales surexcitées, tous les nerfs de sa pensée tendus, le sens imaginatif de son intelligence porté à un paroxysme d'activité et de lucidité, par une sorte de congestion de l'attention mentale, Charles embrassait sa conception, le peuple de son âme, et cette Psyché immortelle dont le sourire est la vie de l'Art humain.

C'était alors en lui une joie sourde, un contentement qui le pénétrait, cette intime et grande satisfaction que l'homme éprouve après la création, comme après un essai et une œuvre de sa divinité. Un sentiment indiciblement doux et indiciblement fort, pareil à cette lumière intérieure dont Fénelon nourrit les bienheureux des Champs-Élysées, une sérénité fière, profonde et rayonnante, quelque chose qui s'épanouissait en lui comme la récompense d'un acte de cœur; oui, quelque chose qui semblait, dans son esprit, une fête de sa conscience, le remplissait et l'enlevait à tout, même aux souffrances journalières de son corps fatigué et malade, absorbées, oubliées dans l'effort et la secousse de l'être moral, dans ce mouvement du sang désertant l'homme pour affluer à la pensée, au cerveau.

Au lendemain des vendanges, peut-être avez-vous vu, dans les celliers aux poutres grises, les tonneaux rangés en ligne. L'air est enivré de l'odeur du raisin qui fermente; les mouches à miel y roulent, les ailes lourdes. Dans le silence qui bourdonne, un bruit tombe goutte à goutte : c'est le ruisseau qui coule le long des chanlattes; ou bien un glouglou monte dans les cannelles de bois d'où bave une mousse rose où le soleil jette un rubis. C'est le raisin foulé qui fait du vin. — Ainsi, dans le bourdonnement du sang, dans l'ivresse du cerveau, l'idée foulée fait un livre.

Dans ces luttes, dans ces joies, dans ces enivrements, dans ces excès, la lassitude, les bouffées de chaleur aux tempes, la prostration de la tête suivant cette excitation hallucinatoire, les faiblesses paresseuses, avaient encore pour Charles leurs charmes et leurs chatouillements. Il se laissait bercer par ces énervements, comparables en leurs molles langueurs à cet abandon de bien-être, parfois si doux, qui précède l'évanouissement. Puis, secouant tout, sortant de ces lâchetés, il reprenait ses ardeurs, ses forces, sa fièvre, — une fièvre qui ne l'abandonnait qu'à regret au sommeil. Sur l'oreiller, les agitations du travail agitaient et retournaient encore son corps. La pensée passait et repassait encore devant ses yeux clos; elle rallumait ce cerveau éteint et qui voulait fermer, comme une boutique qui a vendu tout le jour; elle en rouvrait la porte, elle y rappelait la vie, les passants, les idées; et les idées de revenir, moins voilées, moins cachées, moins fuyantes, moins jalouses d'elles-mêmes que pendant le jour, comme si la nuit les faisait plus belles et les laissait plus libres, pleines de mines, de coquetteries, d'avances, et se démasquant à mesure que le sommeil approchait... Ombres charmantes, fées des nuits d'insomnie, dont au matin les mains de votre souvenir ne tiennent que le masque et la poussière des ailes!

Pour ne rien troubler de cet enchantement, pour ne rien briser de cette chaîne nouée avec le monde invisible de l'imagination, pour éviter un coup de coude d'ami, le choc d'une nouvelle, le spectacle de Paris; pour fuir la vie et ne point sortir de lui-même, Charles s'enfermait tout le jour. Le soir, après dîner, comme il fallait un peu promener la *bête*, — la bête, c'était son corps, — Charles avait imaginé une promenade de digestion, après son dîner, sur les boulevards extérieurs. Il était là parfaitement seul, et tout au travail commencé. Rien ne le dérangeait de son monologue, ni le mur d'octroi, le plus monotone des murs, ni les arbres, les plus monotones des arbres. Il suivait le mur, les arbres, allait devant lui, vaguait, dégourdissait ses jambes, tandis qu'il continuait à s'entretenir avec son œuvre, à dévider les situations, à fouiller les caractères, à semer les personnages, à polir sa comédie, à creuser son drame, à chercher, à penser, à trouver, à créer.

XX

En effet, quoique l'œuvre tentée par Charles appartînt plus au domaine de l'observation qu'au monde de la pure imagination, elle demandait une création d'ensemble et de souvenir, une invention d'après nature, l'idée animante du romancier social. Son livre lui commandait d'embrasser un ordre indéfini d'individus, non plus enfermés dans une caste, mais flottant dans une classe; de tirer hors de lui-même des caractères, qui ne fussent point personnels et daguerréotypés, mais dont la vérité généralisée allât jusqu'à cet idéal de réalité : l'individualité typique, et résumât tout un corps dans la complexité et la multiplicité de ses éléments. Il lui fallait encore trouver dans la vraisemblance, la propriété et la localité de leur couleur, le décor, le fond, l'entour, et tout le monde ambiant de ce monde touchant à tous les mondes : la Bourgeoisie; car voilà de quel grand mot s'appelait le roman de Charles, et quelle grande évolution de la société et du gouvernement des mœurs il voulait peindre.

Dans son roman, l'idée mère était la gradation et l'assemblage de trois générations de la bourgeoisie, montrée à ses trois âges et sous ses trois formes : d'abord en bas à la souche, c'était le grand-père, l'acheteur de biens nationaux, l'homme du bien fonds, le fondateur du patrimoine, et l'incarnation du sentiment de la propriété; amasseur de terres, se dérobant, en dehors de tout ce qui n'est pas l'impôt, aux grandes lois économiques de la circulation de l'argent; dur à lui-même, dur aux autres, de cette dureté de paysan qui rappelle en province Rome par Caton, et chasse vers le servage plus humain de la ville les populations des campagnes; absolument détaché de cette grande famille : la Patrie; assis dans un égoïsme brut et carré, sans une foi, et prêt d'avance à tout pouvoir qui n'inquiète pas son champ. Au milieu, Charles plaçait le père avec ces franchises, ces dévouements, ces générosités, ces aspirations, ces religions de solidarité humaine ou nationale, tous les élans, toutes les belles passions que lui avaient appris le métier de soldat de sa jeunesse, les guerres de l'Empire, puis les guerres de la paix, les luttes politiques de la Restauration; grandes guerres, nobles batailles qui avaient refait son sang, élargi sa poitrine, élevé son cœur, et mis en lui comme une cordiale majesté de l'honneur, comme la dernière restauration des plus saines et des plus belles vertus de la bourgeoisie du dix-huitième siècle. Le petit-fils de ce grand-père, le fils de ce père, homme hâtif, gangrené à vingt ans des sciences de l'expérience, sorte de vieillard né et d'enfant mûr, résumait dans sa personne les ambitions froides, les impatiences de parvenir, les sécheresses et le calcul des intérêts, le trouble du sens moral par les conseils et les tentations des fortunes scandaleuses, tous les scepticismes pratiques de la jeunesse moderne.

Un type de femme correspondait, dans l'œuvre de Charles, à chacun des types d'hommes, le doublant et le complétant par les passions ou les beautés de l'âme de la femme, montrées dans les trois successions de la famille bourgeoise. La grand'mère était la femme annihilée par le mari, tenue par lui hors de ses affaires, mais associée à son avarice, et n'accomplissant dans la maison que le rôle et les devoirs d'une servante-maîtresse. La mère était l'épouse vivant dans la communauté de l'honneur, dans le partage de la pure et belle conscience du mari. Elle était cette femme sainte : la mère de famille, — la femme d'intérieur et de ménage, qui vit en ses enfants et avec eux, leur donnant son âme à toutes les heures, avec l'adorable compagnonnage d'une sœur aînée: Puis venait la fille, la jeune fille d'aujourd'hui, sitôt femme. De ses caractères particuliers à notre siècle, de son enfance formée à la camaraderie de ses parents, de son père autant au moins que de sa mère, de son éducation égale et presque pareille à l'éducation de l'homme, de sa place nouvelle au salon, Charles faisait sortir deux races et deux espèces : l'une, cachant sous les dehors de son sexe l'âme de son frère, ses maturités sans cœur, ses volontés enracinées, ses désillusions et ses irréligions précoces, surexcitées encore et raffinées par sa nature de femme; l'autre, ayant la liberté, la franchise, la grâce et l'élévation d'un cœur viril, montrait dans toute sa personne cette belle et grande chose : un honnête homme dans une honnête femme.

Tel était le dessin du roman où Charles voulait s'élever à la synthèse sociale, peindre dans son plein épanouissement la ploutocratie du dix-neuvième siècle, et intéresser l'attention du public, non par la tragédie des événements, le choc des faits, la terreur et l'émotion matérielles de l'intrigue, mais par le développement et le drame psychologique des émotions et des catastrophes morales.

Si bien enfermé que fût Charles, si bien garé du monde, si bien enterré dans son travail qu'il vécût, il lui tomba sous la main quelques numéros de journaux où il était égratigné. Il avait commencé par deviner dans ces égratignures la plume de Nachette ou du moins ses mots et sa dictée; il finit par lire au bas sa signature. C'était le premier châtiment qu'inflige le petit journal à celui qui le quitte, et qui, n'ayant plus d'arme, voit tous les ressentiments, toutes les rancunes et toutes les jalousies qu'il a semés derrière lui sortir de leur passivité et de leur silence, prendre voix, s'enhardir, et commencer à se venger. Mais Charles en fut à peine effleuré; il oublia de s'en souvenir après les avoir lus, tant il était distrait par son livre, tant son œuvre le remplissait!

XXI

« Bade, septembre.

« Une ville étonnante, une ville étourdissante, une ville ahurissante, une ville avec des rues, des auberges, du monde, une ville qui a l'air d'une ville et qui n'en est pas une, une ville enchantée par le hasard, une ville impossible, une ville bâtie sur pilotis sur un Potose qui change de lit à chaque seconde, une ville remuée comme un sac de loto, une ville sonore comme une foire de la Fortune, une ville où l'on marche sur des apoplexies d'argent et des pots au lait cassés, une ville qui ressemble à la vie au grand galop : en un quart d'heure, un million y a des dettes, et un valet, des domestiques; une ville, l'enfer du Dante tempéré par l'espérance, une espérance ivre! une ville qui n'est qu'une table de jeu sur laquelle on danse la nuit, comme après souper sur un drap de billard; une ville où il n'y a plus d'hommes, plus de femmes, plus d'humanité, rien! que des mains qui jettent ou ramassent; une ville où il n'y a plus de nature, les arbres sont verts comme un tapis vert, et le ciel... il n'y a plus de ciel : c'est un paroli d'étoiles! une ville de fous, où les plus sages font des chiffres pour attraper la chance; une ville où l'argent n'est plus l'argent, plus une valeur, plus un poids, plus une sueur, plus une raison, plus un bon sens; mais une veine, un rêve, un caprice, un jouet, un vent, une pluie : — c'est Bade, mon cher, et j'y suis.

« C'était... quel jour? Au fait, pas plus tard qu'avant-hier. Je ne rencontrais plus personne. Paris était sorti. Je prends une passe, et cinq cents francs au *Scandale*, et je tombe ici. « Nachette! » — c'était Chose, le célèbre vaudevilliste, je ne sais plus son nom. Je rencontre Blaizard, je rencontre Minet, je rencontre tout le monde. « Et tu joues?... As-tu le sac?... » Bouteille de vin du Rhin là-dessus qui me casse les jambes. « Sais-tu jouer? — Oui, à la bataille. » Passe Gaillardin, qui m'offre de l'argent. Je lui prête un louis. « Joue sur le six!... Joue sur le zéro!... Non!... Si!... Non!... Le neuf! » Les oreilles commencent à me tinter. « Au jeu! — Allons! — As-tu de la chance?... Déboutonne le second bouton de ton gilet. Ça porte bonheur. » Je vois passer dans le lointain Massieu, qui a l'air de réciter des vers, avec des gestes. J'entre au jeu. J'avais la tête d'un homme timide qui aborde une femme dans la rue. Je joue rouge cent francs, je ga-

gne. Noir, cent francs; je perds. Noir, cent francs; je perds.
« Rouge ! » me dit Blaizard. « Noir ! » me dit Minet. « Bleu ! »
fait le vaudevilliste. Je fais noir cent francs. Puis noir, puis rouge.
Je gagne six cents francs. Je les reperds. Je m'entame... Raflé !
Je coupe mes derniers cent francs en deux... Zac! rincé! « Tu
joues mal... Noir a-t-elle passé, hein ?... Six fois... Où en es-tu ? »
me dit le vaudevilliste. « J'ai ma passe, et je repars. — Imbécile !
tu as une montre. — Eh bien ? — Mais ici tous les horlogers
avancent... » Tous rient. Je ne comprends pas. « L'horloger est
le Mont-de-Piété du pays, enfin, y es-tu ? — Ah ! » Je trouve un
horloger qui ne tenait que des cristaux de Bohême. Je quitte mon
bijou, je palpe cent francs, je remonte au jeu. Je vois des numéros... Paff! mes cinq louis sur le neuf... Enfoncé! Je sors du
jeu. Mes jambes flageolent. Je m'arrête. « Hé! monsieur, c'est
vous... — Non ! — Mais si, c'est vous qui avez gagné. » J'avais
cru perdre, j'avais gagné! Un tas d'or sur mes cinq louis! J'avais
passé une fois, deux fois, je ne sais pas combien de fois. « Qu'est-ce
que vous faites? me dit l'homme du jeu; laissez-vous ? — Rien ! »
Et je ramasse... quelque chose comme trois mille francs. Je sors
du jeu, je manque d'écraser une voiture; je rencontre encore du
monde que je ne reconnais pas. Je prends un appartement au rez-
de-chaussée, dans un hôtel, et j'invite les passants à dîner. Grand
dîner. On boit comme des trous à toutes sortes de choses, à la propriété littéraire internationale, est-ce que je sais? Je prends mille
francs, je revais au jeu; ils font des petits : j'en rapporte sept
cents autres. Je suis moulu. Je dors comme un pieu, mais des
rêves!... J'avais fait sauter la banque. M. Bénazet, de désespoir,
avalait le râteau d'un croupier. Je lui faisais une rente viagère.
Les croupiers rentraient dans le monde; il y en avait un qui devenait le bibliothécaire du Crédit foncier; le plus laid devenait
Amour aux Funambules, dans les apothéoses. Je faisais raser
Bade, et j'y faisais semer des jeux de dominos. J'habillais Blaizard
en drap d'or. Je nommais Minet mon ami à cinq cents francs par
mois. Je fondais une Revue polyglotte pour l'abolition de la traite

des romans-feuilletons. Je tendais mon cabinet de travail en cachemire blanc. J'achetais un coffre-fort où l'on aurait caché une honnête femme ou une banqueroute frauduleuse. J'avais des chevaux en argent massif avec un ressort, des grooms en perle fine achetés chez Rudolphi... Montbaillard entrait dans mon rêve; il me voyait chauve comme César, avec une couronne de lauriers en billets de banque sur la tête. Il me disait d'une voix terrible : « Je veux de tes cheveux ! » il sautait sur ma couronne; nous nous battions, et... je donne un grand coup de poing au vaudevilliste célèbre, qui me réveillait. « Veux-tu faire un vaudeville? — Je n'ai pas le temps : je fais fortune. » Je déjeune. Je bois de l'eau de pierre à fusil volée dans le clos du nommé Metternich. Je fume un demi-cigare, et au jeu. Je joue le sept, je joue le neuf, je joue le onze, je joue le zéro... Je m'emballe, et raflé de deux billets de mille. Je sors. Je vais devant moi. Je lis les affiches, les noms des boutiques, machinalement, sans voir. J'accroche Roland, qui me franchit comme un obstacle. Il a une chaîne de montre et un paletot neuf. Il me semble qu'il pleut. Je remonte au jeu. Minet est tricolore : il a passé trois fois. On me dit : « La banque perd, poutez roide. » Je lâche cinq cents francs; je gagne sur le vingt; cinq autres, rasé ! Je joue des cent francs. Je boulote vingt minutes. A la dernière minute des vingt minutes, l'affaire était faite : plus un sou ! Je bats la ville. Il faut que je rencontre quelqu'un. Personne ! On me dit à l'hôtel que Blaizard est sorti en calèche avec des dames en velours. Je fonds sur le vaudevilliste au coin d'une place. Je lui crie : « Cent francs, et je collabore ! » Il me répond : « Cent francs, et je vous adopte ! Rincé ! — Rincé ! — Rincé ! » dit Minet à l'autre bout de la place. L'écho me fait peur, je me sauve chez l'horloger qui vend des verres de Bohême : « Vingt francs? — Impossible ! — J'ai une famille... — Moi aussi, me dit l'horloger. — Mais Christophe Colomb était dans ma position : il a déposé une idée, on lui a prêté un bateau, et il a rapporté un monde ! » Il ouvre de grands yeux, une petite bourse : j'ai vingt francs. En dix minutes, j'en fais cinq cents francs, j'en fais mille, j'en fais deux mille, et je retombe à trois cent quatre-vingts. J'éprouve subitement des éblouissements. Je vais me faire faire la barbe chez un coiffeur, en face d'un bocal de poissons rouges, où il y a un gros poisson rouge qui digère des pains à cacheter avec une sérénité de vieux poisson rouge, tournant et tournant lentement, et battant à chaque tour d'un coup de rame de sa queue une petite bonne femme de verre filé, en prière, les mains jointes, au fond du bocal, qui ne fait qu'osciller et se relever : ça a l'air des coups du malheur sur une âme pieuse ! Ma barbe faite, je me trouve nez à nez avec un magasin de coucous de la forêt Noire. J'en achète un tas, cinq ! Il me reste net deux cent soixante-treize francs. Je passe à l'hôtel. Je commande ma note. Je donne trois francs à un mendiant qui me paraît pauvre. J'arrive au jeu. Roland n'a plus de paletot ni de chaîne de montre. Il y a un monsieur qui a gagné trente mille francs; un bourgmestre, le bourgmestre de Saardam, comme tous les bourgmestres, qui est à dix mille. Je fais cinq masses. Il sort des numéros stupides. Au bout de cinq minutes, j'aurais été obligé d'emprunter un sou à l'invalide pour passer le pont des Arts, dans le temps. Je rentre à l'hôtel. Je reçois ma note en pleine figure. Je la plie en quatre et je dîne dessus. Je sors : ni Minet, ni Roland, ni Blaizard, ni le vaudevilliste... pas un cigare, pas une demi-tasse de connaissance ! Rentrée à l'hôtel et dialogue avec le garçon d'hôtel : « Mon ami, vous êtes chrétien ? — Oui, monsieur; pourquoi faire ? — Pour me prêter quarante sous. » Enfin, je peux prendre du café et fumer un cigare. Dernière rentrée à l'hôtel : j'ouvre ma note; quelque chose comme trois cents francs. Les as-tu ? Si tu ne les as pas, je reste en gage jusqu'à ce que je les aie. Mais j'aimerais bien mieux que tu les aies. Merci d'avance si tu peux, et, si tu ne peux pas, pardon.

« Ton ami,

« NACHETTE. »

A cette lettre Charles répondit :

« Je suis enchanté, mon cher Nachette, de pouvoir te rendre le petit service que tu me demandes. Seulement, comme tu pourrais croire, si je t'en rendais un autre, que je nourris l'intention, en t'obligeant, de désarmer ta très-spirituelle critique, restons-en là, et faisons rentrer notre amitié dans la classe des indifférences qui se saluent. »

XXII

— Tiens ! c'est toi, Couturat.

— Ma foi, oui, c'est moi, *ipse* Couturat ! J'ai sauté par-dessus ton suisse et je viole ton domicile. A propos, c'est donc vrai, dis donc, que tu vis maritalement avec un livre, à présent ? Voilà tous mes amis qui deviennent des hommes sérieux !... C'est désolant pour moi... désolant... désolant, — répéta Couturat en chantonnant. — Quand j'ai vu que je ne te voyais plus, j'ai cru que tu étais entré dans les ordres ou dans la diplomatie... et, en passant devant ta porte, je suis monté voir... pour voir... C'est gentil chez toi... C'est drôle, ça ne sent pas la femme... mais c'est gentil... Ce sournois de Demailly ! J'ai toujours dit : Demailly, méfiez-vous, un ambitieux ! il veut écrire dans la *Revue des Deux Mondes*... Et comme ça, tu vas bien ?

— Je travaille.

— Travailler, c'est prier ! une romance l'a dit... Joliment bien arrangé tout de même, tout ça, — fit Couturat en prenant une pipe d'écume de mer dans un cadre en bois sculpté où la feuille du tabac s'enroulait et se grippait avec le style charmant et l'heureuse fantaisie des ornementations allemandes. — Je casse toutes mes pipes, moi... Et ça marche-t-il, ça vient-il, ce que tu fais ? un petit chef-d'œuvre, hein ? — Et Couturat, pour appuyer sa plaisanterie, porta, de la main, une botte à Charles. — Tu as lu l'autre jour ?

— Quoi ?

— Bah ! tu ne sais pas qu'on t'a attrapé... Nachette... C'est qu'il t'a pincé, mon cher... Tu devrais répondre, écrire...

— Quand je répondrai, mon cher, je n'écrirai pas.

— Comme tu voudras. Mais tu sais ce que c'est : si on ne rue pas au premier coup de dent... C'est pour toi ce que je t'en dis.

— Merci.

— Tu ne pourrais pas m'avoir des bêtises rouges comme ça ?... Est-ce cher ?

— Ces sanguines-là ?... Je les ai payées deux cents francs à Mayor, le marchand de dessins anglais.

— Deux cents balles ! fichtre !

— Mais c'est fait à la main, — dit Charles en gardant son sérieux.

— Vois-tu, mon cher, — reprit Couturat, — c'est très-bien de faire des livres... c'est même très-beau ; je regarde ça comme un dévouement. Mais... tu as fait une bêtise de quitter le journal, parce que... voilà le commencement. Tu y serais resté, on ne t'embêterait pas, ou, si on t'embêtait, on t'embêterait gentiment... On fait toujours attention avant d'empoigner un homme qui a un carré de papier dans la main... mais un monsieur comme toi, qui est dans son coin, qui ne tient à rien, un journaliste retiré dans un fromage... Va, c'est une fière arme, un journal. Tiens ! moi, je suis très-bien avec tout le monde ; eh bien, que demain je lâche ma place au *Scandale*... tu verrais ! Ah bien, on me tomberait fièrement dessus... Nachette m'éreinterait comme il t'a éreinté...

— Ou encore comme tu m'as éreinté, n'est-ce pas ?

— Farceur !... Il faisait son petit saint Jean !... Ah ! tu blagues tes petits camarades ? C'est que je me laissais blaguer ! Eh bien, parole d'honneur, je t'éreintais, mais pas trop dur, je t'éreintais pour le bon motif... Oui, je voulais te faire sortir de ton livre et te mettre un journal dans les pattes !... Ah ! par exemple, voilà un fort bibelot...

Cette qualification de Couturat s'adressait à une pendule dont les heures étaient escaladées par un monde de petits Amours dont la petite bedaine de porcelaine de Saxe et les petites ailes peintes passaient, devant et derrière, à travers tous les costumes du temps passé, depuis l'Amour marquis jusqu'à l'Amour Diafoirus. Couturat tomba d'un air très-naturel en contemplation devant ce peuple d'Amours, et resta quelques moments sans rien dire. Il ruminait ceci. Un capitaliste pointait à l'horizon pour son journal, le journal qu'il rêvait, et dont le plan était tout fait dans sa tête. Libre des passions des lettres, libre de jalousie et d'envie, Couturat, avec un coup d'œil froid, avait jugé et jaugé Charles. Seul, il avait compris la valeur de ses articles de petit journal. Et ce talent, trop sérieux pour le journal de Montbaillard, trop vif pour le journalisme doctrinaire, lui semblait une bonne fortune et la meilleure des acquisitions pour ce journal qui devait être un grand journal vivant par l'intérêt du petit journal. Aussi Couturat n'avait-il rien oublié au *Scandale* pour assourdir le succès de Charles, dégoûter Montbaillard de ses articles, déprécier, en un mot, très-habilement l'homme qu'il convoitait et qu'il se réservait. Couturat savait encore que Charles avait une grande ambition littéraire; par là, il était assuré d'une collaboration où Charles apporterait tout son effort, tout son travail; assuré d'une copie soignée, d'une copie qui aurait toujours le coup de pouce et la conscience d'un article de débutant. Enfin Couturat, voyant à Charles son pain sur la planche, estimait qu'il serait facile et coulant dans les questions d'argent; ses demandes n'auraient point d'exigences; c'était un garçon qu'on pourrait faire attendre, attendrir par une fausse misère de la caisse, bref, un homme du monde avec lequel Couturat comptait user de toutes les *banques* dont l'essai est inutile avec l'homme de lettres qui attend sa semaine pour manger.

— Voyons, Couturat, — dit Charles avant que Couturat eût trouvé une entrée en matière, — tu n'es pas monté ici tout exprès pour me dire que je suis éreinté... C'est un plaisir d'ami, cela, mais d'ami intime... Et c'est la première fois que tu viens ici... Tu me veux quelque chose, qu'est-ce que tu me veux?

— Voyez-vous ça!... C'est qu'il n'y a pas moyen de l'enfoncer... Eh bien, allons-y gaiement... au fait, j'aime autant ça... Voici la chose : j'ai trouvé un bailleur de fonds de la force de deux cent mille francs, pour un journal, un grand petit journal... et quotidien, qui est au journal de Montbaillard ce que le Chimborazo est à la butte Montmartre...

— Passons le prospectus.

— Passons le prospectus. Je dirige le journal. Tu me connais : je ne suis pas un chipotier... il n'y aura pas de difficultés entre nous... Ça te va-t-il d'être rédacteur en chef?

— Je te remercie, mon cher.

— Allons, mon cher, on ne refuse pas comme cela... et ce que je t'offre! Je te dis, c'est une grosse affaire : il y a deux cent vrais mille francs derrière... Je te ferai un traité d'un an, si tu veux... Une position, songe donc!... Je reviendrai demain, hein?

— Et Couturat prit son chapeau.

— Très-volontiers. Seulement...

— Seulement? — dit Couturat sur le pas de la porte.

— Nous parlerons d'autre chose, si cela t'est égal.

Couturat jeta son chapeau, et se mettant devant Charles, les deux mains dans ses poches :

— Mon cher, il y a des gens plus connus que toi qui sauteraient de joie à ma proposition... Je ne te dirai pas que j'ai pensé à toi parce que je suis un bon garçon, et toi aussi... Nous n'avons plus l'âge où on se dit des choses comme ça, et où on les croit. Non... Mais tu sais, moi, je ne gratte pas les gens, je leur parle carrément et en face. Je te trouve du nerf, du montant, quelque chose qui fouette le lecteur, des idées... ça ne court pas les rues, ni le *Scandale*, les idées!... et de la jeunesse, et tout... du talent, là, sans blague... Je ne vois que toi pour lancer un journal... Ce n'est pas des casse-cous comme Nachette... Tu es l'homme qu'il me faut, quoi! comprends-tu?

— Couturat, je vois avec peine que tu appartiens à une très-mauvaise école historique : il n'y a pas d'hommes nécessaires, il n'y a que des hommes utiles.

Couturat reprit son chapeau : — Avant six mois tu arrivais au théâtre, tu tenais les éditeurs, tu t'ouvrais les grands journaux... Avec vingt Courriers de Paris remarqués, tu te faisais un nom et un public... tu étais connu, ce qui n'empêche pas de devenir célèbre... Tu avais tes passes sur les chemins de fer, des amis un peu partout, c'est le meilleur endroit pour en avoir, des actions à prime... et le reste. Maintenant, tu as des béguculeries... tu ne veux pas faire comme tout le monde... ça te regarde ! Je t'aurais cru un homme d'esprit, toi.

— Encore une fois, mon cher, je te remercie beaucoup. Je te remercie de penser tant de bien de moi, et de m'offrir un avenir... Si je te refuse, c'est tout simplement que je veux essayer de faire quelque chose qui ressemble à une œuvre. Et puis, c'est peut-être un préjugé, mais je crois que les gens d'esprit passent dans le journalisme, mon cher, et n'y restent pas : c'est la vie de garnison des lettres.

— C'est ton dernier mot ?

Charles fit un signe affirmatif.

— Je vais trouver Gaillardin, — dit Couturat, en essayant de tenter la jalousie de Charles par ce nom.

— Il acceptera bien certainement.

— Garde-moi le secret, n'est-ce pas ?

— Bien entendu... Au revoir.

— Sans rancune... Ça ne fait rien, tu auras des regrets, tu verras ! tu mettras dix ans à faire le chemin de dix articles, rappelle-toi ça.

Couturat descendit l'escalier en sifflotant entre ses dents un petit air de mécontentement. Il se promettait de lancer Nachette sur Charles, de faire harceler Charles sans merci, espérant qu'un beau jour les piqûres et l'aiguillonnement le feraient sortir de ce calme et de cette tranquillité affectés, il le devinait ; prévoyant déjà quelle amusante comédie, quelle bonne affaire, ce serait pour son journal, la colère et l'éclat de Charles, se ruant sur Nachette et sur les passants avec la force comique et la verve enragée du pamphlet personnel.

XXIII

Charles avait trouvé un éditeur. Il avait eu la joie de la première épreuve de son livre, puis la fatigue des autres, puis l'impatience de la dernière. Son livre avait paru. Il figurait aux étalages sous une jolie couverture jaune-paille; et même quelques libraires lui avaient fait l'honneur de la bande réservée aux noms connus et aux livres d'avenir : *Vient de paraître*.

Charles souriait aux étalages, qui lui semblaient tenir et montrer quelque chose de lui-même. Il était gai, alerte, satisfait du monde entier et content de lui, quand un soir, après avoir fait un dîner d'homme heureux, il lui prit envie d'aller interroger l'opinion de ses confrères au café Riche.

Au fond du café il n'y a encore personne. Nachette est seul, le dos au dossier de velours rouge de la banquette, les deux mains dans ses poches, contemplant les plafonds dorés et les Giorgione féroces encastrés dans les ornements au-dessus de sa tête, de temps à autre jetant un mauvais œil aux gens qui arrivent ou passent, interrogeant sa montre, tirant une bouffée d'un cigare qui se fume mal.

Perrache entre.

— Ah! c'est toi! Tu viens bien tard!... D'où diable sors-tu? tu as l'air d'un marié de barrière... J'ai rencontré Blaizard, qui te trouve stupide... Mais qu'est-ce que tu as donc à l'œil?

— Un compère loriot, — dit Perrache, habitué à ces façons de Nachette, calme, presque souriant au milieu de ses apostrophes.

— Ça, un compère loriot?... Je dois te détromper... c'est un...

je ne sais plus le nom, un nom terrible!... Je vais te dire comment ça se joue : on vous retourne la paupière, on vous l'ouvre, on vous arrache cela avec une pince, on vous brûle à la pierre infernale, on vous lave à l'eau de sel... Toutes ces petites machines-là ne sont pas drôles, sais-tu? Après quoi c'est fini... jusqu'à ce que ça revienne... L'embêtant est que ça revient toujours!... Jouons-nous, hein? Tu vas me voler, comme hier soir... Tiens! Florissac! — Et Nachette s'approcha de la fenêtre du café entr'ouverte sur la rue Lepelletier : — Où vas-tu, Florissac? J'y vais.

— Impossible ! — répondit du trottoir Florissac, — je vais dérider mes concitoyens... des bourgeois.

— As-tu fini de remuer les dominos, toi? — dit Nachette en revenant à Perrache. — Nous jouons cinq francs... Je suis sûr que tu vas gagner encore... Tu as une chance d'idiot!

— Est-ce que tu n'avais pas de place pour la première de ce soir? — hasarda Perrache.

— La pièce de ce soir?... Je l'avais assez vue! je l'avais vue aux répétitions... Pas de place! Voudenet et Laurent m'en avaient offert une dans leur loge... Pas de place! crétin!

— Ne te fâche pas..., je te demandais... comme je t'aurais demandé...

— Perrache, tu devrais te marier...

— Pourquoi ? — dit Perrache toujours calme et sans broncher sous le feu de Nachette...

— Pour moi! — dit Nachette en posant le double six.

Il y a autour du monde littéraire un peuple de gens qui se frottent à l'homme de lettres; gens venus de la Bourse, du haut commerce, d'un ministère, de toutes les professions et de tous les ordres de la société, et qui forment cette grande armée, toujours grossie de nouvelles recrues : les *caudataires*. — Hommes anonymes, inféodés à une grande ou petite célébrité, qui leur devient tellement propre, et pour ainsi dire si personnelle, qu'ils feraient croire au miracle de la transfusion de l'amour-propre; humbles et fiers dans leur humilité comme des saint Christophe, en portant sur l'épaule la gloire ou seulement la gloriole d'un autre; appelés à ce culte de cireurs de bottes d'une statue de grand ou de petit homme qui les tutoie, par la vocation d'un caractère doux, naturellement complaisant, sans susceptibilité, les caudataires ont pour l'écrivain entre les mains duquel ils ont prêté serment un attachement particulier qui par certains côtés touche à la patience de l'épouse aussi bien qu'au dévouement de la maîtresse. Claqueurs convaincus, parfois martyrs, les rebuffades, les dures ironies, les plaisanteries cruelles, ne les dégoutent pas de leur dieu : ils se jugent payés de tout cela par un mot dans un article, une place dans l'intimité, un tabouret dans la loge, et leur bras accepté. Parfois même il peut arriver que leur attachement n'ait point d'intérêt de vanité, et que leur culte soit une véritable affection. Mais la sincérité, la soumission de ces amitiés, désarment bien rarement celui qui en est l'objet. Une vie de lutte, la continuité des picotements et des souffrances de l'amour-propre, cette incessante série des défaites ou au moins des déceptions de l'orgueil dévorées et cachées comme des hontes sous l'affectation de la confiance et le mensonge de la victoire, maintiennent l'homme de lettres dans un état d'acrimonie assez semblable à cette humeur du matin avec laquelle s'éveillent les gens souffrants. Cuirassé par de journalières souffrances intimes qui lui mettent du métal sous la peau, il perd la sensibilité, les instinctivités tendres, les délicatesses et aussi les reconnaissances des âmes très-jeunes : aussi prend-il avec l'amitié du caudataire la brutalité et le rire d'un vétéran devant la blessure d'un conscrit. Ce n'est pas qu'il soit méchant ni mauvais : mais la caresse, l'épanchement, les douceurs et l'égalité des fraternités ordinaires, ne sont pas de son métier et ne vont plus à son expérience; il faut qu'il trouve dans l'amitié le droit d'abuser d'un homme, d'une volonté, d'un cœur, dans l'ami une attitude morale et une serviabilité domestiques. Puis encore, l'ironie est l'assiette de l'esprit social de la littérature. Il en est le tempérament, le ton, et la forme. C'est, de plus, une garde agressive qu'il faut toujours répéter, et à laquelle un plastron est nécessaire; c'est une force à maintenir en haleine par des coups de poing sur une tête de Turc. De là, ces excellents mauvais ménages, — le ménage d'un Nachette et d'un Perrache.

— Nom d'un petit bonhomme ! — et Nachette jeta ses dominos sur la table. — On n'a jamais vu une chance...

— Mais tu as gagné la première...

— J'ai gagné la première, parce que tu as joué comme un serin... Tu dis ?

— Je ne dis rien.

— Tu as le silence bête, Perrache... Il n'y a que toi, ma parole d'honneur ! pour... Voyons ! la belle.

Arrive à ce moment un gaillard haut comme un peuplier et chauve, « le plus jeune de nos dramaturges, » comme l'appellent ses amis. Il arrive, un paletot sous le bras, le pas inquiet. Ses regards font tout le tour de la salle. Il met la main sur l'épaule de Nachette pour lui dire bonjour, prend une chaise, pense à s'asseoir, change d'idée, fait tourner la chaise sur un pied. Il passe sa main sur sa bouche. Sa main glisse et s'arrête à la hauteur de la pomme d'Adam. Son sourire s'illumine.

L'entrée du café s'est garnie. Des jeunes gens « très-bien, » arrivant du Cirque ou du Château des Fleurs, offrent le passe-temps d'un fruit ou d'une tasse de thé à des lorettes de premier choix qui désignent du doigt les célébrités du fond du café ; les jeunes gens ouvrent de grands yeux, dressent l'oreille et tâchent d'attraper au vol un mot du journaliste Nachette ou de Perrache, l'ami du journaliste Nachette, ou du dernier venu, Gremerel, l'auteur dramatique.

Gremerel sourit toujours. Son œil va d'une femme assise au fond à Nachette, à qui il la montre du regard.

— Hein ?... charmante !... charmante ! n'est-ce pas ?... Rémonville n'est pas venu ?

Les deux joueurs lui font non de la tête.

Gremerel reprend la chaise qu'il avait prise : — Garçon !

— Monsieur !

Gremerel s'est assis sur la chaise, un genou à la hauteur de l'œil, son talon de botte sur le velours rouge de sa chaise, et les deux mains liées autour de sa jambe remontée : — Qu'est-ce que vous avez?

Le garçon commence à énumérer les rafraîchissements.

— Garçon, avez-vous du chocolat glacé?

— Non, monsieur, il n'y en a plus.

Gremerel se lève, et, prenant le garçon par un bouton de sa veste :

— Garçon, vous étiez né pour servir à Monaco!... On demande un bifteck à Monaco : il n'y en a plus! la cour a tout pris...

— Monsieur...

— Écoutez avec recueillement... On demande du pain frais : il n'y en a plus! la cour a tout pris...

— Monsieur...

— Oui, garçon, à Monaco... J'ai voulu y acheter une maison, moi qui vous parle... positivement, à Monaco... Je m'informe des formalités... ce qu'il faut faire... s'il y a une loi à Monaco... Garçon, on me dit que oui... qu'il y a même un Code à Monaco. Je dis : Très-bien! je vais l'acheter. — Monsieur, il est chez le receveur... Ils ont un Code écrit à la main, à Monaco, garçon!... Pas de chocolat glacé! qu'on me ramène à Monaco!

— Monsieur...

Gremerel se rassoit. Il se lève. Il regarde à la porte d'entrée. Il va pour sortir. Il revient.

— Garçon!

— Monsieur a demandé?

— La *Gazette d'Augsbourg*.

— Nous ne la recevons pas.

— C'est comme cela... Allez dire à votre maître... Nous nous en irons... tous!

Les deux joueurs font un signe de tête affirmatif.

Gremerel étend son mouchoir sur la table de marbre, y couche sa tête, y pose une joue, allonge les deux bras, et bat avec les ongles une marche sur le marbre. Tout à coup il s'interrompt, soupire :

— Mon Dieu! pourquoi avez-vous fait la femme si belle, et l'homme si faible? — Puis il retombe dans le mutisme et dans sa musique.

Il était onze heures et demie. On arrivait. A minuit, le divan du fond, que tout à l'heure Nachette occupait seul, était plein, et les consommateurs s'y serraient. Les garçons se précipitaient, apportant le chocolat, les glaces, la bière de Bavière. On s'asseyait, on parlait, on commandait, on appelait, on se saluait. C'était un bruit, un tapage, un premier feu de causerie... Imaginez la salle de conférences du monde des lettres. On voyait là des réalistes, des fantaisistes, des critiques, des romanciers, des journalistes, des feuilletonistes, des vaudevillistes, tous les échantillons du grand ordre de la plume; des jeunes, des vieux, des chevelures en coup de vent, des crânes de moine, des bruns, des blonds, des rubans rouges et des boutonnières vierges.

Là étaient rangés par le hasard, les uns à côté des autres, pêlemêle, le critique qui excelle à porter un faux succès en triomphe, comme le mardi gras portait Musard, — sur un cent d'épingles; — le dernier gentilhomme de lettres qui sait encore dire : Faquin! à un garçon, et faire dire : Mille grâces! à un jeune premier; — le grand dramaturge qui imite si bien Lassagne, et si mal Shakspeare; — le poëte qui touche au drame d'Hugo, et s'essaye à tendre l'arc d'Hercule; — le *cascadeur* de génie, qui a volé la pratique de Grassot; — le confesseur de Bernerette, l'amusant auteur des *Mille et une nuits du Mont-de-Piété*; — le critique bouffe qui dessine si joliment des caricatures sur le sable avec la batte d'Arlequin; — le critique incisif et plein de verve qui passe tous les huit jours sa plume de fer à travers les gloires en carton du théâtre, les actrices en bois, et les pièces en patois; — l'humoriste d'esprit, à qui Musset a laissé « Denise » à faire; — le journaliste saule-pleureur, qui est convaincu que le soleil baisse; — le fameux philosophe qui a cherché depuis l'âge de raison la vérité au fond d'un verre; — l'auteur de la pièce dont les vingt-quatre premières représentations ont fait plus d'argent que les vingt-quatre premières représentations du *Mariage de Figaro;* — le filleul de Smarra, le poëte du cauchemar; — le vaudevilliste qui cite Sophocle en grec et M. Scribe en français; — et cet autre, et cet autre, et cet autre... et jusqu'au grand éditeur, une fleur à la boutonnière, le menton sur une canne à pomme d'or, écoutant les lazzi d'un débutant littéraire qui cherche à placer un volume.

Chacun jetait un mot, une phrase, au travers du bruit des cuillers sur les soucoupes, des lèvres qui buvaient, des carafes qu'on reposait, et du murmure de tous.

— Cent représentations!
— Oui, ça les aura.
— Une pièce d'annonces! l'*Almanach Bottin* en vaudevilles, allons donc!
— Qu'est-ce que cela fait?
— Ils se sont très-bien arrangés, — disait un voisin à son voisin. — Ils font neuf mille francs derrière la toile... Le grand fleuriste lâche trois parures de fleurs à cent cinquante francs chaque... Le célèbre gantier, c'est, je crois, oui, deux douzaines à chaque auteur... Tout cela payé à la troisième...

Pendant cet *a parte*, le brouhaha continuait et grandissait.

— Littéraire!
— Oh! littéraire! une pièce littéraire!
— Ne parlons que trois à la fois, hein?
— Littéraire!... Des blagues!
— Des blagues?
— Des blagues!
— Garçon! un 2 Septembre pour les *carcassiers!*... et chaud!
— Qu'est-ce que c'est, un volume jaune que j'ai reçu ce matin, signé Demailly... Est-ce le Demailly qui écrivait dans le journal de Montbaillard?
— Oui, il en est sorti faute d'idées.

— Pousse-toi donc un peu, Gremerel... Qu'est-ce que tu as donc ce soir, Gremerel?

— Je terrasse le démon de la sensualité, — dit Gremerel toujours la face sur le marbre de la table.

— Qu'est-ce qui a lu ça?

— Le livre jaune?

Deux ou trois voix dirent : — Moi! — L'une ajouta : — C'est-à-dire, j'ai commencé, car...

— Une machine trop grosse pour lui!

— Il s'est un peu fourré le doigt dans l'œil, le brave garçon!

— Et le style!...

— Qu'est-ce que c'est d'abord? Il y a de tout... un roman politico-satyrico-romantico-historico... est-ce que je sais?

— Pas d'intrigue!

— Des épithètes peintes en bleu, en rouge, en vert, comme les chiens de chasse de la Nouvelle-Calédonie!

— Je vous dis qu'il y a un parti du haut embêtement...

— Ça ne m'a pas paru si mal...

— Et moi, je trouve ça très-fort, — dit une voix nette comme un tranchant.

— Oh! toi, on te connaît... c'est pour placer un paradoxe...

— Vous ne savez donc rien là-bas, les faiseurs de Courriers de Paris?

— Quoi?

— Les beaux partis qui sont cotés maintenant dans les cercles de Paris... comme les chevaux de course!

— Oh! oh!

— Parole d'honneur! La dernière cote porte cinquante-huit beaux partis à l'heure qu'il est à Paris... Cinquante-huit, pas un de plus!

Charles arriva au moment où son livre venait d'être enterré. Tous les gens qu'il connaissait furent très-aimables pour lui. On voulut lui offrir sa consommation. On lui fit compliment de son pantalon. On lui parla du dernier objet d'art qu'il avait acheté, d'un de ses parents qui venait d'être nommé quelque chose quelque part. Mais de son livre, pas un mot ; et quand, après être resté une demi-heure là, Charles s'en alla, les poignées de main de ses amis mirent dans leur étreinte, longue, appuyée, et comme apitoyée, quelque chose d'une condoléance profonde, de cette secrète et intime commisération que les amis ont pour le malheur ou la faute d'un ami.

XXIV

Charles sortit du café Riche avec l'impression que son livre serait maltraité par la critique : il ne se trompait pas.

Il est dans la critique deux sortes de critiques : les critiques inférieurs et les critiques supérieurs à l'œuvre qu'ils jugent. Les premiers louent ou condamnent dans la mesure de leur capacité, de leurs lumières, de leurs forces, souvent dans l'innocence de leur conscience, parfois dans la rancune de leur jalousie. Les seconds, qui sont de beaucoup les plus nombreux, et qui font de la critique le genre littéraire qui compte peut-être en ce moment le plus de talents, attachés à un métier, presque toujours indigne d'eux, par le salaire fixe, la rémunération convenable, le seul gagne-pain littéraire assuré et menant à quelque chose de solide; les critiques supérieurs à l'œuvre qu'ils ont mission de recommander ou d'interdire au public ne se soucient guère, on le comprend, de suivre l'auteur pas à pas, de l'éplucher mot à mot, de faire enfin le rôle médiocre et ennuyeux d'un professeur de rhétorique corrigeant le thème d'un élève de sixième. L'amour-propre des auteurs a beau ne point leur pardonner : il est très-concevable que ces critiques sautent par-dessus le livre dont ils transcrivent le titre en tête de leur article, et qu'ils fassent sur ce titre, sur ce thème une improvisation, et des variations personnelles : ils jouent le Carnaval de Venise, c'est leur manière de rendre compte; et le public n'a pas longtemps la sottise de leur en vouloir.

Mais par delà cet éternel défaut de niveau du juge avec la pensée à juger, la critique de notre pays et de notre temps est atteinte d'un mal particulier. Nous n'avons point en France les grandes revues critiques de l'Angleterre, ces organes considérés et influents, dégagés des passions politiques, et qui apportent dans le verdict littéraire l'impartialité absolue et le haut scepticisme d'une critique purement littéraire, d'un public et d'un jury de l'art dans l'idée. Notre critique est enrégimentée dans un journal, elle appartient plus ou moins à sa couleur, à ses tendances, et sinon à ses préjugés, au moins à ses principes. Aussi est-elle journellement exposée à faire passer l'esprit du livre avant la valeur du livre. Il ne lui est guère permis d'admirer dans un autre camp, ni de siffler dans le sien. Qu'un roman ait un héros catholique : le critique du journal libéral déclarera le roman détestable. Qu'un roman ait un héros voltairien : le critique du journal catholique anathématisera le roman, et peut-être l'auteur; et c'est ainsi qu'il arrive à notre critique littéraire le plus grand malheur qui puisse lui arriver, le malheur d'être une critique de parti et de parti pris, blanche, rouge, bleue, selon la tribune du haut de laquelle elle parle.

Le livre de Charles se heurta à tout cela. Un livre appelé « la Bourgeoisie, » et qui tenait son titre, touchait, sans qu'il en eût peut-être conscience, par trop de points, à l'économie de la société; il indiquait trop de vues générales, il avouait trop de tendances; il laissait à formuler au lecteur trop de propositions intéressant l'ordre d'un État; il touchait à trop de passions, à trop de susceptibilités, à trop d'intérêts de toute une classe, pour ne pas être un roman social, c'est-à-dire politique. Tel parti devait y trouver l'apologie de ses idées incomplète, tel autre devait y deviner le mépris des siennes. Cette grande question de la Révolution française, la racine de son livre et le berceau de l'ordre qu'il avait voulu peindre, passionnait son œuvre sous les froideurs de l'observation et de l'analyse. Il avait eu beau ne vouloir et ne chercher que la vérité littéraire, son livre était un de ces livres qui allument les polémiques des partis, sans en contenter aucun. Donc le livre de Charles fut éreinté, à peu près sur toute la ligne. Rouges, blancs, bleus, le lapidèrent à frais communs. Ce fut un *tutto* d'ironies, d'attaques, de méchancetés, et de colères allant tout au bout de la politesse, — et parfois même un peu au delà. Il ne fut épargné que par deux critiques supérieurs : l'un esquissa à propos de son livre une histoire des classes bourgeoises avant Jésus-Christ; et l'autre en prit occasion de crayonner un charmant article sur le Bourgeois considéré dans ses rapports avec Daumier.

Ce devrait être une grâce d'État, dans les lettres, que de porter l'attaque sans broncher. Mais bien peu sont assez fortement trempés pour un tel stoïcisme; et des plus cuirassés, de ceux-là qui rient en public, et montrent que leurs blessures ne saignent pas, il faudrait voir le fond, et si la plaie n'est pas au dedans. Les plus grands, les plus glorieux, ces dieux même, entrés vivants dans la postérité, désarmeraient peut-être l'envie, s'ils montraient jusqu'où leur entre le coup de plume d'un maladroit, d'un inconnu, et comme une goutte d'encre sans nom jetée à leur front leur rejaillit au cœur ! — Sur une nature impressionnable comme celle de Charles, la douleur fut vive. Il essaya de la faire taire : il ne put. Des épithètes malsonnantes, et qu'il ne pouvait fuir, lui restaient gravées dans la mémoire et lui revenaient machinalement jusqu'aux lèvres. Il se surprenait à mâchonner à demi-voix des lambeaux de phrases qu'il croyait avoir oubliés. Il sentait en lui un vide douloureux, une indifférence immense, tout à la fois un dégoût et un besoin d'action. Certains articles, lus avant le dîner, lui resserraient l'épigastre et lui coupaient l'appétit aussi net que la nouvelle d'un grand malheur. La bouche amère et sèche, il se laissait aller à l'un de ces hébétements que donnent les ébranlements de l'organisme dont on n'a pas conscience, et qui précèdent, dans toutes les grandes contrariétés morales, le passage de la bile dans le sang. Et il restait dans son coin, ayant peur de se montrer, peur de l'écho, peur de ses amis, ayant honte de laisser voir une telle faiblesse de constitution.

XXV

Un soir qu'il était dans une de ces tristesses au courant desquelles l'homme se laisse aller, abandonnant sa volonté à son instinct et le but de sa marche au gré de ses jambes, Charles se retrouva sur ces mêmes boulevards extérieurs où, quelques mois avant, il avait promené la conception et comme l'enfance de son livre. Ces plâtras, ces grands murs gris, ces sales maisons, ces cafés borgnes, ces arbres maigres qu'il reconnaissait, rouvraient à ses yeux et à ses pensées comme un de ces beaux domaines du souvenir où le pas s'arrête à une rochée de tilleuls : de là s'envola le premier amour ! au sentier pierreux plein de cigales et de mûres : lointaine et chère petite patrie de la première idée et du premier vers faux ! à ce coin d'ombre, à cette touffe d'herbe où l'on lut le premier roman dangereux ! — Ainsi souriaient à Charles ces misérables boulevards. Son livre était né, il avait grandi là, — sur ce trottoir boueux ! Et il remontait, en marchant, son imagination, ses efforts, ses bonheurs : à cet angle de mur, il avait trouvé cette situation ; devant ce cabaret, il avait rencontré ce type ; c'était en se promenant et en se repromenant vingt fois devant cette grande maison noire, que son dénoûment avait fini par lui apparaître. Et se rassérénant peu à peu dans ces ténèbres trouées de la lueur rouge d'un réverbère, passant comme une revue de minuit des personnages de son roman qui se levaient, à sa droite et à sa gauche, de l'ombre, des portes, des pavés, il marchait tout ému dans son passé, quand d'un pavillon à jardinet, où il faisait nuit du haut en bas, une voix l'appela par son nom.

— Pardon, — fit la voix au mouvement de Charles, — je n'ai ni mon habit, ni mes croix... Permettez-moi, toutefois, mon cher monsieur, de vous faire mes compliments : je vous lis, ou plutôt je vous lisais; car, vous le voyez, ma chandelle est morte absolument... comme dans la chanson.

Charles distingua alors, dans le cadre noir d'une fenêtre ouverte, un bonnet de coton au bout d'une chemise, et une chemise au bout d'un bonnet de coton.

— Merci, — continua la voix, — vous m'avez donné une bonne soirée... et même un peu de fièvre.

— Ah! c'est vous, Boisroger... On m'a dit que vous étiez malade; comment allez-vous?

— Nous allons pas mal, ma maladie et moi... elle surtout. Mais, au fait, montez donc. Je vous fais des grands bras de là-haut... J'ai tout à fait l'air d'habiter la maison de Cassandre... il me semble que je suis Colombine, et que je vous prie de m'enlever... Ah! mais, je suis bête, j'oubliais... Ne montez pas. La pantomime est obligatoire. Je suis beaucoup mieux gardé que la Fille mal gardée : je suis enfermé... J'ai eu l'honneur de vous dire que ma chandelle était morte... Vous avez peut-être cru à une métaphore... Eh bien! non; c'est un fait, j'ajouterais historique, s'il était controuvé... Ma maîtresse est allée me chercher du feu chez le voisin, — un voisin, depuis la Charte, est toujours un épicier, — et comme j'étais couché, elle m'a enfermé. Tenez! faites-moi donc l'amitié de la rencontrer : vous lui direz que je l'attends.

— Mais je ne la connais pas...

— Vous ne la connaissez pas? Un ange, une âme, une Aphrodite! Sa tête est faite d'un grain de caprice, sa pensée du vent qui chante, sa figure d'un sourire, son sourire d'une rose, et ses deux yeux d'un morceau d'étoile! Enfin, c'est une femme qui sort de chez un épicier... à moins qu'elle n'entre au théâtre Montmartre pour s'assurer de l'embellissement du jeune premier. Mais je m'enrhume, je crois même que j'éternue... Bonne nuit! Vous connaissez la maison, venez donc me voir demain. Je veux vous serrer la main, et vous dire de votre livre tout le mal que j'en pense.

XXVI

Cette présentation du hasard, cette rencontre, cette parade impromptu, cette poignée de main, par la fenêtre, d'un homme dont il aimait le talent et dont il enviait les sympathies, donna à Charles le plaisir d'un bonheur. Il y avait longtemps qu'il n'avait fait si beau temps au dedans de lui. En un mot, il chantonna, — ce dont sa voix fut bien étonnée.

Boisroger ne lui était pas inconnu. Il l'avait rencontré, ou plutôt côtoyé dans des bureaux de petits journaux. Il lui était même revenu, par les uns et par les autres, que Boisroger défendait son talent et disait tout haut ce qu'il en pensait, beaucoup de bien. Mais l'occasion leur avait manqué à tous deux pour se rapprocher de plus près, pour sortir des banalités de la demi-connaissance, du salut, et de cette phraséologie qui n'est encore qu'un salut. Charles était heureux, il se sentait honoré que son livre lui eût gagné l'estime de ce poëte. — Il est, dans le monde des lettres, de pareils suffrages d'un seul, plus chers et plus doux à la conscience que les suffrages du public : ils en apprennent le mépris, ils en sont parfois la consolation.

Boisroger était, de son état, poëte lyrique. L'on ne saurait peindre un héros en moins de mots. Rien de son temps ne le troublait, rien ne le touchait, rien ne l'avertissait, ni l'habit noir, ni la Bourse, ni le public, ni M. Jourdain avec sa robe de chambre, ni les poésies d'ouvriers, ni les doctrines nouvelles, la religion de la prose, l'idolâtrie de la platitude, ni les émeutes contre la forme aristocratique de la pensée, contre l'idiome hiératique et sacré des lettrés et des délicats, ni ces utopies furieuses de vulgarisation et d'accessibilité du beau qui font l'industrie dans l'art, ni le livre descendant au lecteur, et la coupe étroite des hôtes choisis devenue la fontaine de vin de la place publique. Debout, insoucieux, exsultant et ravi, Boisroger versait l'âme de la lyre d'Orphée sur les notaires et les tambours de la garde nationale. Il chantait dans son nuage et sa sérénité : c'était Saadi ouvrant l'Olympe, — des roses et des dieux, des dieux et des roses encore! Le vers de Boisroger n'était point un cantique pour les catéchismes de persévérance. Il ne travaillait point non plus à la moralisation des masses. Il ne visait ni au paradis ni à l'Académie... Voiles de soie, cordages d'or, équipages d'amours, cette poésie voguait sans plus de pavillon que la galère de Cléopâtre. Elle n'avait de morale que l'amour, et de religion que l'évangile d'Hésiode. L'idée y souriait sur un lit d'or. C'était une poésie de pourpre et de soleil, un panthéisme infini et majestueux, qui avait le pas dansant et superbe d'une reine de Saba, l'éblouissement d'une mer de l'Inde, d'une mer enchantée, aux vagues de lumière, aux flots d'harmonie, qui roulerait pêle-mêle, dans des filets d'azur, des rayons, des coquillages, des marbres roses, des bracelets, des colonnes de temple, des portes de sérail, des rires de statues, des profils d'Astarté, des grottes de corail, des ombres de Colombine, des génies couleur de feu, des lutins bergamasques, des regards, des baisers, des parfums, des rubis, des diamants, des fleurs et des étoiles! Le rhythme y semblait battu par la goutte d'eau qui tombe, à la villa Brunelleschi, des cheveux de bronze de la Vénus. Une lumière d'apothéose jouait dans les rimes fleuries. Une féerie, que ce poëme : le songe de Poliphile dans des flammes de Bengale!

Puis, au revers de ce panthéon magique, Boisroger, de sa plume, faisait une griffe et un crayon. En marge même de son ode ailée, il jetait, dans une ode bouffonnante, une caricature grandiose et titanesque, le masque comique de quelque bourgeois Farnèse, une pochade, une vengeance où éclataient la rablure et la carrure épiques d'un dessin de Michel-Ange.

Boisroger faisait ménage avec la poésie. Réduit, pour faire aller le ménage, à vivre, il se résignait à demander du pain au journalisme. Sa prose allait au marché; et le feuilleton était sa ressource. Mais ni les avances des caisses de journaux ni les succès de sa prose ne pouvaient le faire rompre avec la compagnie et l'habitude de son imagination poétique. Avait-il réuni ces deux choses, un paquet de maryland et une femme, il revenait, plus amoureux que jamais, à la langue maternelle du rêve. Il s'enfermait chez lui et en lui-même, perdait son almanach, et passait des semaines avec sa muse, sans faire au soleil de Paris l'honneur d'aller le voir. Il s'était ainsi créé un monde surnaturel et de convention, d'où les misères matérielles avaient beaucoup de peine à le faire descendre. On eût dit qu'il prenait la vie pour une mauvaise plaisanterie, pour une farce du vieux théâtre italien, et qu'il y gesticulait seulement de temps à autre par un reste de respect humain. Cela expliquait, excusait peut-être chez Boisroger une vertu invraisemblable, et portée chez lui au plus haut degré, la folie et l'honneur de quelques grandes et rares natures d'artistes, ce désintéressement incurable et natif qui est la mesure de la spiritualité de l'individu : le mépris de l'argent. En 1848, une Revue avait voulu abuser des antipathies aristocratiques de son esprit pour lui faire insulter un tribun; il avait pris son chapeau et laissé les billets de banque. Et depuis, sa muse avait toujours ignoré le gouvernement qu'il faisait. Aussi la concurrence, partant le bon marché des bassesses, était-elle, dans les transactions sociales, une des choses qui étonnaient le plus Boisroger.

La seconde corde de la lyre de Boisroger, le rire de sa poésie caricaturale, faisait le ton et l'agrément unique de sa conversation. Le démon favori de sa parole était l'ironie, une ironie flûtée et poignardante, qui s'accordait à sa voix grêle et pointue. Négligeant et méprisant cette verve d'occasion et cet esprit de facture, l'esprit de mots, il éclatait et petillait de ce meilleur esprit de la France, l'esprit d'idées; excellant aux jeux du geste, aux finesses de l'œil, aux malices de la physionomie; abondant en petits tableaux, en détails, en descriptions mimées, en traits de mœurs, en scènes de comédie, courtes, parlantes, vivantes, et comme enlevées à la pointe de l'eau-forte; sans rival pour démonter, en un tour de langue, un caractère, un pantin, un livre, un amour, sa grande joie était de démasquer tout à coup, dans le feu du dialogue, des paradoxes qui montaient dans le ciel aussi haut que la tour de Babel pour la confusion de l'école du Bon-Sens, des hyperboles à faire trembler, que le délicieux plaisant lançait, enlevait et balayait d'un souffle.

XXVII

— Ah! c'est gentil. Vous êtes un homme de parole... Mélie, débarrasse donc le fauteuil et donne-le à monsieur.

Ainsi fut saluée par Boisroger l'entrée de Charles. Boisroger était dans son lit, blême, maigre, avec une barbe de huit jours, coiffé d'un de ces petits bonnets de cotonnade rayée de bleu, le bonnet des peintres en bâtiment, assis sur son séant, tout entouré de livres épars sur les draps et sur la table de nuit. Son petit œil, vif, inquiet, clair, furetait comme le regard d'un acteur par le trou d'une toile.

Aux murs de la chambre éclataient, sous verre, des costumes de théâtre éclaboussés de la gouache de Balluc, au milieu desquels, comme dans la niche d'une chapelle, se cachait un portrait de femme. C'était une figure charmante et douloureuse, un type frêle où se mêlaient Zéphyrine et Mignon, et qui, dans le noir et le deuil d'un daguerréotype, semblait l'âme morte de tous ces travestissements vivants, bruyants, enluminés de couleurs et de paillettes.

Dans la cheminée brûlait un grand feu. Une cuisinière de fer-blanc, toute neuve, chauffait devant. Auprès, une fraîche et grasse jeune fille, griffée d'une oreille à l'autre, et enveloppée dans la robe de chambre du poëte, reposait sur ses genoux un roman coupé au bas d'un journal pour regarder le poulet mélancolique qui rôtissait.

— Vous savez... c'est convenu, je vous ferai quelque chose quelque part... je ne sais pas où... mais nous trouverons... Je finirai peut-être par mettre la main sur une feuille de papier où l'on me permettra une opinion et un ami... Je dirai tout ce que je vous ai dit... Votre livre sait tout... Vous avez dû beaucoup voir et très-peu vivre. Il n'arrive rien que des idées aux hommes d'idée. Balzac s'est marié : c'est la seule aventure de son existence. On ne conçoit bien que dans le silence, et comme dans le sommeil de l'activité des choses et des faits autour de soi. Les émotions sont contraires à la gestation de l'imagination. Il faut des jours réguliers, calmes, un état bourgeois de tout l'être, un recueillement d'épicier, pour mettre au jour du grand, du tourmenté, du nerveux, du poignant, du dramatique... Le gens qui se dépensent dans la passion, dans le mouvement nerveux, ne feront jamais un livre de passion. C'est l'histoire des hommes d'esprit qui causent : ils se ruinent... Je vous disais donc... Nous devons vous soutenir... Il faut que vous vous vendiez. C'est, je ne vous le cache pas, un miracle à organiser. Il s'agit de forcer un homme, un homme parfaitement sain de corps et d'esprit, sérieux d'ailleurs, mûr peut-être, tranchons le mot, un homme qui sait refuser un châle à sa femme ; il s'agit de le forcer à un acte étrange, fantastique, insensé... Oui, monsieur, cet être de raison, que Dieu a fait à son image, et qui le lui a bien rendu, — un grand mot qui n'est pas de moi, — cet homme va tirer de sa poche une pièce de trois francs... toute vivante!... Trois francs! il y a des jours où l'on donnerait trois millions pour avoir trois francs!... et la changer contre un volume... un de ces affreux petits volumes que la typographie moderne imprime avec les pieds et des souliers à clous!... Il y a là un mystère, quelque possession secrète, un envoûtement non encore étudié ni défini... peut-être, que sais-je? une endémie... le succès serait une contagion... Mais ce n'est rien que cela. Vous êtes un livre vendu ; il faut maintenant que vous soyez un livre coupé... et puis — il y a des mondes entre tout cela, — un livre lu! L'homme aux trois francs vous a donc acheté, payé, emporté sous le coup de cette opération involontaire de sa volonté. Il rentre chez lui, il rentre en lui-même. Vous êtes un nom tout neuf, il se défie de vous. Il se connaît, il se défie de lui ; il a grand'peur de son jugement, il n'a pas l'habitude de penser lui-même, une opinion lui a toujours paru une propriété nationale, quelque chose que tous prêtent à chacun... Notez par là-dessus que cet homme est un public : il vous jalouse comme un lecteur jalouse un auteur. Il faut que vous passiez sur le corps à tous ces préjugés-là, et qu'à la dernière page de votre livre l'homme aux trois francs soit convaincu qu'il croit que vous avez du talent !... C'est ce qui fait du livre un mauvais moyen, une sotte chose. Laissez le livre, prenez le théâtre : c'est le livre renversé. Le public vous tenait, vous tenez le public. Vous lui sautez aux oreilles, aux yeux, aux larmes, au cœur, au rire, aux sens. Vous avez devant vous une foule, une masse : vous avez la chance qu'un peuple soit moins bête qu'un homme... Le livre, on le lit à jeun, quand il pleut, quand on attend, quand on tuerait des mouches pour tuer le temps ! La pièce vous empoigne, vous caresse, après un bon dîner, et la robe de votre maîtresse dans les jambes... Et puis il y a les actrices... de très-jolis pupitres pour votre musique... Ah! le théâtre, ma parole d'honneur, il n'y a que le théâtre !

— Oui, pour arriver à parvenir, je pense comme vous ; et je travaille à quelque chose. Mais je ne sais pas... je n'ai pas mes aises sur ce terrain-là : le théâtre me semble une cage d'écureuil... C'est le diable de trouver des effets nouveaux...

— Des effets nouveaux ?... Vous ne savez pas le théâtre. Vous prenez une tragédie, n'importe quoi, *Andromaque*, tenez ! Vous faites d'Andromaque une poseuse de sangsues, et de Pyrrhus un grand d'Espagne en rupture de ban. Vous remplacez l'amour

7.

maternel par l'ambition d'un bureau de tabac... La transmutation des pièces! ceci est la recette transcendante! Je vous donne la fortune... Mélie, passe-moi le tabac et le papier à cigarettes. Va, c'est bien inutile de te cacher... que tu te tournes à droite ou à gauche, monsieur verra toujours la moitié de ta balafre; de profil, elle tire l'œil; de face, elle attendrirait!... Ceci, monsieur, est un épisode intime de la guerre servile, une guerre que Rome a tuée, et qui tuera Paris! Nous ne nous servons pas toujours nous-mêmes. Il nous arrive parfois d'avoir des gens... Nous avions une bonne. Au bout de huit jours, cette bonne eut un cousin qui jouait du cor de chasse dans ma cuisine. Mélie voulut lui faire observer que le cor de chasse ne rentre pas dans la musique de chambre, que c'est un instrument d'écho, presque de souvenir, un instrument de lointain, d'horizon, qui a ses droits dans la société moderne, mais sa place dans les tableaux de Jadin... — Voilà la réponse que Mélie en a reçue! Les Droits de l'homme du domestique imprimés sur peau humaine!... C'est la fin du monde. Au fait, ce monde-ci est perdu. Le prolétariat est exaspéré par les théories; et, comme dit très-bien Franchemont : Du moment que deux classes se trouvent en contact, c'est la classe inférieure qui dévore la classe supérieure... Tous les états subalternes, subordonnés aux autres de droit, finissent par en devenir les supérieurs de fait. Aujourd'hui, l'avocat est soumis à l'avoué, l'artiste au marchand, l'architecte à l'entrepreneur, le fermier au journalier, l'homme de lettres à l'éditeur, et pour le maître... Scapin battait le sien; mais il y mettait des formes et un sac : je regrette le sac!... Mélie, tu négliges la cuisinière; surveille, ma fille, surveille... Ah! le vilain temps! tout s'en va, monsieur... la science devient méthode, la religion morale, et les choses, autour de nous, machines! Il y avait de jolies cafetières qui avaient de jolies formes et qui faisaient du café comme une personne naturelle; maintenant, c'est un appareil chimique, grave et sec comme une addition, qui fait mathématiquement du café... Nous avions la sonnette, qui participait de l'homme, la sonnette, le premier mouvement d'une visite! une chanson familière, un peu fêlée, qui vous criait de la porte : retour ! amour ! le vieil ami ou la jeune Madeleine !... Nous avons le timbre, un bruit anglican, mécanique et net, qui n'a pas de pouls, qui ne dit rien, qui sonne comme un rasoir coupe ! la détente d'un ressort de cuivre qui tombe dans le vide de votre attente, de votre cœur, de vos espérances : ça fera une parfaite sonnette de phalanstère ! L'humanité des choses s'en va, monsieur, c'est un grand signe !... Je pense me confier à un homme qui maudit les rôtis au four ?

— J'ai connu le tournebroche, — dit simplement Charles en s'inclinant.

— Mais j'avais à vous dire... Charvin m'a promis un article pour vous dans sa Revue... Mais, vous savez, on ne sait jamais avec lui... Ce n'est pas un homme, c'est une barbe, et quelle barbe ! Charvin parle dans cette barbe, jure dans cette barbe, pense dans cette barbe ! Il se réfugie dans cette barbe, il y remonte ! Ses créanciers n'ont jamais pu le trouver dans cette barbe, ses amis ne sont pas toujours sûrs de l'y rencontrer !... C'est une barbe dodonienne, où il se fait souvent du bruit, jamais de réponse ! une barbe supérieure à la parole : elle a été donnée à Charvin pour déguiser la sienne !... Ah ! cette barbe !... elle a tout fait pour lui, son mariage, sa Revue, sa position. Sa barbe ! elle a été un instant une opinion politique... Je vous dis que cette barbe est une providence, un paravent, un asile, un mur, un rempart américain en balles de coton ! C'est la barbe merveilleuse, le chapeau de Fortunatus, le sourcil de Jupiter, les cheveux de Samson, et le masque de Sieyès !... Dans un moment d'expansion, Charvin m'a avoué qu'il ne changerait pas sa barbe contre des lunettes ! — Vous connaissez cette barbe impénétrable ?

— Charvin ? oui... l'homme distrait, mélancolique, ennuyé, endormi, envolé, ne visant à rien et grimpant à tout... Cela m'a paru une variété curieuse, un caractère, un type de notre siècle avec ses volontés enragées et sourdes, voilant de la ceinture lâche de César l'ambition qui le mord au ventre...

— C'est un peu cela et ce... ...is le faire descendre de sa barbe... Je l... moi. Il peut bien faire quelque chose pour ...ui doit assez... Je dis romantisme uniquement parc... est ridicule... Devinez mon rêve, à moi ? Je parie vous étonner... Mon rêve serait de faire une belle tragédie... oui, une tragédie, qui s'appellerait une tragédie !... Mais la vie est si chère, que je ne ferai jamais ma tragédie, et que je fais des levers de rideau... Pour Rémonville, je vous en réponds : il présentera votre nom et votre livre aux vingt mille abonnés de son journal... Ah! dites-moi, êtes-vous de la Société des gens de lettres ?

— Non.

— Tant pis.

— Pourquoi ?

— Pour moi... je vais vous paraître un corrupteur électoral... je vous aurais demandé votre voix pour être du bureau... Oh ! ce n'est pas une question de vanité, je vous prie de le croire... Je suis malade, comme vous le savez, j'ai eu l'idée de guérir, je me soigne, il me faut des remèdes... La Société me délivre bien des bons pour le pharmacien ; mais, si j'étais du bureau, je me donnerais des bons à moi-même : je serais plus sûr comme cela que cela continuera.

— Je regrette...—dit Charles en se levant. Et il coupa sa phrase en serrant la main de Boisroger. Certaines émotions se taisent chez l'homme de lettres comme chez le soldat.

— Vous vous en allez déjà ? — lui dit Boisroger. — Merci tout de même. J'irai vous voir dès que j'irai mieux. Je suis curieux de voir chez vous des reliures dont on m'a parlé... Mélie, reconduis monsieur... Au revoir.

Charles retraversa les deux ou trois petites pièces par où il était entré. Il n'avait fait qu'y passer. Il les vit, ou plutôt elles lui apparurent. Ces pièces avaient l'aspect, le cloisonnage et les portes d'occasion des chambres à louer, l'été, dans la banlieue. Leur vide, à peine peuplé d'un meuble, d'un débris, de quelque chose de dépareillé et de flétri, le papier triste, passé, éteint, le tapis maigre sur le carreau froid, une malle éreintée dans un coin, disaient une de ces existences de travail, errantes, roulantes, battues et rebattues par les saisies et les déménagements. Les luttes, les angoisses, l'effort terrible et au jour le jour de la plume haletante contre le bien-être qui manque, toutes les vengeances de la vie se lisaient aux murs nus de ce foyer de hasard.

Dans le faubourg Saint-Marcel, sous les toits, l'hiver, auprès d'un poêle sans feu, des petites filles, demi-nues, accroupies et grelottantes, travaillent. Leurs petites mains, rouges d'engelures, tournent et tournent. Elles font des bouquets de violettes… Charles pensait, en descendant l'escalier de Boisroger, que les poëtes ressemblent à ces petites filles, et que les idées sont leurs bouquets de violettes.

XXVIII

A quelques jours de là, Charles vit entrer chez lui Boisroger.

— Vous ne faites rien ce soir, n'est-ce pas? Je vous emmène. Nous avons organisé un dîner hebdomadaire. Nous sommes en famille, et on ne se mange pas le nez au dessert. J'entre demain en traitement, et ce sera ma dernière débauche. Vous venez, n'est-ce pas?

— Très-volontiers.

Ils trouvèrent le *Moulin-Rouge* très-animé. Des jeunes gens, gris de poussière, arrivant d'une course, secouaient avec leur mouchoir la poussière de leurs chapeaux. Des femmes, assises au milieu de l'éventail bouffant de leur jupe, barraient les sentiers du jardin. Partout le champagne rosé moussait dans les carafes frappées. Sur la nappe des deux ou trois tables, encore vides, un carré de papier portait écrit au crayon : *Retenu*. Au fond, la maison, éclairée du reflet rose d'un soleil couchant, montrait à toutes les fenêtres des femmes accoudées, comme des portraits de femme dans un cadre, mâchonnant un cure-dent, et saluant en bas, à droite et à gauche, quelques souvenirs du passé — ou d'hier.

Les amis de Boisroger, Lampérière, de Rémonville, Laligant, Grancey, Bressoré, Franchemont, étaient installés dans une salle du restaurant moins en vue, et où l'on était à peu près chez soi.

— Messieurs, — dit Boisroger, — je vous présente M. Demailly, l'auteur de la *Bourgeoisie*.

— Vous êtes des nôtres, monsieur, et le bien-venu.

— Tenez, — dit de Rémonville, — serrez-vous un peu par là... Voici une place, monsieur... Je suis enchanté de vous voir... Je prépare justement quelque chose sur votre livre...

— Un instant, — dit Franchemont, — commandons d'abord notre dîner; on causera après... — Et, s'adressant à un gros homme brun, en habit, avec une serviette sous le bras : — Vous dites?... poulet en fritot?... Faites vous-même le menu, tenez : un poisson, deux plats de viande, un légume, un dessert, et du bordeaux... Ça vous va-t-il, monsieur Demailly?... et vous la société?...

— Comment allez-vous, Boisroger? — demanda Lampérière.

Boisroger ne lui répondit qu'en hochant la tête et en lâchant une bouffée de tabac.

— Jetez donc votre cigare, mon cher; vous vous tuez à fumer... avec une oppression comme vous en avez une, ça n'est pas raisonnable.

— Je le sais bien, Lampérière, je le sais bien. Mais qu'est-ce que vous voulez que j'y fasse? Il y a par siècle un homme de lettres raisonnable qui place sa santé à la caisse d'épargne, range ses passions, met de l'ordre dans son hygiène, renie ses habitudes et quitte ses goûts à la minute comme une opinion vaincue... C'est bien dommage que je ne sois pas cet homme-là : sur un mot de mon médecin, je ne fumerais plus, je ferais tous les jours, sans y manquer un seul jour, le tour du lac du bois de Boulogne à pied;

je mangerais tous les jours de la soupe grasse, du filet saignant et du fromage... Mais il vaut peut-être mieux que je ne fasse pas tout cela : je mourrais plus vite... d'ennui.

— Il a raison, — dit Franchemont. — La santé est une confiance : elle consiste simplement à croire qu'on n'est pas malade, et à faire comme si on se portait bien... C'est le crédit de la vie. Faites des économies de santé, qu'arrive-t-il? la banqueroute du principe vital, en vertu de ce grand fait qui est une grande loi : dès que les dépenses se réduisent, le crédit cesse... Voyez l'administration de Necker avant la Révolution : rognant tout, elle alarme tout... Un homme qui se ruine est le seul qui trouve à emprunter.

— Oui, — dit du plus grand sérieux Bressoré, finissant l'histoire qu'il contait à Charles sans écouter Franchemont, — oui, ils jouaient à l'écarté, chacun les pieds dans un seau d'eau, à cause des puces qu'il y avait dans l'appartement...

— Cet imbécile de Bressoré! — fit de Rémonville en éclatant de rire.

— Tais-toi donc, Bressoré!... Est-ce que tu prends monsieur pour un bourgeois? — fit Lampérière en montrant Charles.

— Monsieur n'allait pas, je crois, jusque-là, — dit Charles, — il ne me prenait que pour un public.

Cette plaisanterie de Bressoré fut, au reste, le seul tribut que paya le nouveau pour sa bienvenue. Charles se trouva tout de suite à l'aise dans ce monde où chacun se montrait tel qu'il était et pensait tout haut. Il fut tout étonné de voir une société de gens de lettres où le ton familier d'une liberté franche remplaçait toute affectation, toute pose. Jusque-là, il n'avait point eu l'occasion de faire cette remarque curieuse, que la simplicité et le naturel se rencontrent à mesure qu'on monte dans les couches supérieures du monde littéraire. Il semble, en effet, qu'au-dessous du monde de la plume où l'homme est compté pour une œuvre, et compte par son nom, au-dessous de la société des hommes de lettres officiels et connus, la position fausse qui précède la notoriété, la préoccupation de faire partie du corps derrière lequel on marche, poussent les gens à l'importance et les jettent dans une comédie maniérée de toute la personne, de l'attitude, de la parole, de la pensée et du mot. Moins un homme de lettres tient de place, plus il fait de bruit; moins on parle de lui, plus il en parle; plus le *moi* remplit sa conversation, un *moi* imposant à l'auditeur la reconnaissance de littérateur de celui qui parle. L'esprit pédant, l'esprit professant et doctrinaire, les théories, les formules règnent là plus tyranniquement que partout ailleurs. Chacun s'emploie à mettre en scène son individualité, à « se faire une tête, » comme disent les acteurs, pour tirer l'attention à soi; ceux-ci usent de ruses de sauvages, ceux-là d'audaces, d'inconvenances, de manques de goût, de brutalités. Mais plus haut, la consécration de l'homme par le public le sauve de cet appétit brut de la vanité basse, de ces inquiétudes de parade, de cette fièvre de spectacle. Puis, la communion de sa pensée avec de grands génies, fait sa pensée modeste, en élève le ton, en même temps qu'elle en adoucit la forme. Sa personnalité se fait humble dans la fréquentation de l'immortalité. Son talent même, à mesure qu'il mûrit, apprend à se défier de lui-même; il n'a plus cet éternel contentement de la première heure de la vie littéraire, où l'on trouve bon tout ce qui vous sort de la plume. Il a des incertitudes, des défiances, des respects. Des religions lui sont venues qui le grandissent en l'apaisant; et sa conversation emprunte, à ses études comme à ses expériences, tout à la fois, la tolérance, la charité, et l'impersonnalité d'une idée.

— Je ne vous fais pas un reproche, — dit Franchemont à Charles, la conversation s'était allumée sur le livre de Charles, — je ne vous fais pas un reproche des néologismes, néologismes de mots et néologismes de tours. Ce n'est pas que je les aime; mais, je le sais comme vous, il y a quatre ou cinq livres du dernier siècle où sont imprimés en italique les néologismes qui crispaient les classiques du temps; eh bien, c'est en se servant de ces néologismes passés dans la langue que les classiques vous attaquent aujourd'hui, en attendant que les néologismes d'aujourd'hui servent sous la plume des classiques qui viendront à attaquer les néologismes de demain. Une langue roule et grossit : c'est un confluent de mots. Et s'il est vrai que les langues aient une décadence, mieux vaut encore être Lucain que le dernier imitateur de Virgile qui n'a pas de nom... Après tout, il faut être juste, et ne point s'étonner de passions logiques, et de mauvaises fois involontaires, inconscientes. Cette horreur de l'innovation littéraire, ce parti pris contre les hommes qui n'écrivent pas comme tout le monde, et font leur langue, — pour ne parler que de la forme et du dehors d'une pensée originale, — cette horreur est parfaitement naturelle. Elle fait partie des religions acquises par l'éducation ; elle est une suite, un reliquat, si vous voulez, des admirations dans lesquelles on nous élève pendant qu'on nous apprend le catéchisme. On est voué aux classiques de dix à dix-huit ans... Toute consécration marque l'homme, celle-ci surtout qui le prend enfant ; et de là peut-être cette intolérance littéraire, cette foi du goût enracinée, profonde, fanatique, qui peut, selon les hommes, faire taire toutes les autres convictions ou y survivre... M. de Talleyrand ne fut fidèle qu'à Racine ; et je connais de très-braves gens qui aimeraient mieux voir la guerre civile que l'auteur de *Mademoiselle de Maupin* à l'Académie... Quelle raison à cela ? Je disais l'éducation... j'ai eu tort, je ne sais pas. Faites un livre qui caresse toutes les idées d'un parti, mais ne l'écrivez pas dans le style de ce parti... vous ne serez qu'un hérétique. Cela est. Pourquoi ? je ne sais pas... Et pourquoi encore tous les grands prédicateurs modernes sont-ils romantiques ?... cela me ramène à Bossuet et à vous. Il a dit du génie de la langue latine : « C'est le génie même de la langue française... » Et vous voilà justifié de vos inversions. Mais vous ciselez la phrase, là où je voudrais une phrase droite, ample, sculpturale, riche, si vous voulez, mais sans surcharge. Votre phrase n'est pas soudaine et brusque ; elle n'a pas de ces chutes, de ces coups qui s'enfoncent comme un coin dans une idée. Votre langue est molle... trop de chair et pas assez d'os; elle n'a pas de lignes, elle est *flou*, comme dirait notre peintre Grancey. Eh bien, enfermez-la dans la matrice des langues mortes; serrez-la dans leur moule de fer : elle sera frappée, elle sortira médaille, sans bavure et nette comme la langue de diamant de la Bruyère. Je ne vous dis pas, bien entendu, de coucher avec des livres latins, de les traduire ; il s'agit de ce génie de la langue dont nous parlions, et qu'il faut surprendre, sentir et emporter ; car, pour les savoir par cœur, et ne pas les quitter... Tenez, voilà encore un problème et un pourquoi: avez-vous remarqué, — c'est bien bizarre, — que presque tous les amants de la belle latinité ont le style le plus contraire au style dans la familiarité duquel ils vivent ?... Mais laissons le style : c'est l'outil. Méprisez les opinions de vos contemporains là-dessus ; scandalisez-les, il importe peu ; le succès, mais seulement un grand succès vous absoudra aux yeux du plus grand nombre. Mais au-dessus du style, il y a le choix des expressions et du caractère de votre pensée pour lequel vous êtes obligé de consulter le tempérament de la nation à laquelle vous parlez. Nous, par exemple, nous aimons le simple, le clair, l'esprit court et vif, un trait de lumière, un mot qui nous saute au collet et nous part dans les jambes, la formule Chamfort et Rivarol, formule française par excellence. Assurément, et vous ne me contredirez pas, un homme a eu autant d'esprit que Chamfort et Rivarol, et l'a eu aussi français : c'est...

— Henri Heine ? — dit Charles.

— Vous avez deviné... Eh bien ! Henri Heine ne sera jamais populaire en France. Qui le lit? Ceux qui l'admirent, et point d'autres. C'est qu'Heine est un artiste en même temps qu'un homme d'esprit. Il est exquis, il est voilé. Il demande à votre pensée d'aller à lui, et de le trouver dans la demi-ombre où il cache le masque de Lucien derrière la chanson d'Ophélia... Et puis encore une chose qui manque à votre œuvre, et, parbleu ! vous n'êtes pas le seul, elle manque à toutes les œuvres modernes : c'est la gaieté, le franc rire, le rire fort, sonore, ouvert, de Molière ou de Téniers, cette verve libre, abondante et de source, « un flot de vin vieux, » a dit je ne sais qui, et c'est juste. C'est quelque chose pourtant dans une œuvre, l'élément comique. C'est une force, une grande force, ce bon génie de la bonne humeur. Il remplissait les œuvres même secondaires des autres siècles. Où est-il ? Notre rire, à force d'avoir peur d'être grossier et de vouloir être fin, est devenu une grimace. Et notre gaieté, à force de la raffiner et de la bien élever, qu'en avons-nous fait ? un caprice de folie ou une ironie malsaine. Notre comique n'est plus sain... Sommes-nous une race mélancolique ? Le tempérament veineux domine-t-il absolument dans l'homme moderne ? Le mal vient-il de nous-mêmes ou des modificateurs de notre vie ?

— Il vient... — dit Grancey, et s'arrêtant : — Aujourd'hui, je suis entré aux Commissaires priseurs. Il y avait exposée une collection d'habits du dix-huitième siècle, habits fleur de soufre, gorge de pigeon, pluie de roses, fleur de pêcher ; tous avec un tas de petits reflets, agréables, flattant l'œil, égrillards, chantants, coquets, joyeux... des habits qui montaient toute la gamme des couleurs au lieu de la descendre, des habits de soleil, des habits de printemps, des habits de fleurs... — Et que diable veux-tu, Franchemont, que l'homme soit gai avec un habit noir ? Dans ce temps-là, le vêtement riait avant l'homme ; aujourd'hui, il pleure d'avance... Drôle d'idée ! d'avoir mis la vie en deuil...

— Si ce n'était que cela !... Non. Il y a des maladies de l'humanité comme il y a des maladies de la terre, un *oïdium* moral... Un dernier mot, monsieur Demailly. N'allez-vous pas trop loin dans l'analyse scientifique ? Nous en avons le dernier mot dans Poë. Eh bien ! qu'y a-t-il au fond de Poë ? Le miraculeux scientifique, la fable par A plus B ; une littérature maladive et lucide, de l'imagination d'analyse, Zadig juge d'instruction, Cyrano de Bergerac élève d'Arago, quelque chose de la monomanie, les choses ayant plus de rôle que l'homme, l'amour cédant la place aux déductions et à d'autres sources d'idées, de phrases, de récits et d'intérêt, la base du roman déplacée et transportée du cœur à la tête, de la passion au problème, du drame à la solution du problème... Ce sera peut-être le roman du vingtième siècle; mais est-ce encore de la littérature? Je ne sais... Voyez-vous, je crois qu'on ne devrait faire un roman de mœurs, c'est-à-dire des mémoires impersonnels, l'histoire contemporaine *de visu*, qu'à quarante ans. Les romans de vingt ans, de trente ans même, ce sont de jolis coups de lorgnon, et rien de plus. Il faut que l'homme ait toutes les résultantes de la vie, l'âge du développement entier de son génie d'assimilation, des hautes facultés d'observation, l'âge de l'invention dans le vrai et de la pensée mûrie. C'est, à mon sens, l'âge où le cerveau est complet, l'âge d'apogée du producteur : les plus fortes œuvres d'un homme portent ce millésime de sa vie. Pour ce qu'on est convenu d'appeler l'imagination, la chanson de la tête, les symphonies en l'air, on peut être jeune, très-jeune... Mais je ne parle point de cela. Maintenant, dans votre livre, vous avez manqué quelque chose, un grand côté de votre roman; vous l'indiquez, je crois, mais en glissant : c'est le recrutement habituel, journalier de la grosse bourgeoisie dans le petit commerce; non pas dans le négoce anglais, dans cette spéculation large, une combinaison, un jeu calculé des hausses et des baisses, qui peut asseoir un homme trente ans dans un comptoir sans lui rien enlever de sa franchise, de sa conscience, de ses qualités spontanées et natives; ce ne sont pas les affaires, ici, c'est le commerce, c'est le lucre, et tout le détail du lucre avec mille moyens qui ne sont pas la vente loyale. Eh bien! évidemment, et voilà ce que vous n'avez pas dit, les fils, la génération élevée dans la boutique, grandie à côté de ces piperies, de ces faussetés, du faux prix fixe, du faux bon teint, de cet entortillement qui est le petit commerce parisien, le surfait d'un article, la pièce d'étoffe brûlée pour l'écoulement de laquelle on prime un commis, les yeux de la demoiselle de comptoir mis en appeau... — tout cela est une mauvaise atmosphère, fait un mauvais sang. Car tout se transmet : le péché originel est un fait physique. La physiologie n'a pas assez creusé cette question de la transmission de la race; cette continuité, par voie de succession, non-seulement d'une infirmité, mais d'une habitude, d'un caractère : un fils a le geste de son père; les historiens nous parlent du pied d'une famille, de l'esprit d'une autre...

— Allons, le voilà parti! — dit Lampérière, — les classes moyennes n'ont qu'à bien se tenir... Mon cher, on n'a arrêté le soleil qu'une fois, et encore Josué ne l'a-t-il pas fait reculer... Sais-tu ce que tu me rappelles dans ce moment-ci? Un souvenir très-humoristique. Un jour que j'allais à la bibliothèque, je passais rue de Richelieu, j'aperçus un magnifique terre-neuve qui s'élançait contre une fontaine. Il était furieux, il aboyait d'une façon enragée. Il ne faisait que reprendre son élan et se jeter sur la fontaine qui coulait. Il mordait l'eau, et l'eau coulait toujours... Ça le mettait hors de lui, et il continuait à mordre plus furieux, plus exaspéré : je ne sais s'il m'entendait rire...

— C'est très-bien, — dit Franchemont, — mais tu ne réponds pas.

Lampérière sourit en haussant les épaules.

— Tu sais, Franchemont, que tu ne me convertiras pas. Nous sommes aux deux bouts du monde tous les deux, et je suis aussi loin de ton parti que...

— Mon parti! — interrompit vivement Franchemont. — Je n'appartiens à aucun parti! Mon parti, c'est moi tout seul! Est-ce que je fais partie de mon parti? d'un parti qui n'a jamais compris la valeur du papier noirci, et de ceux qui le noircissent; d'un parti qui a eu l'honneur et le bonheur d'avoir un penseur, un philosophe, un homme d'État de la force de Balzac, et qui s'est à peine aperçu qu'un homme de génie ne nuit pas à une cause! un parti qui, depuis cinquante ans, a laissé tout écrire, son histoire même, à ses ennemis, tout, biographies, encyclopédies, les dictionnaires des hommes et les dictionnaires des choses! Des gens qui n'ont pas l'air de savoir qu'une idée est une arme... Encore une fois, Lampérière, mon parti, c'est moi : je n'en ai pas d'autre.

Et il allait tournant et s'agitant autour de la table. Franchemont était le débris de ce qu'on appelle un beau. Il lui restait de beaux traits, de belles dents, des yeux de flamme et qui s'exaltaient avec sa parole. Mais la vie et les fatigues de la pensée avaient creusé et bleui l'orbite de son œil dans un teint lavé et sans coloration. Né batailleur, taillé pour la guerre du pamphlet politique et philosophique, Franchemont était un audacieux et merveilleux remueur de pensées et de paradoxes, un bel athlète de polémiques, n'estimant la littérature que comme un formulaire d'idées sociales, méprisant la poésie, insensible à la musique des phrases; un homme non tant du parti que la doctrine de la force, et dont les révoltes et les indisciplines de caractère secouaient les convictions; ingouvernable même dans sa foi, et de bonne foi, même dans l'inconséquence; théoricien pratique à qui Dieu ne suffisait pas, et qui voulait le doubler, comme Carnot, avec un gendarme; hostile au sentimentalisme des utopies, et ne reculant pas plus que l'abbé Galiani devant les brutalités d'opinion et les mots qui font peur; se plaisant et s'oubliant avec amour à des reconstructions du passé qu'il savait n'être pas plus sérieuses que les restitutions de sarcophages antiques par les élèves de Rome; laissant échapper parfois ses regrets d'avoir manqué d'énergie contre lui-même, de n'être point entré dans les ordres, d'avoir failli au grand rôle d'un missionnaire passionné et militant. Une éloquence abondante, débordante, lui jaillissait de la bouche. Sa langue était de feu. C'était une de ces langues de commandement, âpre, forte, vibrante, décisive, sabrant les mots, lançant les idées à la mêlée comme une charge, coupée d'éclairs, coupée de silences et de monologues, parfois sonnant le bronze comme cette voix de Napoléon, dont le *Mémorial de Sainte-Hélène* nous a gardé le grand murmure.

Une idée arrêta tout à coup Franchemont devant Lampérière !

— Eh bien! et ton parti, toi? — fit-il brusquement.

— Comment, mon parti?

— Oui, ton dix-neuvième siècle, si tu aimes mieux.

— Tu ne peux donc pas prendre ton café tranquillement, comme tout le monde ? Après cela, si c'est nécessaire à ta digestion...

— Qu'est-ce que vous avez trouvé, vous ? Dans l'ordre économique ? l'économie politique... et puis ?... Dans l'ordre moral... quoi ? les mœurs ? La fille, elle n'était qu'une courtisane : vous en avez fait une société... Elle règne, elle domine. Ce monde-là, mais c'est quelque chose comme une opinion publique. On fait pour lui des spectacles, des journaux, des modes. On en parle, il occupe l'autre. Demandez à une femme honnête, au bois, le nom de cette femme qui ne l'est pas : elle vous nommera ses amants !... Sérieusement, Lampérière, je cherche... Amélioration morale de l'espèce humaine ? L'histoire est-elle plus belle ? Les vérités ont-elles augmenté dans le monde ? Le mensonge est partout, partout ! On a été obligé d'inventer pour lui un nom poli : la *blague*, un euphémisme ! partout, dans la statistique, dans la science... Et notre seule comédie de mœurs s'appelle les *Saltimbanques* ! Des mots sur les murs, des mots dans les livres, et toujours des mots, rien que des mots !... Je te prendrai n'importe quoi... tiens, l'égalité, l'abolition des priviléges de l'hérédité... Eh bien ! sans sortir de chez nous, oui, en plein domaine de l'intelligence, une république, où, sacrebleu ! le privilége est contre nature, les priviléges de l'hérédité, trouves-tu qu'ils fleurissent assez ? On succédait auprès du roi, on succède auprès du public ; il y a progrès ! Ote deux ou trois hommes, fils de leurs œuvres, avant d'être fils de leurs pères, et le reste... L'hérédité dans le talent, c'est plus fort que tout ! Encore si nous n'avions dans les lettres que l'hérédité de l'homme de lettres, du nom littéraire ; mais nous avons l'hérédité, les priviléges du nom politique, administratif, gouvernemental... L'hérédité ! mais elle est jusque dans l'équilibre : il y a un Auriol fils ! Faites des lois, faites des phrases, rhabillez l'homme : il restera les mœurs qui mènent tout... Et ton peuple, ton peuple à qui on apprend à lire, ton peuple à qui on met des idées dans la tête !... Ah ! par exemple, je voudrais bien savoir...

— Le nom du cochon qui a inventé la truffe ! — interrompit Bressoré en en piquant une sur un plat.

— Sais-tu ce que j'ai vu, moi? — continua Franchemont en changeant d'idée, — à la dernière Exposition de l'Industrie? J'ai vu le peuple... Sais-tu où il courait, où il s'écrasait? Aux diamants de la couronne, entends-tu?... De l'essence de billets de banque, du quinine de millions, voilà ce qui lui soûlait les yeux ! Les diamants, Lampérière, rien que les diamants !

— Tu aurais peut-être mieux aimé qu'il regardât des tableaux? Et moi, non. L'art fait dans un peuple ce qu'il fait dans un homme : une distraction de la patrie, un égoïsme, sur lequel passent, sans qu'il s'en occupe, gouvernements, régimes, idées et maîtres. Un peuple artiste est un peuple qui sait vivre : il abdique le dévouement, le sacrifice, la mort. Crois bien qu'il y avait une raison et une inspiration de Platon dans les suspicions sans préjugé et les hostilités mâles de la Convention contre l'art. Aux yeux des politiques sensés, le haut point de la vigueur et de la santé d'un peuple est l'âge brut et iconoclaste, l'âge de bois qui précède l'âge de marbre. — Et sa voix prenant une inflexion douce, Lampérière reprit : — Oui, l'artiste n'a point de foi, et n'a point de patrie; l'art lui est une foi et une patrie suffisantes, l'effort vers le beau un suffisant dévouement, un suffisant martyre; et si tu descends de l'artiste à l'amateur, de la production à l'amour... crois-tu que Rémonville puisse faire un patriote? Eh ! non, il a le cœur dans les yeux : son pays, ce sont ses tableaux !

— Tiens, tais-toi, Lampérière ! — cria de Rémonville. — Et moi je te dis qu'il n'y a qu'une vérité : l'Art. Tu parles de patrie? Eh bien! l'Art est l'immortalité d'une patrie... D'abord il n'y a de grands peuples que les peuples artistes... Est-ce que tu crois que les patriotes grecs de l'an 500 avant Jésus-Christ ne valaient pas tes patriotes modernes?... Et puis qu'est-ce que ça me fait? L'Art, pour moi, c'est le seul absolu. Tout le reste, la logique, les sciences exactes, les théologies, les manuels de morale, les traités du vrai et du bien, la philosophie qui vous dit :

« Je vais vous expliquer le phénomène de la pensée »... la raison qui commente la Providence... hypothèses, mon cher! hypothèses qui mènent les gens à l'Institut, et qui ne mènent qu'à des théories, la pensée de l'homme... L'Art... tiens! je t'en prie, Lampérière, ne me dis pas des choses comme cela... tu vous mets en colère... A Rome...

— Rome! — fit Bressoré d'un ton comique.

— Vous avez été à Rome? — dit de Rémonville en s'adressant à Demailly.

— Oui, — dit Demailly. — J'y ai vu une petite ruine dans une grande : M. Sauzet dans le Colisée.

— Veux-tu que je te raconte mon voyage à Rome? — dit Bressoré.

— Je te défends de me parler de Rome, entends-tu? — dit de Rémonville d'une voix crispée. — Quand on ne sait pas le latin...

— Mais, mon cher, Homère ne le savait pas plus que moi... et peut-être moins.

— Tu es stupide!

Et Rémonville lui tourna le dos.

— Mais enfin, — dit en sortant de son silence Franchemont, qui ruminait dans son coin, sans écouter autre chose que ses idées, — il faut un gouvernement, un pastorat quelconque... Lequel? Un gouvernement à l'amiable, de gré à gré, le régime constitutionnel? Un gouvernement... Voyons, monsieur Demailly, quel est votre gouvernement?

— Un gouvernement de corruption, — dit Charles, — puisqu'il n'y a pas d'autre mot. En d'autres termes, la pensée d'un Richelieu dans les formes d'un Maurepas... le plus fort des gouvernements, parce qu'il est basé sur la connaissance des hommes, au lieu d'être basé sur des systèmes... Les Turgots construiront toujours sur le sable.

— Et toi, Bressoré, — fit de Rémonville d'un ton railleur, — sur quoi bâtis-tu ton gouvernement?

8

— Bien simplement; sur deux choses : un feu d'artifice donné tous les soirs au peuple, et un procès Lafarge donné tous les matins aux classes éclairées.

— Et moi, — dit Lampérière, — je le bâtis alors sur des illusions.

— C'est peut-être, mon cher, que tu vaux mieux que nous, — dit Franchemont en lui donnant la main.

XXIX

« Mon livre marche, mon cher Chavannes. Mon éditeur ne me cache pas trop qu'il est content. Donc cela va bien. On me vend et on me lit. Je pense que maintenant que c'est lancé cela va faire la boule de neige, et je crois presque aujourd'hui que les livres se vendent.

« Je vous ai parlé du monde où je vis. Je vous ai parlé de Franchemont. Au physique, une affectation de dandysme qui se perd dans le débraillé; au milieu de ses élégances, les plus singulières solutions de continuité, des accrocs comme sa montre, une montre dont le verre cassé est recollé avec un pain à cacheter. Et le voilà.

« Maintenant c'est un gaillard qui a roulé sa vie en haut, en bas, partout; qui a couru les hasards, les femmes, la mer, la terre, le monde et tous les mondes, le nouveau et le mauvais! un gaillard qui a épousé un tas de patries en secondes noces; un gaillard qui a tout vu, les Ottomaques manger de la terre glaise, les actrices de Bobino se faire du rouge en râpant des briques, et Byron mourir en Grèce pour une illusion! un gaillard sorti du chaud, du froid, des passions et des naufrages, des îles désertes et des Babylones, des garnis de Londres, des tapis verts d'Allemagne, des tables d'hôte de Paris, des bateaux de fleurs, des catacombes et des deux pôles! sorti des filles, des duels, des filous, de l'usure, de la misère, de la guerre, de la peste, de la mort, de tout!

Quelle lanterne magique, que cette vie! Mais Laligant se garde
bien de la montrer au public : il n'écrit que les voyages qu'il n'a
pas faits. Il raconte Dumont d'Urville, il met l'intérieur de l'Afrique à la portée des gens du monde dans une Revue sérieuse,
en style froid, en cravate blanche. Rien de l'homme n'est là,
mais tout l'homme est à nos dîners du Moulin-Rouge. Un petit
homme, de petites moustaches grises; un extérieur, une *draperie*,
dirait Buffon, de rien du tout; mais de là-dessous, par les yeux,
par la voix, des éclairs montrant une énergie terrible, et la
trempe de ce caractère élevé, bercé à la dure : son père était le
rude commandant de cette frégate chargée sous la Terreur d'aller
débarquer en Irlande des loups et des forçats! Parlant et s'animant, il est l'homme de sa vie, de ses sensations, de ses émotions.
Il change d'accent, d'aspect, il se transforme, se transfigure, se
multiplie, se renouvelle. Sa physionomie mue. Il entre avec le
ton, le regard, le jeu de la face dans les personnages et les choses
qui se pressent dans sa parole et dans son souvenir. Son existence
pressée, courante, haletante, hasardeuse, se hâte et s'essouffle
encore dans sa causerie diffuse, verbeuse, débordée, déraillée.
C'est une parole peinte, éclatante, coupée de changements à
vue, une éloquence bavarde, fortunée, où tout à coup une métaphore de voyou, une image d'argot ou bien un grand mot de la
langue des penseurs allemands, ramasse votre attention et l'emporte. Tantôt une façon de dire, empruntée à la technie de
l'art, détache l'idée comme un médaillon grec. Et ce sont sur
cette parole, — un fleuve, comme la parole de Diderot! —
mille choses qui vont, courent, passent : des tableaux, des
croquis, des paysages, des profils, des coins d'Iliade pareils à
cette tapisserie héroïque où roula le fils de Lætitia naissant, des
aspects de murailles, de maisons, de cités qui ont le mystère et le
dramatique de ce décor que Shakspeare montre d'un mot : *Une
rue;* des champs sinistres comme la fosse banale où l'esclave portait l'esclave dans un tombereau de louage, le soleil rouge des
lendemains de bataille, des villes trouées de boulets, saignantes,

éventrées, des ambulances autour desquelles les rats rôdent... Il n'y a que certains dessins de Goya sur les guerres d'Espagne pour toucher à cette horreur sèche, aux lignes inexorables. Et puis à travers tout cela, des éclaircies d'*humour*, des poignées d'observations, des silhouettes sociales, des aperçus sur les races, une philosophie comparée du génie national des peuples... Il y a un moment, il nous jetait l'âme et les yeux dans une Janina prise; nous voyions, nous touchions ce ruisseau barbotant de chiens, coulant entre ses jambes, courant à la pâtée, à la curée, aux morts encore chauds; il change de langue et de palette, et c'est le château anglais, la haute futaie, la grande chasse, la grande vie, trois toilettes par jour, et bal tous les soirs, un train de roi mené, conduit, payé, par un monsieur qui s'appelle Simpson ou Thompson! ce sont les fortunes à la Westminster, les dix millions de rentes, les trente cinq centimes de revenus par seconde; ou bien ces enrichissements de la Cité, ces fils de marchand, sans poil encore au menton, qui inspectent dans la Méditerranée les vingt bateaux de leur père dont pas un n'a moins de deux mille tonneaux, « une flotte, — dit Laligant, — comme l'Égypte n'en a jamais eue ! » Vous savez cette magnifique mine des caricatures françaises, le vaudeville éternel, l'Anglais qui voyage? Laligant est intarissable pour nous faire rougir là-dessus : « Nous! nous? fait-il avec pitié, — mais avez-vous jamais vu à Londres un Français qui ne fît rien, qui fût là pour dépenser de l'argent tout bonnement, bien tranquille dans une bonne voiture? Le Français voyage pour se distraire d'un chagrin d'amour, d'une perte au jeu, ou pour placer des roueneries... Mais là, un Français dans une calèche, un Français qui ne soit ni acteur, ni ambassadeur, ni cuisinier, un Français avec une femme comme notre mère ou notre sœur, une femme qui ne soit ni une fille, ni une actrice, ni une couturière, on n'en a jamais vu; jamais, jamais! » Laligant va, vient, il parle esthétique, il attrape les peintres, il empoigne le paysage, cette inondation de portraits de la nature sans action, il empoigne les paysagistes, des paysans trempés dans un baquet de couleurs, valets de ferme du Poussin ou de Salvator Rosa, levés au jour, herborisant des *ciels*, allant aux tons fins, solides et lumineux, comme le bœuf à la charrue, haineux, comme des villageois, aux salons, aux Italiens, à la soie, à la musique, aux gens à cheval ; le soleil, la campagne et la friture, la friture, la campagne et le soleil, voilà leurs trois cordes! et pas d'autres! dit Laligant. Et toujours après ces entr'actes, ces études, ces pochades de mœurs, la toile relevée, des histoires impossibles, des aventures vraies, inouïes comme les mémoires historiques d'un habit noir, des fragments d'existence entrevues, saisies dans les coupe-gorges et les bas-fonds où grouillent, comme dans une mer, toutes ces existences échouées, tous ces hommes sans noms et sans bottes qui ne montent jamais à la surface des romans. Il se lève, il s'assied, toujours parlant. Il frappe la table, il frappe le bras de son voisin. Il se lève encore, il se promène, relevant à tout moment les manches de sa redingote d'une petite tape nerveuse, un de ses tics. Sa voix qui vibre coupe la parole à l'un de nous; écoutez-le : « ... Toutes ses nuits, toutes! il les passait dans ce tripot de *Rose Marylane*, avec la fleur de la fleur de la plus fière canaille du globe. Je ne sais s'il avait un pays, un passé... Je crois qu'il était né dans un de ces pays vagues qui sont un préjugé de la géographie... par là-bas, quelque part, sur un de ces plateaux entre chien et loup, entre Allemagne et Russie, vrai nid d'aventuriers niché dans le tombeau de Casanova : Bohême, Croatie, que sais-je?... Oui, il me semble qu'il se disait quelque chose comme Croate réfugié. Bref, il tirait de sa poche, et sa poche tirait je ne sais d'où, tous les soirs quelques schellings qu'il perdait aussi noblement qu'un honnête homme. Ses schellings perdus, il regardait les schellings des autres jusqu'au matin... Comprenez-vous? ne s'asseoir ni dormir! c'est défendu dans ces maisons-là ; il faudrait les faire grandes comme l'Angleterre : la misère y dormirait! Eh bien, lui, dormait. Il s'appuyait contre le mur d'une seule épaule, il gardait une pose éveillée, et il dormait : il dormait comme une mouche, la *mouche*, c'était le nom

8.

qu'on avait fini par lui donner. Une nuit, le jeu s'anime, quelque chose roule de la table. Il entend rouler, ça roule vers lui... Il avance le pied, son pied nu!... On lui voyait des bottes : il n'en avait pas! pas plus que la Crimée n'avait de vrais villages sur le passage de Catherine le Grand! Ses bottes étaient des dessus de bottes sans semelles! Il saisit avec son orteil le souverain, c'était un souverain! On se baisse, on cherche, on remue les chaises, on tourne, on le regarde... Enfin, le jeu repart. Le souverain collé sous son pied, il reste, sans bouger jusqu'au matin, craignant un regard, un geste, n'osant se baisser ni ramasser. Il sort, et le voilà pour la première fois de sa vie à six heures du matin avec de l'or dans sa poche. Il marche, pensant à quelque chose d'inouï, une folie, un rêve : il va se coucher! dormir sérieusement, dormir horizontalement, dormir dans un lit, dans un lit! Il sonne à une maison garnie un grand coup, un coup honorable, le coup d'un gentleman qui aurait l'habitude de se coucher quelquefois. Il a un lit, il a des draps! Il se couche, il dort sur les deux épaules! A dix heures on le réveille : c'est la bonne qui lui demande s'il veut venir déjeuner avec ses maîtresses, deux vieilles *governesses*. Il déjeune avec les deux femmes, leur plaît à toutes deux, en épouse une, leur donne à toutes deux la passion du jeu, les ruine toutes les deux au jeu; après quoi, il les convertit au catholicisme, se fait payer leurs deux conversions par les lords catholiques, — les conversions ont des primes là-bas, — touche l'argent, court à Hombourg, gagne deux cent mille francs, les reperd, et... Aujourd'hui savez-vous ce qu'il fait? Il est à Paris, allant de cabaret en cabaret à la barrière de l'Étoile, organisant une grande mise de fonds, une société de jeu parmi les compagnons maçons, dont dix au printemps l'accompagneront à Bade, costumés en habits noirs pour surveiller son jeu, et contrôler les bénéfices de leurs camarades! »

« Le voisin de table ordinaire de Laligant fait avec lui, et presque avec nous tous, un contraste parfait. Il y a dans ce voisin — il s'appelle Lampérière — cette douceur presque féminine, et qu'on rencontre seulement chez les hommes bercés et comme couvés par la femme, grandis sous le cœur d'une mère, et dont une éducation de caresses a formé l'enfance, la jeunesse même. C'est aussi, en lui, la douceur de ces races du Nord, qui n'ôte rien à l'énergie, mais l'*enguirlande*, comme disent les Russes. Un front haut, des cheveux rares, des moustaches d'un blond de chanvre, si pâles qu'à peine elles font une ombre sur ses joues; une figure creusée et longue, un regard bleu et profond, une voix basse et pénétrante comme une voix à l'oreille, une parole lente et qui semble se recueillir, voilà les dehors de cette belle et jeune âme, amoureuse de la nature, et que la campagne grise comme un bon vin; de ce cœur de père, tout débordant de maternelles indulgences; de cet esprit généreux, prêt au dévouement, ouvert à toutes les espérances de l'humanité, et conspirant avec l'avenir. Au fond, c'est un tempérament mystique jusqu'à la merveillosité, et qui apporte la foi d'un apôtre à une religion humaine que tout lui révèle, les leçons de l'histoire aussi bien que les déceptions de la vie. Sans fortune, il vit d'articles de fond qui commencent par quelque chose comme : « *Le cabotage souffre, c'est incontestable...* » et dont il est le premier à rire. Mais il se console en bâtissant dans sa tête un gros livre qu'il n'écrira jamais...

« Lampérière a creusé les sciences; il y a puisé la croyance au lieu d'y trouver le doute, et c'est un des caractère de sa parole de tirer de leur étude et de leurs exemples une richesse de comparaisons, une poésie et une grandeur de paraboles, ce je ne sais quoi de biblique de la langue de Bernardin de Saint-Pierre. Et quoi de plus saisissant que cette scène qu'il nous contait avant-hier? Il me semble encore l'entendre, encore entendre ce récit qu'il nous faisait, et où l'on sentait battre la pensée d'un Cuvier dans le cœur d'un abbé Fauchet... Un jour, il était aux Champs-Élysées; il rencontre un ami : c'était Mickiewitz; Mickiewitz, qui devait monter dans une heure à sa chaire du Collége de France, et qui, troublé dans cette grande tâche d'être la voix d'un peuple, tremblait, défaillait, cherchait, se frappait vainement le front, et

ne savait encore ce qu'il allait dire. — Oui, — lui dit Lampérière, — vous ne savez pas... vous ne trouvez pas... — Et il jouait avec sa canne sur la terre ; le sol était détrempé, et mettant sa canne dans une flaque d'eau : — De la boue... oui, c'est de la boue... c'est la pluie... une goutte d'eau et un peu de poussière...
— Mickiewitz le regardait, Lampérière tracassait toujours la flaque d'eau avec sa canne : — Un peu de boue au-dessus, un peu de boue au-dessous, mais plus sèche... de la terre mince comme une feuille de papier... et puis des cailloux roulés, et puis un limon, et puis des coquilles d'eau douce, des huîtres d'eau douce collées les unes aux autres, l'emplacement d'un de ces grands amas d'eau douce qu'il y avait dans l'ancien état de la terre, quelque chose comme les grands lacs de l'Amérique septentrionale... Puis des squelettes, des restes de quadrupèdes inconnus, des os d'oiseaux, de crocodiles, de tortues ; des troncs de palmiers pétrifiés dans le silex... Vous suivez bien ma canne, n'est-ce pas? Allons toujours... Après cela, ce sont les dépôts d'une mer qui s'est retirée, laissant des empreintes brunes de feuilles et de tiges de végétaux, et six cents espèces de coquilles ; puis, au-dessous, une mer encore a passé, mais sans doute une mer d'eau douce... Puis c'est comme la place à charbon du globe, la grande couche de bois fossile bitumineux, montrant encore des vestiges charbonneux de tiges, de rameaux et de feuilles, ou la texture ligneuse et même la forme des arbres enfouis... ce sont les forêts brûlées de la première terre, de ce premier sol de craie et de coquilles laissé à découvert par une mer antédiluvienne... Ah! vous m'écoutez... Comment! je vous intéresse avec une goutte de boue!... Et vous avez peur, et vous ne savez comment vous y prendre pour intéresser la France avec le deuil d'une patrie!

. . . .
. . . .

« J'ai besoin de tout cela, mon cher Chavannes ; il y a je ne sais quelle lymphe chez moi, une fibre molle, quelque chose de détendu. Il me faut, comme aux gens gras, un air vif, actif, un petit vent sec. J'aime, comme la santé de mon esprit, comme le coup de fouet de mon travail, l'excitation et le stimulant de la société, société d'intelligences, de remueurs d'idées s'entend. Oui, autrefois peut-être, il y a eu des gens assez forts pour tirer d'eux-mêmes la fièvre de leur œuvre ; de ces hommes, véritables microcosmes, portant tout en eux, et dont le feu était un feu divin, brûlant de soi, sans que rien du dehors ne le nourrît ou ne l'avivât. Peut-être encore même, dans ce temps-ci, vous en trouverez quelques-uns assez fortement taillés pour se suffire, se soutenir, s'accoucher seuls, et vivre dans la solitude de quelque grande chose. Mais je ne suis pas de ceux-là, et ceux-là ne sont pas de leur siècle. Il y avait une vitalité que nous avons perdue. Mille choses, dans notre siècle, engourdissent la vie et la pensée. Le cerveau se refroidit comme la terre. Il y a une incubation de l'esprit qui ne peut avoir lieu que dans la chaleur, la mêlée, le contact d'autres esprits. Vous savez que le meilleur fumier est une bataille ; eh bien, voilà ce qu'il nous faut : la bataille des paroles et des idées, la bataille de l'intelligence, la lutte ardente de la causerie... Ce sont des fenêtres ouvertes tout à coup dans la tête, de grands éclairs de jour, un jeu qui nous enivre, un cordial qui nous donne des muscles, un peu de cette pâte d'Orient qui fait bouillonner le cerveau et soulève la calotte du crâne. Notre vie peut être plate, une eau morte ; mais il faut à l'imagination des courants qui la battent, une allée et venue d'opinions, un choc d'individualités morales qui brisent contre elle. — Mon premier livre est un soliloque, mon cher ami. Qu'un homme constitué comme moi et comme tant d'autres s'absorbe dans son *moi*, il s'y accoquine et s'y endort. L'atonie arrive, je ne sais quoi qui ressemble au quiétisme, à l'extatisme torpide des gens concentrés dans la contemplation de leur nombril... Donc la tête ne peut vivre seule. J'admets des exceptions, certains travaux de mémoire ou de casse-tête : la reconstitution de la ponctuation d'un auteur ancien, par exemple ; mais, hors de là, pour l'expansion, la circulation, la mise en train des facultés créatrices, pour le renou-

vellement des conceptions, je crois nécessaire à l'hygiène des idées un régime excitant, irritant ; en un mot, une certaine griserie de la tête en bonne compagnie d'esprits, qui donne au système moral de l'homme de lettres la secousse et l'aiguillonnement qu'un excès donne au système physique... . . . .
. . . .

« Et les chères petites filles ?

« A vous, et bien à vous,

« CHARLES DEMAILLY. »

XXX

« C'est encore moi, mon cher Chavannes, je suis heureux, et je vous écris. . . . .
. . . .
...Nos dîners du jeudi continuent. Nous voilà, je crois, au complet. Nous sommes maintenant une petite société, un échantillonnage à peu près complet du monde de l'intelligence. Arrive un déluge, un naufrage de l'humanité, et que l'arche de Noé veuille bien de nous, nous avons de quoi, avec notre table, refaire, sur le mont Ararat, toute la devanture de Michel Lévy, l'étalage de Beugniet, et l'affiche de l'Opéra !

« Notre romancier, un grand succès tout neuf et bon teint celui-là, est un grand garçon, ravagé, mais puissant ; un tempérament de bronze à tout porter, vingt-sept heures de cheval, ou sept mois de travail aux arrêts forcés dans sa chambre ; l'œil bleu, profond, pénétrant ; des moustaches de Mantchou qui s'en va-t-en guerre ; une forte voix, une voix militaire et haute. C'est un homme qui a eu quelque chose de tué sous lui dans sa vie, une illusion, un rêve, je ne sais. Au fond de lui gronde et bâille la colère et l'ennui de la vaine escalade de quelque ciel. Son observation de sang-froid fouille sans vergogne, et manches relevées, l'homme jusqu'à l'ordure : c'est comme une poigne de chirurgien, qui tâte avec de l'acier un fond de plaie... Vieille blessure que tout cela, mon ami. Le plus étrange est que, malgré tout, la grande pente de son esprit est à la pourpre, au soleil, à l'or. C'est un poëte avant tout, un admirable et inédit fantaisiste. Son livre, son beau livre, est, le croiriez-vous? une pénitence : il a voulu mettre son style au pain sec, et brider sa fantaisie à peu près comme ces femmes pléthoriques qui, craignant leurs tentations, se font tirer une pinte de sang.

« Nous avons aussi un peintre, un peintre qui ne nous expose jamais le dogme de l'empâtement, pas plus que le rôle humanitaire de la terre de Sienne brûlée. C'est une figure dans le genre de celle de Lampérière, douce, recueillie, sympathique, triste, mais de cette tristesse qui est chez certains hommes comme une musique. Sa voix est caressante. Son œil a la bonté et la paresse amicale de l'œil d'un gros chien au repos. Grancey, — c'est notre peintre, — est l'homme de 1830. Il a été de la grande armée, au temps où tous les hommes d'art, peintres ou poëtes, marchaient sous le même drapeau, vivaient des mêmes victoires, des mêmes passions, souvent sous le même toit, dans une alliance armée et vaillante. Ce temps lui est resté au cœur, comme le soleil d'Austerlitz aux yeux d'un invalide. Il en conte les mille légendes, la fable historique, d'une façon merveilleuse... Vous savez cette belle page du général Foy, ce récit au pas de charge des victoires de la république où la Marseillaise souffle, où tout vole ! La parole de Grancey a sur les grands jours du romantisme le même feu, un pareil vol. D'autres fois, Grancey se confesse et sourit. Tenez ! sur le courant des pensées, la confraternité, les folies enfantines et généreuses, l'atmosphère de choses ridicules et grandes, la belle fièvre enfin d'alors, une seule de ses histoires, son histoire de l'autre soir. C'était quelque temps avant *Marion Delorme*. Grancey écrit à un de ses amis, étudiant en médecine en province. L'ami trouve le ton de la lettre triste, croit à un embarras d'argent, fait argent du peu qu'il a, prend la diligence, et apporte ses quelques cents francs à Grancey. Grancey était par hasard presque riche. Il remercie son ami, et l'emmène dîner le soir chez sa maîtresse. La maîtresse de Grancey était, en ce temps-là, une femme qu'il aimait. Au dessert Grancey veut que son ami plie sa serviette. Et voilà l'ami déjeunant et dînant entre Grancey et sa maîtresse. Un jour, Grancey vient le chercher. Il ouvre sa porte, il va à son lit, il trouve... un monstre! L'ami s'était rasé cheveux, sourcils, moustaches et barbe. Grancey le croit devenu fou, le presse de questions; l'ami finit par lui avouer qu'il est devenu amoureux de sa maîtresse, et qu'il a voulu se mettre dans l'impossibilité de la revoir. Grancey le ramène dîner chez elle. Puis après dîner, — c'était la première de *Marion Delorme,* — il l'emmène à *Marion Delorme.* L'ami faillit faire tomber *Marion Delorme.* Chaque fois qu'il se retournait pour imposer silence à une opposition, la figure de ce monstre enthousiaste et glabre faisait éclater de rire toute la salle... N'est-ce pas là le pouls du temps, de ce temps dont Grancey porte le deuil et le regret? Les idées politiques de 1848 lui ont redonné un peu de fièvre et de jeunesse. Quand elles ont été tuées, il a été repris de plus belle par l'ennui, par le dégoût de l'indifférence, l'inoccupation des pensées et des aspirations. C'est un esprit charmant, fin, féminin, plein de nuances, un esprit discret et d'une distinction telle, qu'une femme ne s'est aperçue que Grancey était spirituel qu'en le trompant avec un de ses amis. Sa tristesse est tranquille, presque sereine, sans irritation, sans récrimination. Elle n'a rien aigri en lui. Sous son abord froid, il a la poignée de main chaude et cordiale. Il est modeste; il fait peu de bruit; il rit à mi-voix; charitable sans être dupe, il lui suffit d'avoir chatouillé un ridicule ou gratté une sottise pour leur pardonner.

« Cependant, tout apaisée que soit la mélancolie de Grancey, on voit que si elle ne le poursuit pas, elle l'accompagne. L'avenir l'inquiète. Grancey songe aux années, à sa vieillesse : la maladie peut lui venir, le travail lui manquer... L'autre jour, à propos d'un des nôtres, un grand talent, un honnête homme, mort sans domicile, dans un hôtel garni de la mort, récapitulant tous ceux-là, ses amis, auxquels le dix-neuvième siècle n'a donné que le prytanée de l'hôpital ou de la Morgue, Gérard de Nerval pendu, Tony Johannot pour l'enterrement duquel on fut obligé de se cotiser, les autres pour qui demain on serait obligé de faire de même, Grancey nous disait : « Oui, je sais bien, j'ai gagné de cinq mille à douze mille francs par an... Si j'avais été raisonnable, j'aurais eu une petite chambre... j'aurais dépensé quinze sous par jour... et j'aurais quelque chose devant moi. C'est de ma faute... » Ce *meâ culpâ* est le refrain de sa patience. « C'est ma faute, » — disait-il encore, comme nous parlions des appétits et des ambitions de nos âmes et de nos esprits, — « pourquoi ne pas prendre un but à portée de notre main? quelque désir satisfaisable? un dada qu'on puisse enfourcher?... Par exemple, être collectionneur, c'est un charmant dada de bonheur... Mais il faut avoir une vocation pour tous ces bonheurs-là... Ah! les bourgeois qui vont à la campagne le dimanche et qui rient si fort, je les envie... Ou encore le dada de Corot : c'est un brave homme qui cherche des tons fins, et qui les trouve. Il est heureux. Ça lui suffit!... Et pour l'amour, que de choses nous exigeons de la vie et de la femme! Nous demandons à nos maîtresses qu'elles soient honnêtes et coquines, qu'elles aient tous les vices et toutes les vertus, qu'elles aient des ailes et des sens... Nous sommes tous des fous! La rose qui sent la rose, le plaisir comme il est, la femme qui est une femme, ce n'est point assez pour nous. Nous avons une maladie dans la tête. Les bourgeois ont raison. »

« L'homme avec les années a déteint sur le peintre. Cette palette folle, triomphale, fulminante, chantante; ces mythologies souriantes dans un ciel d'ambre et d'émeraudes, le bal des déesses, et ces petits levers d'Olympe, ces dieux aux beaux membres d'ivoire rosé, cette vie éclatante et friponne de la chair et du nu, ont pâli dans sa main peu à peu. Un nuage, puis un crêpe, s'est étendu sur cette palette, — un flot d'or et d'ambroisie, — qui se reposait des clartés et des gaietés d'un plafond de Lemoine en jetant sur la toile le soleil et le rire de Don Quichotte et du Roman comique, l'odyssée en belle humeur de la France et de l'Espagne. Comme cette heure voilée qui entre sans bruit à la fin du jour dans un atelier, endormant lentement le mur, le bruit des tons, l'éclair des choses, versant d'abord une ombre légère qui berce le regard et la pensée, puis amassant la nuit de tous côtés, un crépuscule d'hiver a éteint pas à pas tout ce tapage et toutes ces apothéoses. Grancey a abandonné la lumière et le Midi pour les ciels livides, les terrains blêmes, les jours blafards, les mers désertes, les eaux mortes, les roches mornes, les landes où le soir s'assied comme un sphinx. Sur ce théâtre nocturne, mystérieux et solitaire de la nature, le caprice malade et la rêverie couleur de nuit de Grancey ont évoqué les apparitions de ses chimères. Tantôt devant un firmament de plomb, dans une campagne passée comme une vieille couronne d'immortelles, sous des arbres tors comme des colonnes d'airain enguirlandés de vignes grillées par l'automne, il a fait s'avancer une blanche jeune fille, ombre grise et morte que le jour éclaire par derrière, la dessinant des pieds à la tête avec la ligne d'un nimbe pâle. Tantôt ç'a été le cauchemar d'un monde surnaturel, des danses de feux follets, des forêts bruissantes du vol des balais de sorcières, ou bien des larves tombées de la tentation de saint Antoine sur un toit, les jambes croisées sur un pignon comme d'honnêtes tailleurs sur l'établi, regardant, l'œil fixe et rond, une Taglioni grande comme l'ongle qui bat des entrechats dans le brouillard d'argent de la lune.

« Dieu me pardonne! je ne vous ai pas encore parlé de notre amphitryon le plus ordinaire. J'allais l'oublier; j'allais oublier Farjasse. — Vous savez la vieille querelle de l'Argent et de l'Esprit, le duel de Plutus et d'Aristophane; c'est, à l'heure qu'il est, une affaire arrangée. Les témoins ont rabattu les sabres de bois, on s'est fait des excuses, et l'on est allé déjeuner. Au dessert, l'Argent et l'Esprit s'estimaient : ils s'embrassèrent comme des gens qui regrettent de ne s'être pas plus tôt connus ; si bien que l'on vit, au sortir de table, des gens d'argent faire de l'esprit, et des gens d'esprit faire fortune ! — Notre amphitryon est donc un homme de Bourse. C'est un beau garçon d'une trente-cinquaine d'années, frais, propre, net, passé à toutes les brosses, à tous les outils d'acier, à toutes les eaux de la toilette des Anglais, dont il a adopté la coupe de favoris et les nuances d'étoffes écossais sombre. Notre ami n'existe guère, il faut l'avouer, qu'à partir de trois heures. Jusque-là, il n'y a personne chez lui qu'un crayon et qu'un calepin ; jusque-là, c'est un chiffre ahuri. A trois heures, il reconnaît ses amis ; sa pensée recommence à circuler ; le cœur lui revient. Il vit, il sourit, avec le regard d'un homme heureux, au bonheur des autres, à Dieu, aux hommes, à la femme qui passe. Le voilà pour jusqu'à demain rendu à lui-même, rentré dans sa peau d'homme du monde, gai, intelligent, spirituel, apportant à nos dîners sa quote-part d'idées, de mots, de gros sel, d'aperçus et de gaieté, une gaieté d'écolier en vacances, ou de mari garçon, qui lui court par tout le corps, qui lui remue les bras et les jambes, qui lui remplit la bouche d'exclamations sourdes de félicité, de satisfaction, d'un contentement universel et débordant ; tout est bon, tout est beau ; et il vous pousse du coude en vous disant : « Hein ? » pour vous faire avouer que le rôti est cuit à point et qu'il faut remercier la Providence.

« C'est un garçon sage qui gagne à la Bourse tout doucement et fort sûrement de vingt-cinq à trente mille francs par an, au moyen de combinaisons qu'on m'a parfaitement expliquées et auxquelles je n'ai rien compris. Il les dépense dans une maison grandement tenue, et dans les folies d'une bibliothèque, sa plus grande passion, qui est, je crois, la collection la plus complète de nos livres modernes, non en leurs tirages ordinaires sur ce papier sans corps et sans durée, mais en papier de Hollande, et habillés d'un maroquin du Levant dentelé d'or par Capé. Au reste, c'est le seul luxe apparent et de montre de son intérieur; tout le reste est donné au bien-être, à la commodité, à l'agrément usuel et journalier des choses. Point de dorures, mais de bons fauteuils qui vous bercent comme des nourrices; point de plats montés, mais de bons dîners, de fortes viandes qui restaurent; point de vin de Constance, mais un bon vin ordinaire, chaud et franc; partout et dans tout, chez lui, la science pratique de la vie, cette sage et large économie du chez soi, le confortable, transporté par les gens de Bourse du *home* de Londres à la maison de Paris.

« Notre société possède aussi un musicien, un grand musicien, à ce qu'on m'a dit. Au moins ne joue-t-il jamais de piano. Bressoré a fait deux ou trois opéras dont j'ai entendu... le titre. J'aurais entendu le reste, que je ne serais pas plus avancé : vous savez que je manque d'oreilles dans le sens absolu du mot. Figurez-vous un homme sérieux comme un discours latin, impassible comme la conscience du sage, de la bouche duquel sortent tout à coup des bouffonneries à pouffer, sans que le marbre de son visage bouge ni remue; un de ces êtres qui dépensent dans la charge un énorme génie comique, et dans des bribes de parade la plus admirable fantaisie d'ironies; un esprit enragé, féroce, sans entrailles, qui a imaginé de débarrasser Farjasse d'un convive ennuyeux qui s'invitait toujours, en faisant insérer dans les *Petites Affiches* le nom du malheureux et son adresse sous l'annonce : *A céder un parasite qui a déjà servi.* Il a une bête noire, la vieille bête noire de tradition, la vieille bête noire du locataire, du célibataire, du débiteur, de l'atelier, et un peu de nous tous. C'est pour le Bourgeois, — un vieux mot aussi large que le *barbare* des Grecs ou le *pékin* des militaires, — que l'impitoyable blagueur est surtout sans pitié. Ce diable d'homme a l'air, quand il en a attrapé un, d'un Chinois qui écorche à petites journées un de ses semblables. C'est comme une vengeance froide, raisonnée, méthodique, machiavélique, de toutes les mauvaises pensées du bourgeois sur l'artiste, de toutes ses hostilités secrètes, de toutes ses rancunes sourdes, une revanche de tout le plaisir, de toutes les joies que lui donnent nos guerres civiles, la révélation de nos misères, et la publicité de nos engueulements.

. . . .
. . . .

« Oui, nous sommes un monde indisciplinable. Nous sommes frondeurs, nous sommes blagueurs. Nous avons nos vices, nos mauvais instincts, nos préjugés, nos vanités, une plaie vive. Nous sommes sans catéchisme, sans respect, sans pitié dans nos jeux, et nous faisons jeu de tout... Oui, mais au bout de tout nous sommes une grande et noble race, une race libre, sauvage, qui regimbe sous les dominations, qui ne reconnaît pas le droit divin de l'argent, et que la pièce de cent sous n'a pas encore domestiquée. Toutes les religions nous manquent, oui ; mais nous avons notre religion, une religion de tête pour laquelle nous luttons, souffrons, mourons : la conscience de l'esprit. Les ironies, les insultes, les insolences de la fortune, les impertinences du succès, les inimitiés redoutables, le travail, un travail du jour et de la nuit, un travail de fièvre qui épuise, vieillit, tue ; une vie sans repos, la lutte, toujours la lutte ; les maux du corps et les lassitudes de l'âme, la longue épreuve, le long martyre d'une pensée qui confesse jusqu'au bout ses croyances spirituelles; un métier, le dernier métier du monde pour gagner de l'argent, — rien ne nous fait, et nous allons, nous marchons, vieux avant l'âge, les tempes grises à trente ans, bilieux et pâlis par le reflet des lampes, brûlés par le café noir, abîmés par les veilles, usés par les débauches du travail nocturne... Ah! pour marcher contre du papier, nous ne faisons pas de plus vieux os que ceux qui marchent contre du fer ! Nous allons, les yeux à une autre étoile des Mages. Les uns tombent, d'autres se lassent, nous semons les morts et les traînards sur notre chemin, et, serrant nos rangs, ralliant le drapeau, nous ne nous retournons pas... J'ai honte de vous dire, mon ami, ce que nous allons chercher : c'est une toison d'or qui a un nom bien ridicule; c'est tout bêtement : l'Idéal, « ce tableau, comme a dit Hoffmann, que nous peignons avec notre sang; » une chimère si belle, après tout, que ceux qui la désertent et quittent notre chemin pour les chemins faciles, les accommodements et les prostitutions d'esprit, ont des remords de renégat. Ils se disent, ils vous disent : J'avais cinq enfants à nourrir !... Ils s'excusent, et ne peuvent se pardonner.

« Oui, nous n'avons pas d'ordre. Nous ne savons pas mettre de côté le pain de notre vieillesse, gagner à la Bourse et remplir des tirelires. Mais j'en sais parmi nous, et des plus pauvres, qui, le ventre creux, ont refusé beaucoup d'argent pour ne pas laisser toucher à leur conscience, mutiler leurs idées, châtrer leurs phrases... Oui, il y a dans notre monde des hommes qui ne rougissent plus, et des choses qui font rougir; il y a des scandales, il y a de honteuses misères; mais, mon ami, ce que le monde cache, notre monde le tambourine. Nous levons le drap sur toutes nos pustules, nous fouillons les uns les autres dans notre vie, dans nos lettres, dans nos paroles, comme on fouille dans le dossier d'un voleur ! Toutes nos vilenies, à nous, sont au grand jour. Comptez dans tel autre ordre, dans tel autre monde, les vilenies enfouies et secrètes !... Oui, nous faisons une famille ennemie, une république d'envie, nous nous déchirons, nous nous dévorons; mais, au fond de tout, dans cette dispute pied à pied de la gloire et de la popularité, sur cet étroit terrain où la place au soleil prise par l'un est souvent le pain enlevé à l'autre, nous avons des enthousiasmes qui nous sortent de la poitrine; nous consacrons des succès qui nous écrasent, et nous saluons des grands hommes parmi nos camarades... J'ai vu des envies de propriétaire à propriétaire pour une parcelle de terre... Toutes nos envies n'étaient guère enragées auprès de celles-là !

« Oui, nous nous calomnions nous-mêmes; mais, sous toutes nos poses, sous les fanfaronnades de notre masque, sous nos sourires de vieillards, sous nos forfanteries de cynisme, nous avons des rougeurs, des naïvetés, des timidités, et des virginités de courtisane amoureuse; nous aimons, quand nous aimons, comme des collégiens. Derrière la fausse honte des illusions, du dévouement, de toutes les piétés sociales, derrière nos affiches de scepticisme, nos paradoxes féroces, nos thèses sans entrailles, il y a tout ce dont nous ne parlons jamais, des mères soutenues, des sœurs aidées par la copie de nos nuits, une famille où vont mystérieusement nos charités filiales... Mais je tourne à la tirade. Pardon et adieu.

« CHARLES DEMAILLY. »

XXXI

C'était ce même cabinet du Moulin-Rouge où, un mois avant, Boisroger avait présenté Demailly. Le dîner finissait; les mêmes convives causaient autour du café.

— Le songe de Scipion, — disait de Rémonville, — le songe de Scipion! voilà mon manuel d'espérance! une belle méditation de la mort... le plus beau rêve que l'esprit de l'homme ait fait! le plus magnifique sermon sur le néant de notre vie et la vérité de notre divinité... Qu'on me laisse le songe de Scipion, et qu'on me guillotine : je mourrai bien... Il y a d'un bout à l'autre un souffle d'immortalité qui vous emporte... Vous ne croyez pas à l'immortalité de l'âme, Demailly?

— Pardonnez-moi... très-souvent.

— Relisez le songe de Scipion... Vous êtes aux côtés de l'Africain, et vous voyez la terre au-dessous de vous comme un point dans l'espace, et le temps comme un moment dans la durée... Vous planez : le concert des harmonies de tout ce qui est vous entoure; et les Arago auront beau démonter ce ciel antique, on y entendra toujours la musique des mondes sous l'embrassement de Dieu, le bruit des sphères qui se meuvent, et le son infini de l'orbe des étoiles... Et quel paradis d'un ordre moral plus élevé?

Un Panthéon de lumière et de sérénité, cette haute demeure d'éternité bienheureuse où la place est marquée pour tous ceux qui conservent, aident ou augmentent la patrie... Si j'avais à baptiser le songe de Scipion, je l'appellerais l'extase de la conscience humaine... Quel coup d'aile dans l'immensité!... Ne vous semble-t-il pas vous approcher de la Providence, quand le livre vous montre le regard du régisseur des mondes réjoui des assemblées et des sociétés d'hommes, associés par le droit sur toute la terre?... Et quelle grande leçon de vivre!... Ah! tout est là... Lisez le passage : *Au principe nulle origine...* Ce principe de Cicéron, né de lui-même, et d'où tout vient, c'est le berceau, l'aurore, l'annonciation du Verbe de saint Jean : *Au commencement était le Verbe. Le Verbe...*

« Ohé! les petits agneaux... »

C'était un cabinet à côté qui coupait la parole à Rémonville avec la chanson des Petits Agneaux.

« Ohé! les petits agneaux,
Qu'est-ce qui casse les verres,
Les... »

— Mais, — dit Demailly, — voilà une voix... c'est Couturat.
— Au fait, c'est vrai... ils sont toute la bande, — dit Boisroger, — ils m'avaient invité... On pend la crémaillère d'un petit journal d'annonces...
— Sauvons-nous! — fit Rémonville.

Rémonville et Demailly roulaient autour du lac du bois de Boulogne dans un milord découvert. Les lanternes du milord jetaient en passant leurs lueurs sur les massifs sombres. Le reflet d'une lumière dans le lac tremblait çà et là entre deux arbres. La nuit allumait une à une les étoiles au-dessus du bois noir. Le cheval trottinait.

— Et, pour moi, mon cher, je vous le dis, — continuait de

Rémonville, — le sommet moral de l'humanité, ce sont les Antonins... le plus beau type d'humanité est Marc-Aurèle. Je trouve en lui ce que les anciens appelaient la vertu à son plus haut point de sincérité et de simplicité, dans une sorte de splendeur et avec des caractères que je ne trouve chez nul autre... On le voit trembler devant l'idée de la vertu, de la justice, comme un artiste devant un idéal. Le stoïcisme, cette magnifique doctrine, la plus désintéressée et la plus noble morale où l'homme soit monté de lui-même, se révèle véritablement en lui... Quel tonique, ces œuvres de Marc-Aurèle!... Il est le Dieu humain de la sagesse... lui, pourtant! César, triomphateur, au-dessus de tous, presque toute la carte de Ptolémée sous les pieds, sur cette cime où la tête tourne, où le vertige de l'omnipotence monte au cerveau!...

De tous les nouveaux amis de Demailly, de Rémonville était celui avec lequel il avait le plus de points de contact, le plus de parenté d'idées, celui pour lequel il se sentait le plus de sympathies spirituelles

Rémonville n'était ni grand ni petit, plutôt petit que grand. La tête était l'homme : une tête forte et belle, jeune et puissante. Ses cheveux étaient blonds, ses traits étaient bruns. Au milieu de son large front, une ligne descendait verticalement toute droite, comme une ride de la volonté. Ses yeux, d'un feu sombre, enfoncés sous ses sourcils, se rapprochaient d'un nez impérieusement aquilin, sous lequel frisait la petite moustache d'un roi d'Espagne. Le menton avait la ligne d'un marbre, le visage un teint de médaille. Dans tout ce visage, il y avait mêlé et brouillé de l'Apollon et de l'aigle; le sang, l'air et l'œil d'un de ces beaux Italiens de proie du seizième siècle, ou d'un jeune empereur de la vieille Rome : Cellini et Néron à vingt ans, mêlant leurs types pour les pinceaux d'un Vélasquez.

Fait de corps et d'âme pour d'autres temps, mal à l'aise dans un habit noir, Rémonville était mal à l'aise dans son temps, dans sa sphère. Sa patrie ni son siècle ne lui convenaient, encore moins son métier. Critique théâtral du journal le *Temps*, il tournait cette meule d'annoncer tous les huit jours la pièce, le gros drame, le vaudeville, le clown, l'étoile, la danseuse, l'éléphant savant, le farceur délirant, l'actrice en fleurs, le succès, le puff et la gloire de la semaine. Il subissait cette horrible loi moderne du journalisme qui attelle à la tâche inférieure et au travail périssable des plumes qui, libres et ne se dépensant qu'à leur heure et dans leur voie, eussent donné une œuvre à la France, au lieu de donner des comptes rendus au public. Rémonville s'était donc plié à ce rôle; mais il l'avait grandi, en y apportant sa personnalité, en y faisant entrer ses goûts, sa science et son talent. Ses feuilletons étaient les feuillets déchirés et volants d'un beau livre sans suite, une merveilleuse école buissonnière à propos de théâtre, de quinquets et de lazzi. S'il entrait au Palais-Royal, c'était avec la chanson des grenouilles d'Aristophane. Avait-il vu Bouchardy, il vous contait Byron. Ainsi, jetant sur tout un pan du manteau de la muse, rappelant quelque chose d'immortel à propos d'un calembour, mettant une treille de Lancret derrière un plat refrain d'opéra-comique, ce critique rare, dépensant souvent plus d'idées en un feuilleton qu'une pièce en cinq actes, laissait dire aux niais qu'il n'avait pas d'imagination, aux bonnes gens qu'il ne racontait pas les intrigues, à ses amis qu'il ne ferait jamais de livre. Il ne se souciait guère de tout cela, et de son feuilleton bâclé moins encore. Une fois qu'il avait jeté au papier, le samedi matin, ses douze colonnes, — il travaillait vite, — ses douze colonnes, tantôt belles, rhythmées, profondes et tendres comme un psaume, tantôt pleines de la vie, du feu, de la passion d'un témoin contemporain, quand à propos d'un drame historique il avait pu s'échapper dans l'histoire et griffer les morts à la Saint-Simon, Rémonville les oubliait; il n'en parlait jamais, c'était chose enterrée, et il coupait assez rudement les compliments là-dessus.

C'est que la pensée du critique vivait au-dessus de son métier. Elle habitait plus haut. Les œuvres immortelles, les plus belles mélodies de la pensée humaine, les plus beaux chants de l'âme des peuples, les plus grands drames de la passion, les plus délicats sourires de l'esprit, étaient sa nourriture et son contentement. Sa pensée se lavait dans le Dante comme dans un fleuve de lumière, elle se parfumait dans les livres sacrés de l'Inde, elle se fortifiait dans les philosophes antiques, elle se réfugiait dans Homère et embrassait les dieux. Puis, la pensée de Rémonville avait encore un autre pain quotidien, des occupations aussi chères, des joies aussi nobles. Rémonville aimait l'Art. Le Beau était sa foi comme il était sa conscience. Une belle toile, un beau marbre, une belle ligne, tout ce monde de matière pliée par l'homme à sa volonté et à son génie, faisaient son étude la meilleure et ses plus chères voluptés. Le rayon d'un Rembrandt, la rosée d'un Claude Lorrain, le sourire de la Monna Lisa, la terreur de Michel-Ange, et Rubens, et Véronèse, les primitifs et les décadents, les Memling et les Longhi, les graveurs, de Marc-Antoine à Goya, et les dessins, confidences des tableaux, jusqu'aux sanguines de Watteau et aux papiers bleus de Prudhon, voilà ce qui faisait sa compagnie, ses familiers, ses enchantements. Mais, si ses amours, ses admirations même, descendaient les siècles, son culte et son adoration les remontaient. Il retournait toujours, comme porté par le courant de tant de belles choses, à la source immortelle : l'art grec. Il s'inclinait devant ces marbres où la divinité circule comme le sang, et les métopes du Parthénon étaient comme l'orient vers lequel il se tournait en s'agenouillant, confondu encore du souvenir de ces chevaux, de ces cavaliers, de ces torses, et comme plein d'un respect et d'une horreur sacrée, désespérant de trouver jamais des mots assez divins pour y toucher avec des phrases. De quels vœux, de quels regrets, il s'élançait de son pays et de son temps vers cette terre du Parthénon, vers la terre de Phidias! Sa patrie, ses autels, ses rêves, ses utopies, ses illusions, son âme, tout était là; et, nommant la Grèce, il semblait qu'il vous nommait sa mère! Il glorifiait tout, il regrettait tout de ce grand petit peuple, aux villes peuplées de plus de statues que de citoyens, aux lois désarmées par Phryné. Quoi qu'il dît des Antonins, c'aurait été à son âge grec, et non à son âge romain, qu'il eût voulu arrêter l'humanité comme à la juste maturité de sa jeunesse. Aristote et Platon lui semblaient avoir fait assez grandes la physiologie et la science, Socrate avoir poussé assez loin la recherche de la paternité de l'âme. Pour lui, Hérodote et Thucydide avaient borné l'histoire, Eschyle, Sophocle, Euripide, la passion, Aristophane, le rire, Athènes, la liberté, et la civilisation grecque, la civilisation. Pourtant ce grec était catholique; mais il était catholique en haine des religions iconoclastes, catholique par reconnaissance pour le siècle de Léon X; catholique encore en haine des races du Nord, pour lequel il avait toutes les haines des races du Midi, en haine de l'Allemagne, qu'il affirmait être la Chine d'Europe : « Voyez! — disait-il, — ils ont la porcelaine, le saxe, comme les Chinois ont le chine; les examens, les doctorats, comme les Chinois... et les conseillers auliques... mandarins à brandebourgs! »

Le milord allait toujours; le cheval continuait à trottiner; le cocher dormait; le bruit de la cascade se mourait doucement derrière eux; des calèches passaient, éclairs d'une seconde, emportant un bruit de voix et des fantômes de femmes. La nuit était sans nuages, toutes les étoiles brillaient.

— Eh bien, oui, — avouait fièrement Rémonville, — je suis païen! — Et, d'un ton mi-sérieux, mi-badin, du ton d'un homme d'esprit contant un miracle auquel il croit : — Mon cher, il y a eu un savant, c'est-à-dire un Allemand, qui a nié à Munich, dans une brochure très-savante, la divinité solaire d'Apollon... Savez-vous comment il est mort? Tué d'un coup de soleil!... Ah çà, qu'est-ce qu'il fait donc ce cocher?... Regardez donc : il a l'air d'un parasite antique accoudé sur un *triclinium*... — Hé! cocher!

XXXII

L'intimité, une intimité entière et sans réserve, s'était faite entre les dîneurs du jeudi; et il était arrivé que la divergence des croyances politiques, la variété des opinions littéraires, le désaccord même des caractères, avaient au moins autant contribué par leur opposition harmonique aux sympathies mutuelles des uns et des autres que la communion des goûts et la similitude des humeurs. La base de cette société, son fondement et son charme, étaient sa sûreté, la confiance de chacun dans son voisin, l'abandon sans crainte, la confidence sans péril, la liberté de la langue, de la pensée, de la conscience, des amitiés et des mépris, certaine de n'être point trahie ; agrément rare de ce petit monde de lettres, de pouvoir laisser couler son cœur et son esprit, de pouvoir s'ouvrir tout entier sans fournir des armes au bavardage, à l'indiscrétion, à la camaraderie jalouse et ulcérée, ou bien de la copie à un journal et des notes à un biographe ! Puis il y avait encore un grand bien dans cette société : la mutualité de l'estime, de la reconnaissance du talent ou de l'intelligence; une estime si vraie et qui était si bien dans l'air des gens, qu'elle n'avait pas besoin de témoignage ni de paroles. Cette franche sincérité, cette belle réciprocité de la croyance de chacun dans la valeur de tous, et de tous dans la valeur de chacun, mettaient dans les rapports cette égalité à laquelle les petits esprits et les grosses vanités ne savent jamais s'élever. Cette estime leur servait encore entre eux de charité; et, grâce à elle, ils se pardonnaient les uns aux autres les petites aspérités d'humeur, les petites inégalités de manières qui ne leur semblaient plus que des originalités de tempérament.

Au bout de quelques-uns de ces dîners, il arriva, comme il arrive toujours, des intrus qui poussèrent la porte, et qui, une fois assis, dérangèrent la nappe, la causerie et les idées. L s fondateurs se résolurent alors à quitter le Moulin-Rouge, et l'on se mit à dîner, à tour de rôle, les uns chez les autres. Mais Farjasse, qui avait l'appartement le mieux ordonné pour manger et la salle à manger la plus commode pour causer, abusa bientôt de son rôle d'amphitryon, et recommença chez lui régulièrement les anciens dîners du jeudi, dîners sans femmes et les coudes sur la table, où l'on reprit entre soi, et pour soi, les duels enivrants et les superbes batailles de la parole, à propos de toute chose et de tout homme, sur le livre philosophique paru le matin, comme sur la thèse historique évoquée la veille, en un mot, sur tous les événements de l'Idée humaine, sur toutes ces grandes questions et tous ces grands doutes de l'âme, auxquels vont les penseurs dans la chaleur de la digestion. Les dîners de Farjasse continuèrent ainsi jusqu'à un jeudi où Farjasse prévint son monde que, le jeudi suivant, la soupe serait servie dans le chalet qu'il s'était fait bâtir à Neuilly dans les terrains de l'ancien parc de Louis-Philippe. Les peintures étaient terminées, le tapissier avait presque fini, et l'on pendait la crémaillère. Farjasse ajouta que ce dîner était obligatoire, que rien n'en dispensait, ni un héritage, ni un rendez-vous, ni une première représentation aux Bouffes parisiens, et qu'il ménageait une surprise à ses dîneurs.

XXXIII

— Tu sais bien... quand Gérard de Nerval s'est pendu... nous avons été voir... Oh! la sale rue, et un temps!... te rappelles-tu, Farjasse? j'ai touché le barreau... Eh bien, c'est depuis ce jour-là... Ah! ça m'a fièrement porté bonheur d'y avoir touché!... tu sais, c'est la semaine suivante que j'ai rencontré le comte hongrois... Le comte hongrois, dis donc, Ninette? Ah! ah!... et de la veine à n'en plus finir... V'là l'histoire! A boire!

La créature qui parlait était magnifiquement belle, belle à la façon de ces éphèbes de l'Italie du seizième siècle que Raphaël accoude dans le songe immortel de la jeunesse, et dont la tendresse et la pureté de lignes montrent comme une fleur de beauté mâle, comme l'adolescence d'un dieu. Ses yeux noirs, profonds, brûlants, et doux, n'étincelaient pas comme une flamme : ils rayonnaient comme un foyer. Toute pâle, des rougeurs de rose thé transperçaient par moment l'ambre de sa peau aux joues, au bout des doigts, aux coudes. Sa bouche était si rouge, qu'elle semblait fardée ; elle demeurait entr'ouverte, sans être bête : comme aux lèvres d'une femme endormie, le souffle d'un beau rêve semblait y voltiger. Une opulente chevelure noire où roulaient des reflets bleus se torsadait sur sa tête. Elle était tout en blanc. Une robe d'Angleterre, — une robe inouïe ! — moutonnait autour d'elle comme une écume d'argent. Ses souliers blancs, échancrés en pantoufles, mettaient autour de son pied une petite ruche frisée de même dentelle ; et le rose de sa chair passait à travers la toile d'araignée de ses bas. Pour tous bijoux, un collier de perles noires se balançait à son cou, laissant pendre, où commençait la robe, une grosse perle en poire.

A côté de la Crécy, — ainsi s'appelait cette magnifique brune, — vous eussiez vu Ninette, une petite blonde. Le contraste était parfait, et le repoussoir trouvé par la Crécy parfaitement trouvé. Ninette ou plutôt la Ninette, — car Ninette avait déjà le *la*, cette popularité des chanteuses et des courtisanes, — la Ninette était blonde comme les blés. Elle diminuait le plus possible son petit front sous ses cheveux tortillés en petites boucles folles. Figurez-vous une petite figure toute rose, toute blanche, chiffonnée et chiffonnante, toujours en mouvement ; des yeux bleus, des regards de toutes couleurs, malicieux, railleurs, pétillants ou voilés de ces tendresses et de cette incertitude que les peintres antiques donnaient au regard de Vénus ; un nez fait comme le monde, de rien, mais mieux ; vingt-quatre petites dents à mordre, qui riaient à tout propos dans une bouche mutine et fraîche comme un fruit… un gamin, un lutin ! mille grimaces, des coquetteries de perruche, des mines de singe gâté, un diable au corps par tout le corps, une rage de remuer, de plaire, de parler, de rire, de cabrioler, de grignoter, de changer de place, de caprice, de voix, de vin, de physionomie, d'assiette, d'humeur ; un babil, une pantomime, une gentillesse à la longue agaçante, comédienne, nerveuse… bref, la Ninette était ce feu d'artifice que les Chinois tirent à table. Son costume était exactement le costume de la Crécy, à cela près que sa robe était une robe de mousseline des Indes, et son collier un collier de marcassite.

— Vois-tu, Farjasse, — reprit la Crécy, — j'ai fait du cœur..., mais à présent... à présent, je tirerais de l'argent d'un caillou ! Figure-toi... je n'aime plus du tout ; mais du tout... Les hommes aiment ça : ça les change ! et...

La Crécy fut interrompue par la Ninette, qui commença une romance napolitaine en dansant sur sa chaise, en battant la mesure avec sa tête, son couteau, et des œillades vives ou mourantes qu'elle promenait sur toute la table. — Tiens ! il est gentil, ce petit, — dit-elle en oubliant sa romance et en arrêtant les yeux sur de Rémonville. — Monsieur ! je vous trouve très-bien...

— Madame... — dit de Rémonville.

— Ah ! ma chère, — dit Bressoré, — Rémonville est très-couru... Il faut s'inscrire... Il donne des numéros... C'est lui qui a enlevé Rosa à Clarion... Tu as bien connu Clarion ?

— Clarion ?... non.

— Allons donc ! un homme pour qui tu t'es tuée !

— Clarion ?... un homme pour qui je me suis tuée ? D'abord je me suis tuée trois fois... Clarion... Clarion ? — et par un geste charmant elle mit sa main au-dessus de ses yeux en abat-jour, et fit comme si elle regardait au loin, — Clarion... vois pas... souviens pas... plus rien ! Après ça, j'ai si peu de mémoire...

Le dîner s'animait : la Ninette chantait plus haut, parlait plus vite, tracassait sa robe, faisait en même temps des cornes et des mines à tous les convives. La digestion commençait à monter à la tête de la Crécy, donnant à toute sa physionomie une sorte de torpeur passionnée, à ses yeux une paresse tendre, à sa beauté je ne sais quelle plénitude et quelle ardeur sourde et fascinatrice. Par instants, la causerie, qui se grisait et se déshabillait, la renversait dans un éclair de rire, — le rire fou et faux des femmes dont le métier est de s'amuser.

Farjasse était épanoui ; Boisroger cherchait une ode antique dans les yeux de la Crécy ; Rémonville regardait la Ninette comme il eût regardé un portrait de Lawrence ; Franchemont, penché sur elle, l'aidait à retrouver le nom de ses amants; Bressoré buvait; Laligant racontait librement une aventure d'amour dans une île déserte; Grancey avait les deux coudes sur la table; Lampérière passait le dessert et des madrigaux à la Crécy, qui refusait tout. Puis, quand elle eut tout refusé, elle tira une épingle d'or qui retenait sa chevelure. Son chignon croula, et roula d'un seul côté. Elle le laissa rouler, et se mit à piquer avec l'épingle des fraises, dans l'assiette de Demailly, se pâmant à son épaule dans des accès de rire, le regardant, puis jetant sa pensée à Ninette dans une langue étrange, assourdissante, précipitée comme l'injure arabe, et qui d'abord hébête l'oreille : la Crécy parlait le *javanais*, cet argot de Bréda où la syllabe *va*, jetée après chaque syllabe, hache, pour les profanes, le son et le sens des mots, idiome hiéroglyphique du monde-fille, qui lui permet de se parler à l'oreille — tout haut.

Puis soudain, à un geste de la Ninette à la Crécy, voilà la Crécy et la Ninette, leurs assiettes jetées, qui, se prenant dans les bras l'une de l'autre, se mettent à tourner tout autour de la vaste salle, tendue de reps rouge, qui est tout à la fois la salle à manger, le salon et le cabinet de travail du chalet. Les tableaux n'étaient pas encore posés, et rien ne rompait ce beau cadre de pourpre sur lequel roulaient les deux femmes, toutes blanches. Rien de plus charmant que de les voir, blonde et brune, ombres folles et légères, leurs cheveux mêlés, sourire contre sourire, onduler, glisser, reprendre pied et glisser encore sur le rhythme ailé de la valse qu'improvisait Bressoré au piano dans un coin. C'étaient deux regards qui passaient, et qui passaient toujours, l'un bleu, l'autre noir, sans que vous puissiez en suivre un où l'autre ne fût pas. Tantôt, lentes, et semant doucement leurs jupes, elles laissaient mourir leurs pas avec la mélodie mourante; tantôt, vives, emportées, piétinantes, battant les murs de leurs jupes soulevées, et balayant le chemin de leur ronde, elles s'enlevaient et s'envolaient, à chaque mesure, de ce fond rouge comme d'un ciel de sang... Et tournantes, et volantes, à la fin leurs deux souffles laissaient derrière elles le bruit d'une mesure haletante... Elles s'étaient arrêtées, se tenant encore la taille d'une main lasse, de l'autre jetant l'air de leurs mouchoirs à leurs paupières battantes, à leurs joues brûlantes, à leurs seins palpitants. Puis elles se rattifèrent, s'aidant l'une et l'autre, remontant leurs robes, rajustant leurs guimpes. Un moment la Ninette se pencha sur la Crécy pour tapoter ses volants et bouffer ses dentelles ; Demailly à ce moment la regardait : il la vit qui, en se penchant, prenait entre ses dents serrées la grosse perle noire de la Crécy, pour essayer si la perle était fausse.

— Vous voilà dans un bel état toutes les deux... — dit Farjasse, — on n'a pas idée de valser pour son plaisir... Vous allez prendre du café, et Bressoré vous jouera son fameux morceau...

— Désolé, mon cher ! — dit la Crécy, — mais nous partons... Comme tu as été gentil pour moi, dans le temps, je n'ai pas voulu te faire poser, je suis venue, tu vois... Mais je suis à l'heure, vrai d'honneur!... J'ai un Brésilien qui m'attend... une grosse affaire en train.

— Qu'est-ce que c'est, ton Brésilien ?

— Tu le verras... vous le verrez... Il me bâtit un hôtel, cet imbécile-là... Nous y ferons un peu la noce, je ne vous dis que ça!... Je veux des gens amusants et pas bêtes... Vous voilà tous invités personnellement, j'espère.

— Et le Brésilien ?

— Le Brésilien ?... Il sera dans *mes* meubles !

XXXIV

a Cléry-sur-Meuse. Juillet 185..

« Mon cher Chavannes, on me renvoie vos lettres de Paris. Je vous demande pardon de ne pas vous avoir écrit plus tôt que j'étais ici. J'ai perdu mon oncle, le frère aîné de mon père, tout ce qui me restait de famille !... Mon père vous en a souvent parlé. Je suis arrivé trop tard. Mon oncle était mort. Je n'ai pas voulu vous envoyer un banal billet de faire part. J'ai eu mille courses, mille affaires, les tristes démarches... Enfin me voilà à vous.

« J'ai encore l'enterrement dans les yeux et dans le cœur, — le salon tendu en chapelle ardente, — le cercueil avec la croix et les épaulettes, — les fermiers venus de loin, poussiéreux avec des chapeaux noirs, — les vieux serviteurs retraités, les domestiques septuagénaires qui servent encore, leurs fils entrés dans le commerce et se poussant à la fortune, réunis et groupés autour de ce cadavre d'un patron, — des camarades de guerre, de vieux personnages encore robustes, au ruban de la Légion d'honneur passé et presque orange, — le souvenir de mon père encore vivant çà et là, — des gestes me montrant, des bras d'inconnus qui me parlent des morts s'ouvrant au fils de M. Henri, comme on m'appelle ici... Pour les gens de notre génération, dans ce siècle des choses et des hommes sans passé, dans ce monde individualisé, isolé et personnel dans la douleur et dans la joie, un tel spectacle est comme la dernière représentation de cette *gens*, de cette clientèle amie et dévouée qui faisait à la famille une base élargie, le cortége de ses noces, le convoi de ses funérailles... Puis les groupes noirs des femmes en deuil qui suivent ici le mort jusqu'à la fosse, — la haie de gardes nationaux qui ne rient pas, — et toutes ces têtes accompagnant des fenêtres le cercueil... Oui, c'est comme une dernière apparition d'une poésie sociale que le Code a tuée. Tout en ces tristesses a été digne, simple, convenant ; chose rare ! il n'y a point eu un incident grotesque, et même les fermiers régalés à l'auberge ont respecté le vin du dîner des funérailles.

« La maison est vide. J'y vais, j'y viens. C'est une belle et grande maison, au large escalier de pierre, aux grandes pièces, aux corridors en galerie pleins de vieux portraits. J'ai reconnu le papier du salon, l'antique papier peint qui montre les jardins de Constantinople, et des Turcs des Mille et une Nuits; le jardinet aussi, et la serre, la jolie serre qui, avant de loger des orangers, logeait la comédie; au-dessus de la porte une face de Gros-René, coiffée d'une toque à plumes, étranglée dans une fraise à tuyaux, une moustache en l'air, une moustache en bas, éclate d'un gros rire; et ce ne sont aux trumeaux de la façade que gais symboles, tous les instruments sonnants de la fête et du rire, sculptés de verve et à vif en pleine pierre. Pauvre salle de spectacle! le rêve chéri du galant homme qui bâtit la maison, il y a un bon siècle de cela, un ancien marchand de sabots, ce brave homme qui, sa fortune faite, la jeta là; amoureux de spectacle, pauvre fou de musique qui, sur la fin de sa vie, sur les marches du perron de la maison, amusait les échos et les gamins de la grande place, penché sur les radotages de son cher violon! La petite salle à manger d'hiver est comme elle était, quand j'y ai vu tout petit mon vieux grand-père, sa canne sur une chaise à côté de lui, bredouillant des jurons de sa bouche édentée, toujours fumant, toujours rallumant avec un charbon au bout d'une pince une pipe qui s'éteignait toujours... Sa canne, mon cher Chavannes, n'avait pas été toujours sur une chaise; il en avait joué au bon temps, dans son château de Sommereuse, du temps qu'une caresse de bâton formait les domestiques et les attachait, Dieu me pardonne! comme une familiarité. Il faut entendre là-dessus la vieille Marie-Jeanne, qui vit toujours, — c'était sa cuisinière; — elle vous raconte, avec une sorte de souvenir gaiement pieux, les volées distribuées aux uns, aux autres, et à elle-même... Je n'ai pu même découvrir en elle la moindre rancune d'avoir été baignée plusieurs fois dans la pièce d'eau, sur les ordres de mon grand-père, pour lui rafraîchir le sang et l'empêcher de penser à se marier. Cette vieille Marie-Jeanne! une langue, mon ami! Du matin jusqu'au soir, dans le fond de la boutique de mercerie de son fils, la voilà, avec une lucidité rabâcheuse, contant mon père, mon oncle, mon grand-père, les alliances, les parentés, toute la famille... Et dans les souvenirs de la vieille servante, gonflée de l'honneur et de l'orgueil de la maison, revient toujours le grand train, la bourgeoise opulence du château de Sommereuse, et la grande hospitalité donnée par mon grand-père à je ne sais plus quel prince italien dont le nom qu'elle estropie lui emplit la bouche!...

« Mon oncle était un honnête homme, un grand honnête homme, un *niais* dans le beau sens que Napoléon donnait à cette épithète en disant à Las Cases : « Je ne la prodigue pas à tout le monde... » Il aurait pu vivre cent ans, que son cœur fût resté un enfant et son esprit une dupe. La vie ne lui avait rien appris, ni le scepticisme, ni même l'expérience. Ses illusions échappaient aux leçons. Sa crédulité était incurable. Il croyait aux autres comme à lui-même, aux principes, aux choses, comme aux hommes. Il ne voyait des partis que le drapeau, des révolutions que les idées, des intrigues que le prétexte. Bref, mon oncle eût fait un excellent homme d'État. — à Salente. Voilà le caractère. L'homme était un ancien capitaine d'artillerie, un peu sourd, brusquement cordial, appelant tout le monde « mon camarade, » plongé dans les mathématiques, et disant à une de ses vieilles amies qui l'avait chargé de voir un parti proposé à sa fille : « Il est très-bien, ce jeune homme!... Il m'a parfaitement expliqué le baromètre... » Il était bon, naturellement, de sang-froid, et portait sa bonté à la façon de son courage, sans effort, comme un tempérament; incapable d'une mauvaise pensée, d'un mauvais vouloir, sans ennemis... J'allais mentir comme un éloge funèbre : il en voulut une fois à quelqu'un, au traiteur Bergevin : c'était pour une truite cuite au vin. « — On cuit les truites à l'eau, monsieur Bergevin. — Oh! monsieur, à l'eau!... Il n'y a que les pauvres... » — A l'eau!... les pauvres!... c'était, dans toute sa vie, le seul souvenir qui mettait encore mon oncle en colère !

« Il m'a déshérité. C'était au reste à peu près arrangé entre nous. Il m'avait prévenu que, si je voulais faire des livres, — il appelait ça ne rien faire, — je n'aurais pas un sou de ses dix mille livres de rentes. Il m'a tenu parole, et, si vous ne me con-

« naissiez pas, je vous donnerais ma parole d'honneur que je le regrette autant que si j'héritais. C'est l'hôpital d'ici, qui n'est pas riche, qui hérite de tout; mon oncle a eu l'idée, que je trouve digne de lui et de moi, de me nommer son exécuteur testamentaire; comme souvenir, il me laisse un magnifique dessin de Girodet, l'*Enrôlement volontaire*, une gouache dans une manière tout à fait inconnue, et je fais les affaires de *ma* succession.

Mon oncle avait un voisin que j'appelais irrévérencieusement *Mardi-gras* dans mon enfance. Ce camarade, cet ami, avait été toute sa vie le souffre-douleur des innocentes niches de mon oncle. Au régiment, mon oncle lui écrasait ses petites poches d'artilleur toujours pleines de gâteaux. Ici, il lui jetait toutes les pierres de son jardin dans le sien, ou l'envoyait à la cuisine, avant les grands dîners, goûter les sauces. Tout cela les avait fort attachés l'un à l'autre. Ils étaient inséparables depuis quarante ans. Ce brave homme a voulu absolument m'héberger. Tout ce que j'ai pu faire, ça été de garder mon lit ici; et je mange chez lui... Ah! mon cher ami, quelle chose que le manger en province! L'appétit y est une institution, le repas une cérémonie, la digestion une solennité. Le cœur de la maison provinciale est la cuisine, où les aïeules parlent d'une voix cassée des écrevisses dont un cent, en leur jeune temps, emplissait une hotte. Le tourne-broche est le pouls ronflant de la province. La vie y tourne autour de la table. La table n'y est plus un meuble, mais un centre, un autel, le foyer même, quelque chose qui est à la famille et à l'amitié ce qu'est l'oreiller conjugal au ménage L'estomac lui-même prend le caractère mystérieusement auguste et sacré d'un instrument d'extase journalière. Le ventre n'est plus le ventre, mais une certaine âme animale qui, satisfaite, répand dans tout le corps une santé morale, la paix de l'humeur, l'entrain de la vie, un suprême contentement des autres et de soi, une molle paresse de tête et de cœur, — le plus doux acheminement d'un honnête homme vers une belle apoplexie! — Mon amphitryon célèbre avec un recueillement qui touche à l'onction ces deux offices provinciaux : le dîner, le souper. Il les respecte comme des mystères, il les accomplit comme des devoirs ; et l'on voit si bien que ce sont pour lui des actes religieux, qu'il parle des morts, la bouche pleine, sans que cela ressemble trop à une profanation, — comme l'autre jour où, en coupant un jambon, il s'interrompit pour lever les yeux au ciel : — « Ah ! c'est ma pauvre femme qui les salait bien ! »

« Je ne fais rien. Je n'ai pas touché une plume. Je vais, comme par une pente, du dîner au souper, — une vie ruminante. Le temps marche ici sans sonner. Je n'ai rien dans la tête, ni fièvre, ni idée. Je m'ennuie très-tranquillement. Je suis tout à la fois comme dans une petite chambre où il y aurait un gros feu de charbon, et dans une grande chambre où il n'y aurait pas de feu du tout : je respire mal et j'ai froid ; un commencement d'asphyxie de la pensée, voilà tout. C'est l'air du pays, à ce qu'il paraît. La province, mon cher Chavannes, la province !... Il faut être taillé comme vous pour y rester une intelligence, un homme, une pensée. Et encore vous, vous habitez la campagne. Mais la vraie province, la petite ville !... en y réfléchissant, je crois que j'en mourrais. Je passe des heures à la fenêtre : je vois des gens, jamais un passant, — il n'y a pas de passant en province : un passant est toujours quelqu'un ! — jusqu'aux chiens, mon ami, qui sont des chiens de chef-lieu de canton !... A Paris, ils ne se connaissent pas, ils ont des affaires, vous n'en verrez jamais trois ensemble ; — ici, il y en a une dizaine qui se réunissent tous les jours sur la place, — et c'est la seule société de la ville... Peut-être y a t-il deux France, Paris et le reste... Avez-vous remarqué que les murs ont en province des ombres particulières, des ombres qui vous font froid dans le dos comme les ombres de la rue des Postes ? — J'ai lu un journal de l'endroit : il annonce les réceptions au baccalauréat des indigènes... La province est un steppe où on sème des fonctionnaires et où il pousse des impôts. Les femmes y naissent provinciales, c'est tout dire... un pays impossible, inventé par les sous-préfets, et où il y a des gens qui devinent les rébus de l'*Illustration !* Je n'exagère rien. — Avez-vous jamais songé à cette chose horrible qui peut être : un receveur des contributions sans vocation ?... Mais non, cela n'est pas : il y a un Dieu.

« Je me dis ennuyé, mon cher Chavannes ; mais, au fond, je suis triste. Me voilà tout seul dans la vie. Je n'ai plus que des parents à je ne sais combien de degrés, des parents qui ne sont plus des parents. Tous sont partis : c'est le dernier. A présent, je n'ai plus personne de mon sang, plus de famille... Ah ! quand la dernière pelletée de terre tombe sur ce qui vous en restait, il se fait un fier vide en vous, et vous revenez la tête plus basse que vous n'auriez cru. . . . .
. . . .

« Charles Demailly. »

XXXV

Il y a une jolie heure à Paris : c'est l'heure qui précède le dîner. Paris a fini sa journée, et se promène le long des boulevards d'un petit air léger, d'un pas allègre. Plus d'affaires ! L'on ne s'évite plus avec une poignée de main, et les amis se parlent. De toutes les tables de café monte en l'air une odeur alcoolique, un parfum d'absinthe, avec le bruit et le rire des gens qui discutent les nouvelles du matin ou les plaisirs du soir. On lit le journal du lendemain. C'est l'heure où la Parisienne passe, rentrant chez elle par le plus long, l'heure où l'on voit, quand il fait chaud, les invalides des passages s'éventer, à l'entrée de leur passage, avec leur tricorne.

Demailly, assis à une table de café du boulevard Montmartre, regardait devant lui.

— Ah ! enfin, — dit de Rémonville, — je croyais que vous ne reviendriez plus... Et vous avez hérité ?

— Non, mon cher.

— Il n'y a plus d'oncles!... Ah çà! qu'est-ce que vous regardiez donc?... Est-ce indiscret?

— Je regardais le soleil se coucher dans l'or des annonces, là, au-dessus du passage des Panoramas... Imaginez-vous, mon cher, que j'avais le regret de cela, là-bas. Que voulez-vous, ça me réjouit l'œil, ça me réjouit le cœur, ce pâté de plâtre tout barbouillé de grandes lettres, tout sali, tout écrit : ça pue si bien Paris, — et l'homme! A peine un mauvais arbre venant mal dans une crevasse d'asphalte... Il y a des gens qui font leur bonheur avec du vert et du bleu; c'est une bien heureuse organisation!... Qu'est-ce qu'il y a de neuf? J'arrive presque... je ne sais rien.

— De neuf?... Mais... rien. Ah! si... c'est vrai, voilà deux mois que vous êtes parti : il y a un nouveau soleil!... une célébrité qui occupe tout Paris, une femme qui remplit tous les Courriers de Paris de sa beauté, de son hôtel, de son mobilier...

— Et qui se nomme?

— La Crécy.

— La Crécy?... Bah!

— La Crécy! notre Crécy! Elle a eu un succès aux Italiens, il y a huit jours, un succès! On n'entendait plus chanter faux!... Vous savez, son Brésilien... Figurez-vous... un homme qui a été empereur trois heures quelque part, par là où Humboldt a mesuré des montagnes... un petit homme qui a mal à l'estomac... et drôle!... une voix d'oiseau... un gazouillis, — Bressoré soutient qu'il parle couramment l'*oiseau-mouche*, — et ne buvant que de l'eau de Seltz!... La Crécy le traite comme un nègre, et l'appelle *Bibi!*... Il en est fou naturellement, et, comme il a sauvé la caisse en abdiquant, la Crécy roule un train à tout casser... Elle s'est fait bâtir un hôtel rue de Courcelles, un hôtel!... C'est la pyramide de Chéops changée en *palazzo*... Et un luxe! un escalier en porphyre!... On parle d'un salon de malachite commandé en Russie... En attendant, elle a une salle à manger où l'on mange les palourdes du lac Lucrin, les burets de Baies, les huîtres du cap Circé, les hérissons de Misène, les pétoncles de Tarente, les sangliers d'Umbrie et les fruits du Picentin!... Vous savez qu'elle vous attend? Je dois vous amener mort ou vif. Elle vous demande à cor et à cri. Il faut que vous veniez, et puis, vrai, c'est amusant. Nous avons monté chez elle un vrai Portique. On y agite... tout! et notre présidente ne se couvre jamais! Le luxe grise la parole, et, l'autre soir, Franchemont a fait sur la décadence romaine une tirade... Je n'ai jamais vu tant d'idées dans une fresque!... Et la Crécy qui commence à comprendre! Ces femmes-là apprennent tout, même à être riches... Ainsi, demain, je vous prends. Je me sauve. Je dîne passé les ponts, au diable...

XXXVI

La salle à manger était réussie. Elle était tout en marbre blanc, coupée de pilastres avec des chapiteaux et une frise en bronze vert. Les buffets étaient de marbre, et reposaient sur des vautours de bronze vert que le sculpteur Caïn avait signés de son nom, de sa force et de son style. Aux deux extrémités de la salle, deux mufles de bronze vert laissaient tomber le bruit d'une eau jaillissante dans deux vasques de marbre blanc, où nageaient les fleurs des Tropiques.

On mangeait sur un service de blanc de Saxe, fleur d'orge. La Crécy avait pour la porcelaine le goût de la vieille Espagne; elle ne pouvait souffrir que la porcelaine blanche : blanc de Saxe, blanc de Sèvres ou blanc de Chine.

La Crécy était toujours belle, admirablement belle et admirablement pâle. Ses yeux étaient toujours ces deux grands noirs, les yeux de la ville de Tegée, dans la peinture antique du Museo Borbonico : les passions d'une Pasiphaë semblaient y sommeiller dans les langueurs et les nostalgies de l'Orient. Sa robe était encore une robe de dentelle d'Angleterre, la toilette habituelle et consacrée de sa beauté; seulement, au lieu d'un collier de perles, elle faisait jouer à son cou un collier de corail, que Grancey, à son dernier voyage d'Italie, avait trouvé pour un morceau de pain chez un juif du Ghetto. Ce collier, le collier de la reine Caroline de Naples, était un double chapelet de petits totons rattachés aux épaules et à la naissance de la gorge par trois médaillons d'un travail digne de Pyrgoteles. Dans tout ce blanc, cette rivière de pourpre au cou faisait un effet étrange.

Les domestiques étaient vêtus de noir, habit, culotte, bas de soie; et, pour que leur service ne fît point de bruit, leurs escarpins avaient des semelles de flanelle.

— Ma première maîtresse... — commença Boisroger.

— Tu as eu une première maîtresse, toi? — interrompit Franchemont; — tu es bien heureux!

— Admets-tu l'amour? — lui dit Boisroger.

— L'amour?

— Hein?

— Oh!

— Ah!

— Hé!

— Diable!

Il y eut une modulation d'exclamations.

— L'amour?... A sa santé! — fit la Crécy en se levant dans un éclat de rire.

Quand ils furent rassis :

— L'amour? — dit Grancey à Boisroger, — qu'est-ce que tu entends par là?

— La seule folie qui soit raisonnable et le seul chagrin qui vous fasse heureux, — répondit Boisroger.

— Mais c'est la définition du mariage et du veuvage, cela! — dit Demailly.

— Voulez-vous me définir l'amour, mon cher?

— Parfaitement, — dit Demailly. — L'amour est — l'amour.

— Non, — dit Lampérière. — L'amour est la femme.

— C'est une opinion, — fit Grancey.

— L'amour?... un fluide! — dit de Rémonville, — un phénomène d'électricité... Il y a des femmes laides qui dégagent l'amour.

— Ne disons pas de mal des femmes laides, — dit Franchemont. — Quand une femme laide est jolie, elle est charmante!

— En tout cas, — dit Grancey, — c'est une bien jolie imagination : c'est l'âme de tout ce qui n'est pas vrai. Ouvrez un roman : il n'y a qu'un roman, l'amour! Allez au théâtre : il n'y a qu'un théâtre, qu'une pièce, qu'une intrigue, qu'une comédie, qu'un drame, qu'un dénoûment, l'amour! L'opéra n'a qu'un opéra et qu'un ballet, l'amour! C'est à croire, ma parole d'honneur! que l'amour existe dans le public et dans la vie...

— Bah! — dit Bressoré, — . . . .
. . . .

— L'amour, messieurs, est une chose qui arrive, — dit Boisroger.

— Oh! oh! — fit quelqu'un.

— Il y a des exemples! — dit un autre.

— Certainement, — dit Demailly; — j'ai connu un vieillard qui avait épousé une jeune femme... Il se mettait son mouchoir dans la bouche pour ne pas ronfler; un jour, ou plutôt une nuit...

— Il a ronflé?

— Au contraire, il est mort... Les nègres n'avalent que leur langue : il avait avalé son mouchoir!

— Moi, — dit Bressoré, — . . . .
. . . .

— Un instant, — dit Franchemont; — il s'agit de déraisonner avec principes. Il y a plus d'amours encore que de fagots. Il y a l'amour antique et l'amour moderne, qui sont aussi loin l'un de l'autre que la pudeur de la décence... Dans le même siècle, vous avez les amours de Richelieu et les amours de Lauzun, Don Juan qui rit et Don Juan qui pleure... Vous savez que les analystes ont classifié et sous-classifié l'amour, absolument comme...

— Un règne animal...

— Oui. De quel amour parlons-nous, s'il vous plaît?

— Nous sommes aux meringues... Entamons l'amour platonique.

— Celui que les femmes pardonnent quelquefois...

— Et qui ne les excuse pas toujours !

— Si nous parlions tout bonnement de l'amour tout court? — dit Lampérière.

— Du vrai! — ajouta de Rémonville, — de celui qui fait que les tourlourous en faction se brûlent la cervelle, que les honnêtes gens volent au jeu, que les hommes du monde se marient de désespoir, et que les mères de famille empoisonnent le père des enfants de leur amant dans un gilet de flanelle!

— Oui, — dit Bressoré, — . . . .
. . . .

— Messieurs, — dit Boisroger, — quand le monde fut fini, c'était un dimanche; Dieu, n'ayant rien à faire, fit l'amour.

— Allons donc! — fit Demailly; — c'est l'homme qui a inventé l'amour... Dieu n'avait trouvé que la femme.

— C'était un joli commencement, — dit Grancey.

— Ah çà! dit de Rémonville, — sommes-nous bien sûrs d'avoir aimé?

— Moi, j'ai aimé... — dit la Crécy.

Et son regard devint fixe et eut peur devant un souvenir.

— Pour qui nous prends-tu? — répondit Franchemont. — Pour des gens mal élevés? Je réponds que nous avons tous lu de mauvais livres, baisé de vieux gants de Suède, mis sécher des pensées dans un paroissien, et songé à faire des sottises... tous, tous!

— Vous aussi, le sentimental? — dit la Crécy à Demailly.

10.

— Moi? — fit Demailly distrait. — Ah! pardon... moi, je crois bien que j'ai aimé... Par exemple, je n'ai jamais su qui.

— Au bal masqué? — dit la Crécy.

— Il y a bien de cela... j'avais seize ans... j'allais un matin dans la campagne, au printemps, je ne sais où. La terre était presque nue encore et frissonnait de vie et d'espérance comme elle eût frissonné de froid... Des arbres maigres... Les bourgeons commençaient... Un ciel clair d'un bleu si fin, que le jour semblait blanc... Il y avait dans l'air et partout une puberté souffrante de la nature... Alors, le cœur gros, gonflé de quelque chose que je ne savais pas, la poitrine douloureuse et pleine d'élancements, je me mis à pleurer... Je n'ai jamais retrouvé ces larmes-là!... Au fait, si quelqu'un de vous dans la société désirait faire de cette aventure un drame à spectacle pour la Porte-Saint-Martin, je la lui donne.

— Oui, — dit Franchemont; — mais généralement il y a une femme au bout de l'amour...

— A moins que ce ne soit au commencement, — dit de Rémonville.

— Tout a ses inconvénients en ce monde, — fit Grancey.

— La femme... — commença Franchemont; mais, s'interrompant, et s'adressant en souriant à la Crécy : — Nous sommes entre hommes, n'est-ce pas?

— Parbleu! — Et la Crécy, se penchant sur l'ex-empereur du Brésil :

— Ces messieurs vont dire des bêtises... mais ne les écoute pas, Bibi, c'est de la blague!

— La femme, — dit Bressoré — . . . .
. . . .
. . . .
. . . . . ! Voilà ce que c'est que la femme!

— A la porte, Bressoré! à la porte!

— Bressoré, — dit la Crécy, — est-ce qu'il faut que je rougisse?

— Comment, Bressoré, comment? — dit Grancey, — quelque chose de si ingénieux ! un être qui sait ne pas se crotter, faire du thé et de la tisane, jouer du piano, compter le linge, retourner une omelette presque aussi bien qu'un homme, sourire juste, marquer des mouchoirs, pleurer sans être bête, nouer une cravate blanche, mettre des pattes de mouche sur du papier, se décolleter décemment, parler avec une voix qui chatouille, cacher son pied dans une bottine, consoler un homme, quêter pour les pauvres, lire, faire de la tapisserie, et tromper une femme de chambre !

— Mais, — dit Bressoré, — je n'avais parlé que de la femme : je n'ai pas parlé de la Parisienne.

— La Parisienne? c'est la femme pâte tendre, — dit Grancey, voilà tout.

— Oui, mais qu'est-ce que la femme? — dit Franchemont.

— C'est l'erreur de l'homme, — dit Demailly.

— Oui, si l'homme est l'erreur de Dieu, — dit Lampérière.

— Ça ne fait rien, — dit de Rémonville, — c'est un mineur que les sociétés modernes ont bien émancipé.

— Oui, — dit Lampérière, — on a remplacé le gynécée par le ménage.

— Une utopie ! — dit Franchemont.

— Sur laquelle est basée la famille depuis dix-huit cents ans, — reprit Lampérière.

— Mon cher Lampérière, j'en suis fâché pour toi, — dit de Rémonville, — il n'y a que les Turcs qui aient rendu justice...

— A l'homme, — dit Boisroger en souriant.

— Non, à la femme.

— C'est évident, — dit Demailly. — Il faut à la femme un léger parfum de servitude... C'est une femme qui l'a dit.

— On l'a soufflée... — dit finement Lampérière.

— Il existe un grand fait que tu sais aussi bien que moi, Lampérière, — reprit Franchemont, — toutes les sociétés commencent par la polygamie et finissent par la polyandrie... L'homme baisse et la femme monte; c'est fatal!

— Ça te paraît fatal, ça me paraît providentiel... Nous ne sommes séparés que par une épithète.

— Mais c'est absolument contraire aux idées de la Providence. La femme a été donnée à l'homme, dans le paradis terrestre, non pas comme un être égal à lui, mais comme un aide semblable à lui, — ce qui est bien différent.

— Bien différent! — reprit de Rémonville; — et, d'ailleurs, l'infériorité de la femme est écrite dans tout son corps... Le cerveau de la femme est au cerveau de l'homme comme 16 à 17.. Avez-vous vu les *Trois Grâces* d'Albert Durer, des grâces humaines qui n'ont que l'idéal de la nature? Elles n'ont pas de derrière de tête. Tous les développements, toutes les beautés, toutes les forces qui dans l'homme remontent vers les parties nobles, vers les pectoraux, tombent et descendent chez la femme entre les deux hanches...

— Le génie est mâle... Une femme de génie est un homme, — dit Franchemont.

— Si je vous disais, mon cher Lampérière, ce que je pense en dépit des poëtes?

— Qu'est-ce que vous pensez, Demailly?

— Que l'âme de la femme est plus près des sens que l'âme de l'homme : que le dehors est ce qui la frappe; qu'elle juge du caractère par les moustaches, de l'homme par l'habit, du livre par le nom, de l'acteur par le rôle, et de la chanson par l'air.

— Vous me direz tout ce que vous voudrez, — reprit Lampérière, — vous, Demailly, et toi, mon cher, et tout le monde : vous aurez de l'esprit contre mes préjugés, autant que Voltaire contre ses ennemis : je vous répondrai très-simplement avec un mot... Il est dans la vie une année, dans l'année un jour, dans le jour une heure, où, en tisonnant le feu... ce n'est plus le printemps, Demailly, c'est l'automne; on a trente ans, et les belles larmes dont vous parliez tout à l'heure sont loin... on remue des cendres... et voilà qu'on se trouve seul. La solitude, qui était la liberté hier, vous pèse aujourd'hui tout à coup... Oh! le cœur n'est plus gros, la poitrine est trop large! La nuit vient, et vous pensez que les amis passent et que la jeunesse s'en va... et doucement dans vos yeux que vous fermez pour mieux voir, et dans votre cœur qui s'ouvre, revient, comme un souvenir d'enfance, le Foyer!... Vous revoyez votre père qui n'était pas seul ; car tout près de lui, votre mère vous berçait... Et vous vous mettez à penser peu à peu que la famille est le second avenir de l'homme, et que la femme est la moitié de la famille...

— En un mot, le mariage? — dit Demailly, — malheureusement, le mariage nous est défendu.

— Pourquoi?

— Parce que nous ne pouvons pas faire des maris... Un homme qui passe sa vie à attraper des papillons dans un encrier est un homme hors la loi sociale, hors la règle conjugale... D'ailleurs, le célibat est nécessaire à la pensée... Quoi encore? La paternité?... un berceau?... des enfants?... Mais qu'est-ce que c'est, un enfant? un morceau de vous-même qui porte votre orgueil, et prolonge votre nom, un petit peu d'immortalité que vous caressez sur vos genoux... Nous, mon cher, inutile! Nous avons bien mieux : nos enfants, ce sont nos œuvres!

— Ça fait moins de bruit, — dit Boisroger avec un sourire.

— Nous laisses-tu au moins la maîtresse? — dit de Rémonville.

— Je demande à poser une question à Demailly, — fit une voix. — Quelle est la maîtresse qui nous convient?

— Une maîtresse bête, — dit Franchemont.

— Oh! — dit Demailly, — il suffit qu'elle ne soit pas une femme d'esprit.

— Une maîtresse qui ne fasse pas de mots, — dit Boisroger; — mais on n'en trouve plus.

— Il y a encore la maîtresse dans un nuage...

— La Laure de Pétrarque?... Ce n'est pas commode!

— Et que pensez-vous de la maîtresse admirative ?

— Ah ! comme la femme légitime de...

— Précisément... une femme qui est en admiration devant vos livres, qui fait les affaires de votre réputation, qui dorlote votre amour-propre, qui vous sait par cœur, et vous récite à genoux... enfin une madame d'Albany.

— Ça doit être bien ennuyeux d'être dieu... à la longue.

— Je crois bien ! Alfieri en est mort !

— Reste le genre Thérèse Levasseur...

— Et l'Albertine de Marat... fi ! Il n'y a qu'une maîtresse, — dit de Rémonville, — la femme baignée dans le lait, la femme *mégissée*...

— Le plus sage, — dit Franchemont, — savez-vous le parti le plus sage ? On prend une femme dans l'histoire, une statue sympathique, — je ne vous dis pas madame de Maintenon... On la met dans une niche, on l'habille comme une madone ; et, en s'appliquant... on arrive à l'adorer.

— Vous avez parfaitement raison, Franchemont, — dit Demailly, — ce serait la sagesse... Est-ce qu'il y a place pour l'homme dans un homme de lettres ?... Vous savez bien, aux premières représentations, au balcon, il y a des gens qui viennent tard. L'ouvreuse les salue. La salle les regarde. C'est vous, Rémonville et les autres. Vous êtes là une douzaine, sérieux, impassibles. Vous ne bronchez pas. Vous ne sourcillez pas. A drame ou farce, vous ne pleurez ni ne riez. Vous êtes en marbre. Vous écoutez seulement et regardez. Demain, au bas d'un journal, vous réciterez la pièce au public... L'homme de lettres me fait tout à fait cet effet-là ; seulement la pièce qu'il écoute et regarde, c'est sa vie. Il s'analyse quand il aime, et, quand il souffre, il s'analyse encore... Son âme est quelque chose qu'il dissèque... Savez-vous comment un homme de lettres s'attache à une femme ? Comme Vernet au mât du vaisseau... pour étudier la tempête... Nous ne vivons que nos livres... D'autres disent : Voilà une femme ! Nous disons : Voilà un roman ! Nous... mais, penchés sur nos passions qui se dévorent, nous notons leurs rugissements ! Nous parlons d'amour comme les autres ; nous mentons, nous n'aimons pas. Notre tête, toute notre vie, a le doigt sur le pouls de notre cœur. Dans un baiser, nous cherchons une nouvelle, dans un scandale un succès, dans les pleurs d'une femme les pleurs d'un public, dans l'amour un chef-d'œuvre... Je vous le dis en vérité, nous n'aimons pas.

— Eh bien, c'est dommage, voilà ! — dit la Crécy en se levant.

Comme on passait au salon : — Au fond, — reprit Demailly, — l'amour est la poésie de l'homme qui ne fait pas de vers, l'idée de l'homme qui ne pense pas, et le roman de l'homme qui n'écrit pas... Il est l'imagination de l'homme positif, sérieux, de l'homme de prose, de l'homme d'affaires, épicier ou homme d'État, autour d'un corps ou d'une robe... Mais pour l'homme de pensée, qu'est-il ?

— Le rêve ! — dit Lampérière.

XXXVII

Demailly et de Rémonville étaient tous deux dans une grande loge accoudés contre les accotoirs de la loge. Ils avaient l'air de prendre à ce qu'on jouait le même intérêt que les musiciens.

— Tu es bien gentil de t'être laissé entraîner et de me tenir compagnie, car... — De Rémonville s'interrompit pour réprimer un bâillement.

— Moi aussi... — Et Demailly en fit autant en souriant. — C'est peut-être parce que je fais une pièce, mais le théâtre me porte sur les nerfs... Dis donc, Rémonville, si nous allions fumer un cigare?

— Oui, ce serait le moment... C'est funèbre, cette machine-là... Il me semble entendre une comédie en vers... Allons-nous fumer?

— Un instant, — dit Demailly en prenant sa lorgnette. — Voilà une charmante fille qui entre en scène... Comment l'appelles-tu ?

De Rémonville tourna un peu la tête, puis, se remettant à faire face à la salle : — Mais c'est la petite Marthe, mon cher... Bah! tu ne la connais pas?

— Charmante! — dit Demailly.

— Charmante, — dit de Rémonville, — et du talent.

— Mais elle a l'air très-jeune?

— Oui, c'est la seule ingénue de Paris qui n'ait pas un fils en rhétorique.

— Une jolie nuance de cheveux...

— Oui, blond cendré... tu aimes cela?... Allons-nous fumer?

— Allons fumer! — dit Demailly sans se lever. — Est-ce que tu la connais?

— Oh! très-peu... Je crois que nous nous saluons.

— Qui a-t-elle?

— Elle a... sa mère, mon cher; une mère qui la destine au mariage... C'est une vertu, à ce qu'il paraît... La Crécy embellit tous les soirs, c'est un fait... Elle a sa lorgnette sur nous, là-bas, tiens... Où diable a-t-elle trouvé cette lenteur et cette grandeur de mouvements? Bah! elle les aura volées dans les Noces Aldobrandines, n'est-ce pas?

— Et c'est tout ce qu'on en dit?

— Hein?... Ah! pardon... c'est que je te parle de la brune... tu me parles de la blonde... Une idée! si nous allions finir la soirée dans la loge de la Crécy? nous entendrons encore moins qu'ici...

— Ma foi, — dit Demailly, — moi je reste... Vas-y, mon cher.

XXXVIII

Cette nuit Demailly eut beaucoup de peine à s'endormir. Il se tourna et se retourna sur son oreiller, puis il finit par rêver... Dans son rêve, le bon Dieu descendait sur la terre; il lui écrivait sa pièce, la signait Charles Demailly, la portait au Gymnase. Le

portier le laissait monter. Le bon Dieu était très-bien reçu par
M. Montigny, qui recevait la pièce. La pièce, par un de ces miracles qui n'embarrassent point les rêves, était jouée le soir même,
et Charles, du fond d'une baignoire, voyait dans la salle le bon
Dieu en claqueur, et, sur la scène, Marthe, véritablement incarnée dans sa pièce...

— Ah! que c'est bête! — dit-il le matin en se frottant les yeux.
— Et il se mit à travailler. Mais entre son œuvre et lui glissa
une ombre, une image, comme un voile où la jeune ingénue aurait laissé sa face. Il n'entendit plus sa pensée dans ses phrases,
mais cette voix qu'il avait entendue la veille. A mesure qu'il touchait à une scène, sa pièce devenait une sérénade, et il voyait un
à un ses personnages sortir de leur rôle pour faire leur cour à
Marthe.

Au bout de deux heures de ce travail ensorcelé, il donna un
coup de poing sur son manuscrit, jeta sa plume, et s'en alla à
l'atelier d'un de ses amis, le seul endroit de la terre qui eût le
privilége de dérider ses tristesses ou de distraire ses préoccupations. Charles y rencontra ce qu'on y rencontrait toujours : une
atmosphère de *flâne*, une flâne majestueuse et qui avait la sérénité du travail, un *far niente* sans remords et sans conscience,
la paresse assise sur la fumée des pipes ou bercée dans un numéro du *Tintamare*, le gros rire et la plus fine licence de l'esprit, un véritable lundi du pinceau, une griserie de jeux de mots,
d'enfantillages, de pantomimes, d'imitations d'acteurs, d'animaux ou de religions, d'exercices acrobatiques et de coups de
pied partout; tous les tapages de la gaminerie et de la blague
parisiennes autour des couleurs et des fioles enchantées qui tiennent le soleil et la chair; des heures fuyantes, légères et sans durée, comme des heures de comédie; et le temps tué toute la journée
par les trois joyeux pitres qui remplissaient l'atelier de leur gaieté
et de leur insouciance, trois hommes, peintres ou à peu près, dont
l'un avait l'esprit d'un vieux singe, l'autre l'esprit d'un gamin, et
l'autre l'esprit d'un voyou. Charles fut reçu par dix-huit calem-

bours par à peu près, et la fameuse imitation de l'enterrement d'un pair de France : on ne recevait avec de tels honneurs que les têtes couronnées, et les dames du monde qui venaient faire faire leurs portraits. Charles trouva les plaisanteries stupides, et, au bout d'un quart d'heure, il avait si bien l'air d'un homme qui pense à quelque chose, que l'un s'écria :

— Messieurs, Charles est pincé!... T'es donc amoureux, mon bonhomme?...

Charles se sentit rougir, prit son chapeau et se sauva — chez sa maîtresse.

La maîtresse de Charles était une femme fort bien élevée, à laquelle Charles avait interdit, sous les peines les plus sévères, de lui faire la surprise de venir le voir, de le troubler dans son travail ou sa paresse, de tomber, en un mot, chez lui comme l'amour ou un billet de garde. Charles l'avait admirablement dressée, par des rendez-vous fixes, immuables, par des jours convenus, par des heures consacrées, à la ponctualité d'une révolution solaire. Aussi l'étonnement de la maîtresse de Charles fut-il grand, en le voyant entrer ce jour-là subitement. Mais son étonnement fut plus grand encore de le trouver charmant, caressant, — amoureux! Charles l'emmena faire un petit dîner, et, le soir, la mena à un petit spectacle des boulevards. Mais en la ramenant chez elle, comme ils passaient devant le Gymnase encore éclairé, il s'excusa, la quitta, et monta voir le dernier acte de la pièce qu'il avait vue avec de Rémonville.

Il se mit, pendant plusieurs jours, à rendre des visites à des amis qui ne le voyaient pas deux fois par an chez lui, à des parents au vingtième degré qui, ne se rappelant pas trop s'ils l'avaient jamais vu, le trouvaient bien grandi.

Mais Charles avait beau se remuer, aller et venir, il était poursuivi par un monologue intérieur, dont quelques phrases montaient de temps à autre jusqu'à ses lèvres et faisaient retourner les passants, toujours curieux de voir un homme qui se croit seul dans la rue. « Les préjugés!... les préjugés!... Après tout, —

disait Charles, — je n'ai plus ma mère... je n'ai plus de famille... »

L'amour est toujours l'amour; mais il a, suivant les individus, ses étrangetés, ses particularités et ses folies diverses. Si par de certains côtés, par la spontanéité, la vivacité et le coup de foudre, par ce commencement de l'amour qui est l'amour même, la passion de Charles était la passion de tout le monde, elle lui était propre par un caractère rare : l'amour de Charles, fixé et déterminé cependant par un certain trait de beauté, était un amour de tête. Il aimait peut-être plus encore en auteur qu'en amoureux. C'était moins la femme qui lui parlait dans cette femme que l'actrice. Marthe était pour lui la forme vivante et la vie charmante de son idée; elle était le rôle même qu'il avait caressé dans sa pièce et cherché *con amore*. Elle était son imagination personnifiée, sa création traduite et glorifiée en une créature, le corps et l'âme de son œuvre. Elle n'était plus Marthe; elle était Rosalba, elle était son héroïne, la jeune fille de sa pièce, la bien-aimée de son esprit... Aussi, quand Charles était poussé à bout par les objections de sa raison, par la règle des idées dans lesquelles il avait été élevé, il s'étourdissait par ce dernier mot : « Nous autres qui sacrifions notre plaisir, notre paresse, notre santé, notre vie à une œuvre, ne pourrions-nous pas, à cette œuvre, faire au besoin le sacrifice de notre bonheur?... » Et puis d'autres jours où il voulait se répéter à lui-même ce sophisme, la langue lui tournait : il prononçait *honneur* au lieu de *bonheur*, et le cri : « Impossible! » lui montait à la gorge...

Et, malgré tout, il allait tous les soirs au Gymnase, quand il reçut une invitation à un bal costumé donné par un millionnaire aux hommes de son journal, aux femmes de son théâtre.

XXXIX

Ç'avait été une charmante idée, inspirée peut-être par les magnifiques serres à raisin de Ferrières, d'entourer la salle de danse d'une treille d'or, habillée de vigne, et chargée de vrais raisins, où pendaient à des rubans, de distance en distance, des ciseaux d'or qui invitaient la main à cueillir. Cette treille naturelle et féerique, les pieds dans une jardinière courante, s'arrondissait dans les deux grandes salles, au bout de la salle de danse, en tonnelles rustiques dont chacune enfermait dans sa cage d'or et dans son berceau de pampres, une table à deux couverts.

La vigne cachait l'orchestre, que l'on ne voyait pas, et qui chantait derrière comme un chœur de vendange, le soir.

Le bal était magnifique. Il y avait tous les costumes imaginables, des costumes jolis, coquets, spirituels, somptueux, absurdes... On aurait cru voir danser le peuple, l'histoire et le monde de la Fantaisie.

Charles était près de la porte et regardait les gens entrer, quand une voix, — c'était Marthe au bras de Rémonville, qu'elle avait reconnu dans l'antichambre sous son déguisement de sorcier :

— Oh! le charmant lilas blanc!

Charles, qui s'était costumé en printemps, ôta son chapeau, qui n'était qu'un bouquet de lilas blanc, et le remit à Marthe, qui le remercia avec la plus gracieuse de ses mines.

Une heure après :

— Monsieur Demailly!

C'était Marthe qui passait.

— Mademoiselle?

— Vous n'auriez pas vu mon danseur?... S'il passe, envoyez-moi-le donc... — fit Marthe en se sauvant.

Charles s'assit sur un divan. Au bout de cinq minutes :

— Vous ne dansez donc pas, monsieur Demailly? — fit Marthe en repassant.

— Et votre danseur ?

— Mais je le cherche, — dit Marthe en s'asseyant.

— Tenez-vous beaucoup à le trouver?

— Je tiens à danser...

— Voulez-vous me faire l'honneur? — dit Charles en lui offrant le bras.

— C'est vrai ! Que nous sommes bêtes !... Vous dansez donc?

— Jamais! — dit Charles.

— Mais alors... Ah! mon Dieu, c'est fini!... Vous avez votre grâce, — fit Marthe avec un sourire. — Mais je perds tout le monde aujourd'hui... Où est donc ma mère? Ah! là... Je vous rends votre liberté, vous savez... Quelle heure est-il à présent?

— Il est l'heure où les personnes raisonnables prennent un bouillon et une galantine de faisan.

— Croyez-vous?

— Je le parierais, mademoiselle. Voulez-vous que nous allions voir?

— Oh! mais j'abuse...

Et Charles, donnant le bras à Marthe, l'emmena dans la salle du souper. Marthe avait cette animation, ce feu charmant, cette jolie fièvre du geste, du regard, de la parole, cette expansion vive et gaie que donnent aux femmes les dernières heures d'un bal enivré de musique, de mouvement, de chaleur et de lumières. Ils choisirent un bosquet, une table; mais, avant de s'asseoir, Marthe se haussa sur ses petits pieds, et, levant les deux bras en l'air, coupa un grappillon de raisin avec les ciseaux d'or. Et, tout en grignotant la grappe, dont les raisins lui craquaient sous la dent :

— Oh! que c'est curieux !... Figurez-vous... ça me rappelle... j'étais toute petite... à la pension... Il y avait une treille comme cela, en berceau, mais plus haute... haute... enfin, très-haute, aussi haute que notre mur... au bout de notre jardin... dans un autre jardin pas à nous, la treille... Heureusement qu'il y avait un banc dans le jardin, un gros banc qui était lourd! Il fallait nous mettre quatre ou cinq au moins à le traîner... mais, ça ne fait rien, nous le traînions. Une fois au mur, c'était moi, la plus grande, qui montais sur le bras du banc... et j'attrapais le raisin de l'autre côté... Nous avons fini par casser le banc...

— On finit toujours par casser le banc... — dit Charles. — C'est la vie, cela!

— Je m'y suis bien amusée tout de même... Et les distributions de prix!... On jouait la comédie... Ça m'amusait bien de jouer la comédie dans ce temps-là... Et j'étais applaudie!... Il n'y avait pas de vilains feuilletons pour vous dire des choses désagréables... Quand on pense à ce temps-là, on le regrette; heureusement qu'on n'y pense pas... Est-ce que vous êtes comme moi?

— Heu! heu! moi, mademoiselle, c'est bien différent, je ne volais que des pommes... et encore, je n'ai jamais pu souffrir les pommes... Du grec, du latin, des professeurs, des retenues... ma foi, non! je ne regrette rien. Au fait si, je regrette un Anglais.

— Un Anglais?

— J'étais tout petit aussi, moi. L'Anglais était mon voisin de classe, un grand Anglais plus grand que moi de la tête, et fort!.. des gros poignets, de grosses chevilles... Tout cela est un peu brouillé; mais je crois que c'était à la classe du lundi matin, oui, une classe de géographie, nous disparaissions régulièrement derrière un grand atlas. Ce que j'ai souffert derrière cet atlas!... Je ne sais où il avait su que j'étais le fils d'un ancien militaire... S'il n'avait fait que me battre! mais il ne me donnait pas un coup de pied sous la table, sans me dire : « Les Français battus à Waterloo!... toujours battus!... » Et sa voix m'entrait dans l'oreille, pendant que ses gros pieds écrasaient mes petits pieds... J'en avais les yeux pleins de larmes, non des coups de pied, mais de l'humiliation nationale....

— Je ne vois pas...

— Ah ! mademoiselle, ce n'était là qu'une divergence d'opinion sur Wellington, l'amour-propre de la patrie... et je voyais que c'était simplement un bon Anglais, et non un mauvais cœur, quand il tirait d'une belle gibecière en cuir un hareng saur écrasé entre deux pains d'épice, dont il m'offrait la moitié... Je n'ai jamais eu depuis autant de plaisir à partager quelque chose, — même le malheur d'un ami !

Et Charles versa un verre de champagne à Marthe.

— Ma foi ! tant pis, — dit Marthe en laissant verser, — cela me fait mal, mais tant pis !... Quel joli bal ! je me suis amusée ! j'ai dansé !... et puis j'adore un bal masqué... Il me semble qu'on est moins bête avec ses danseurs... C'est glacial de causer avec un habit noir...

— Et d'en porter un, si vous saviez !... Vous avez un costume délicieux... d'un goût...

— Oh ! c'est moi qui ai arrangé cela... N'est-ce pas, ces gros nœuds ?

— Charmants !... Ils vous vont comme vos yeux...

— Si vous me faites encore un compliment, je mets mes gants dans mon verre à champagne...

— Mademoiselle, — dit Charles en découpant un ananas, — j'ai été longtemps sans croire à l'ananas : je croyais que c'était un fromage de Hollande dans des feuilles...

— On perd toutes ses illusions ! — dit Marthe en souriant. — Dites-moi donc, monsieur, vous n'allez donc nulle part ? Je crois que je ne vous ai jamais vu...

— Cela tient à mon sexe, mademoiselle.

— Comment à votre sexe ?

— Oui, mademoiselle, à mon sexe... Vous m'accorderez qu'il y a supplices et supplices... Je suppose qu'on me coupe la tête, c'est affreux...

— Quelle idée !

— Mais je suppose qu'on me chatouille la plante des pieds jusqu'à ce que mort s'ensuive, c'est abominable. Eh bien, mademoiselle, qu'est-ce que vous diriez d'un supplice entre le chatouillement et la décollation ? un... un écorchement à l'amiable, là ?

— Mais de quoi parlez-vous donc ?

— Moi, je parle de se faire faire la barbe.

— Ah ! ah !

— Prenez garde ! votre coiffure va sans aller... oui, de ce côté-là.

— Avez-vous vu la coiffure de mademoiselle Duvert ?

— Non.

— Je n'aime pas cette coiffure-là.

— Ni moi... Aimez-vous la musique, mademoiselle ?

— Beaucoup.

— Vous avez bien raison : une femme qui n'aime pas la musique et un homme qui l'aime sont deux êtres incomplets.

— Ah ! vous êtes moqueur !

— Mais non, je vous assure. Je suis seulement très-timide, ce qui fait que je n'ai jamais osé de ma vie parler à une femme sans faire semblant de rire... Voulez-vous toute la vérité ? Je suis moqueur comme on est notaire honoraire, par contenance... Mais ne le dites pas !

— Vous êtes franc au moins, — dit Marthe en riant.

— Un peu de champagne ?

— Merci.

— Pour trinquer !

— A quoi ?

— Trinquons à nos pensées, tenez !

— On ne trinque pas à des choses comme ça... sans savoir.

— Mais on boit bien à l'avenir... et qui le sait ?

— Moi ! — dit de Rémonville qui passait, — je prédis le passé !

— Monsieur de Rémonville, — dit Marthe, — voulez-vous me dire ma bonne aventure ?

— Votre main, la belle enfant... Non, l'autre, la gauche... Quelle couleur aimez-vous ?

— Le rose.

— Lisez-vous la *Patrie* ou le *Constitutionnel ?*

— La *Patrie*... du soir.

— Espoir ! — dit de Rémonville. — Vous êtes aimée !... par un jeune homme !... qui attelle des illusions à des nuages !... brun !... né dans le mois de mars, le troisième arrondissement, et l'aisance !... Lindor n'est pas son nom !... Ses sentiments sont purs !... Mais minute, jeunesse ! Pas de bêtises !... Le maire de Nanterre vous regarde avec des lunettes d'or...

— Rémonville ! — cria une voix dans la salle.

— Voilà !... A votre santé, mes enfants !

Rémonville parti, il y eut un silence entre Charles et Marthe.

— Étiez-vous à la première de la Porte-Saint-Martin ? — fit Marthe.

— Non.

— Oh ! vraiment vous vivez donc dans une tour ?

— A peu près... Et puis, je vous dirai... encore entre nous, ceci... que le spectacle est un des plaisirs qui m'ennuient le plus. J'y ai renoncé.

— Vous ne m'avez jamais vue jouer, je parie.

— Parions !

— Voyons, pas de politesse... la vérité. Tenez ! j'en suis sûre.

— Croirez-vous à ma parole d'honneur, si je vous la donne ?

— Oui. Donnez.

— Eh bien, mademoiselle, je vous jure que je vous ai vue hier dans votre dernier rôle...

— Ah !

— ...Pour la vingt et unième fois !

— Ah ! mon Dieu, la vingt...

— Et unième fois... Quand vous n'étiez pas en scène, je lisais.

— Ma mère doit être inquiète... Voulez-vous me donner le bras, monsieur Demailly ?

11.

XL

Il était midi quand Charles s'éveilla le lendemain. Il alla se promener, et se trouva devant la maison de Marthe. Il passait, puis revenait, passait et revenait encore, quand tout à coup en levant les yeux, il aperçut, à une fenêtre au second, en train d'ôter son chapeau, une femme qui ressemblait tellement à Marthe, que c'était elle; et, en baissant les yeux, il vit cet écriteau qui se balançait au-dessus de la porte de la maison : *Petit appartement de garçon à louer*. Charles entra chez le portier, et se fit montrer le petit appartement. Les romans d'amour ont tellement abusé de ces moyens, que Charles fut presque honteux d'abord de trouver un logement mur à mur et fenêtres à fenêtres avec le logement de Marthe : le hasard copiait les feuilletons. Mais ce fut une courte honte. Le lendemain un tapissier avait meublé l'appartement, et deux jours après le bal, Marthe, mettant le nez à la fenêtre en chantonnant à mi-voix une petite chanson, laissa tomber, de saisissement, sa chanson dans la rue : M. Demailly en robe de chambre, les deux coudes sur la barre de bois, fumait tranquillement une superbe pipe à la fenêtre à côté. Elle jeta un petit cri, auquel Charles répondit par une inclination très-respectueuse de la partie de sa personne qui passait hors de la fenêtre. Mais il entendit le bruit d'une fenêtre qu'on ferme, et Marthe ne reparut plus. Charles attendit. Il attendit ce jour-là. Il attendit le lendemain, il attendit le surlendemain, enfermé dans sa chambre, la fenêtre ouverte, et guêtant le bruit de la fenêtre d'à côté, en lisant des livres qu'il commençait par la dernière page. Enfin, au bout de quelques jours, un soir, sur les onze heures, il entendit ouvrir : Marthe était à la fenêtre, mais le dos tourné.

— Pourquoi êtes-vous ici, monsieur? — lui dit-elle d'un ton bas, sans se retourner. — C'est très-mal... Vous me compromettez... Est-ce cela que vous voulez?... On peut m'entendre... Si l'on vous voyait...

— Mademoiselle, faites comme moi, il n'y aura plus aucun danger. — Et Charles ramena la persienne sur lui de façon à se cacher derrière. — Pourquoi je suis ici, mademoiselle? Parce que c'est un quartier central... parce que le nom de la rue me plaît... parce que l'air y est bon pour ma poitrine... parce que je vous aime, mademoiselle.

— Parce que vous m'aimez?... Oh! c'est une plaisanterie, n'est-ce pas, monsieur? Nous nous sommes parlé une fois! Et puis, si vous teniez tant à me revoir... j'ai ma mère, monsieur... Au surplus, elle me trouve trop jeune pour me marier, ainsi...

— J'attendrai à la fenêtre.

— Ah!... toujours moqueur!

— Je vous promets de ne plus rire, mademoiselle, si vous voulez.

— Et de fumer? Car vous ne faites que cela... toujours!... Et la pipe!... Combien fumez-vous de pipes?

— Six, mademoiselle... trois après déjeuner et trois après dîner.

— Mais vous devez avoir le gosier brûlé... Fi! que c'est laid!

— Demandez, mademoiselle, et je vous fais le sacrifice d'une pipe par jour.

— Je ne vous demande aucun sacrifice, monsieur.

Il y eut un silence.

— Voyons, — reprit Marthe, — à quoi cela vous servira-t-il de rester ici?

— Mais d'abord à vous voir.

— Je ne me mettrai plus à la fenêtre... Bonsoir, monsieur Demailly.

— Déjà?... Mais, mademoiselle, il n'est que...

— J'ai trop peur que ma mère n'entre dans ma chambre.. Bonsoir! — dit encore Marthe, et elle restait.

— Vous connaissez ce vaudeville ?

— Quel vaudeville ? — dit Marthe.

— Où il y a un personnage qui dit toujours : Je vais me coucher...

Pour toute réponse, la fenêtre se ferma.

Le lendemain et les jours qui suivirent, ce fut le même jeu : la fenêtre finissait toujours par se fermer, mais commençait toujours par s'ouvrir.

XLI

A un mois de là, Marthe disait à Charles :

— Pourquoi ne venez-vous pas au théâtre ?

— Je suis jaloux...

— Des lorgnettes ?

— De tout... et des acteurs... Ici, nous sommes si bien à nous...

— Dites-moi, mon ami, pourquoi sortez-vous tous les soirs après que je suis couchée ? L'autre jour vous êtes sorti à minuit un quart...

— Ah ! vous me surveillez ?... Je vais me promener.

— A minuit ?

— Mais c'est la belle heure... Il n'y a pas de gens pressés... On n'est pas écrasé... Les rues sont larges... Le gaz éclaire la lune... On ne rencontre personne... et les gens qu'on rencontre ont un air d'opéra entre les dents... Et votre mère, Marthe ?

— Ah ! j'ai été bien grondée, ce matin !... On a dû lui dire que vous me faisiez la cour... je ne sais pas qui... Mais elle ne se doute de rien... Nous avons eu une discussion sur vous... Moi, je ne vous ai pas trop défendu, de peur...

— Mais qu'est-ce que pouvait dire votre mère ?

— Oh !... ce qu'on dit... que vous étiez un jeune homme...

que les feux de paille ne durent pas... Je ne me rappelle plus... Elle a si peur, ma mère, et m'aime tant !

Un autre jour, Marthe disait à Charles :

— Vous êtes triste aujourd'hui ?

— Oui, Marthe, j'ai mal dormi, j'ai passé deux heures à vous attendre à la fenêtre... Je suis mal portant de corps et d'âme..

— Vous souffrez ?

— Je n'en sais rien, mais cela doit être.

— Vous étiez bien pâle dans la journée, il m'a semblé... Vous travaillez trop.

— Je ne travaille pas du tout. Depuis que je suis ici, je n'ai plus mes idées à moi... Elles s'en sont allées je ne sais où... Je vais passer cette nuit à me les rappeler.

— Oh! je ne veux pas que vous passiez la nuit... cela m'empêcherait de dormir... Mais vous toussez, — dit Marthe.

— Moi? — dit Charles, — mais non...

— Avez-vous de la fleur d'orange ?

— Pourquoi faire ?

— Non? Ah bien, je veux vous faire un verre d'eau sucrée...
— Tenez! — dit-elle en revenant et avançant un verre plein en dehors de la persienne, — mais prenez donc.. on va nous voir...

— On nous verra ! — dit Charles, — vous n'avez pas bu...

— Oh ! quel enfantillage !... vous voulez que je boive... Charles !... voyons, j'ai bu... Eh bien ?

— Vous n'avez pas bu.

— Ah! je n'ai pas bu!... tenez! — et Marthe élevant le verre un peu en l'air montra à la lueur du réverbère l'eau baissée.

— Ah ! cette fois-ci... — dit Charles en prenant le verre.

— Oui... mais c'est parce que vous êtes malade...

XLII

Dès lors, tous les soirs, Charles eut ce verre d'eau où Marthe avait trempé ses lèvres. Mais ce fut tout ce qu'il obtint. L'amour de Marthe, — Charles le sentit bien à travers ses caresses, — ne voulait point être un roman. Le mariage était pour elle un cas réservé.

Un soir la fenêtre ne s'ouvrit pas. Elle ne s'ouvrit pas le lendemain. Elle ne s'ouvrit qu'au bout de quatre jours : mais ce ne fut point Marthe qui parut, ce fut sa mère qui eut l'air de ne pas connaître Charles.

Charles alluma un cigare, le jeta dans le feu, et alla sonner à la porte à côté. La mère de Marthe lui ouvrit, et le reçut. Charles s'attendait à trouver une mère d'actrice : il trouva une mère qui avait l'aisance d'une femme du monde. Madame Mançel commença par lui témoigner la plus grande froideur. Elle lui dit qu'elle connaissait leur petit roman, que son excuse, à lui, était dans la position de sa fille, et dans son état; qu'il était naturel de ne point craire offenser une actrice en la prenant pour une femme de théâtre. Charles, un peu désarçonné, parla mariage, parla de ses dix mille livres de rentes. Mais madame Mancel s'émut si peu, que Charles lui attribua pour sa fille de plus hautes ambitions. Elle reprit, avec cette même parole tranquille et facile, que sans doute sa fille était libre, mais qu'à dix-sept ans on peut confondre un mouvement de tête avec un mouvement de cœur; que cela pouvait arriver à tous les âges, et à M. Demailly lui-même; qu'il fallait prendre garde en ces choses de se mentir à soi-même, et d'engager sa vie dans une illusion d'une heure; que sa fille allait avoir un congé, et prendre sans doute un engagement de quatre mois en Belgique; que si de part et d'autre, les sentiments dont Charles lui apportait l'assurance, au moins pour lui, duraient encore au bout de quatre mois, on verrait. — C'est une folie, monsieur, — dit-elle en terminant, — dont je ne veux point avoir la responsabilité.

Charles accepta la convention. Marthe prit l'engagement qu'on lui proposait, et partit avec sa mère pour Bruxelles. Charles lui écrivit tous les jours, et de si longues lettres, que Marthe au bout des quatre mois signifia à sa mère qu'elle voulait se marier. Madame Mancel soupira, gronda, et se rendit à la condition que Marthe prolongerait son engagement de deux mois encore.

Quinze jours après le retour de Marthe, le *Scandale* publiait sans commentaires la lettre de faire part du mariage de M. Charles Demailly avec mademoiselle Marthe Mancel.

XLIII

Quand Marthe se réveilla, chez son mari, quand son regard, errant d'abord et encore assoupi, eut la volonté de voir, elle se frotta les yeux, et dans le premier et confus éveil de ses pensées et des choses autour d'elle, ne se crut pas bien éveillée. Elle regarda encore; elle se trouvait dans le plus coquet décor qu'elle eût jamais vu... Sa chambre était enfermée dans une de ces tapisseries où triomphe, brillantée de soie, fraîche, éclatante et douce, la palette de Boucher; une de ces tapisseries printanières où tout est aurore, et qui semblent ouvrir les murs sur le pays du rose. Toutes les couleurs étaient tendres et souriantes. De ces bleus adorablement passés qu'on ne trouve que sur certains vieux émaux de Chine, l'œil allait à des jaunes de soufre aux ombres de topaze brûlée. Il allait, toujours caressé, des vestes de bergers dont le violet est fleur de lilas, aux tons de chair pareils à la pêche, aux carnations réveillonnées par le fard des joues. C'étaient, par toute cette nature, le plus délicieux mensonge du joli, des lointains baignés et trempés des lueurs endormies du matin, des moutons éclairés d'une lumière de neige, des jupes de pourpre sillonnées d'éclairs de soie, des ruines en camaïeu gris tendre et jaune comme la mousse morte, des terrains où se mêlaient sur des verts pâles les tulipes panachées, les roses trémières feuillues. Et tout le tableau sortait de l'harmonie tranquille et gaie d'un fond blanc, de ce blanc éteint et jauni avec le temps, et qui enferme dans une lumière d'or pâle toute cette gamme des couleurs rompues qui viennent s'y fondre et y mourir. Au plafond rayonnait comme dans une poussière de pastel, le corps voilé dans la demi-teinte des tons de laque, une Vénus blonde et volante qui faisait l'éducation d'un petit Amour rose. La Lanterne magique, signée sur le piédestal d'une ruine : *Boucher*, 1737, faisait tout le tour de la petite pièce, ne laissant place qu'à la fenêtre. La tapisserie montrait et déroulait cette foire d'une bohème idéale, la jolie nécromancienne trônant au-dessus d'une charrette dessinée par l'Opéra, le peuple d'enfants soulevés dans les bras et de petites filles curieuses et courbées au trou de l'optique, les mulets aux houppes rouges répétant leur rôle d'âne savant en broutant des roses, le monde des bergères à grands paniers et des bergers aux houlettes enrubanées des rubans de Beaulard, toute cette composition, enchantée par une lumière d'apothéose, qui parle d'amour au regard...

Il faisait ce jour-là un temps de giboulées. A tout moment, un gros nuage noir chassait le soleil, puis passait laissant éclater ses clartés; et cette succession rapide, instantanée, d'obscurités et de rayonnements, donnait à Marthe le spectacle changeant de la tapisserie qui tantôt semblait s'évaporer et s'enfoncer dans l'ombre, puis tout à coup, sous un coup de jour, ravivée comme par une rosée, comme par un givre de lumière, brillait, s'animait, se rallumait, ressuscitait.

Puis les yeux de Marthe allèrent à une toilette toute habillée et toute fanfreluchée de dentelle, sur laquelle étaient posées mille petites choses d'argent.

— Trouves-tu cela joli? — dit Charles qui, derrière les rideaux, avait épié son réveil, et se régalait de son émerveillement.

— Oh! c'est bien joli!... Donne-moi que je voie... Tu as acheté cela chez Tahan?

— Non, — dit Charles, — pas précisément... C'est d'un nommé Germain qui travaillait presque aussi bien, dans le temps... Une occasion ou plutôt une folie... comme toutes les occasions d'à présent.

XLIV

Rien ne ressemble au bonheur comme l'amour. Et que dire? comment dire ces deux mois qui ne furent qu'une belle heure? Regards, rayons, chansons, il faudrait sur de tels passés jeter les mots comme des fleurs. Ce furent de folles paroles, de folles ivresses, de folles caresses, des voluptés qui les pénétraient, des châteaux de cartes qu'ils oubliaient de finir, de longues paresses où ils s'endormaient dans l'éternité du présent, des espérances et des caprices qui jouaient à leurs pieds comme des enfants, des volontés qui se souriaient l'une à l'autre comme des sœurs, de longs silences où ils s'entretenaient sans une parole, les mille enfantillages que fait la passion, ce plein contentement qui succède à la satisfaction de nos instincts tendres, cette joie toujours jeune et sans cesse renouvelée que donne cette possession matérielle de l'idéal : l'amour.

Les gais réveils! Ainsi s'éveille l'enfant, ainsi s'éveille l'oiseau, chantant et riant. Chers moments, bienheureuses secondes où leurs idées bégayantes, leurs yeux qui semblaient battre de l'aile pour chasser le rêve léger de leur nuit, reprenaient peu à peu la conscience des choses et de leur vie, de leur passé qui était hier, de leur avenir qui était aujourd'hui! Chaque matin, toute leur félicité leur revenait ainsi en un instant, et les embrassait au front, tandis que côte à côte, caressés de moites chaleurs, ils se souriaient avant de se regarder, renaissant lentement à eux-mêmes, et prenant garde de perdre le dernier bercement du sommeil envolé.

C'étaient des levers sautillants et folâtres, tout pleins d'enchantements, de diableries et de grâces. Mi-vêtue, la peau fraîche et frissonnante encore, toute odorante de fraîcheur et de sa jeunesse seule, Marthe se glissait jusqu'au cabinet de Charles, et y entrait comme une invasion. Elle lui jetait ses deux mains sur les yeux. Elle nouait ses bras autour de lui. Elle l'ébouriffait, elle le battait, elle le chatouillait, et le roulait, renversé, le long du grand divan qui entourait son cabinet. Tous deux se mettaient à table; et les deux chaises aussitôt marchaient pas à pas l'une vers l'autre : elles se cognaient au dessert. Elle alors mettant une fraise entre ses dents d'opale, la donnait à prendre à Charles, en renversant la tête...

— Je l'aurai !
— Non !
— Attends...
— A bas les mains ! — Et la fraise allait et venait dans sa bouche, tantôt effrontée, tantôt peureuse. Ses lèvres humides, ses yeux bleus, mouillés et demi-clos par le rire, fuyaient Charles, l'attaquaient et le fuyaient encore. Près d'être prise, elle tournait le cou, et se coulait contre lui, puis de sa joue tentait sa joue, jusqu'à ce que, lasse enfin de tromper ses embrassades, avançant la tête en se balançant, les mains derrière le dos, elle lui tendît sa toute petite bouche en une moue charmante, et lui livrât avec la fraise ses lèvres pour être becquetées...

— Ta valse, tu sais, ta valse !... — Et lui au piano, la voilà qui valsait... Tout à coup, le rhythme s'attristant, les deux coudes sur les épaules de Charles, et son souffle dans ses cheveux, penchée sur lui, vous l'auriez crue une Muse : elle lui mordillait l'oreille. Il disait : « Finis donc !... bête !... mais tu me fais mal ! » et comme il se retournait pour se venger, il ne la trouvait plus : elle était étendue tout de son long sur le divan, et demeurait, comme une chatte qui dort, les yeux ouverts. Un de ses bras nu, plié sur sa tête, la couronnait ; l'autre laissait tomber une main errante dans les cheveux de Charles qui regardait son regard. Un de ses petits pieds, sans pantoufle et que le bas moulait, battait, en glissant du divan, la mesure d'une chanson de nourrice. Et rien n'eût dérangé une si belle indolence, s'il ne lui avait fallu chasser du plat de sa main la fumée bleue de sa cigarette qui lui montait dans les yeux.

De longs moments, presque des jours, elle les passait encore, les cheveux dénoués, une jambe placée sous son autre jambe, un pied jouant sans cesse avec une mule rouge toujours prête à s'envoler, tout le corps appuyé sur Charles, et du haut de son épaule feuilletant, comme un rêve, les albums, les croquis, les souvenirs de ses voyages. Que de demandes c'étaient! que d'explications elle voulait! Et des pourquoi, et des comment!

— A pied? vraiment, mon chéri, tu voyageais à pied?... avec un sac?

— Avec un sac.

— Et en blouse?

— En blouse.

— Tu as dû manger bien des omelettes!

— J'en ai fait!

— Et on ne t'a jamais assassiné?

— Non. Je ne prenais pas la diligence.

— Tiens! c'est gentil, ça... qu'est-ce que c'est?... Dis donc, il a dû t'arriver des aventures... des aventures... de femmes, hein?

— Mais puisque je te dis que je ne prenais pas la diligence...

Et ils riaient.

— Oh! ce Turc!... Tu as donc été partout?... Tiens! c'est tout noir une gondole!... Pourquoi?

— Parce que les masques sont noirs.

— Alors... Et ça, où est-ce?... Oh! le joli costume! C'est suisse, hein? Nous irons en Suisse, n'est-ce pas?... Tiens, dans ce chalet-là!... Oh! une poupée!... tiens! une poupée!

— J'ai dessiné ça au Vatican : c'est une poupée romaine, ma chère.

— Mais vois donc, c'est comme les nôtres !

— Absolument.

— Est-ce drôle !

— Mais non. Il y a un tas de choses comme ça dans le monde qui ne changent pas : les joujoux, les enfants...

— Et les hommes ? — ajoutait en riant Marthe.

— Et travailler ?... Il faut que tu travailles !... Allons ! monsieur, — disait quelquefois Marthe. Et, tous deux, assis le moins loin qu'ils pouvaient l'un de l'autre, se mettaient au travail, et tâchaient de penser à autre chose qu'à eux-mêmes. Mais, au premier regard que l'un glissait jusqu'à l'autre, deux regards, puis aussitôt deux bouches se rencontraient... Et le roman commencé, et le rôle parcouru, roulaient aux pieds de leur baiser.

Ces délices sans fin remplissaient tout le petit appartement. A peine si leur paradis était assez grand pour leur amour et le monde assez loin pour leur bonheur. Rien autour d'eux qui ne fût eux-mêmes. Nul témoin qu'un gros bouquet de violettes de Parme, dont le parfum semblait s'éveiller avec eux et prenait à la nuit les senteurs pénétrantes d'un bouquet qui se meurt. Nulle voix entre leurs deux voix, nul importun, nul ami, qu'un chien de l'île de Scaïl, jaloux et joyeux, une oreille en l'air, une oreille basse, qui se frottait à leurs jeux et jappait contre leurs baisers.

XLV

Au dehors, le mauvais temps, des jours sans lumière, des midis où le soleil est blanc dans le ciel pâle, de la pluie, le vent qui fouette aux vitres... A peine s'ils sortaient. Quelquefois seulement, tentés par quelque belle journée sèche et claire, par un rayon, par un peu d'azur montrant entre deux nuages déchirés un pan de la robe du printemps, ils sortaient. Alors ils se promenaient au petit pas, appuyés l'un à l'autre, et la tête de Marthe à l'épaule de Charles; ils allaient doucement comme des convalescents, sans savoir où ils allaient, sans voir qui les regardait, traînant derrière eux, comme un murmure d'envie, cette parole de tous les yeux : Ils s'aiment!... Quelquefois Charles arrêtait Marthe devant les étalages, et la poussait à désirer; mais l'arbre de la mode la tentait si peu, qu'elle était presque raisonnable. Quelquefois ils allaient faire une grande partie, un petit dîner au restaurant, où ils lisaient la carte comme un feuilleton, et demandaient des entremets invraisemblables. Quelquefois le spectacle suivait le dîner; l'on s'en allait manger des oranges dans la baignoire d'un théâtre de drame, et rire lorsque le cintre pleurait. Et puis l'on revenait bien vite au chez soi. Marthe et Charles étaient tout heureux d'y retrouver la solitude et la patrie. Les choses mêmes autour d'eux leur semblaient familières : pas une qui ne leur parlât d'eux, qui ne fût le confident ou la relique d'une heure de leur bonheur. Le soir surtout, le foyer leur parlait et les berçait comme une voix douce où se seraient confondus la chanson de Trilby et le chant des dieux Lares. Le feu de tout le jour avait rempli toute la chambre d'une molle chaleur. La lampe versait sa lumière blanche et la faisait aller d'une table à un tapis, d'un tapis à un fauteuil, d'un fauteuil à un cadre : le reste était dans une ombre dormante égayée çà et là d'un reflet, d'un coup de lumière au point de torsion d'un cuivre, d'un accroc d'or, d'une lueur de soie, d'une paillette, d'un rien. Eux, dans la demi-nuit, le dos à la lampe, les pieds allongés sur les chenets, parlaient ou ne parlaient pas, et finissaient toujours par se taire. Ils regardaient le feu longtemps, laissant leurs deux regards sur le même tison, et ne s'embrassant même pas, tant l'heure et le lieu les absorbaient dans une communion mystérieuse, dans une intimité recueillie. D'un coup de pantoufle, Marthe rompait soudain le sommeil éveillé de leur bonheur : une envolée d'étoiles jaillissant de la bûche leur jetait en montant ses lueurs à la face; puis l'ombre et le silence leur revenaient aux joues et aux lèvres...

Enfin sonnait le coucher. Le déshabillé lent et plein de retards, la toilette de nuit, épingle à épingle, les vêtements qui tombent à regret, le fichu qu'une main enlève et qu'une autre main défend, cette jolie pudeur de minuit qui regarde ses défaites dans la glace et fait des nœuds au lacet de son corset pour appeler à l'aide... Charles avait chaque soir le régal de cette comédie adorable. Et, quand de toute la toilette il ne restait plus guère que la femme, Marthe lui disait des yeux et de la bouche : Porte-moi ! Et, nouant ses deux bras autour du cou de Charles, s'abandonnant tout entière, elle se laissait porter jusque dans le lit comme une enfant...

XLVI

Marthe avait de très-petits pieds, et les pieds d'une Parisienne, de jolis petits pieds remuants, coquets, presque spirituels. Elle avait aussi de petites mains avec des fossettes et des ongles roses, et toutes sortes de jolis gestes au bout des doigts. Sa taille était libre, aisée et ronde. Marthe était blonde ; ses cheveux, très-fins, et comme nuageux, avaient cette nuance cendrée qui, dans la lumière, leur donne le rayonnement d'une poussière dans un clair de lune. Son visage était un visage d'enfant où les traits étaient tout petits et les yeux tout grands, de grands yeux bleus, ouverts, flottants, radieux, qui remplissaient de leur douceur, de leur lumière et de leur jour la mignonne figure de Marthe. Ces yeux de Marthe, Watteau seul ou Lawrence, ces deux peintres du regard lumineux et débordant de l'enfance, eussent pu les peindre. Marthe avait la figure ronde, un teint de lait, des joues roses comme une émotion de jeune fille, un front court, étroit, bombé, poli et éclairé de lueurs nacrées, un petit nez plein de caprice et d'espièglerie. De petites veines bleues lui couraient aux tempes.

Elle avait naturellement de petites dents, et des dents blanches, et une bouche si petite, qu'elle semblait la moue de ces beaux enfants dont la bouche n'a pas de place entre les deux joues. La voix douce et faible de Marthe était une musique et un murmure. Pour l'approcher de l'oreille de Charles, elle avait des ondulations de cou et des mouvements de tête à ravir. Sa parole était émue, presque tremblée, et ses yeux, le plus souvent, achevaient sa phrase en avouant sa pensée. Telle était cette créature miraculeuse, cette femme qui était un type, l'incarnation d'un age de son sexe et d'un rôle de son temps ; cette comédienne, qui unissait et réalisait en elle tous les dons, tous les charmes, tous les caractères et toutes les invraisemblances de la fille à marier de notre comédie moderne : l'*Ingénue*.

XLVII

Et dans ces douceurs et ces chatouillements, dans cette paix, dans cette trêve de la vie, leur amour laissait le temps aller comme une onde entre ses mains ouvertes. Leur vie coulait comme un ruisseau qui va clair et chantant à travers les ronciers pleins d'oiseaux, roulant le soleil et les roses des haies sur ses cailloux polis... Pour eux, les heures sans bruit poussaient les heures, toujours aussi belles, toujours aussi souriantes; nulle amertume, nulle crainte, nul souci, nul doute, nulle menace; leur front n'avait pas un pli, leur ciel était tout bleu : ils ne savaient pas ce que c'était qu'un nuage, et ce qu'était un désir, ils l'avaient oublié.

A peine y avait-il un grain de sable dans tout ce bonheur... Et ce n'était rien pourtant qu'une petite piqûre, une piqûre, il est vrai, non au cœur du mari, mais au cœur de l'auteur, à l'orgueil de son esprit, à la vanité de ses œuvres. Marthe ne savait pas que, par un phénomène peut-être unique, l'homme de lettres demeure dans l'homme de lettres amoureux : elle n'avait jamais parlé à Charles de ses livres. Ce silence avait touché Charles, qui n'avait jamais parlé à Marthe de sa pièce et du rôle qu'il lui destinait. Et il s'était imposé de se taire, tout en travaillant en cachette, la nuit, à cette œuvre caressée et chère où il mettait toute sa patience et toute son âme, la corrigeant, la retouchant, la reprenant, la démolissant et la rebâtissant; s'attachant et s'acharnant de préférence à ce rôle de femme qu'il traçait et remaniait sans se lasser, d'après nature, et où il voulait faire entrer Marthe tout entière, son âge, sa grâce, son sourire et son cœur; la première ingénue, se disait-il à lui-même en se parlant de ce rôle, qui ne sera pas une poupée. La pièce achevée, il demanderait à Marthe de la lui lire : ce serait son premier public, — et son premier triomphe, et alors elle le connaîtrait !

Un jour, comme elle rentrait : — Je suis furieuse, monsieur! — lui dit-elle en lui mettant les bras autour du cou et en jetant sur un fauteuil son chapeau de dentelles, — furieuse! Mais, là, vrai... je ne t'ai pas embrassé, n'est-ce pas? Si?... Il dit : Si!... Moi, embrasser un vilain homme qui... Voulez-vous avouer?... Avouez tout de suite !

— Quoi !

— Quoi?... finaud! Mais puisque je sais tout... tout! — répéta-t-elle en prenant un ton comiquement grave. — Ah! vous êtes un cachotier!

— Moi?

— Ah! monsieur est fermé!... Monsieur a des secrets!... Eh bien, c'est bien, j'en aurai aussi, moi, des secrets, et des gros !... Je ne vous dirai plus rien d'abord... Oh! vous avez beau me regarder dans les yeux : je leur ai dit de ne plus vous parler... Vous ne saurez plus ce que je pense, na !... Et demandez-moi encore si je vous aime, vous verrez! — Et Marthe accompagna ce mot d'un joli geste de menace.

—Voyons, ma petite Marthe, qu'est-ce que c'est?—dit Charles qui ne savait où cette charmante gronderie voulait en venir.

— Comment, gros bêbête, tu ne devines pas ?.... Eh bien, cherche ! — Et la mutine lui fit *ratisse* comme les enfants. — Je vous dirai quand vous brûlerez... Voulez-vous bien faire votre examen de conscience, au lieu de m'embrasser le bout des ongles ?

— Eh bien, je veux bien, mais nous le ferons ensemble... Je t'ai caché que j'avais des cheveux blancs... deux à droite et trois à gauche...

— Il n'y en a plus ! — fit Marthe en lui prenant la tête entre les mains et en l'embrassant des deux côtés. — Après ?

— Je t'ai caché que j'avais des amis... Est-ce ça ?

— Non.

— Je t'ai caché... je t'ai caché... ma foi ! du diable si je sais...

— Une fois, deux fois, trois fois, donnez-vous votre langue au chat ?

— Attends !

— C'est qu'il a l'air de chercher !... Oh ! les hommes !... Donnez-vous votre langue au chat, oui ou non ?

— Eh bien...

— Eh bien, la donnez-vous ?

— Ah !

— Ah ! quoi ?

— Rien, — fit Charles en se reprenant.

— Ce n'est pas cela, — dit Marthe, et elle attendit.

— Ma petite Marthe !

— Vous me trompez, monsieur, — fit Marthe en se levant. Sa voix était presque sévère. Charles courut à elle tout ému. Mais elle, retournant son menton sur son épaule, et tendant à Charles le plus gai de ses sourires : — Tu fais une pièce ! tu me fais un rôle !... Dis donc non, menteur !

— Moi ?... moi ? mais qui t'a dit ça ?... une pièce ? d'abord je n'en ai jamais fait... et puis te faire jouer dedans... j'aurais trop peur de te faire tomber... Une pièce ? pourquoi ? mais non...

— Mais si ! Il est pour moi ton rôle, et s'il n'est pas pour moi, tant pis, je le prends ! Voilà ! Mais il est pour moi... Oui, oui,

12

pour moi... Non? Ah! tu dis encore non?... Eh bien, alors, explique-moi ça : pourquoi dans ta pièce écris-tu à tout moment le nom de Marthe à la place du nom de Rosalba?... Ce n'est pas le nom de ton ingénue, Rosalba, dis?

L'aveu de Charles fut un baiser où tout le cœur du poëte monta jusqu'à ses lèvres.

La soupe était servie. Ils la laissèrent attendre et refroidir. Il fallut que Charles allât tout de suite chercher son manuscrit, et tout de suite le lût. Marthe n'avait pu que le parcourir en cachette, peureuse, l'oreille aux écoutes, et la main sur la clef du secrétaire de Charles. Charles lut, mettant dans sa voix l'émotion vivante du moment, la vibration de son âme, les battements de son cœur comblé; et à mesure que marchait l'imbroglio, et que défilaient devant Marthe les personnages de la pièce, l'Amour, l'Esprit et la Jeunesse, Marthe riait, battait des mains, sautait d'un fauteuil à l'autre, pirouettait sur un pied, retombait assise, embrassait Charles par derrière, dansait un galop... Au dîner, l'on ne mangea guère; mais que de compliments, de petits cris de joie, de doux applaudissements, de paroles heureuses, de félicitations pleines de promesses régalèrent par avance l'auteur dramatique du premier bruit de son succès et de l'annonciation charmante de sa gloire! Les mots, les exclamations, les assurances, les projets déjà, les fiertés et les défis se pressaient dans la bouche de Marthe, et ne se donnaient pas le temps de finir.

— Ah! que c'est joli!... joli... joli... — disait-elle en chantonnant la fin de sa phrase. — Hein? mon entrée du premier acte... tu sais... le marquis est là... la fenêtre est là... tiens! je me vois entrer!... Et ma tirade du second acte!... et mon mot à la fin de la scène : *Sur mon honneur, monsieur, je crois que je vous aime...* Non, je dirai ça, comme ça : *Sur mon honneur, monsieur...* hein?... oui : *Sur mon honneur...* Et puis tu verras, quand nous nous quittons... C'est que je sais aussi pleurer, on a beau dire... Est-il drôle, ton valet! Il faudra que ce soit chose, tu sais... Et ma grande, grande scène au balcon!... Tra dé ri dé ra !... et nous verrons !... Je sais bien comment je dirai : *Mon cœur est un oiseau*... Mais je ne le dirai comme je veux qu'à la première... et je te dis, nous verrons !...

Et sur cela un essaim de baisers qui s'envole, les serviettes à terre, le manuscrit sur la table, les scènes et les mots à effet cherchés vivement du pouce, et Marthe essayant ses intonations, répétant ses gestes, interrogeant Charles de l'œil, et quêtant un bravo, à chaque mouvement, à chaque ton mettant le pied dans son rôle, — tandis que Charles, ébloui de voir son rêve prendre corps et de l'entendre parler par cette bouche adorée, ne sait que dire à Marthe de la tête et du bout des lèvres : Oui... oui...

— Oh ! mais, c'est mon costume !... Allons vite là-bas... — Et retournés dans la chambre, un abat-jour jeté de travers sur la lampe, ils courent aux images, et ouvrent à quatre mains les porteseuilles ventrus : — Passe... passe... mais va donc ! — lui disait-elle, — ce n'est pas ça... ni ça... ni ça... Ah ! si je prenais cette coiffure-là ?... Non. Il faut que j'aie quelque chose qui fasse cela... Regarde... — Et ses doigts couraient dans son mouchoir, le pliaient et en faisaient un bonnet impossible et coquet qu'elle jetait tout bouffant sur ses cheveux. — Ça m'accompagne le front, vois-tu, cela... je n'en ai pas trop, de front... — Elle se regardait dans la glace. — J'irai chez Lucy Hocquet... Il n'y a qu'elle... Celle-là ?... es-tu bête !... Celle-là est laide... Pourquoi elle est laide ? Mais parce qu'elle ne m'irait pas... Mon Dieu ! qu'un homme serait donc embarrassé pour être jolie !... Ah ! voilà les souliers que je veux... je veux ces talons-là...

— Mais ma chère, ce sont des souliers du temps de Louis XV... ce sont des mules.

— Eh bien, je suis entêtée, ça m'ira des mules ! — et elle riait.

— Mais, Marthe, songe donc, mon enfant, la couleur historique...

— Ah ! ta couleur historique, laisse donc !... Mademoiselle Mars jouait tout avec un turban !... Tiens ! voilà un crayon... Et

puis j'aurai des bas où il fera jour... Fais-moi un dessin de ça...
et puis après un dessin de ça... Tiens ! mais je ressemble...
n'est-ce pas?... Et les nœuds de la jupe, là... Oh ! je serai jolie !...
Tu seras mon costumier... Ça, ça sera ma robe du second acte...
Mais, dis-moi donc, Charlot, sais-tu que je ne savais pas que tu
avais de l'esprit comme ça?

— Ainsi, vrai, sans bêtise, tu trouves ma pièce...?

— Je la trouve... Mais il faudra que tu me donnes à lire tes
livres..

XLVIII

Ce jour et les jours qui suivirent couronnèrent le bonheur de
Charles. Son orgueil était entré dans le partage des joies de sa
vie et des satisfactions de son cœur. L'amour de Marthe s'enorgueillissait de la confidence de son intelligence, et puisait dans
l'étonnement et le respect de son talent révélé des grâces, des
enchantements, des douceurs, des excuses et des applaudissements qui chatouillaient le cœur de Charles comme la gaie musique d'une adoration pieusement mutine. Charles nageait tout à
l'aise dans cette auréole et cette fortune rare d'être un grand
homme aux yeux de celle qu'il aimait.

C'est alors que, jugeant l'esprit de sa femme, Charles trouvait
mille charmes à cet esprit de Marthe, et le voyait jeune comme
son visage. Charles aimait ses naïvetés, ses mots d'enfant spirituel; non que Marthe eût de l'esprit, mais elle avait ces bonnes
fortunes d'expression, ces vivacités, ces saillies d'enfant gâté qui
viennent de l'assurance naturelle à la femme, de l'entour favorable et encourageant où elle se trouve, de la cour toujours prête
à l'applaudir où sa parole règne. Sa causerie était ce babil courant
et sautillant, joli bruit auquel se plaisent les hommes qui parlent
peu et qui fait dans leurs pensées le bruit d'une main légère qui

erre sur un piano. Mais, avant tout, Marthe possédait aux yeux de
Charles l'aimable ignorance de la femme qui sort de pension,
vertu délicieuse du commencement de la vie qui devient un adorable charme quand la femme avoue cette ignorance avec ces
mines, ces sourires, ces demi-hontes, et ce petit air gauche, le
partage et la séduction de toutes les jeunes filles. Marthe avait
sur les lèvres le pourquoi de l'enfance, non point en une interrogation entêtée et assourdissante, mais en une demande voilée,
timide, coquette, rougissante, presque confuse, habile à faire
d'un baiser son excuse, son pardon et son remercîment.
Charles lui trouvait d'ailleurs cette intuition sociale, cette perception des choses qui est le génie de la Parisienne, la compréhension à demi-mot, sans qu'on eût besoin de lui rien souligner,
de tout le courant de la vie; et pour le reste, pour tout ce dont
il n'était pas sûr qu'elle eût la notion ou le sentiment, Marthe
avait un si charmant éclair des yeux, une telle intelligence de
physionomie, ou bien un si joli petit air indéchiffrable, que cela
ôtait à Charles toute idée de vérification et d'épreuve. En un mot les
premières investigations de Charles, ou plutôt les premières indulgences de son amour rencontraient en Marthe tout ce qu'il
pouvait exiger d'elle dans le domaine des facultés morales de la
femme; au delà de cela, dans l'ordre des idées supérieures à la
nature du sexe de Marthe, dont l'homme entretient la femme un
peu de la même façon qu'il parle à un oiseau, et sans réclamer
bien officiellement le concours de son intelligence, Charles jugeait
Marthe capable de remplir parfaitement ce rôle que l'ironie d'un
penseur de ses amis assignait à la femme, le rôle de Jean de La
Vigne, ce petit bonhomme de bois auquel l'escamoteur adresse la
parole, si bien qu'au bout de quelques instants il semble au
public, à l'escamoteur lui-même, et presque au petit bonhomme
de bois, que le dialogue existe.

XLIX

Cette illusion, cette ivresse où toutes les facultés de Charles s'associèrent dans l'oubli des misères de la vie réelle, des combats de l'humeur, des ennuis des circonstances, des blessures du dehors; cette ivresse où tout son être moral, tous ses appétits, toutes les exigences de sa nature et tous les instincts de son métier trouvèrent la nourriture, la satisfaction ou le sommeil, cette ivresse dura l'éternité de quelques jours, — quelques jours où il n'arriva à son bonheur que ceci.

C'était un matin.

— Oh! oh! — faisait Charles, — je le dirai... Oui, je le dirai... Et on rira joliment de toi, ma pauvre petite Marthe!... Hein? si on savait que j'ai une femme qui couche avec un miroir sous son oreiller?... Oh! c'est trop fort!

— Voulez-vous bien me le rendre?... Je le veux, Charles, je le veux!

— Non, je suis jaloux! Vous ne l'aurez plus!

— Charles!

— Non!

— Vous me le rendrez... Je me fâche... — Et Marthe essaya de le ressaisir.

— Maladroite!... Oh! je suis plus fort que vous.

— Je le veux, entendez-vous? Vous me faites mal..., mais vous me faites mal! — Et la voix de Marthe s'aigrit. Elle fit un effort en avant de tout son corps dont les draps caressaient la ligne comme une draperie molle. Ses cheveux avaient roulé sur son peigne tombé; et ses deux mains nerveuses se crispaient après le miroir qu'elle tiraillait et disputait à Charles. Le miroir allait et venait. Il glissa, tomba... il était cassé.

— Ah! voilà un malheur! — Et, retombée sur l'oreiller,

Marthe fondit en larmes. — C'est votre faute aussi !... — répondit-elle au baiser de Charles, — j'ai toujours eu peur d'une glace cassée... Ça porte malheur, vous verrez !

L

Jour heureux et plein de douces émotions, le premier jour où Charles avait mené Marthe au théâtre comme mari ! Quel joli petit air d'orgueil elle avait, en disant à l'habilleuse : — Madame Durand, combien y a-t-il que je vous dois les glaces, vous savez les glaces avec Berthe cet hiver... Bien quatre mois?... Tenez ! — fit-elle en lui tendant une pièce de cent sous, — ah ! maintenant c'est que je suis riche ! — Et entrant dans sa loge, elle avait montré du doigt à Charles, en souriant, son pot à l'eau égueulé et sa cuvette raccommodée...

Marthe avait un engagement de six mille francs ; mais sa mère les touchait religieusement, et ne donnait à sa fille, hors une toilette assez mince, que ce qu'on donne aux enfants. Ce n'avait pas été le moindre des bonheurs de Charles de sortir Marthe de cette misère, de l'entourer d'aisance, de la combler de petites surprises, de lui faire mille joies et mille étonnements, et de glisser dans sa bourse de jolis louis tout neufs. Il s'amusait de l'économie de sa femme, de ses comptes et de ses soucis financiers, troublant ses additions, dérangeant son budget, lui volant de l'argent, lui en remettant, jouant avec sa bourse le jeu qu'on joue à la Saint-Nicolas avec le soulier d'une petite fille, et prenant plaisir à se faire gronder par sa femme sur son manque d'ordre et sa manie de cadeaux. Au milieu de ces petites joies et de ces gais badinages de Charles, on apporta pour madame une note dont le montant était un mois du revenu de son mari.

— Chère, — dit Charles en voyant le total, — il faudra être plus raisonnable.

— Mais, mon ami, je n'avais que des robes d'hiver... je n'avais pas une robe de demi-saison... Ma robe verte est toute passée, tu sais bien... L'autre...

— Je ne te demande pas le nombre de tes robes, ma chère amie; je ne te dis rien, je ne te gronde pas... Mais tu connais notre fortune aussi bien que moi, voilà tout... Je sais bien que tu ne dépenses pas pour dépenser...

— Je renverrai la robe, — dit Marthe d'un air pincé.

LI

Un matin que l'heure où Marthe entrait d'ordinaire dans le cabinet de Charles était passée, Charles, qui crut qu'elle s'était endormie tard, alla voir si elle dormait. Il la trouva sur son séant, entourée de la nuée de journaux de théâtre et de petits journaux qui viennent aux gens de lettres ou de théâtre. Marthe en tenait un qu'elle cacha en voyant Charles. Charles s'approcha, voulut le prendre, Marthe ne voulut pas. — Elle était en train de le lire... Il n'avait qu'à en prendre un autre...

— Dis-moi tout de suite, — lui dit Charles, — que tu ne veux pas que je le lise.

— Moi?... mais... mais non... — Et Marthe assez troublée ne lâchait pas le journal.

— Bah! — dit Charles en se penchant sur elle, — quelque grosse attaque contre moi, je parie... hein?

Marthe fit : Oui, d'un mouvement de tête accablé.

Diable! — fit Charles en s'emparant du journal, — trois colonnes!... et c'est signé Nachette... ça promet!... La première ligne commence bien... — Et il se mit à lire l'article.

Le triomphe de la révolution littéraire de 1830 a été de peu de durée. Une fois faite, la trouée des têtes de colonnes, l'armée, la Victoire se sont débandées. Les classiques se sont reformés, et ont repris le champ de bataille. Hors leurs œuvres, tout à conspiré pour eux : la fatigue du public, l'énervement qui suit les grandes luttes, la pacification des âmes, le goût des spectacles de digestion facile, et des lectures inodores; puis encore leur influence personnelle, leur position officielle dans la littérature, la somme de publicité, d'appuis, de recommandations, de petites et de grandes entrées ici et là, de places et de croix, de coups d'épaules et d'apostilles, dont peut disposer un parti qui fait profession de réaliser en lui « l'honnête homme » du dix-septième siècle. Quelque chose encore aida les classiques à reconquérir le terrain perdu : ce fut cette suspicion d'en haut, déjà remarquée par madame de Staël, ce préjugé gouvernemental contre la passion des œuvres littéraires et la vivacité des épithètes.

Nachette avait parfaitement vu et compris cette réaction littéraire; si bien que tout à coup il avait fait volte-face. Le Nachette du *Scandale*, ce farceur qui désossait la langue française, et avait inventé, en fait de style, le flamboyant cocasse, Nachette se mettait à faire pénitence de ses erreurs coloristes d'autrefois sur le dos de ses camarades impénitents. Il avait observé, tâté, calculé. Les grands journaux graves, atteints de l'épidémie du style imagé dans la partie jeune de leur rédaction, et fort en peine de trouver un homme nouveau qui n'eût point lu Saint-Simon et qui eût oublié Diderot, les grands journaux devaient, dans la pensée de Nachette, nécessairement venir à lui, le dernier jeune homme de France ayant le style de Vertot et les opinions de Geoffroy; et du rez-de-chaussée d'un grand journal, il sauterait à tout, à cette fortune, à cette place dans le monde qui faisaient ses rêves et ses insomnies. Aussi les articles de Nachette n'étaient-ils, depuis quelque temps, que volées de bois vert distribuées, à droite et à gauche, aux réputations naissantes; véritables exécutions faites avec l'esprit d'un homme sans conscience, et coupées et variées par des bassesses très-bien amenées, des compliments et des allusions tournés le plus aimablement du monde aux gloires arrivées et casées, aux puristes patentés, à tout talent académique.

Dans ces trois colonnes où il se donnait la satisfaction de bâtonner son ami Demailly, il trouvait le temps et la place de tirer de grands coups de chapeau à la belle prose de M. X..., à la belle langue de M. Y..., à la belle phrase de M. Z... Puis, sa courbette faite, il revenait à son patient. Il le citait en imprimant des tronçons de phrase en italique, — un procédé de critique auquel ne résisterait pas le style de M. Jourdain ! Il s'amusait longuement avec une ironie pleine de verve, avec de grands bonheurs de méchanceté, des prétentions de l'auteur de la *Bourgeoisie;* et il terminait par la phrase usuelle, sorte de cliché qui fait partie du fonds de tous les critiques classiques passés et présents : « ... Des livres pareils ont leur place marquée dans la bibliothèque de Charenton; il est à regretter que leurs auteurs ne les y suivent pas. »

— Ah ! le malheureux ! — dit Charles quand il eut fini, — pas même de convictions littéraires ! — Car, pour Charles, toutes les autres trahisons de conscience, tous les reniements de foi politique et religieuse n'étaient que des peccadilles auprès de l'apostasie littéraire. — Il mériterait... il mériterait de lire tous les gens qu'il loue!... Non, c'est affreux... — Et, se retournant vers Marthe, Charles se mit à rire. — Figure-toi bien que ce n'est pas l'éreintement qui me met en colère... D'ailleurs, j'aurais beau me faire du mauvais sang... Mais Nachette ! un homme qui avait trouvé le verbe *tournebouler!*... Croyez à quelque chose, après cela !

— Vraiment, tu prends cela... tu as un sang-froid !... Je ne te conçois pas... — dit Marthe en faisant dans ses draps froissés un mouvement d'épaules dramatique.

— Ah ! ma pauvre chère, quand il t'en aura passé de ces choses-là sur le dos autant qu'à moi... tu deviendras d'une philosophie...

— Et tu ne répondras pas?

— Et je ne répondrai pas. Il n'y a qu'une réponse : deux témoins; et je t'avoue qu'il me paraît assez ridicule de prouver son talent à coups d'épée... J'ai mon orgueil, ma chère. Écoute bien : dans notre métier, l'homme qui n'a pas d'ennemi, l'homme qui n'a pas été attaqué, injurié, diffamé... je ne voudrais pas être cet homme-là, non ! Et pourtant ce que j'ai souffert... Vois-tu, on ne dépense pas de la colère pour rien... Une attaque comme celle-là veut dire que je gêne l'auteur, ou ses amis, ou son patron... ça veut dire que j'ai une petite célébrité dont je ne me doute guère, mais qui l'ennuie, lui... Sais-tu le malheur ? C'est que je n'en ai encore, de ces affaires-là, que plein un tiroir... Quand j'en aurai plein la commode, les quatre tiroirs, oh ! alors...

— Cela ne fait rien, — dit Marthe, — c'est bien désagréable...

— Ah ! ma chère, si tu crois que la gloire est rembourrée en duvet de cygne !...

— Enfin, tu diras tout ce que tu voudras... moi, ça me fait de la peine.

Et Charles vit avec amertume que c'était non la femme qui portait son cœur qui souffrait dans son amour, mais celle qui portait son nom qui était blessée dans son amour-propre. Mais, comme si Marthe eût vu cette pensée dans les yeux de Charles, elle lui dit tout à coup :

— Ah ! que je suis bête, tu t'en fiches pas mal ! — Et lui prenant la tête entre les mains : — C'est nous qui nous en moquons pas mal des autres, hein ?

LII

— Oui, je trouve ta pièce très-bien, mais...

— Mais quoi ? — dit Charles.

— Mais tu n'as jamais fait de théâtre... Pourquoi ne prends-tu pas un collaborateur ?... Il y a Voudenet qui te trouve beaucoup de talent...

C'était quinze jours après l'article de Nachette. L'article avait mûri dans la tête de Marthe, et il portait ses fruits. Car c'est le plus grand mal de l'attaque que de semer le doute autour de l'homme attaqué. Elle assied au foyer même de l'écrivain la défiance de sa valeur. L'attaque, en effet, n'est pas seulement une blessure à l'amour-propre : c'est, avant tout, un coup au crédit. Elle alarme sur l'avenir des gens même ceux qui les aiment.

Charles et Marthe avaient tous deux les pieds sur les chenets. A la phrase de Marthe, Charles, qui tisonnait, fit comme un homme qui se réveille :

— Un collaborateur !... Voudenet ?... — Et de surprise il laissa tomber les pincettes. — Mais, ma chère... — Et, la regardant, il recula devant ce qu'il allait lui dire, ramassa les pincettes, et ne répondit rien.

Un homme a trouvé, ou croit avoir trouvé, quelque chose de neuf, de délicat, de senti, un coin inconnu du cœur humain, un caprice d'esprit léger, volant et badinant, un souffle de passion, une chanson toute jeune; il a évoqué un monde et le décor de ce monde, il l'a peuplé de ses fantaisies; il y a fait jouer, danser, agir et parler ses rêves; il a porté cette œuvre, il l'a enfantée, il lui a donné ses jours, ses nuits, son âme... A cet homme, frappez sur l'épaule et dites-lui : Vous voyez bien ce monsieur qui passe? ce monsieur qui passe va signer la moitié de votre œuvre, toucher la moitié de votre succès et la moitié de votre réputation. Pour cela, ce monsieur ouvrira votre manuscrit, et, comme une pichenette qui envoie au diable un papillon, il jettera à bas dans votre œuvre tout ce qui sourit et tout ce qui murmure, tout ce qui est poussière brillante et battement d'ailes... « Très-joli, mon cher... mais le public, vous comprenez... » — ce sera son refrain. Il fendra votre sourire en rire de tirelire. Il appuiera où vous aurez glissé. Il mettra des bottes fortes à votre comédie de fées. Il grossira votre esprit comme un daguerréotype grossit les mains. Il forcera les larmes. Il soulignera ce que vous aurez voilé. Il accommodera le chœur aérien de vos idées à son goût et à son oreille. Il bouleversera votre œuvre pour y greffer un dénoûment de mariage. Il y fera manœuvrer en douze temps une des dix intrigues sacramentelles du théâtre. Il en arrachera les mots, pour y enfoncer les mots dont il a donné l'habitude au public; et, tout ceci fait, il vous dira en relevant son faux col : — « Voilà !... j'aurais arrangé Shakspeare pour la scène, moi ! »

La parole de Marthe avait dit tout cela à Charles.

— Eh bien? — reprit Marthe, qui attendait une réponse.

— Ah! pardon, je croyais t'avoir répondu... Voudenet?... Tiens! n'en parlons plus!

— Mais, mon cher, je l'ai entendu dire à tout le monde, Voudenet est appelé à succéder à M. Scribe...

— M. Scribe ne mourra pas.

— Ah! si celui-là voulait bien de ta pièce...

— Je te dis que je ne veux de personne.. Je me suis mis dans la tête d'être joué tout seul ou bien de n'être pas joué du tout.

Il y eut un silence.

— Qu'est-ce que tu lis là, Marthe?

— Du Paul de Kock... L'*Homme aux trois culottes*... On voit que c'est une histoire arrangée, mais il y a joliment du vrai, on sent ça... Connais-tu? C'est très-intéressant... et si bien mis en scène! Il a ça, cet homme-là, de mettre en scène... Figure-toi... d'abord, il y a un jeune homme qui est ouvrier compositeur chez le père Duchêne... Il y a sa vieille mère, une pauvre brave femme... Après ça, un banquier qui est dénoncé par un affreux portier, comme ils étaient, tu sais, avec un bonnet en queue de renard... Ah! le scélérat, on le voit!... Et la déesse de la Liberté!... ça a bien du caractère... Et puis une intrigue... Au moins, il se passe toujours quelque chose... Ce n'est pas comme ces romans... Et quand ils se retrouvent tous, c'est-à-dire qu'on est content qu'ils se retrouvent!... Ce n'était pas commode de trouver des scènes si drôles dans cet affreux temps... On a beau dire, ça peut peut-être, comme tu dis, n'avoir pas une grande fidélité historique... Mais, ça ne fait rien, je vois mieux cette époque-là là dedans que dans les livres d'histoire...

— Ah! — fit Charles, dont les yeux s'ouvraient, et qui commençait à voir clair dans l'intelligence de sa femme. Il en avala de dépit la couleur du pinceau qu'il promenait sur une aquarelle.

— Tiens! — dit Marthe, — c'est joli ce que tu fais... ça a de la couleur... Moi, j'avais beaucoup de goût, toute petite, pour le dessin... un goût artiste. Je faisais des bamboches, des petites vues... C'est dommage, ma mère ne m'a pas poussée... et puis la perspective... ça m'a arrêtée, la perspective. J'avais un oncle... il avait un talent, un talent d'amateur, mais un vrai talent... Il faisait des petits portraits, des profils... charmants, et d'une ressemblance... en causant : tout le monde en voulait. Il m'avait vue dessinoter, et, comme il aimait beaucoup ma mère... il faut te dire que notre famille a toujours été d'une union... c'était étonnant!... les mariages ne faisaient que l'unir davantage... beaux-frères, belles-sœurs, on s'accordait, on s'aimait, tu n'as pas idée... Mon oncle alors voulait que maman me poussât dans le dessin... ma marraine aussi, madame Stephauser, la femme du banquier, qui m'avait élevée tout à fait comme sa fille... Elle avait dit aux domestiques de m'obéir comme à Élisa... J'étais sa grande amie, elle ne faisait rien sans me consulter, Élisa... Madame Stephauser croyait aussi à mes dispositions... mais, comme je t'ai dit, ce fut maman... et puis la perspective m'a arrêtée...

Charles essayait de s'absorber dans son aquarelle.

— Ah! dis donc, — reprit impitoyablement Marthe, — tu n'as pas vu le salon que s'est fait arranger Voudenet?... Il paraît qu'il gagne un argent! Des bêtises, des machines pas littéraires, ce qu'il fait, tout ce que tu voudras... Mais il a fait, cette année, une année d'au moins trente mille francs... C'est arrangé avec des ornements dorés...

— En pâte?

— En pâte ou en bois, je ne sais pas... et du velours cerise.

— Très-beau!... mais ça doit ressembler à un salon de dentiste américain acheté à la faillite d'un café des boulevards...

— Oh! d'abord, toi, tu n'aimes que tes vieilleries et tes bibelots... Tout ce qui n'est pas vieux... Et puis tu ne veux pas que les femmes aient du goût... je sais ça...

— Tiens, — dit Charles, — nous ne faisons rien aujourd'hui; tu ne joues pas ce soir, si nous allions à la campagne?

— Oh! la campagne...

— Tu n'aimes pas la campagne?

— Moi? si, si... Mais je l'aimerais avec de la fortune... je l'aimerais avec une fortune plus grande que la nôtre, avec une grande fortune... avec un château... J'aurais aimé faire valoir... les poules, les vaches, les moutons, j'adorerais ça... des animaux, c'est si intéressant!... Et puis on fait du bien... J'aurais eu une petite pharmacie pour les paysans... On va voir les malades... Et puis on est si tranquille... Et quand on pense qu'il y a tant d'amertumes... car la vie n'a pas que son beau côté... Voilà comme je comprends la campagne!... Oh! je ne laisserais pas toucher à un seul nid d'hirondelles!... Il y en avait chez ma marraine, sous le toit; et si tu avais vu, — je regardais cela quelquefois toute la journée, — la mère, d'un arbre, appeler ses petits... elle les appelait, elle les appelait, pour les faire sortir du nid; et, quand un des petits s'était lancé, elle le soutenait de l'aile, elle le lâchait, elle le reprenait, elle le ramenait au nid... J'ai lu des choses bien touchantes sur les hirondelles... et sur les autres oiseaux aussi... mais pas tant que sur les hirondelles...

Pour la première fois depuis qu'il était marié, Charles eut peine à retenir un mouvement d'impatience qui lui travaillait les lèvres : il lui semblait entendre jouer l'air le plus faux sur la chanson de tout le monde.

— Tu n'as pas lu le journal, ce matin?— continua Marthe. — Il y a une chose qui m'a intéressée, vois-tu!... la liste des prix Montyon... Des vieillards, des pauvres femmes... et souvent sans éducation... Comme il y a de beaux cœurs!... faire le bien comme cela... dans des villages... sans qu'on le sache... des consciences d'anges!... et des dévouements... que c'est beau!... Ça m'a émue, tu ne t'imagines pas... Il y a, entre autres, une domestique âgée de soixante-dix ans... c'est sublime! Je pleurais comme un enfant en lisant cela, de bonnes larmes, de ces larmes, tu sais, qui font du bien...

— Tu ne t'es pas trop ennuyée hier soir? — interrompit Charles avec une intonation brève.

— Chez ces braves gens?... Oh! mon Dieu, non... Leur petite est bien insupportable!... Comment peut-on élever un enfant comme ça... As-tu remarqué? la liaison des petits pois était tournée...

La veille, Charles avait emmené Marthe dîner dans un ménage de vieux amis, un ménage pauvre, qui avait mis les petits plats dans les grands pour bien recevoir madame Demailly. Le ménage, avec le zèle touchant de la pauvreté, l'avait comblée d'attentions et de prévenances; et cette femme si miséricordieuse aux hirondelles, et si sensible aux prix Montyon, ne se rappelait le lendemain que ceci : *La liaison des petits pois était tournée!* D'une amitié qui lui avait tendu cordialement la main, Marthe n'avait gardé que cette impression : *La liaison des petits pois était tournée!*

LIII

Les jours qui suivirent, Charles se mit à éprouver l'esprit de sa femme et à fouiller son âme. Marthe ne se doutait de rien, et, avec la liberté, l'aisance, et cette loquacité qui vient aux femmes avec l'aisance, elle se confessait sans le savoir. Charles, d'ailleurs, poussait habilement la reconnaissance, ne l'arrêtant que quand il souffrait trop et que son masque tremblait sur son visage. Il resta stupéfait de ses découvertes, honteux d'avoir été trompé par cette fausse sentimentalité, par cette personnalité de poupée, par le mensonge de distinction de ce *bagou*, par le bruit de cette cervelle vide; et il mesura de sa chute l'aveuglement d'un homme qui aime.

La souffrance, une fois, fut si forte, que Charles sentit le sang et la colère lui monter au visage. Marthe ne vit rien. Sa parole, toujours égale, continuait. Charles se leva et prit son chapeau.

— Comment, tu sors?... Mais il pleut, — lui dit Marthe étonnée.

— Je te demande pardon... un rendez-vous... que j'avais oublié.

— Va! — dit Marthe. Et elle lui tendit son front. Cela fit souvenir Charles de l'embrasser. Il l'embrassa, s'enfuit dans l'antichambre, prit machinalement un parapluie, et ferma brusquement la porte sur je ne sais quelles recommandations d'hygiène et quelles menaces de rhume dont le poursuivait, du fond de l'appartement, la voix de Marthe. Il descendit les marches deux à deux et marcha dans la rue, son parapluie sous le bras. Il pleuvait à verse. — C'est vrai, — fit-il, au bout de cent pas, — elle m'avait dit qu'il pleuvait... — Et il entra dans un passage. Le passage était plein et engorgé d'honnêtes passants surpris par la pluie et dont quelques-uns secouaient leurs chapeaux comme des salades. Charles se mit à l'arpenter d'un bout à l'autre.

— Voyons, — se disait-il, — pas d'enfantillage... du calme... Je me fais peut-être des monstres... Ah! mon Dieu! c'est bien possible, oui, très-possible... Qu'est-ce qui m'arrive après tout? Il faut voir les choses comme elles sont... J'aurai eu les nerfs mal montés, et j'ai cherché querelle à mes illusions, pour passer mes nerfs sur quelqu'un... Tout le monde a des mauvaises fois comme celles-là dans la vie... Elle ne trouve pas ma pièce bonne, voilà toute l'histoire... Depuis qu'il y a des maris qui font des pièces, et des femmes qui les écoutent, je ne suis peut-être pas le premier exemple... et, après tout, elle fait comme le succès, elle attend que je réussisse... Au fond, je la crois stupide, parce qu'elle ne me croit pas un homme de génie... je suis un imbécile... c'est idiot : laisser battre son amour par son orgueil!...

Et Charles se répétait à lui-même les idées et les mots comme pour assourdir et vaincre sa conviction. Il était parvenu à s'arracher un instant de calme au bout de ce rabâchage qui endort le jugement sur les vérités cruelles, quand tout à coup donnant un grand coup de parapluie sur les dalles :

— Tout ça, ce sont des lâchetés !... Je cherche à me tromper comme un enfant... C'est bien de ma pièce qu'il s'agit ! Ma pièce, mon talent, si ce n'était que ça ! il s'agit de ma vie accouplée à une cervelle où il n'y a rien, à une âme sans oreille, à un esprit faux comme un jeton... C'est de ce boulet-là qu'il s'agit !... Voilà un mois que je la fais parler, que je la fais penser... Maintenant je l'ai déshabillée au moral du haut en bas... Eh bien, parbleu ! eh bien... il y a tout au plus dans ma femme de quoi me faire une maîtresse... et encore elle aura toujours des mots qui me casseront les bras, et des goûts qui me lèveront le cœur... Voudenet ! voilà son homme !... c'est bien ça, Voudenet !... Le calembour et ma femme sont faits pour se comprendre... Enfin !... J'ai tout de même une petite chérie qui est carrément bête ! — Et Charles eut une sorte de sourire, et leva son parapluie au ciel.

— Dis donc, veux-tu m'éborgner ? — lui cria une grosse voix de bonne humeur. — Ah çà, mon cher, où vis-tu ? que fais-tu ? et qu'habites-tu ? un arbre ? ou le Décaméron ? Camille Desmoulins a dit que la femme était le premier domicile de l'homme, je te l'accorde ; mais de là à ne point sortir de son bonheur, il y a la distance de la terre à l'étoile Syrius, sept mille milliards de lieues ! On ne s'enferme comme cela que pour élever des vers hexamètres...

— Ah ! Rémonville... ça me fait plaisir de te voir... Mon Dieu, oui, nous avons eu une lune de miel, très... lune de miel... Nous avons vécu très-seuls... Mais... si tu étais aimable, sais-tu ce que tu ferais ?

— Je suis un homme à tout faire ce soir ! Veux-tu que nous insultions le jansénisme ? et que nous jetions les grandes ironies de de Maistre sur Port-Royal ?... Port-Royal, c'est le Paraclet de la Doctrine ! Port-Royal...

— Veux-tu venir prendre une tasse de thé chez nous?

— Je crois bien que je le veux... Je sors des Variétés, tel que tu me vois... Tu me sauves trois grands actes avec ta tasse de thé... j'ai laissé Perrache dans ma loge; il me les racontera... Ah! mon cher, si tu savais comme ça commence à m'écœurer les premières représentations!... Les pièces, mon Dieu, j'y suis fait, ça ne m'ennuie pas plus que de la musique... Mais c'est le public des premières, cet éternel public!... Je le connais, vois-tu... comme si je le regardais. Il me revient dans mes cauchemars... Toujours la même paire de gants à la même stalle d'orchestre, les mêmes lorettes, les mêmes vieux, les mêmes blonds, toujours les mêmes amis de l'auteur!.. L'autre jour, j'ai failli ne pas reconnaître un monsieur : c'était le chef de claque qui rentrait en charge, il avait passé l'hiver à Sorrente!... Crois-tu que tous ces gens-là mourront? Moi, je les vois, au jour du jugement dernier, demandant : La toile!

— Fais-nous du thé, ma chère, je t'amène Rémonville, qui te sacrifie une première.

— Ah! que c'est gentil!... Vous êtes bien aimable, — dit Marthe à Rémonville, et, se tournant vers Charles : — Là! tu as été mouillé.

— Sacristi! — dit Rémonville en tombant sur le divan et en regardant tout autour de lui, — voilà un vrai cabinet de travail : je n'y écrirais pas une ligne!... Je me coucherais là en chien de fusil, je me réciterais du Dante, et j'attendrais avec ma pipe la trente-cinquième incarnation de Wischnou, celle où il doit devenir souverain constitutionnel et président de la Société des gens de lettres... Sais-tu que ta femme ressemble, mais beaucoup, à une pierre gravée... une cornaline du musée du Vatican... tu ne te rappelles pas?... Et vous voilà mariés?

— Mon Dieu! oui! — fit Marthe en riant.

— C'est étonnant, je n'ai jamais considéré le mariage que comme un dénoûment... Et ta pièce, au fait?... tu faisais une pièce?

— Elle est faite.

— Es-tu content ?

— Je ne sais pas.

— Et vous, madame ?

— Oui... oui... certainement... charmante.

— Tiens ! Rémonville, je vais te demander un service aussi ennuyeux à rendre que ridicule à demander... Tu diras que c'est un traquenard, mais je te jure que je n'y pensais pas... Ma pièce me tourmente... nous sommes là à douter, à ne pas savoir... Si tu voulais l'écouter, c'est l'affaire d'une heure et demie. Tu es une des deux ou trois opinions que j'estime et auxquelles je tiens...

— Va !... mais si tu crois que mon opinion vaut quelque chose .. Tu sais que je n'y connais rien au théâtre, je t'en préviens.

— Vous, un feuilletoniste ! — dit Marthe.

— Moi, un feuilletoniste... Donnez-moi du thé... Là, j'y suis.

Charles lut sa pièce. Pendant la lecture, Rémonville promenait dans le cabinet l'impatience heureuse et la puissante allégresse d'un jeune Antée : il marchait avec le pas d'un marin, il cognait les meubles, il éprouvait le mur avec son épaule, il respirait à pleine poitrine.

— Eh bien, qu'est-ce que tu veux que je te dise ? — dit-il à Charles, la pièce finie, — c'est très-bien !... je trouve ça très-bien... Ah ! ça vous fait la bouche bonne après toutes ces saloperies !... Il fait de l'air dans ta pièce comme sur une montagne... Maintenant, avec les poumons qu'on a faits au public, c'est peut-être un air un peu vif... La pièce du petit chose est à sa centième représentation... Si tu crois à la Providence après cela, tant mieux... Voilà mon opinion... Encore une fois, je n'y connais rien.

— Mais, — hasarda Marthe, — ne croyez-vous pas que l'intrigue...? Il n'a pas l'habitude du théâtre... Je lui conseillais de prendre un collaborateur... je ne sais pas qui... quelqu'un qui sait le théâtre... Voudenet, je suppose...

— Un vaudevilliste ! allons donc ! est-ce que la pièce d'un garçon comme Charles les regarde, Voudenet et les autres !...

Ah ! si jamais il me tombait la trique de Jéhovah entre les mains, je les réduirais en servitude, les vaudevillistes !... Je les traiterais comme des Ammonites... Je casserais leurs bons mots contre la margelle des puits, et le vent de ma frayeur passerait dans la moelle de leurs calembours !... Je les nourrirais d'oignons, et je leur ferais bâtir dans le Champ de Mars une pyramide à la mémoire d'Henri Heine... Non ! tenez, ne me parlez pas de ces gens-là, ça me met en colère ! — fit rudement et impérieusement de Rémonville. — Bah ! il est onze heures et demie... je me sauve... Madame... — Et de Rémonville salua. — Me reconduis-tu, toi ? — dit-il à Charles.

Quand ils furent sur le trottoir : — Pourquoi fais-tu du théâtre ? — lui dit brusquement de Rémonville. — Ça te tente une grande caisse de bois blanc où on met l'une sur l'autre six couches de braves gens qui sortent de dîner. Ils suent, ils marinent... Pendant ce temps-là, un gros diable de drame les secoue, les cahotte, les ballotte, les ahurit... Ils sont en eau ; ils sont en larmes ; et le gros diable de drame tourne, roule, geint, hurle, trépigne, rugit... La toile tombe, et les braves gens ont une indigestion dans la nuit... Ne touche donc pas aux quinquets, c'est malsain... Et puis tu seras interprété... As-tu jamais vu jouer du Beaumarchais un dimanche au Théâtre-Français ?... Il devrait y avoir une loi qui défendît aux acteurs de toucher aux chefs-d'œuvre : ils empêchent de les entendre... Et ta femme ?... J'ai encore son Voudenet sur le cœur !... Vous vous adorez ?

— Oui...

— Eh bien ! il ne te reste plus qu'une chose à demander à Dieu : c'est de ne pas bénir ton union.

— Comment ?

— Oui... pas d'enfants... Ça ne nous va pas à nous autres, vois-tu ? C'est tout au plus si nous pouvons nous permettre les perroquets... Tu nous disais ça un soir, et tu étais dans le vrai... Bonsoir !

— Quel original, hein ? — dit Charles à Marthe en rentrant.

— Moi, — dit Marthe, — je te dirai que je le trouve mal élevé...

LIV

Depuis Ève, la femme est un parti; depuis l'ère chrétienne, un pouvoir. Depuis la Révolution, la femme a encore grandi; elle s'est transfigurée, idéalisée : au dix-neuvième siècle, la femme est une victime. Elle est méconnue, elle est martyre. Les théories, les habitudes de l'amour renouvelées, assombries, solennisées, l'église et le siècle, les prédications et les utopies, le changement de nature des vapeurs transformées dans notre temps en un éréthisme nerveux; tout dans le mariage devenu grave, même l'adultère, l'égalité de la femme devant l'homme établie depuis 1789 par le courage d'esprit, le génie, le droit à l'échafaud, le droit à la postérité, madame Roland, madame de Staël, — mille choses ont concouru à ce nouvel avénement, à cette poétique assomption de la femme. Mais mieux que ces voix, mieux que ces évolutions des mœurs et ces exemples individuels, une parole, une influence, ont donné à la femme l'opinion publique, et lui ont valu cette couronne d'épines : cette parole est le roman. Le roman contemporain est à proprement dire la Passion de la femme dans le Mariage. Il a mis tout son effort, il semble qu'il ait mis tout son cœur, dans ce thème ordinaire, fatal et chéri. Il a tout employé à cette œuvre. Il y enrôle encore aujourd'hui les meilleurs. L'ode, l'iambe, la chaleur des larmes, les glaces du procès-verbal, le plaidoyer, la constatation, il y a usé tous les tons et toutes les éloquences, la lyre, le scalpel, une nouvelle langue même, technique, médicale, sympathico-physiologique, allant au fond des diagnostics, et au plus creux, au plus cru de la pathologie de l'union légale; en sorte que tout homme de ce siècle, sachant lire et sachant vivre, a été dûment édifié et apitoyé sur cette maladie organique de la femme moderne, maladie inconnue avant la mise des nuages en bouteille et la découverte de certains mots : ce long crucifiement d'une âme d'épouse, délicate, élancée, sensitive et frissonnante, accouplée à un mari qui mange une poire sans la peler, chante au dessert des dîners de noces, aime comme il digère, à ce mari enfin, « le gros homme » du roman, et de tous les romans.

Mais l'homme cependant, l'autre bout de la chaîne, le mari?... Pour lui, nulle contre-enquête, nulles plaidoiries contradictoires. Pour lui, ni réponses ni chefs-d'œuvre. Rien. La femme a tout; elle a l'homme même. Elle a l'intérêt, la galerie, son sexe surtout... Pourtant, ce mari, pour être un homme, peut être une âme aussi. Il se peut que le mariage le blesse autant que la femme, et comme elle, aux endroits nobles, élevés, tendres et douloureux de son être. Pour ne pas pleurer, il a, comme la femme, ses découvertes, ses souffrances, ses larmes, les plaies que font les trahisons de l'illusion, de l'espérance, de l'avenir, de la vie, de la foi dans une compagne semblable à lui... Imaginez ce pauvre diable, sous le mensonge du corps et sous la comédie du reste, sous les dehors, sous les parures, sous tout ce qui arrête le regard et le jugement, et les empêche de voir et de fouiller, commençant à juger, à entrevoir, d'abord timide, puis s'aguerrissant, se gourmandant, et, comme un voleur qui chante, entrant, en se défiant lui-même, dans ce mystère du fond d'une créature que Bacon a bien nommée, la caverne. Le voilà tâtonnant dans l'ombre, heureux de trouver la nuit et tant de voiles... La femme ne se lit pas comme l'homme. Elle est enveloppée, fermée, cachée souvent à elle-même. Le mari tourne des semaines, des mois autour de ce geste, une grâce, de cette robe, une distinction; il tourne autour de cette parole, qui semble une sensation, de ce sourire qui paraît une idée, de ce regard qu'il croit une communion. Il ne sait, il hésite, il n'ose encore... C'est la fable antique retournée: l'Amour qui veut voir Psyché, et dont la lampe fait trembler son ombre au mur. Au bout de tout, à la fin, las d'angoisses, il veut en finir d'un seul coup; et plonge à fond... Le « gros homme » que la femme trouve dans le mari, le mari l'a trouvé dans la femme!... Le voyez-vous maintenant qui promène les mains sur son bonheur comme sur une statue froide, creuse et sonore... Et point de confidence, point de consolation, point de confession pour lui. Seul, muet, c'est ainsi qu'il souffre et souffrira. A qui se fier, en qui se répandre, et de qui toucher la pitié? Un mari qui n'est pas même trompé, qui s'est trompé, un niais qui a placé une niaiserie à fonds perdus!... Alors, dans cette solitude et ce silence, s'exaspérant, le mari, lentement et se complaisant dans une joie amère, descend échelon à échelon tout son rêve. Il furète, il détaille, il inventorie ce rien et cette petitesse, ce joli petit néant, sa femme, peut-être par cette curiosité fiévreuse du malade qui débande sa plaie et la fouille, peut-être par défiance, crainte de retour, d'aveuglement, de demain. Un jour de courage, un coup d'œil de désespoir lui ont bien tout montré : la pensée de cette femme ne concevra point de sa pensée; jamais du contact et de l'échange de ce qu'il y a d'immatériel en elle avec ce qu'il porte d'immatériel en lui ne sortira cette première bénédiction du mariage et cette âme de la reproduction humaine : le partage de la vie morale... Mais ce n'est assez : il veut tout connaître, et que son amour passé pénètre et s'enfonce dans les profondeurs, dans les secrets et dans les étendues de ce divorce des compréhensions et des sympathies spirituelles.

— Cette femme pourtant! — disait Charles, — cette femme... la plus belle prison et le plus beau miroir d'une âme que Dieu ait faite! ces élégances, tous ces charmes, ce murmure de la parole, ce mirage des idées, ce regard... tant de promesses d'une nature éthérée, d'une créature de plus fine porcelaine que l'homme... et sous la robe, sous la chair du cœur, sous le ramage des mots, une fois à bas tout ce que toutes les femmes ont de surface, de démonstrations et d'apparences, de magies, trouver — ma femme!... C'est donc là ce clavier que j'espérais mobile et parlant sous mon cœur, et dont j'écoutais l'accord en retenant mon souffle ! Voilà celle qui devait me bercer, m'égayer, me soutenir et me relever dans la fatigue et l'accablement de la tâche virile de ma pensée !... Nul lien, rien qui réponde... Tout lui manque des vertus et des prédestinations qui associent la femme au mari autrement que dans la chair, et font de l'oreiller la joie forte et nourrissante, le repos et le courage de l'homme d'activité pensante et imaginante... Et voudrait-elle m'aider à porter ma tête ? son geste serait un geste mort, roide, maladroit, brutal ; me soigner dans les maux qu'elle ne verrait pas, dans les maladies sans médecin, dans les souffrances qu'on appelle imaginaires ? Ses soins ne seraient que des attouchements irritants... Moi qui avais espéré l'émotion simultanée, l'impression partagée des choses de la vie, une impression commune et parallèle du monde extérieur sur le monde intérieur que chacun porte en soi ! Elle est aveugle à ce que je vois, sourde à ce que j'entends, froide à ce que j'applaudis, morte à mes admirations... Et tout dans cette femme, jusqu'à la femme physique !... ses sens sont des parvenus : ils vont à la dorure, au luxe qui crie, aux fleurs qui sentent... Et son cœur ? — disait Charles au bout de son monologue. — Ah ! son cœur... je ne sais pas...

LV

C'est un beau jour. Rue des Brouillards, à Montmartre, dans un bosquet, Marthe est assise, tenant à portée de ses lèvres une tasse de lait ; Charles, à cheval sur le banc, en face d'elle, un coude sur la table, et la tête appuyée par derrière sur la paume de sa main, regarde devant lui. Ils sont venus voir, à Montmartre, la vieille domestique qui a élevé Charles, la vieille Françoise, qui est malade, et, en revenant, ils se sont assis dans le jardin d'un cabaret. Au-dessous d'eux, Paris est bleu comme une mer par un beau temps. Ainsi qu'en une vallée immense où le brouillard du matin monte du sol, nuage au pied des arbres et vapeur à leur cime, tout nage à perte de vue dans une brume de lumière. De grandes lignes de toits, des dômes plus bleus que les maisons se détachent sur l'horizon flottant. Une ardoise, un carreau étincellent çà et là et piquent d'un éclair la perspective infinie. Et des nuées d'ombre, et des courants de jour, jetant leur voile ou versant leur rayonnement, roulent à tout moment sur la ville d'azur, au-dessus de laquelle planent et dorment, immobiles, de transparentes fumées d'or.

— Tout de même, nous avons découvert Montmartre, — dit Charles au bout de quelques minutes de silence.

— C'est un peu haut, — fit Marthe avec un demi-sourire.

— Oui, mais c'est un peu beau : c'est la plus belle vue du monde.

— Ah! — dit Marthe.

Et elle se remit à boire son lait gorgée à gorgée. Charles fumait. Ils se turent.

— Es-tu reposée? — dit Charles.

— Pourquoi?

— Nous nous en irions.

— Partons.

— Partons.

Marthe finit sa tasse. Charles ralluma un cigare. Ils oublièrent de s'en aller. Quelque chose qui sonna dans le jardinet leur fit tourner la tête. C'était une balançoire dont le branle mettait en mouvement une sonnette pendue à sa grande poutre. Sur le fauteuil peint en vert, une mère tenait dans ses bras, assis sur ses genoux, un bel enfant, aux beaux cheveux blonds, aux grands yeux bleus qui avaient l'air de dormir. Charles regardait Marthe regarder ce bel enfant; et quand les yeux de sa femme revinrent à lui, ils lui semblèrent pleins de ces émotions, de ces jalousies, de ces tressaillements d'entrailles, de ces tendresses étouffées dont s'emplit le cœur d'une femme qui regarde l'orgueil d'une mère.

— A quoi pensez-vous, Marthe? — lui dit-il en appuyant son regard sur le sien et en lui prenant la main dans ses deux mains.

— A quoi veux-tu que je pense? Je regardais aller la sonnette..

La balançoire se ralentissait. Ils entendirent la mère penchée sur les cheveux de son enfant, qui lui disait : — Eh bien, t'amuses-tu, mon garçon? — Oui, maman, répondait l'enfant; mais je m'ennuie...

— Pauvre enfant! — dit Charles. — As-tu vu? il est aveugle...

— Tiens! — fit Marthe.

Ce *tiens!* tomba si sec de cette petite bouche, qu'il passa quelque chose de froid dans la poitrine de Charles.

A ce moment, un bruit de voix se fait au-dessous d'eux dans le sentier tournant qui descend à la barrière. Une femme y marche d'un pas nerveux, les bras croisés, sans châle, sans bonnet, la tête droite et roide. « Veux-tu revenir! » crie, à quarante pas d'elle, une voix d'homme vibrante de colère. La femme ne se retourne pas, et marche. L'homme prend des cailloux dans un tas, au bord du sentier, et les lance de toutes ses forces à la femme. Les cailloux volent, la femme marche, l'homme ramasse et lance. Il crie : « Veux-tu revenir! Je vais te casser la tête! » Et il presse le pas. Il approche de la femme, il est près, plus près, il vise mieux, il attrape : pan! pan! — du cabaret on entend les coups, le bruit sourd des pierres dans le dos de la femme... Elle, cependant, va toujours, bras croisés, tête droite. L'homme alors ne lance plus rien, ne crie plus rien, court... La femme, un instinct! se retourne. L'homme commence à lui meurtrir les jambes à coups de pied. La femme a étendu les bras en avant; soudain, avec l'agilité d'une bête fauve, elle se baisse, ramasse une grosse pierre qui traîne à terre, la saisit, la dresse en l'air au bout de son bras dans un brandissement superbe, et d'une voix de mort : « Ne me touche plus! » L'homme glisse le bras par derrière sous l'aisselle de la femme, lui noue ses deux bras sous le menton, la jette à terre... Comme elle tombait, un autre homme, une autre femme, l'autre couple de la partie carrée, débouchait dans le sentier, bras dessus, bras dessous, hilares, épanouis, allumés. La femme disait à son homme avec un sourire : « Est-elle taquine ! mon Dieu ! est-elle taquine ! A la place de Victor, je ne serais pas si endurant que ça !... » Victor, en ce moment, piétinait la femme à terre...

— Viens-tu ? — dit brusquement Charles, qui était pâle comme un linge.

— Attends donc, — dit Marthe en mettant la main devant ses yeux pour mieux voir.

LVI

Le hasard d'un enterrement rapprocha Charles de ses anciens amis du *Scandale*. Il se trouva à l'enterrement du fameux critique Loret dans une voiture de deuil à côté de Malgras, en face de Couturat et d'un jeune homme qu'il ne connaissait pas. C'était un grand jeune homme avec une grande barbe noire, qui tâchait d'avoir l'âge de sa barbe et de cacher son air très-jeune sous un sérieux affecté. Charles avait un vague souvenir d'avoir déjà vu cette tête, mais il ne pouvait se rappeler où. Couturat et le jeune homme semblaient au mieux; ils se parlaient bas, et leur causerie confidentielle n'était coupée de temps en temps que par une plaisanterie de Couturat, rappelé aussitôt à la raison avec un : — Soyez donc moins enfant, Couturat.

Malgras, qui avait sous la main les deux oreilles de Charles, en abusait, selon sa coutume; il parlait comme une fontaine : — Régulariser sa vie, on a beau dire et beau faire, monsieur Demailly, il n'y a que cela... Un célibataire est un parasite au banquet social. Les œuvres malsaines que nous voyons tous les jours viennent évidemment de là, de la diminution des devoirs que l'homme qui écrit s'attribue envers ses concitoyens et envers lui-même... Les grandes pensées viennent du cœur, mais les bonnes pensées viennent de la famille. Le célibat nous mine... Tout se tient; la vie de garçon produit une littérature de garçon. Homme sans foyer, livre sans croyance. Et quelles inspirations, voulez-vous...

— Quel est donc ce jeune homme? — dit Charles au milieu de la tirade en se penchant à l'oreille de Malgras.

— Le baron de Puisignieux... l'auteur de l'*Histoire philosophique des classes ouvrières*.

— Diable !

On entendit le coup de sifflet qui annonce, au théâtre, les changements à vue, et, au cimetière, l'entrée d'un convoi. On était arrivé. La foule était grande et réalisait le mot avec lequel le grand critique avait, en ses dernières années, consolé son amour-propre de l'indifférence imméritée du public : « J'aurai beaucoup de monde à mon enterrement... » Charles, en descendant de voiture, tomba au milieu de tout le personnel du *Scandale*. Il y eut un salut assez froid entre lui et Nachette, qui prit le bras de Malgras en disant : — Je vais jusqu'à la fosse... je lui dois bien cela : il me paye mon terme.

— Comment cela? — dit Malgras.

— C'est un mort de six cents lignes, papa Malgras.

Couturat et le baron marchaient devant Charles. Couturat disait au baron : — Mon cher, laissez-moi faire. Vous voulez être un homme politique, et vous avez bien raison : c'est le grand moyen de parvenir... Eh bien, je m'en charge... On a bien fait de Bruandet un homme de talent; ça lui a coûté de l'argent par exemple... mais il a été poussé par des imbéciles... Et puis vous êtes intelligent... sans compter votre nom... et un livre derrière vous... quoique au fond un livre... c'est toujours compromettant... mais ça ne fait rien...

On était à la fosse. La levée de terre et la presse rabattirent Charles sur Nachette et Malgras. Nachette disait à Malgras : — Que diable a Couturat à ne pas lâcher son baron?

Malgras regarda fixement Nachette avec un de ces rires en dedans et muets qui lui étaient particuliers : — Il lève un petit jeune homme... — Et, voyant que le mot avait porté : — Vous verrez que Couturat fera quelque chose de ce baron..., — reprit négligemment Malgras, — il en fera un journal.

En revenant, Nachette courut acheter chez le premier libraire l'*Histoire philosophique des classes ouvrières*, rentra chez lui, mit une feuille de papier blanc sur sa table, et coupa le livre.

Le premier livre du baron de Puisignieux ressemblait aux jeux innocents du scepticisme et de l'utopie. Une érudition à grand orchestre, des fantaisies de statistique, des images de métaphysique allemande, des coups de tam-tam et des zigzags, une pensée et un style touche-à-tout, sautant d'un rapport de Conseil de prud'hommes au bal Mabille ou à l'esthétique des romans de madame Sand, faisant, au bout d'un chapitre sur le salaire de la femme à Paris, un rapprochement de deux pages entre la Goualeuse d'Eugène Sue et la Psyché d'Apulée, mêlant tout, brouillant tout, pris d'accès de cynisme en pleine économie politique, outrant les systèmes, insultant aux idées reçues, remontant à tout propos contre l'opinion publique, et toujours monté sur les échasses du paradoxe, — tel était ce livre, un pot-pourri de toutes choses, poivré, salé, emportant la bouche, qui pouvait être le mets des plus blasés, et où ne manquaient ni le travail, ni la verve, ni même le talent; livre étrange et symptomatique, œuvre d'un temps plus encore que d'un homme. Le très-jeune baron de Puisignieux avait été gagné par l'exemple de tant de gens arrivés au nom par le bruit, au bruit par la grosse caisse, à la reconnaissance de leur valeur réelle par la charlatanerie des moyens, le fracas du *boniment*, l'extravagance de l'affiche; et il s'était mis très-froidement à faire un livre fou. Il s'était appliqué à casser les vitres, et il avait réussi à scandaliser le public avec préméditation. Sa préface était, à ce point de vue, le meilleur morceau de son livre, et le mieux réussi comme fond et comme forme. Il s'y posait gravement en fondateur d'une nouvelle école historique. Partant de ce principe que le fait n'est qu'un accident dans la grande chronique humaine et sociale, il concluait qu'il n'y a qu'un fait dans l'humanité : l'Idée; et il en tirait les conséquences que l'Histoire ne devait plus être l'histoire du fait-accident, mais du fait-idée, une intuition au lieu d'une déduction; et que, par cette évolution et ce renouvellement du sens historique, le document, vérité relative et locale, ne faisait plus que nuire à la vérité absolue et générale de l'Histoire. Il fallait, en un mot, brûler les livres pour écrire l'histoire, au moins l'histoire qu'il fondait, l'histoire *Idéo-mytho-historique;* car le baron de Puisignieux n'avait pas oublié de baptiser son invention en la lançant dans le monde : il savait qu'il faut une formule au pathos pour en faire un dogme.

Ce livre, cette singerie outrée et de sang-froid, était l'homme même, ce jeune homme, un vieillard et un enfant de vingt ans. L'exemple, malheureusement, n'était pas seulement son excuse, il était sa règle et sa conscience. L'exemple était son sens moral. Il faisait ses ambitions et ses appétits. Entrant dans la vie avec une baronie historique et un million, il y entrait grisé d'avance par la fortune et la popularité des faiseurs en tous genres, des gens habiles, des puffistes heureux. Il est des têtes faibles, des esprits imitateurs, des âmes lâches où les passions du temps mûrissent et gâtent les passions de la jeunesse, des cœurs faciles pour qui, en ce siècle, Robert Macaire peut devenir un type comme Werther. Et le livre du baron de Puisignieux était moins la satisfaction d'une vanité littéraire qu'un essai de lui-même, que l'expérience d'un moyen, un pont jeté vers la politique, vers les affaires, une reconnaissance des chemins où l'on marche vite vers le crédit et l'influence, et où l'absence de préjugés peut mener si haut — ou si loin.

Mais Nachette ne vit guère tout cela. Il ne vit qu'un livre absurde et un gros amour-propre à caresser. Il se mit courageusement à bâcler un éloge, le premier article qu'il écrivait sans un coup de patte, sans une égratignure, sans une perfidie, sans *couleuvres,* comme on dit dans les lettres; un de ces articles enfin qui font accourir chez le critique l'auteur reconnaissant et chapeau bas.

Son article fini, il le relut, le saupoudra d'épithètes flatteuses, et, c'était un samedi, le porta à l'imprimerie avec l'ordre de le composer de suite. De l'imprimerie, il alla chez Chevet, commanda un pâté de foie gras, un jambon d'York et du vin de Bourgogne pour le lendemain, repassa à l'imprimerie corriger ses épreuves, ce qui ne lui arrivait plus depuis bien longtemps, dîna, se coucha de bonne heure, et, dans son lit, se mit à apprendre par cœur des passages de l'*Histoire philosophique des classes ouvrières*.

— Voilà le journal, — dit le lendemain en entrant le portier, — et puis ça qu'on a apporté de chez Chevet.

— Cristi! — dit Nachette en regardant le portier, dont tout le bas de la figure était caché sous un mouchoir en mentonnière, — c'est fait pour moi ces choses-là!... Que diable avez-vous?

— Oh! monsieur, ce n'est rien... c'est une araignée qui m'a passé sur la figure... Ces bêtes-là vous font venir du mal...

— Imbécile!... aujourd'hui... justement... Ça n'a qu'à le dégoûter, — fit Nachette en aparté. — Écoutez, Pierre, vous allez servir cela... Ah! vous me prêterez deux fauteuils.

— Oui, monsieur.

— Attendez... Je n'y suis pour personne... Je n'y suis que pour un grand jeune homme à barbe noire qui n'est jamais venu. Aussitôt qu'il sera ici, vous vous habillerez, et vous monterez nous servir.

— A quelle heure?

— Est-ce que je le sais?... aujourd'hui ou demain... Vous ne pourriez pas ôter votre mouchoir?

— Oh! non, monsieur... c'est trop *vélimeux*... Alors, monsieur ne sait pas... tiens!...

— Faites vos réflexions dehors, hein?

La journée se passa. Personne. Nachette s'infusait toujours l'*Histoire philosophique des classes ouvrières*.

A une heure le lundi on frappa.

Nachette se dépêcha de jeter un morceau de foie gras sur son assiette : — Entrez !

— Mille pardons, monsieur... — fit le baron très-ému sous sa barbe, — ... le baron de Puisiginieux.

Nachette salua.

Le baron reprit : — Je ne croyais pas... J'avais pris l'heure d'une heure pensant que... Je vous dérange... je reviendrai.

— Du tout, mais du tout, monsieur, je ne vous laisse pas partir. Je suis trop enchanté de vous voir, et de devoir à votre beau livre et à mon méchant article l'honneur de votre connaissance... Mais asseyez-vous donc.

— J'ai bien à vous remercier...

— Comment donc ? un mauvais compte rendu !... Le fait est que vous avez vu : je ne suis pas fort là-dessus... ce n'est pas ma partie... j'ai dû faire des boulettes ; mais qu'est-ce que vous voulez ? Votre livre m'a pris... j'ai été empoigné, moi qui déteste les livres sérieux... je vous ai lu d'une haleine comme un roman... un roman qui ferait penser... et il a fallu que j'en parle... ç'a été plus fort que moi...

— Mais je vous empêche de déjeuner...

— Et puis on est étranglé dans un article de journal... je n'ai pas eu la place d'indiquer seulement votre étude comparée du municipe et de la commune : « Lorsque la domination romaine... »
— Et Nachette récita à la file vingt lignes du livre du baron. — Ah ! c'est que je vous ai lu !

— Monsieur, — dit gravement le baron en se levant, — je vous remercierai un jour.

— Oh ! je suis sûr que vous vous sauvez parce qu'il y a deux couverts ?... Vous croyez que j'attends... Eh bien, non, monsieur, j'attendais, c'est vrai, mais on ne viendra pas. — Et Nachette souligna le *on* avec un sourire. — Je n'ose vous proposer... mais ce serait bien aimable à vous de me tenir compagnie.

— Mille regrets, monsieur, j'ai déjeuné, et...

— Qu'est-ce que ça fait? — Et Nachette prit presque de force le chapeau des mains du baron, et le fit asseoir avec une violence caressante en face de lui.

Un généreux bourgogne, et des citations du livre du baron arrosèrent tout le temps du déjeuner le pâté et le jambon. Au bout de deux heures, le jeune baron, qui avait la tête et l'amour-propre assez faibles, se répandit en confidences, en vanteries sceptiques, en aveux de bonnes fortunes, en projets d'avenir. Il se posa en homme supérieur aux illusions, ayant deviné la vie, et résolu à parvenir. Il parada dans les enfantillages de son orgueil. Il confessa les naïvetés de ses instincts et les inexpériences de son âge. Il raconta à Nachette comment le goût de la littérature lui était venu en corrigeant en rhéthorique les épreuves de son professeur d'histoire. Il parla du million qu'il attendait, de sa famille, du journal qu'il aurait, de la revue qu'il fonderait, du théâtre qu'il subventionnerait pour y faire débuter une femme, non qu'il aimât cette femme, mais il se devait de faire une actrice de sa maîtresse.

Nachette achevait en ce moment de vider un verre de chambertin; et, le tenant entre ses doigts, il faisait négligemment rouler le reste du vin dans le fond de son verre : — Mon Dieu! — fit-il, — j'ai quelque chose à vous demander... Pierre! une assiette à monsieur le baron... Vous êtes un grand seigneur... vous faites de la littérature... de la littérature sérieuse... à votre heure, à vos moments perdus, par distraction... et je ne sais si vous voudrez... Voici : je vais sortir du journal... A mon âge, vous comprenez, on aime assez écrire chez soi. J'ai la promesse d'un grand industriel pour les fonds, il n'y a plus qu'à signer... Voulez-vous me permettre d'annoncer votre collaboration à notre journal?... Le journal payera, — reprit Nachette sans laisser au baron le temps de lui répondre, — ce n'est pas une carotte... c'est votre nom et votre talent que nous voulons... Vous aurez cinq sous la ligne, comme les plus connus... — Et Nachette étudiait sur le visage du baron l'effet de cette dernière flatterie, sachant tout le prix que le plus riche attache à cet argent, l'argent de la copie, estimé et pesé par lui comme le témoignage de sa valeur.

Nachette, en un mot, joua parfaitement du baron, si bien que Couturat, en revenant du journal où il avait lu l'article de Nachette, les trouva tous deux attablés au café Mazarin devant deux verres de madère. Au moment où Couturat passa, Nachette se plaignait au baron des conditions que lui faisait son bailleur de fonds, et le baron lui offrait de prendre l'affaire, aussitôt sa tante morte, ce que Nachette refusait avec chaleur.

Couturat vint à eux, et, serrant la main de Nachette : — Ah ! mon cher, tu sais que je n'abuse pas des compliments... mais tu as aujourd'hui un article... c'est un peu ça, parole d'honneur !

— Ah ! ah ! — se disait Couturat en s'éloignant, — ah ! mon gaillard !... Il fait des progrès, ce petit Nachette !... Il est presque aussi fort que moi... Lui gratter la vanité tout bonnement comme il a fait, c'était si simple... Je ne lui ai pas assez parlé de lui, c'est évident... J'ai fait le monsieur qui va lui donner la gloire... J'ai trop posé pour sa providence... je lui ai trop montré mes trucs pour faire de lui un grand homme ; ça l'a embêté, ce garçon... Nachette a dû lui réciter son livre par cœur !... Il a même dû l'apprendre... Allons ! il faudra voir... la tante n'est pas encore morte... et à nous deux, mon fils !

LVII

Ce serait une curieuse étude psychologique que l'observation des désordres qu'apporte chez l'individu l'habitude d'un milieu conventionnel, de passions factices, d'une existence imaginaire. Et quel phénomène cérébral plus curieux que le phénomène qui se produit chez tant de gens de théâtre, l'empreinte intime que leur rôle laisse en elle, en sorte que leur vie aux quinquets se mêle à leur vie réelle du jour, la conduit et parfois l'absorbe !

Mais où ces perturbations morales sont le mieux visibles et notables, c'est chez la femme de théâtre. Il n'est pas rare que le roman dans lequel elle se promène devant la rampe la poursuive hors de la scène, et qu'à force de se prêter à l'imagination des autres elle en fasse son imagination propre. Cette prolongation de la fiction théâtrale dans la pratique des choses peut amener dans la femme les plus singulières décorporations, les plus étranges transpositions de l'esprit et du cœur, un entier déplacement du jugement, et comme une seconde nature de la pensée et du caractère. C'est ainsi que l'on rencontre, parmi des actrices de drame, des femmes qui prennent la vie pour un drame. Elles ont dans les relations et les événements quotidiens de la vie les doutes, les défiances, les appréhensions, les terreurs de femmes persécutées, emprisonnées, empoisonnées régulièrement de huit heures du soir à minuit. Une porte les inquiète. La lettre la plus simple leur fait travailler la tête, jusqu'à ce qu'elles y aient trouvé un piége et une machination. Tout inconnu leur semble ténébreux. La police est pour elles le conseil des Dix. Elles croient aux traîtres, et elles entendent marcher dans leur oreiller.

Les comédiennes ne courent pas un pareil danger, et le genre du talent de Marthe ne lui avait donné jusqu'à ce jour qu'un peu de maniérisme et un certain ragoût d'ingénuité, que Charles, aux premiers jours de son mariage, n'avait point trouvés sans grâce. Une pièce, une petite pièce en un acte, allait avoir sur Marthe une autre influence. On donna en ce temps au Gymnase le *Démon du Foyer*. Marthe trouva charmant le personnage qu'elle y faisait. C'était un rôle de jeune femme riant de l'avenir, riant de l'amour, et pour laquelle un homme mourait sans qu'elle l'aimât.

Ce rôle, cette pièce, éveillèrent les coquetteries qui sommeillaient dans le cœur de Marthe, et hâtèrent son ambition d'être un petit démon, de varier les scènes d'intérieur par la raillerie et la comédie. Elle se façonna pour être cette femme intelligente, supérieure à l'amour de l'homme qui aime. L'esprit d'agression dont elle n'avait point encore donné de preuves à Charles se démasqua. Elle dressa son humeur à devenir batailleuse. Ses chatteries prirent des griffes. — Le rôle avait déchaîné la femme.

Et ce furent, dès lors, ces machiavélismes, ces imaginations de petits supplices, ces doucereuses tortures, tout ce luxe de menues souffrances, imposées à un mari, à un amant, souvent à elles-mêmes, dont ont le secret certaines blondes à l'œil clair, au tempérament froid. Une tempête de caprices éclata tout à coup sur Charles étonné et ne sachant d'où venait tant de changement. Marthe jouait le personnage au complet : rien n'y manquait, ni les paroles irritantes, ni les aiguillons de jalousie, ni les coquetteries de geste et de parole avec des indifférents, ni le perpétuel changement de désir, de volonté, d'opinions, ni les accès de gaieté quand Charles enrageait, ni les mauvaises humeurs que les douceurs et les interrogations affectueuses ne faisaient qu'aigrir.

A ce jeu, le bonheur s'en allait. Il n'y avait plus de ces gais matins si remplis de folies, de baisers et de luttes rieuses. Marthe n'en avait plus le temps d'ailleurs. Elle était absolument plongée, depuis le commencement de cette crise, dans le soin de sa personne, et tout occupée de sa beauté. Levée à six heures, elle restait assise devant la fenêtre ouverte jusqu'à huit heures. Rafraîchie par ce bain d'air matinal, elle prenait un bain de son d'une heure qui la menait jusqu'à l'heure du déjeuner; et après le déjeuner elle demeurait, jusqu'au moment de ses répétitions, la tête renversée bien droite sur le divan, et isolée de tout contact, pleine de gronderies quand une caresse de Charles menaçait de déranger sa pose et le repos réparateur de tout son visage; immobile, ne disant rien, de temps en temps seulement pour tout mouvement, élevant ses mains, ouvrant ses doigts et les agitant en l'air, pour en faire descendre le sang et les blanchir.

Charles était souffrant depuis quelque temps, sans trop savoir ce qu'il avait. Ses impatiences avaient comme une certaine faiblesse. Il ne se sentait point le courage d'une explication, et il essayait de se consoler en se disant que cette humeur de Marthe se passerait comme elle était venue, quand il se sentit sérieusement malade.

LVIII

L'automne venait. Marthe continuait sa petite guerre sourde, la menant habilement et doucement, fort appliquée à ne point trop abuser de la patience de Charles, qu'elle tâtait avec la légèreté de main d'une femme; et tous deux s'accordant, la femme par calcul, le mari par faiblesse, pour éviter la vivacité d'une explication et la violence d'un éclat, ils vivaient en apparence de leur vie passée. Charles ne voulant voir dans la conduite de Marthe qu'un peu de froideur, parfois un peu d'humeur, des bouderies, du caprice, son sexe et son âge, et rien de plus; Marthe de son côté n'ayant point trouvé les amis de Charles assez « hommes du monde, » c'était toujours entre eux le tête-à-tête des premiers jours. Pour la sortir un peu du chez soi et d'elle-même, Charles profitait des jours où elle ne jouait pas pour l'entraîner dans des courses aux environs de Paris, parmi toutes ces jolies campagnes que le Parisien dédaigne, les ayant sous la main, le long de ces belles rives de la Seine ignorées, méconnues et cachées. Il tâchait de la distraire, de l'amuser, de l'occuper, traitant son moral comme un enfant maussade à qui l'on montre des images, oubliant par moments toutes ses désillusions, et espérant voir le passé revenir en elle peu à peu, préoccupé malgré tout, troublé et ne pouvant travailler. Cependant il se sentait énervé par des malaises dont il ne se rendait pas compte, par une résolution de force et d'entrain. C'étaient en lui des souffrances qui passaient et disparaissaient, une continuité renaissante de sensations pénibles et fugaces, mais persistantes, qu'il attribuait aux grandes chaleurs de cet été exceptionnel. Des douleurs obtuses, des bouffées de chaleur lui montaient à tout moment à la tête. Il avait des serrements aux tempes, des tiraillements dans les poumons, une surexcitation douloureuse de l'ouïe et de l'odorat, des refroidissements dont il ne se débarrassait que par un exercice violent. Il ne dormait plus ou dormait mal; et son sommeil était agité de cauchemars, de luttes, de combats, de duels, coupé de réveils brusques. A tout cela vint s'ajouter une oppression qui alla en augmentant; et un beau jour Marthe, qui avait fini par remarquer cette manie de boire que donnait à Charles sa gorge toujours sèche, les intonations brèves et nerveuses de sa voix, Marthe, qui ce jour-là pensa à le regarder, lui trouva si mauvaise mine, qu'elle l'engagea à voir son médecin.

Le médecin de Marthe, qui était le médecin du théâtre, vint, examina Charles, le questionna, et tout de suite : — Très-bien !... très-bien !... Cesser tout travail, faire de l'exercice... Vous n'avez besoin que d'un peu de fer dans le sang..., des clous dans une carafe, voilà votre traitement. Oh! mon Dieu, oui..., un traitement de jolie femme, comme vous voyez... Et votre pièce ?... pour la rentrée, toujours ? Rémonville dit que c'est très-bien... Ah! nous avons la veine depuis quelque temps... Hier, nous avons fait quatre mille..., une recette des Français !... Et nous vous monterons, vous verrez... Il n'y a que nous pour monter quelque chose... Lafont a-t-il un rôle ?... Nous sommes en pourparler...

« Nous » était la manie de ce médecin. On eût dit qu'il se croyait tout à la fois le directeur, le régisseur, et le public du théâtre auquel il était chargé de tâter le pouls. Ce *nous* avait toutes les importances d'un *moi* dirigeant et responsable : il semblait porter le Gymnase et sa fortune. A part cela, à part encore l'occupation presque absolue de son attention pour les petits cancans des lettres et des théâtres, ce médecin, optimiste par distraction, était un homme charmant qui pratiquait délicieusement cette médecine appelée par l'Anglais Sydenham « l'art de babiller. » Il avait une tenue exquise, un linge irréprochable, des pieds à la tête un de ces parfums vagues qui ne sont pas une odeur, un mouchoir de la plus fine batiste avec son chiffre brodé; et ses mains, des mains de femme, jouaient avec une canne du dernier goût.

— Ah! vous regardez ma canne?... Oui..., un bambou du Japon..., carré..., un jonc carré..., c'est très-nouveau..., une curiosité...

— Et vous pensez alors, monsieur, — dit Charles, — que ce traitement...

— Comment donc!... mais qu'est-ce que vous avez?... Rien... Vous êtes malade comme tous les gens de lettres... Les hommes de talent ne meurent que quand ils veulent... Votre maladie? mais vous savez le mot de Voltaire : « Je suis né *tué*... » ... Un poison lent, comme vous voyez! — et faisant un changement de jambes avec l'élégance de mouvement de Molé ou de Firmin : — Au fait, — reprit le joli médecin, — si au lieu de prendre votre eau ferrée ici dans votre chambre, vous alliez la boire sur place à une source, à Forges, par exemple, ou à Bussang? Le voyage vous remuerait..., et puis l'air, les promenades... Vous vous secouerez, malgré vous... Nous sommes à la soixantième représentation... Il n'est pas à présumer que cela ira beaucoup plus loin... Je ne vois rien qui nous empêche de donner un congé à votre femme..., non, rien...

Marthe appuya la proposition du médecin, et entra dans son rôle d'épouse avec une chaleur et un cœur qui firent plaisir à Charles. Charles résista un peu. Aller à des eaux le contrariait; il craignait la curiosité autour de sa demi-célébrité, autour du nom de sa femme.

— Parfaitement, — dit le médecin, — parfaitement... J'ai votre affaire..., des eaux qui commencent, ou plutôt qui recommencent... Saint-Sauveur, auprès de Troyes..., d'anciennes sources abandonnées depuis des siècles... Il y a des certificats sur parchemin..., un comte de Champagne, un Thibaut quelconque qui a fait une cure merveilleuse au retour d'une croisade... Des eaux très-puissantes, sérieusement..., j'ai vu l'analyse..., je vous donnerai une lettre de recommandation pour un brave garçon que j'ai fait nommer là..., justement, c'est sa partie, l'*anémie*... un piocheur, mais voilà tout. Vous serez très-bien. Je voulais y envoyer la petite Noémie, mais... vous savez qu'elle a rompu avec Robert... Aymard a fait une complainte là-dessus... il y a le dernier couplet... Attendez donc... C'est sur l'air..., ah! je ne sais plus..., ce diable d'Aymard!... vous le connaissez?... bien amusant... Qu'est-ce que je vous disais? Ah! viande noire..., tout ce qu'il y a de plus noire, je n'ai pas besoin de vous dire cela...

Marthe reconduisit le médecin : — Ce n'est rien, docteur, n'est-ce pas?

— Rien du tout, mon enfant... Parbleu! il n'a pas de sang à donner pour la transfusion d'un ami... nerveux, il est très-nerveux, voilà, avec cela douillet, et légèrement hypocondre, cela va de soi... Du sang! du sang! est-ce qu'on a du sang à Paris, dans notre vie! Tout le monde s'en passe..., et on vit... Je ne vous ai pas encore fait compliment de votre nouveau mouvement à votre seconde entrée... Ah! charmant!... c'est trouvé!

— Est-ce qu'il y a un peu de monde à ces eaux?

— Ma foi! je n'en sais rien... Il y a une direction qui fait beaucoup d'annonces. On annonce que la salle de bal est finie..., un salon de lecture, tous les journaux..., enfin des eaux, vous savez... Cela vous contrarie-t-il? Voulez-vous que je conseille à votre mari d'aller à...

— Du tout... c'était pour les toilettes à emporter.

LIX

Le lendemain, Marthe avait son congé, Charles emballait ses livres dans une grande caisse. — Et l'ordonnance du médecin? — disait Marthe. — Bah!... — disait Charles, — et puis c'est pour m'empêcher de travailler. C'est de la paresse que j'emporte, je t'assure.

A la fin de la semaine, le ménage était installé à côté de Saint-Sauveur. Charles avait joué de bonheur. Il avait trouvé à un quart d'heure du village un petit château dont la brique encadrée dans des cordons de pierre blanche riait à travers les arbres. C'était des quatre corps de logis d'un grand château Louis XIII la seule aile restée debout. Au dix-huitième siècle on avait posé sur le premier étage un toit à la Mansart, éclairé de trois œils-de-bœuf Louis XV, et couronné d'un chapeau chinois abritant une clochette : aux deux côtés, deux tours survivaient seules des quatre tours du ci-devant château; et mangées et cachées par le lierre et les grands arbres fruitiers, montant du fossé le long d'elles, elles dressaient dans le ciel d'une façon charmante leurs toits en éteignoir.

Dans le château, retaillé et remanié pour une habitation bourgeoise et où trois siècles avaient laissé çà et là leurs traces et comme des souvenirs greffés l'un sur l'autre, la salle à manger était lambrissée d'une boiserie couleur bois qui montrait, au-dessus des portes et des fenêtres, dans des coquilles sculptées d'une gracieuse rocaille, les Fables de la Fontaine en des peintures gaies, légères et vives où le chancis mettait par place comme un brouillard. Une lourde et riche cheminée Louis XIV, au foyer plaqué d'une fonte superbe où se mariaient les armoiries doubles de l'ancien possesseur, portait un grand tableau, encadré dans la boiserie : c'était un trophée de gibier gardé par ces chiens courants sablés de jaune que le pinceau d'Oudry savait peindre si clair. Sur la tablette de la cheminée, de grands vases de porcelaine blanche eussent fait assez mauvaise figure, sans Marthe. Mais Marthe, cueillant une brassée de roseaux dans une pièce d'eau abandonnée du parc, les avait tout de suite parés, en donnant à toute la pièce cet air de fête que donnent seuls à un intérieur les fleurs, les femmes, et les bouquets de verdure. Puis venait le grand salon, meublé de ses vieilles bergères à coussins de plume, avec sa boiserie blanche où l'or avait disparu sous le blanc de céruse et ne brillait plus, usé et rouge, que sur les quatre panneaux d'attributs où le sculpteur avait secoué le tablier des quatre saisons : le Printemps laissait pendre un bout de ruban, un râteau, une serpe, une houlette, un arrosoir, des plantoirs, un chalumeau, et des paniers de fleurs; l'Été versait des guirlandes de roses, des épis, un chapeau de paille, un corbillon de fruits, une flûte et deux gourdes; l'Automne répandait les coupes et les thyrses, les cors de chasse, les filets de pêche, les poires à plomb et les paniers de raisin; l'Hiver laissait tomber des torches, une marotte, une mandoline, un tambour de basque, un masque de bal, un masque de théâtre, une lanterne sourde, un triangle et des lauriers. La cuisine avait une de ces immenses cheminées, sous le manteau de laquelle, aux soirs de novembre, on apporte sa chaise, et l'on s'assied, avançant les mains et tendant les pieds à la régalade d'une bourrée qui flambe. Le soleil levant éveillait les chambres au premier étage, et les remplissait de gaieté pour tout le jour. Mais nulle pièce du château ne plaisait autant à ses deux hôtes que le salon rond d'une des tours. C'était l'ancienne chapelle encore reconnaissable à l'armature de plomb de ses petits carreaux. La fenêtre du midi avait été bouchée. Les deux autres fenêtres remontées laissaient tomber le jour du haut. Une bonne double porte de damas brun à clous d'or gardait l'entrée; et l'on voyait que la chapelle était devenue un atelier de peinture.

Au sortir de la porte-fenêtre du salon, et de plain-pied, c'était un pont de pierre jeté sur les fossés sans eau, et dont les rampes de fer disparaissaient sous une vigne vierge enroulant tout autour ses tortils et ses vrilles de pourpre. Au bout du pont s'ouvrait une allée de marronniers, de vieux marronniers aux têtes coupées, aux rejets vivaces et montant droit en l'air; et la vue, en descendant, trouvait au fond une ligne de pré, puis la Seine. A droite et à gauche de l'allée de marronniers était le parc, un petit parc où Charles et Marthe avaient vainement essayé de se perdre le premier jour. C'était le joli reste d'un parc français, un peu tondu en 1793, mais dont les charmilles avaient repoussé vivement. De chaque côté des allées se dressait encore un rideau droit de vieux lilas, où la lumière faisait mille jeux selon les heures, tantôt sautant de branche en branche dans le feuillage sans profondeur, glissant sur les feuilles lisses, foncées ou tendres, étagées dans un jour bleuâtre, tantôt allongeant entre les deux murs de verdure, l'un d'ombre, l'autre de soleil, un chemin de soleil sur lequel passait à tire-d'ailes l'ombre du vol d'un oiseau dans le ciel. A la moindre brise, ce rideau léger tremblait, et, sous l'haleine du vent, d'un bout de l'allée à l'autre, les feuilles s'abaissaient, et, dans la charmille ondulante, un frissonnement courait et s'en allait mourant. Çà et là, au-dessus des lilas, parfois un pommier sauvage étendait ses grands bras. Au bord des allées, des plantes grimpantes, nouées et mêlées, formaient de petits berceaux sur les feuilles mortes et jaunies. Il y avait des fonds pareils à des transparents verts, et d'autres qui berçaient un rayon sur un lit de mousse dorée. Un petit carrefour, où Marthe et Charles aimaient à s'asseoir, se cachait dans un coin. L'herbe y était versé. De tous côtés avançaient les bruyères. De petits pins épineux levaient tout autour leur pyramide argentée de lumière. La terre était chaude, baignée tout le jour de soleil, tout le jour égayée et crépitante de chansons de grillon. Dans le ciel ouvert et libre rien ne montait alentour qu'un pin au tronc violet, au parasol d'émeraude, qui, malade et nostalgique, donnait au firmament l'azur de l'Italie.

A ce carrefour commençaient les ruines. Les allées, déjà vagues, mangées d'herbes et envahies d'arbustes, devenaient des sentiers au milieu desquels se balançaient à des fils de toile d'araignée des brins de feuilles sèches. Les restes du labyrinthe n'étaient plus qu'un petit bois, méandre effacé. Et la fontaine en terre cuite, où trois tritons portaient deux amours embrassés, s'écaillait tristement dans une ombre de branches mortes, cassée, oubliée, lépreuse, solitaire. Le temps avait un peu plus respecté le caprice du bout du parc, une délicieuse *folie* du dix-huitième siècle, un enfantillage du plus amusant rococo : le jeu d'oie, un vrai jeu d'oie de grandeur naturelle, semé et bâti parmi les arbres. Toutes les stations, où un porte-voix envoyait les joueurs, y étaient en pierre, en plâtre, en peinturlures. Charles et Marthe les retrouvèrent l'une après l'autre dans la petite forêt : ce fut la Prison, puis l'Auberge, puis le Puits, puis le reste. C'est le jour où ils revenaient en riant de cette découverte qu'ils avaient aperçu, abandonnée au bord d'une allée, une raquette défoncée, et dont le manche gardait un reste de cuir rouge, squelette d'un joujou mort, seul souvenir d'hier.

LX

Dans un hamac jeté d'un marronnier à l'autre, au milieu de l'allée qui menait du perron à la Seine et dominait l'eau, Marthe était à demi couchée, un pied touchant la terre, l'autre en l'air et ballant. Elle écoutait d'un air distrait et ennuyé un homme qui causait avec Charles sur un banc vert. C'était un jeune homme, le front carré sous une chevelure ébouriffée et rebelle, une face large, des yeux de lion, les mains fortes, appuyées sur les cuisses dans une pose lourde et robustement bourgeoise.

Les derniers rayons du soleil, montant au-dessus d'eux, se jouaient dans les mille rejetons repoussés des marronniers étêtés, et, dans cette petite forêt de tiges d'un vert tendre, cages aériennes que le soleil, descendant à l'horizon, n'abandonnait qu'à regret, les teignant lentement de toutes ses lueurs, chantait d'un bout à l'autre la piaillerie joyeuse, l'adieu des oiseaux, souhaitant le bonsoir.

— Il n'y a pas un chat, cela est très-vrai, madame, — disait le jeune homme, — parfaitement vrai... La direction des eaux a tout fait pour faire venir du monde, elle a même annoncé qu'il y en avait; et, malgré tout, personne ne veut venir, sauf cette famille hollandaise et quatre ou cinq femmes de Troyes, qui viennent quand le temps est beau... Mais, après tout, votre mari est ici pour se soigner... et le plus malheureux, c'est le médecin, c'est moi.

— Oui, je comprends, — dit Marthe; — vous comptiez...

— Je comptais, madame, sur un grand nombre de malades... Je comptais sur un vaste champ d'observations, d'exploration. J'espérais trouver ici des lumières, des armes pour combattre la maladie du siècle.

— Vraiment, docteur, — dit Charles, — la maladie du siècle ?

— Oh! je sais bien que la médecine, prise dans l'ensemble de ses doctrines et de ses pratiquants, ne la considère que comme une répétition, une fréquence d'accidents individuels, auxquels il ne faut porter remède que quand l'organisation est très-profondément affectée... Moi, je la regarde, au contraire, comme une maladie organique et propre, au moins par ses caractères de généralité et d'excès, à la race du dix-neuvième siècle. Je la crois le mal de tous les habitants des capitales, à des degrés morbifiques différents, mais compromettant du plus au moins la santé des générations à naître; car des forts naissent les forts... Et regardez, tout se précipite à la centralisation, à la formation de grandes et de petites capitales. La vie moderne va du plein air de la vie agricole à la vie concentrée, à la vie assise, à la vie au gaz du charbon de terre, à la vie au gaz des lampes, à la vie nourrie par une alimentation falsifiée, sophistiquée, trompeuse, à tous les renversements des conditions normales de l'être physique... Tenez, vous fumez... Encore un modificateur contrariant l'économie générale de la vitalité par une excitation opiacée... Et pourtant, pour ceci, pour le tabac, je ne sais pas trop; je vois une déperdition du cerveau dans le vide; mais, malgré tout, j'ai peine à croire qu'un abus qui devient une habitude endémique ne soit pas une loi providentielle, un antidote dont nous ignorons encore l'action et la raison... Enfin, c'est contre les mille révolutions des normes de la vie moderne, contre ses mille empoisonnements, qu'il faut trouver un palliatif, un remède, un contre-poison. La science doit faire face à cela. Il faut trouver, — cela doit exister, — quelque chose qui fasse équilibre à ce déplacement des lois naturelles de l'hygiène et du mode de la santé humaine.

— Et vous cherchez ce contre-poison, docteur, et vous croyez à l'efficacité de ces eaux ?

— Oui et non. Absolument non. Mais, par-dessus l'introduction du fer dans le sang, elles conduisent aux deux grands remèdes que j'estime les deux seuls remèdes essentiels de l'appauvrissement du sang : la nourriture et l'exercice, c'est-à-dire la récréation et le jeu du sang... Tout est là pour moi.

— Et l'hydrothérapie, docteur ?

— Une secousse... rien qu'une secousse, un coup de fouet, et pas autre chose... Maintenant, dans mon système, quelles justes et précises dépenses de mouvement sont prescriptibles ? quelle sera la plus grande activité de circulation supportable par ce corps fatigué ? quelle dose exacte de principes nutritifs conviendra à un tempérament affaibli ? et quel temps faudra-t-il pour l'assimilation ? En un mot, dans l'exagération, dans la caricature de mon système, étant donné un trapèze et du jus de viande, ou tout autre réfecteur, réparateur, enrichisseur, combien de mois seront-ils nécessaires pour qu'un changement, pour qu'un renouvellement s'opère, pour que je fasse de vous un homme qu'une douce chaleur enveloppe de la tête aux pieds, un homme dont l'appétit sonne avec l'heure des repas, un homme enfin en qui une gaieté d'enfant ira et viendra de la cervelle au cœur ? Tout homme bien portant est gai, sachez-le bien... Quel temps, si vous aimez mieux, pour faire prédominer chez vous la circulation artérielle sur la circulation veineuse ?... Ah ! il y a là une bien belle recherche pour un charlatan, et, à défaut d'un charlatan, pour un homme de conscience... Et le temps presse, monsieur, il n'y a pas à s'y tromper. Le système nerveux est surmené à l'heure qu'il est comme il ne l'a jamais été. Les appétits de bien-être, les exigences des carrières, les exigences de position, d'argent, de luxe du ménage tel qu'il est constitué, la concurrence illimitée en tout, la production effrénée en tout, ont fait la prodigalité de l'effort, de la volonté, de l'intelligence, en un mot, la dépense exagérée des facultés et des passions humaines. L'activité de chacun, du haut en bas de l'échelle, a été doublée, triplée, quadruplée. Tous, nous sommes surexcités... et jusqu'à nos enfants dont nous poussons l'esprit qui bégaye comme on pousse une plante en serre chaude. C'est une circulation fiévreuse de la vie, une irritation, presque une crise, de tout ce qui est la partie délicate et comme immatérielle de notre individu... Allons, bon ! voilà que j'ai enfourché mon dada ; tant pis pour vous !

— Mais non, docteur, — dit Charles ; — vous voyez comme je vous écoute ; continuez donc, je vous prie... Je n'avais jamais entendu parler médecine ainsi.

— Que j'exagère, soit ! Mais prenez tous ceux dont le cerveau est l'ouvrier toujours occupé, sans cesse tendu, de la fortune ou de la célébrité ; prenez les banquiers, les hommes d'affaires, les hommes d'État ; prenez les artistes, prenez les hommes de lettres, une classe sur laquelle le vieux Celse appelait déjà de son temps l'attention de la pathologie ; dans ce peuple de gens qui vivent presque uniquement la vie par les impressions, les jouissances, les satisfactions, les déceptions, les défaites morales ; dans ce nombre d'hommes pour qui le corps est guenille, quelque chose accroché à leur esprit, et qu'ils traînent ; dans cette immense famille, parmi tous ceux-là au dedans desquels se succèdent les coups et les contre-coups des prospérités qui s'élèvent et croulent, des dynasties qui durent dix ans, des succès et des oublis de ce siècle, le siècle des éternités viagères et le plus terrible mangeur d'hommes, de choses, de fortunes, de régimes, de gloires, d'espérances... Savez-vous ce que vous trouverez acclimaté dans ce monde, comme une dyssenterie dans un camp ? L'anémie, et, au bout de l'anémie, la phthisie pulmonaire, le cancer à l'estomac, la folie… Encore, ici, vous aurez contre moi beaucoup de mes confrères qui n'admettent que très-difficilement de telles causes comme efficientes. Ils étudieront, ils analyseront avec patience, avec passion, dans des monographies méritoires, toutes les variations de l'influence des excès alcooliques, de l'hérédité, de la misère, des professions insalubres; nulle des actions chimiques et physiques des causes matérielles ne leur échappera. Mais aux causes morales ils perdront pied : ne touchant plus rien, leur scalpel niera. Et pourtant, au delà de l'appareil nerveux, sur la lisière du corps et de l'âme, dans ces limbes, dans ces courants qui vont de l'action d'une chose qui n'a ni un poids ni une quantité spécifiques, de l'action d'une chose morale à la sensation, à l'effet physique produit, quel abîme! mais aussi quel monde à creuser!… Et puis, il ne faudrait pas être seulement médecin : il faudrait être prêtre et médecin, le confesseur non dédoublé, avoir l'aveu entier, sincère, sans réticences, sans réserve… Et l'on pourrait alors faire quelque chose sur cette grosse idée : *De l'influence des faits moraux sur les faits physiques dans l'organisme humain*… Qu'est-ce que je vous dis? Je vous parlais des travaux, de la tension de l'intelligence… La pensée activée, forcée, qu'est-ce? La crémation du sang, un feu qui brûle la charpente et ne vous laisse dans le corps que des charbons… L'huile qui fait aller ces cerveaux-là, c'est la fleur, la fine fleur du liquide nourricier, du sang… Et l'anémie nous gagne, voilà le fait positif. Il y a dégénérescence du type humain. C'est, étendu des familles à l'espèce, le dépérissement des races royales à la fin des dynasties… Vous avez vu au Louvre ces rois d'Espagne… Quelle fatigue d'un vieux sang! Peut-être cela a-t-il été la maladie de l'empire romain, dont certains empereurs nous montrent une face, dont les traits, même dans le bronze, semblent avoir coulé… Mais alors il y avait de la ressource. Quand une société était perdue, épuisée au point de vue physiologique, il lui arrivait une invasion de barbares qui lui transfusait le jeune sang d'Hercule. Qui sauvera le monde de l'anémie du dix-neuvième siècle? Sera-ce dans quelques centaines d'années une invasion d'ouvriers dans la société?...

— Oh! docteur! — dit Marthe, — quelle idée!

— Pardon, madame, je suis paysan et fils de paysan. Avec les dix sous par jour que j'avais à Paris pour manger, je n'ai pas eu de quoi apprendre des phrases qui ne choquent pas les femmes. J'aimais mieux, je vous l'avouerai, en donner deux, sur les dix, à mon porteur d'eau pour me réveiller tous les matins à trois heures.

Le médecin s'était levé.

— Restez donc, docteur, — lui dit Charles, — et rasseyez-vous... Et comment n'avez-vous pas réussi avec une pareille volonté?

— Comment je n'ai pas réussi? Regardez-moi... Me trouvez-vous la tournure d'un médecin de salon? Non. Eh bien! voilà tout... Mais j'ai encore à aller ce soir à Villantrot. Vous savez, à propos, ma barque est à vous. Fatiguez-vous. Remuez bras et jambes... Évitez seulement, sur la Seine, les matinées et les soirées trop fraîches... Le coffre est bon, et je vous promets encore une fois un sang tout neuf, si vous voulez être un paysan pendant quelques mois. Et surtout pas de travail...

LXI

— Charles!
— Hein?
— Où irons-nous nous promener, ce soir?
— Aux Quatre-Chemins, veux-tu?
— Est-ce que tu trouves que c'est si joli, les Quatre-Chemins?
— Oh!... c'est une promenade... Aimes-tu mieux aller à la ferme Pigaut?
— Où nous avons été avant-hier?
— Oui.
— Il n'y a pas beaucoup d'environs ici... Qu'est-ce que c'est ce village... là-haut... sais-tu?

— Là ?... non... je ne sais pas.
— On y sonne les cloches toute la journée.
— C'est vrai.
— Balance-moi... Ah ! pas si fort, méchant... là, comme ça... un peu... Je trouve que ça endort, le hamac, hein ? et toi ?
— Moi, ça me berce.
— Tu sais bien, la maison qui nous intriguait... qui a les fenêtres fermées... nous passons toujours devant... Sophie m'a dit que c'étaient des vieilles demoiselles, d'anciennes nobles... Il est bien midi, maintenant ?
— Et passé.
— C'est à onze heures le facteur ?
— Onze heures... onze heures et demie... Tu attendais quelque chose ?
— Oh ! j'attendais sans attendre... Qui veux-tu qui m'écrive ?... Maman m'écrira dans deux jours, je pense... Ah ! est-ce que tu crois que je trouverai des laines à Troyes ?
— Tu me demandes cela, à moi ?... Oh ! je pense que oui.
— Alors ce n'est pas la peine que j'écrive à Paris...
— Tu n'as donc pas emporté ton ouvrage ?
— Non, je croyais... j'ai oublié.
— J'ai des livres, si tu veux lire ?
— Oui... un autre jour... tiens, demain, fais-moi penser à t'en demander.

Le mouvement du hamac allait se ralentissant et mourait. Charles ne pensait pas à parler. Marthe, couchée dans le hamac les deux bras au-dessus de sa tête, regardait en l'air. Au bout de cinq minutes de silence :

— Ah ! un nuage... — fit Marthe.
— Pardon, ma pauvre chatte, — dit Charles, — c'est ma faute... tu t'ennuies...
— Moi, je m'ennuie ?... Pourquoi veux-tu que je m'ennuie ?
— Parce que tu es seule... qu'il n'y a point de distraction,

que tu n'as personne que moi, une assez triste société, un malade...

— Oh! mon Dieu, la société, ne dirait-on pas... Voyons! tu sais bien comme je suis. Est-ce que je t'ai jamais tourmenté depuis que je suis mariée pour aller quelque part, en soirée, au bal, dis? Et si tu crois que je croyais aller à un endroit comme Trouville... je n'ai emporté que deux chapeaux, ainsi...

— Mais je ne dis pas cela, ma chère, pour cela... Seulement, comme c'est un vrai trou, j'ai peur, je te le répète, que tu ne t'ennuies... et je me fais des reproches...

— Il faut avant tout te soigner, n'est-ce pas? — dit Marthe d'un ton assez sec.

Au bout de quelques instants, Charles laissa échapper :
— Un temps affreux, aujourd'hui...
— Mais non, mon ami, je ne trouve pas... Vous exagérez...
— Vous ne trouvez pas qu'il fait désagréable, énervant?
— Vous souffrez, voyez-vous, mon ami, ce sont vos nerfs...

LXII

De ce jour, Marthe doubla son air d'ennui d'une contradiction continue, persistante, sans trêve, irritante surtout par son ton doucereux, par la patience de son obstination, par son apparente charité, par son affectation de pardon pour l'état de maladie de Charles. C'était une contradiction résignée comme une plainte et qui semblait douce aux opinions de Charles comme une martyre l'est à la mort; une contradiction angélique, pour ainsi dire, à propos de tout, à propos du goût des eaux de Saint-Sauveur, à propos d'une nuance de fleur, à propos de la qualité d'une viande, à propos de la hauteur d'un arbre, à propos de tout ce qu'ils voyaient, de tout ce qu'ils mangeaient, de tout ce qu'ils buvaient, à propos de tout ce qu'ils faisaient, à propos de tout ce qu'ils pensaient. A la fin, Marthe, à bout de prétextes, en était venue à des contradictions de grammaire, à des contestations d'orthographe, et elle tourmentait Charles de paris et de défis sur les difficultés des participes !... Pour un homme malade de la maladie de Charles, le supplice de cette goutte d'eau toujours égale était admirablement trouvé.

— Marthe, je vous ai loué un piano à Troyes... Vous l'aurez demain dans la matinée... — dit Charles un soir.

— Un piano ?... mais, mon ami... je m'en passais très-bien.

— C'est précisément pour que vous ne vous en passiez pas plus longtemps.

Le dialogue tomba. Puis Marthe reprit :

— Nous ne voyons plus le docteur... Cependant... ça lui faisait toujours un déjeuner ou un dîner...

— Eh bien ! ma chère, vous voyez qu'il ne venait pas pour cela, puisqu'il ne vient plus.

— Vous pouvez le trouver intéressant... mais pour une femme, vous conviendrez... il ne parlait que médecine... et des choses affreuses...

— Un médecin qui parle médecine... vous avez raison, ma chère, — dit Charles.

Marthe se renfonça dans son fauteuil, et se mit à faire aller ses doigts contre les deux bras.

— Tenez, ma chère, — dit Charles, — vous avez sur la figure un tel air d'ennui, que... je suis à vos ordres... Quand vous le voudrez, aussitôt que vous le voudrez, nous partirons pour Paris.

— Non, mon ami... Nous ne partirons pas. Je ne veux pas partir. Je resterai ici tout le temps qu'il faudra... Votre santé avant tout, mon ami... C'est un devoir pour moi... Ah ! j'ai oublié de vous dire : j'ai reçu une lettre de ma mère qui me dit de vous dire bien des choses... Pauvre mère ! nous n'avons jamais été séparés aussi longtemps...

— Vous savez aussi bien que moi que je l'ai laissée parfaitement libre de venir... Il s'est trouvé que cela n'entrait pas dans ses arrangements...

— C'est qu'elle craignait de... — Et Marthe sembla hésiter.

— Ah! je vous en prie, j'aime les paroles nettes... Elle craignait quoi?

— Mais de vous gêner, mon ami, tout simplement... Vous prenez tout de suite un ton... Je n'ose plus rien vous dire à présent... Vous interprétez le moindre mot... Vous aurez mal dormi cette nuit... Tu ne te vois pas, mon pauvre cher... Depuis que tu es malade, tu as un caractère...

— C'est que je souffre, ma pauvre Marthe. — Et Charles, qui se crut un moment tous les torts, se leva pour aller chercher son pardon dans un baiser de sa femme.

— Ah! je sais bien... C'est plus fort que toi... Heureusement, mon cher, que je commence à m'y faire...

Le mot arrêta Charles, qui reprit un livre. Marthe fit comme lui.

— Devine... — dit Marthe en interrompant sa lecture au bas d'une page, — devine à quelle heure nous nous sommes couchés hier?

— Je ne sais pas... A neuf heures?

— Non... A huit heures et demie.

— Oh!

— J'ai regardé. — Et elle se remit à lire. Un moment après : — Ça ne t'a pas ennuyé, ce livre-là? — fit-elle en se tournant vers Charles.

— C'est très-beau, — dit Charles.

— Ah! — et elle revint au livre; puis, le quittant : — Quel jour sommes-nous?

— Aujourd'hui?... Samedi.

— Non, le combien?

— Le 14 septembre.

— Nous sommes partis de Paris... Ça fait juste vingt et un jours... — et après un silence, Marthe reprit d'un air de résignation désespéré : — Ça passe encore.

Charles mit la main sur le bouton de la porte.

— Où allez-vous, mon ami?

— Je vais fumer un cigare dehors.

LXIII

Le ménage avait trouvé une distraction : c'était la Seine. Sur les midi, ils montaient dans un de ces bateaux plats que les paysages de Jules Dupré montrent sous l'ombre des aunes de la Picardie; et les voilà tous les deux, Marthe assise à l'avant, penchée sur l'eau, avec son grand chapeau de paille que sa jolie main rabattait sur ses yeux; Charles, debout à l'arrière, faisant effort, se penchant et se relevant sur une longue perche qui poussait sans secousse la marche silencieuse du bateau.

Ils passaient, ils glissaient, de longues heures, ainsi, entre les arbres, dont l'ombre au loin, se serrant contre la rive, ouvrait à leur regard et à leur promenade une grande avenue lumineuse où jouait le ciel bleu. Autour d'eux, les moires de l'eau, répétées au fond du fleuve, traînaient dans le courant un réseau tremblant de lumière, dont les mailles de soleil emprisonnaient l'onde, les herbes et les poissons. A cette heure, la Seine rayonnait éblouissante; l'œil clignotant, le regard perdu dans l'incendie rayé par le sillon de la barque, ne percevaient plus que des éclairs çà et là, les ricochets de feu le long des troncs de saules et des estacades, la ligne de feu qui lignait le bord d'une nacelle, la raie de feu d'un jonc droit dans l'eau. Ils descendaient, ils remontaient, effleurant les sables amassés à fleur d'eau dont les creux gardent une eau dormante et chaude; ils passaient sur les roseaux ondulant et toujours saluant l'eau, découvrant au milieu des forêts d'herbes aquatiques des passages et des sinus mystérieux où l'eau était bleue comme le bleu du linge. Ils passaient sur les verdures qui semblaient revivre dans l'eau, et sur les ombres d'arbres humides et noyées, ravivées et fraîchies, interrompues par l'azur du ciel tombé dans la rivière et se troublant au loin comme une palette brisée. Ils passaient sur des terrains tigrés d'une mousse noire; ils passaient sur de vieux troncs d'arbres, tout blancs, écorcés et polis par le courant, sur les coulées de cristal strié que le fil de l'eau roulait çà et là dans l'eau morte, sur des bancs de plantes à demi submergées, qui, après le passage de la barque, se relevaient et replongeaient dans l'eau avec des mouvements de cygne. Puis soudain le lit du fleuve disparaissait à leurs yeux : le ciel s'étendait sur l'eau ridée comme le sable d'une marée basse, et la barque semblait s'avancer sur un ciel bleu d'où une mer se serait retirée.

— Retourne-toi, — disait Charles, et il montrait à Marthe le chemin parcouru et laissé derrière eux : — là-bas, tout au bout de la rivière, un rideau d'arbres baigné de vapeurs; de chaque coté, rangés ainsi que des coulisses, des arbres s'avançant et se penchant, des arbres épanouis en bouquets et pénétrés de lumière sur les bords; de ce fond jusqu'au bateau, une nappe d'eau d'un bleu foncé que rompaient de distance en distance des rigoles d'argent qui scintillaient et frétillaient; puis, jusqu'au bateau, le bleu foncé se dégradant en un azur tendre et presque pâle où des milliers de lucioles de feu, semblables à des milliers de piqûres éraillant une glace étamée, tremblaient, sautaient, dansaient et mouraient, ou s'en allaient à la dérive, arrêtées un moment par un jonc qui tremblait au vent...

L'eau chantait. Le murmure frissonnant des arbres où la brise arrachait des feuilles avec un bruit de pluie, courait sur les deux rives. Au loin, de chaque côté du lit de la Seine, sur les deux coteaux roses et comme fleuris de bruyères, la vendange, avec ses cris et sa joie, répondait aux murmurantes harmonies du fleuve. Les vignes riaient. L'horizon bruissait et chantonnait, et, comme un refrain, l'écho apportait à la barque les battements sonnant creux des marteaux sur les futailles vides.

Ils allaient, et le fleuve changeait, et la rive. Ils côtoyaient de petites falaises, de petites rampes à pic, veinées de beau sable jaune, qui s'allongeaient toutes droites, et d'où pendaient, mortes, blanchies et desséchées, des herbes chevelues qui faisaient penser à la barbe limoneuse des vieux Fleuves. Puis venaient des masses de verdure claires, légères, transparentes, dans lesquelles le soleil se répandait ou éclatait, et d'où, à chaque instant, s'élançaient des oiseaux de lapis-lazuli, des martins-pêcheurs, jetant d'une rive à l'autre le pont de leur vol aigu. Ils longeaient encore des haies de rosiers sauvages fleuris de leurs baies de corail, et emmêlant leurs branches épineuses; ou bien d'épaisses lisières de roseaux dressant leurs sabres étincelants frôlaient la barque, que suivaient sur le bord la longue ligne des petits peupliers au feuillage grêle, doré par l'automne, les aunes aux feuilles luisantes, les saules qui s'argentent au vent.

Le fleuve se resserrait; et sous les saules enterrés dans les orties et levant leurs grosses têtes noires à fleur de verdure, une demi-nuit profonde et mystérieuse étendait au bord de l'eau un tapis d'ombre au delà duquel la gaieté du jour reprenait tout, le pré lumineux, l'arbre doré, le coteau violet de soleil, l'ombre même, qui n'était plus qu'un brouillard.

— Regarde donc... — disait Marthe, et elle montrait à Charles une entrée de ruisseau noire et profonde comme la bouche de l'urne penchée d'une naïade. Tout le cadre n'en était que lumière, de l'arbre qui se baissait sur le ruisselet, à la petite langue de sable qui essayait de barrer le filet d'eau charriant des bulles d'air sur son lit de cailloux.

Mais Marthe a oublié le ruisseau. Tout à fait penchée, elle regarde dans l'eau. Son regard est tout entier à ces milliers de petits poissons, milliers d'épingles noires, qui se sauvent de tous côtés et se battent contre le courant, la queue toujours allant. Il suit la feuille du peuplier, la feuille du saule, qui vont et roulent lentement entre deux eaux, leur ombre allant devant elles au fond de l'eau; ou bien l'araignée d'eau qui patine au milieu des cercles qui vont toujours s'élargissant autour d'elle. Fouillant dans les profondeurs du fleuve, il se perd dans ces vagues fouillis de branchages et de brindilles ensevelis dans une pétrification de boue. Il fixe cette pierre, ou ce fond de *verveux* dans lequel semble se débattre quelque chose pris dans le filet. Il glisse sur ces longues chevelures toujours agitées au fil de l'eau; il s'arrête pensif à ces amas de feuilles jaunes, ou brunes, ou noires, qui semblent des années mortes mises en tas; il croit voir un petit poisson mort dans cette feuille blanche...

— Gare un choc! attention! — crie Charles.

— Maladroit!... Il n'y a pas de mal.

C'est un saule écorché et qui se lève au-dessus de l'eau, droit et blanc comme un os. Le bateau tourne et la nappe d'azur recommence, et le soleil tressaille et remue au milieu comme une colonne torse de feu.

— Viens voir!... Viens donc voir!

Et tous deux, penchés, regardent, comme des enfants, la carafe trouée par un bout que les gamins plongent dans l'eau pour prendre les *vérons*. Une grande touche de lumière blanche accuse seulement le verre de la carafe. Le bouchon de pomme de terre brille d'une lueur paille, et, dans le son qui s'agite, passent et repassent des fils de vif-argent : ce sont les prisonniers de cette prison de cristal...

Quand Marthe et Charles relèvent la tête, ils croient voir l'illumination d'un jardin de harem, des lampes dans le calice des fleurs : ce sont, éclatants de soleil, les dahlias jaunes et rouges jetés des jardins de la ville et qui flottent. Ils sont déjà en face du gros néflier du premier jardin, penché sur la grosse pierre à laver le linge; et voici, devant eux, la ville avec la tour de son église, le toit de zinc des *cadolles* blanc dans la verdure noire des arbres verts, les balcons aux barreaux verts qui avancent sur la Seine, les huches à poissons à moitié levées hors de l'eau, les barques avec le reflet qui sautille le long d'elles, ainsi qu'une corde qui frapperait l'eau.

Le bateau tourne. Ils reviennent. L'ombre monte le long des

arbres. Les verdures reflétées dans l'eau pâlissent et se passent. Les bancs de joncs flottent dans des vapeurs violettes. Les profondeurs de l'eau verdissent et prennent des tons sourds. Le long de l'eau, sur l'eau, plus de lumière franche, plus de gaieté, que le haut de quelques joncs lointains, la cime de quelques hauts peupliers encore éclairés, et dont l'or se mire dans le miroir éteint de la rivière. Au bas d'une ligne de jeunes peupliers détachant leurs tiges blanchâtres sur les tons roses qui montent de la terre, le bateau rase une haie de jeunes saules poussés sur les troncs coupés, et fait envoler d'entre leurs basses branches toutes crottées des bergeronnettes qui partent deux par deux, se poursuivent, et, croisant leur vol, égratignent de leur queue blanche l'eau qui dort. Le recueillement de la nuit commence. Le murmure des peupliers et des saules se tait. Les bruits de l'eau s'assoupissent, tandis qu'au loin, pour tout bruit, sur la route qu'on ne voit plus, l'essieu d'une charrette geint. La colline au-dessus de la ville n'est plus qu'un mur d'un âpre violet contre lequel montent en petite vapeur bleue les fumées des maisons. Le ciel est vert pâle, puis rose, puis il va se dégradant jusqu'au-dessus de la tête de Marthe et de Charles, où il est bleu. Et l'ombre jette sur l'eau un voile plombé où le croissant de la lune laisse tomber une grappe de faucilles d'argent.

LXIV

Mais la distraction de la promenade sur l'eau fut vite usée. C'était toujours la même chose, disait Marthe; et elle se remit à s'ennuyer, à s'enfoncer et à se draper dans son ennui avec la mise en scène dont son sexe a le secret. Elle eut des poses fixes, des rêveries absorbées, des silences, des surdités, de ces surdités impitoyables et parfaitement jouées, où l'oreille semble s'éveiller en sursaut à la seconde répétition d'une interrogation. Elle se déclarait d'ailleurs très-contente, très-heureuse, très-gaie même, et se refusait absolument à quitter Saint-Sauveur avant la fin du traitement de Charles.

Charles allait mieux. Il y avait deux jours qu'il avait recommencé à travailler un peu, quand, entrant dans la journée chez Marthe, il la trouva en peignoir.

— Vous ne sortez donc pas aujourd'hui, Marthe? Vos promenades vous faisaient du bien pourtant... cela vous donnait de l'appétit, et vous reveniez rose comme...

— Non... il fait vilain.

— Vilain, aujourd'hui? avec ce soleil-là? — Et comme Marthe ne regardait pas et semblait ne pas entendre, Charles fit : — Marthe!

— Pardon, mon ami... Vous disiez?...

— Je dis qu'il fait beau.

— C'est que, voyez-vous, je suis triste aujourd'hui... triste...

— Qu'avez-vous?

— Oh! il y a des morts!... Cette jeune Anglaise qui venait aux eaux... tu sais... morte!

— Mais, ma chère, je ne vois pas...

— Il paraît qu'elle a souffert!... une agonie affreuse... Je n'ai pas eu le courage de sortir, vous comprenez?... Et puis, je vous trouvais si mauvaise mine hier au soir... je n'ai pas voulu vous laisser...

— Allons! je n'en suis pas là...

— Non, voyez-vous... on ne peut rien vous dire! Je ne sais pas où vous allez chercher vraiment...

Mais Charles était parti.

LXV

Saint-Sauveur 30 septembre.

« Qu'est-ce que ta pièce? m'écrivez-vous, mon cher Chavannes. Vous avez vu dans les journaux qu'on en parle pour la rentrée, et vous me demandez : Est-ce une comédie de mœurs, un drame du cœur, une conversation dans deux fauteuils? Où cela se passe-t-il? dans quel décor? Les personnages sont-ils bardés de fer ou de drap noir? Est-ce Athènes, ta pièce, ou bien Paris? Et vous me grondez d'être si peu bavard là-dessus avec vous. Ah! mon ami, il s'agit bien de ma pièce! Je ne sais plus ce qu'elle est, je ne sais pas où elle en est... et qu'il en advienne ce qu'il voudra! Et cependant je croyais, oui, j'avais trouvé un bon tremplin. Dans un temps où le théâtre n'est plus qu'un daguerréotype plus ou moins réussi, remonter au vrai théâtre, au théâtre d'imagination, d'invraisemblance, à la poésie, à cette chose qui rit, se balance et chante au-dessus des réalités, mettre la scène entre ciel et terre, — c'était une idée, mon idée, ma pièce. Vous le savez, j'ai fait de l'observation comme les autres, mais à froid, sans être pris, et comme j'aurais suivi une mode. Mon esprit a d'autres amours, tout ce que blâment les professeurs de logique, les contes de la Fantaisie, les hasards et les aventures de la pensée un pied sur la vie, mais un pied qui vole à la façon du Mercure de Jean de Bologne, — et mon tremplin, mon ami, était le pays du Mercure aérien. Comprenez-vous un plus beau cadre pour une œuvre qui veut faire l'impossible vraisemblable, une meilleure patrie d'un monde imaginaire et vivant, que cette Italie moderne, ce coin de terre où s'est réfugié le roman? L'Italie du dix-neuvième siècle, ah! mon cher... des danseuses qui font avec leurs pointes de l'opposition à la politique régnante; — des couples d'amoureux qui, après dix ans d'amour, se retirent à la campagne pour être plus à eux-mêmes; — des conseils de ministres pour décider si l'héritier présomptif doit faire gras un vendredi chez l'ambassadeur d'Angleterre; — des brigands qui prennent une salle de spectacle pleine, et vendent leurs charges; — des princesses d'un million de rentes qui supplient à genoux un ténor de les épouser; — les derniers collants abricot aux jambes des barytons; — des curés qui tombent dans les entrechats d'une répétition, pour dresser, avant le jour de Pâques, l'état des âmes de leur paroisse ; — un carnaval qui est une institution sociale ; — des *stenterello* qui cachent la liberté de la presse sous la souquenille de Paillasse ; — des impératrices tombées d'un royaume à une préfecture ; — des rois retirés ; — des rentiers de cinq mille livres de rentes qui ont équipage sans faire de dettes ; — des sociétés de secours très-sérieuses pour les femmes en péril de leur honneur ; — des portes de bronze qui s'écroulent sur les reins des princes grecs amoureux ; — des femmes blondes qui semblent descendues des tableaux de Benozzo Gozzoli ; — l'espérance et la loterie en permanence... On ferait un volume de litanies pareilles, et j'en avais fait ma pièce : l'*Ut enchanté*...

« Mais une pièce, ma pièce, qu'est-ce que c'est auprès de ma vie, auprès de mon bonheur !... Ah ! tenez, mon ami, laissons cela. Je suis malheureux, bien malheureux, plus malheureux peut-être qu'un autre ; car chez moi, il n'y a ni colère, ni dépit, ni même irritation. Je ne suis plus un mari, je suis un public : je juge. J'analyse ma femme froidement, aussi froidement que la femme d'un autre. Je la regarde, je la vois comme si j'avais devant les yeux la coupe morale de son être. Ma femme n'a pas de cœur, pas un brin... Très-bien, mon Dieu ! le cœur dans la vie n'est pas d'un usage si journalier... Ce n'est pas, absolument parlant, un meuble de ménage. On vit très-parfaitement avec des gens sans cœur ; j'en connais de charmants dont l'intimité est très-agréable. Je croyais que c'était un sens de la femme : il n'y en a pas trace dans la mienne, voilà tout ; et ce serait peu de chose... mais ma femme est bête, mon cher ami. Encore si c'était cette franche bêtise sans prétention de la femme inférieure, cette bonne bêtise naturelle à laquelle tant de gens d'intelligence ont accouplé leur vie... Hélas ! non, ce n'est pas cela : c'est une bêtise contente d'elle-même, une bêtise coquette, maniérée, qui se travaille et fait des grâces, que vous dire ? une bêtise endimanchée. Son esprit est un rendez-vous de banalités, de pensées communes et publiques, de superstitions bourgeoises, d'idées qu'on pourrait dire surmoulées, de préjugés épidémiques, cette terrible sottise enfin, la plus impatientante de toutes, la sottise éduquée et façonnée, l'ignorance acquise. Par exemple, elle ne croira pas que Louis XVIII a demandé la tête des chevaux café-au-lait du sacre de Napoléon, avant de revenir en France, ni que tous les chiffonniers meurent avec cinquante mille francs en or dans leur paillasse, ni qu'une comète annonce la fin du monde; elle ne croira pas aux tireurs de cartes; mais elle croira aux journaux, elle croira à ce qui est imprimé; elle croira au génie d'un homme qui fait des annonces, à l'esprit d'un autre qui a des amis; elle croira qu'il n'y a que les gens riches pour avoir du goût et de belles choses; elle croira que sous Louis XV les officiers français n'étaient pas braves; que Louis-Philippe a fait passer des millions en Amérique; que les gens qui travaillent comme les tailleurs, les jambes croisées, sont des hommes dangereux; que jamais on n'a fait aussi bien les meubles de Boule que maintenant... Elle aura des adjectifs qu'elle mettra à tout, des épithètes toutes faites, comme la sauce brune et la sauce blanche des restaurants, et dont elle usera à satiété. Avec cela, un air insolent de tout comprendre, sous lequel on sent qu'il n'y a rien, rien que ce qu'il y a dans une tête de linotte; et si vous la poussez un peu, aussitôt des susceptibilités, une femme armée et en défense qui craint toujours une allusion ou une leçon dans votre parole; des entêtements d'amour-propre froids, mais ulcérés, qui s'opiniâtrent à mesure que vous lui démontrez qu'une chose n'est pas, ou n'est pas comme elle croit qu'elle est. Et vous avez beau mettre à cela toutes les mitaines possibles, lui dire qu'elle a tort en lui demandant mille pardons d'avoir raison, prendre un langage de courtisan qui ménage sa vanité jusqu'à la caresser... rien n'y fait, et c'est toujours la même scène : un ton pincé, une petite voix sèche : — C'est bien; je n'ai pas votre intelligence... — Puis une plaidoirie de mauvaise foi dans le faux, à côté de la question; et, si vous répondez, une pose opprimée, le silence de la femme auquel la femme sait si bien faire dire : Vous êtes un monstre!... un monstre, car vous avez voulu l'humilier, non point l'éclairer, la conseiller, la faire revenir d'une erreur, — elle ne l'admet point, — mais vous donner le plaisir de lui faire une honte.

« Vous savez, mon ami, l'horreur qu'a tout homme, dont le cœur et l'esprit sont un tant soit peu bien plantés, pour les sentiments serinés et les phrases stéréotypées. Eh bien, ma femme dira, que sais-je? elle dira d'un mauvais vaudeville : *Il y a du cœur et de la jeunesse dans cette œuvre...*; d'un tableau : *Cela a du style...* Elle aura ces mots, ces phrases de fabrique qui traînent dans le feuilleton, le livre, la pièce. Et pensez que, s'il y a des gens blasés là-dessus, c'est nous qui écrivons! A la longue, c'est une chanterelle qui exaspère. Je n'ai pu m'empêcher de lui dire un jour, j'étais à bout de patience : Tu as lu cela... Comprenez-vous, mon ami? des redites, rien que des redites, un rôle, toujours un rôle, rien qui soit d'elle, rien qui soit l'individualité de son cœur et de son intelligence! Peut-être me traiterez-vous de lunatique; vous me direz que je creuse mon supplice et que je m'y enfonce. Que voulez-vous? Je suis ainsi fait, et j'aimerais mieux cent fois que ce tirage usé des façons de dire et des façons de penser qui circulent, la langue d'une grosse paysanne, une pensée à la grâce de Dieu, crue et brute, mais sincère et personnelle.

« Mais non, mon ami, je n'invente rien; je n'exagère rien. Je ne suis point un malade qui se crée des visions et des tourments. Le fond de ma femme est tel que je vous le dis. Vous lui voyez des grimaces, des mines, des comédies de délicatesse, des prétentions à être difficile, dégoûtée : elle ne sentira ni un poisson qui n'est plus de la première fraîcheur, ni un œuf qui n'a plus son lait, ni du beurre qui a trois jours : c'est un rien cela, et c'est toute ma femme. Elle vous semblera dans le nuage, perdue dans un rêve bleu; mais moi, je sais où elle est, et dans quel problème de prose elle est plongée : elle pense à rogner de cinquante centimes l'anse du panier de la cuisinière, ou à casser sa tirelire pour s'acheter un chiffon que n'a pas une de ses amies... On ne lui plaira pas par une belle âme montrée sur une bonne et loyale figure, pas même par une reconnaissance à voix haute de sa beauté, mais par une petite cour humble, mieux qu'une cour, des courbettes, l'adulation misérable d'un portier qui ferait la cour à une duchesse. Ma femme est une de ces natures de femme qui ne se trouvent à l'aise qu'avec des inférieurs. Elle a des apitoiements, des larmes presque, pour les douleurs imaginaires du théâtre, les suicides racontés dans les faits divers, les paquebots qui éclatent sur les lacs d'Amérique; mais pour ce qui l'entoure, pour les gens de chair et d'os associés à sa vie, elle a des duretés, des sécheresses, des inflexibilités que je ne peux dire, des commandements terribles qui font tomber les assiettes des mains des domestiques; chez elle, nul souci de leur souffrance, nulle part faite à leur humanité, après une réprimande rien qui sente l'âme tendre de la femme, jamais cette parole, ce pardon avec lequel elle rattache ce qu'elle a délié... Une occupation d'elle-même continue et que rien ne peut distraire; et en même temps un ennui qui a besoin du stimulant d'une gaieté ou plutôt d'une bouffonnerie dont elle s'amuse comme d'un joujou bruyant; un esprit qu'allèchent la grossièreté et la cruauté d'une plaisanterie, qui rira du ridicule des difformités physiques ou du comique d'une grande douleur... Et toujours dans le faux, remarquez cela, mon ami! Vous parle-t-elle, vous encourage-t-elle, vous caresse-t-elle, vous console-t-elle? C'est toujours dans une note fausse, aussi fausse que ce piano d'un de mes amis, si incurablement faux, qu'il a fini par y mettre des poissons rouges... Et puis pas une foi, pas une croyance dans tant de crédulités! Je ne suis pas Mahomet : je ne lui demande pas de croire à moi; mais son art au moins... Son art, mon ami? elle l'exerce comme une jolie femme, rien de plus. La musique? elle joue du piano, — et c'est tout. Rien qui la remue, qui la touche, qui l'émeuve, qui l'attendrisse, qui désarme seulement son caractère. La voici ici, à la campagne; elle voit cela comme elle verrait un musée de paysages : elle regarde comme on bâille. Vous savez pourtant, mon ami, que je ne suis pas bien exigeant sur cet article-là; je ne professe pas un bien grand enthousiasme pour la nature; mais, que diable! elle est femme, elle!

« Elle est là à côté de moi. Je la vois d'ici, par la porte entr'ouverte, dans le salon, assise, avec un livre, devant la glace, à chaque page regardant dans la glace, étouffant à demi un bâillement, revenant au livre... C'est bien cette même femme, ce sont bien ces mêmes yeux bleus si doux, cette bouche si petite, cette figure d'enfant; je vais rentrer dans le salon : ce front sera de marbre, cette bouche se fermera, ces yeux deviendront inflexibles, toute sa figure ne sera plus qu'un nuage, sa physionomie, un silence et une menace; elle s'enveloppera des pieds à la tête d'une froideur pire que la colère, d'un ressentiment sourd, d'un certain petit désespoir ennuyé, et par-dessus tout d'un air si malheureux, qu'il n'y a statue, peinture, ou phrases au monde qui pourraient en donner l'idée! Les femmes, qui n'ont pas, comme l'homme, la vie, les ambitions, la carrière, les batailles du dehors pour rayonner et se déployer, toutes les femmes ont besoin, je le sais, d'une certaine issue, d'une certaine dépense de leur activité bataillante et nerveuse. C'est ce qui explique et excuse l'âpre plaisir qu'elles prennent aux souffrances de celui qu'elles aiment, à leurs souffrances propres, aux larmes même dont elles sortent renouvelées et rendues à leurs bons instincts, à la santé de leur cœur. Mais celle-ci, mon cher ami, passe son sexe en cela. Elle a du génie, véritablement du génie, pour imaginer, engager, et pousser à fond ces terribles duels d'intérieur où l'on se bat avec des épingles empoisonnées. Elle a surtout après la lutte ces silences dont je vous parlais, silences, non de la bouche seulement, mais du regard et de tout le corps, ces résignations de victime... Non : il faudrait une patience qui n'est pas de l'homme pour y tenir! Le sang finit par vous bouillonner, il faut sortir, se sauver... Je suis chez moi. Je ne l'ai plus là. Elle vient, sous un prétexte. Je l'ai entendue venir, à son pas, à un bruit de pleurs étouffées. Elle tourne autour de moi. Ce sera quelque chose qu'elle a laissé dans ma chambre et qu'elle cherche longuement en fouillant, en furetant, avec des mouvements désolés dont chacun est un gémissement et un reproche… A la fin, lassé, vaincu par cette lente torture, il m'échappera un : « Mon Dieu ! qu'avez-vous ? » qu'elle guettait à la dérobée sur mes lèvres, qu'elle attendait pour répondre un : « Je n'ai rien… », un de ces mots dont rien ne peut donner la note, et que ma femme sait dire comme une femme… Oh ! ce : Je n'ai rien !…

« Le plus triste est que ma tête en souffre. Je ne puis rien faire de bon. Je crois que mon cerveau se dérange… Et que sera l'avenir ? Il ne me reste plus la moindre illusion. Elle ne m'aime plus. M'a-t-elle jamais aimé seulement ? Au commencement, ç'a été tout simplement le contentement d'être affranchie de sa mère, la reconnaissance d'une vie large et heureuse, d'une très-humble adoration de sa beauté. Elle n'en aime pas un autre… Au reste, mon ami, maintenant… Pour moi, l'adultère existe du jour où la femme ne vous aime plus. Aimera-t-elle ? je n'en sais rien. Il lui faudrait trouver un brave garçon à ses ordres, à l'heure de ses caprices, qu'elle ferait tourner comme un moulin à vent, et qui passerait sa vie à lui chanter la romance à madame, les deux genoux sur le coussin de Chérubin. Après cela, elle a la vanité d'être une femme honnête dans son monde, une vertu montrée aux lorgnettes… Peu m'importe ! Oh ! c'est bien fini… Il y a trois ou quatre jours, il y avait dans notre ménage une espèce d'embellie; nous étions à caresser l'enfant de la fermière d'ici, qui nous apporte des œufs et des poulets, et pendant qu'il jouait sur nos genoux je pensais à un livre à faire : l'*Enfant !* un beau livre qui peindrait la naissance de l'âme dans l'enfant, le premier jour de son intelligence, la formation de la conscience, un livre appuyé sur une observation minutieuse, détaillée, haute et poétique, jour à jour et type à type, de l'homme qui s'éveille et commence… Ma femme, la pauvre chère âme, se trompa à mes caresses et à mes pensées; des enfants, je n'en veux plus maintenant ! — Mais Charles, me dit-elle, il nous faudrait une nourrice…, et nous ne pourrions pas garder la femme de chambre…

« Oui, il ne me reste que le travail, et je travaille mal. Enfin, grâce à Rémonville, je vais avoir ma pièce à la rentrée. Cela me sortira peut-être de moi-même. Vous savez ce que je vous ai demandé. Vous ne me refuserez pas. Il serait bien dur de n'avoir pas ce soir-là quelqu'un qui m'aime depuis mon enfance pour enterrer la pièce ou embrasser l'auteur.

« Charles Demailly. »

Quand Charles eut plié cette lettre, quand il réfléchit à ce qu'il confiait à un autre, il eut quelque chose du remords d'un homme qui livre une femme; et, la laissant sans la cacheter, il entra dans le petit salon. Marthe était allé se jeter sur le hamac, dans l'allée. Charles en approchant d'elle lui vit ce regard qu'il avait tant aimé, ce regard qui allongeait dans son œil rapetissé une flamme tendre et un sourire mourant, — ce regard à elle ! Et troublé, puisant à ce regard les souvenirs et les oublis, il y fondait délicieusement le sien, quand Marthe lui dit : — Tu crois que ce n'est que pour toi, ces yeux-là ?... Tiens ! je les fais aussi bien à ces petits cailloux qui sont là...

LXVI

Il arriva à quelques jours de là que la ville de Troyes inaugura la statue d'un de ses grands hommes : le sculpteur Girardon. L'inauguration fut, comme il arrive, l'occasion d'une fête, le prétexte de courses de chevaux, d'un concert, d'un bal, d'un banquet, d'une exposition de tableaux, d'une étude biographique sur Girardon avec portrait et *fac-simile*, et de trois discours où Troyes fut appelée *alma parens* pour avoir donné le jour au pape Urbain IV, à Juvénal des Ursins, à Passerat, aux deux Pithou, à Grosley, à Mathieu Molé et à Mignard. Troyes profita aussi de cette inauguration pour montrer « à la capitale » ses églises, son clocher de Saint-Pierre, ses musées, ses maisons de bois, ses charcutiers, sa promenade du Mail : Paris fut invité par affiches, et la presse parisienne par lettres.

Charles se décida à mener Marthe à ces fêtes. Marthe se fit prier, puis accepta. Arrivés à Troyes, comme ils tournaient une rue pour gagner la place Girardon, ils tombèrent sur une bande qui, le nez en l'air, explorait la ville avec les étonnements et les exclamations de navigateurs qui découvrent un nouveau morceau de la carte du monde : c'était le *Scandale* en quatre personnes, Montbaillard, Mollandeux, Couturat et Nachette, « qui avaient cru devoir, selon le mot crié dans les rues par Montbaillard, répondre à la gracieuse invitation de la Champagne. » Les ressentiments sont oubliés, ils tombent entre des Parisiens qui se retrouvent à autant de kilomètres de Paris. Ainsi les voyageurs, les exilés, embrassent la patrie dans le compatriote qu'ils rencontrent. Peut-être passé la barrière n'y a-t-il plus d'ennemis littéraires. Nachette tendit la main à Charles, qui la serra franchement et sans rancune. Montbaillard entonna un chœur, et Couturat présenta Mollandeux à un monsieur qui passait comme un petit-fils de Girardon. On rit, on causa; Marthe était gaie, Charles s'amusait, Montbaillard étourdissait Troyes, Couturat voulait tirer des feux d'artifice, Mollandeux saluait les sapeurs-pompiers. On marcha, on se promena, on mangea, on but, on passa toute la journée ensemble. On fit le tour de la statue, du maire et du Mail. Comme Charles allait partir : — Nous irons vous voir, — lui dirent les rédacteurs du *Scandale*.

— Oui, — dit Montbaillard : — où demeurez-vous ? Sous les bambous ?

— A Saint-Sauveur.

— Ça me va... J'ai justement une affaire à emmancher avec le directeur des eaux.

— Eh bien, — dit Charles, — venez donc déjeuner chez moi. Après déjeuner, vous irez à vos affaires, et vous reviendrez dîner... Est-ce arrangé ?

— Au fait, c'est une idée, — dit Montbaillard, — hein? vous autres? oui?... Eh bien! oui.

On prit jour, et l'on se quitta avec la cordialité d'amis de collège qui ne s'empruntent pas d'argent.

Trois jours après, sur les neuf heures du matin, la bande arrivait au château. Montbaillard en manches de chemise, son paletot sur le bras, et son chapeau en l'air au bout de sa canne, ouvrait la marche en chantant avec une voix de tonnerre enroué :

> Et l'on verra le bourgeois éclairé,
> Donner sa fille au forçat libéré !
> Au forçat... au forçat libéré !

Il était suivi de Nachette et de Couturat. Puis venait Mollandeux en traînard, et s'attardant à cueillir des lézards sur les murs.

— Personne ! — fit Montbaillard, — Sonnons du cor... Y êtes-vous ? et ferme, en chœur, mes enfants...

> Donner sa fille.....

Une !... deux !

> Donner sa fille au forçat libéré !
> Au forçat......

— ... libéré ! — cria Charles en ouvrant la porte. — Vous vous êtes donc levés au petit jour... à huit heures ? C'est qu'on se lève après le soleil ici... Vous devez avoir faim ?

Mollandeux disparut.

— Bigre ! — dit Montbaillard en entrant dans le salon, — vous avez un fort bel appartement, et élevé... c'est comme si on entrait dans un livre de M. Cousin !

Marthe descendit. Elle s'excusa auprès de ses hôtes d'être une maîtresse de maison si peu matinale, et demanda la permission d'aller voir à la cuisine où le déjeuner en était. Mais à ce moment Mollandeux reparut, et ce fut un immense éclat de rire : il s'était fait un bonnet de coton d'une serviette, un tablier d'une autre serviette; on eût dit ce gibelottier qu'Isabey a posé sur la porte de la fameuse chanson de l'Écu de France.

— Voici la situation, — dit-il gravement. — La cuisinière a le physique d'une femme inexacte... Elle regarde le déjeuner comme une question d'avenir... Madame, donnez-leur des serviettes à tous! Rappelons-nous, messieurs, cette parole encourageante du maître : « On devient cuisinier... » et que les hommes de bonne volonté me suivent!

— Tous! tous! — cria la bande avec l'ensemble et l'intonation d'un public des boulevards qui rappelle les acteurs après un drame.

Au bout de cinq minutes, tous marmitonnaient à l'envi. Au milieu de sa cuisine envahie, la cuisinière avait pris le parti de rire. Mollandeux plumait très-proprement des perdreaux. Nachette allumait le fourneau. Couturat avait l'intention de faire une sauce d'ordre composite. Montbaillard, sa montre à la main, tâtait le pouls à des œufs frais dont il avait pris la cuisson sous sa responsabilité. Charles lui-même paraissait s'occuper à quelque chose : il regardait une poêle.

— Allons donc! mon cher, — lui disait Couturat, — c'est honteux... manque quelque chose au moins!

— Chut! — répondit Charles d'un air recueilli, — je vais peut-être faire une omelette!

— Eh bien! et moi? — fit Marthe — qui avait relevé la jupe de sa robe avec des épingles, — est-ce que vous croyez que je vais rester à vous regarder?

— Ah! c'est vrai, — dit Montbaillard, — il faut que la dame travaille.

— Il faut que la dame travaille, — répéta Mollandeux en soufflant sur la poitrine déplumée de son troisième perdreau. — Elle pèlera les pêches pour les beignets. J'ai dit.

— Ah! oui, — fit Marthe en tirant de sa poche un petit couteau à lame d'argent.

En dépit des cuisiniers, on finit par déjeuner. Le déjeuner

fut très-gai. L'entrain de la matinée s'y épanouit. Il fut plein de mots, de saillies et de rires.

— Mes enfants, dit Montbaillard au dessert, — je vous apprendrai que le *Scandale* va comme papa et maman... Nous avons fait ce mois-ci un argent fou... c'est-à-dire que si ça continue, je vais louer l'Odéon pour y mettre mes bureaux d'abonnement ! On y jouera la Recette, pièce à tiroirs, tous les soirs !... Voilà le *Scandale* calé, à présent.... et ils peuvent en faire des journaux !... Brindu en fait un, le petit Camille aussi... Moi, je ne demande pas mieux qu'ils gagnent tous de l'argent... Qu'est-ce que ça me fait ? en attendant, nous avons été obligés de faire cette fois-ci deux tirages du numéro... Et puis, s'ils m'embêtent, savez-vous ce que je fais ? Je parais deux fois par semaine... et nous verrons bien. Au fait, est-ce que vous revenez ici l'an prochain, Demailly ?

— J'espère bien que non, — dit Charles, — j'irai bien, l'an prochain.

— C'est que j'aurais été votre voisin... Ah ! mon Dieu, oui... ce n'est pas fait, mais je suis en marché.. un petit pavillon à deux lieues d'ici... Ça m'a plu. J'ai assez longtemps regardé mûrir des abonnés... J'ai une envie de campagne... tous les goûts sont dans la nature.. et puis la propriété, c'est le sol !... J'apprivoiserai quelque chose... Je suis capable de devenir maire, on ne sait pas... Tu as vu la maison, toi, Mollandeux, et le jardin, c'est gentil, hein ? — dit Montbaillard pour enfoncer un aiguillon dans les ambitions secrètes de Mollandeux. — De quoi s'asseoir, mes enfants ! cinq arpents !.. La campagne ! ça me fera vivre huit jours de plus, vous verrez; et si un jour, un gaillard de la force de Nachette ou de Couturat trouve des fonds, je lâche toute la boutique du journal, je me lave les mains, et je me marie, pour faire un cent de piquet après dîner !

— Si nous prenions le café dehors, — dit Marthe, — dans l'allée des Marronniers ?

— Ah ! madame, - dit Mollandeux, — voilà une idée dont on baiserait les mains !

— Qu'est-ce qu'on fait? — dit Charles. — Voulez-vous que je vous mène aux eaux?

— Moi, — dit Montbaillard, — certainement. Il y a une affaire... Est-ce qu'elles existent, d'abord, les eaux?

— Parole d'honneur! — dit Charles.

— Et qu'est-ce qui les fait? Le médecin? Je suis sûr que ce farceur-là met des clous dans une fontaine... C'est comme Vichy, où on met des pastilles de Vichy dans des sources, tout bonnement... Qu'est-ce qui vient?

— Oh! il fait trop chaud, — dit Marthe. — Moi, je reste.

— Il ne me semble pas d'extrêmement bonne compagnie d'abandonner madame... et je vous abandonne, — dit Mollandeux.

Charles, Montbaillard, Nachette et Couturat ne revinrent que pour le dîner. De l'établissement des eaux, ils avaient été faire une grande promenade sur la Seine. On dîna. Le dîner fut moins gai que le déjeuner. On parla moins, on but plus, et l'on finit par tourner à la tendresse.

En sortant de table, Nachette prit Charles sous le bras, l'entraîna dans le parc, et, avec une effusion de mots, de gestes et de cœur qui toucha Charles, lui dit le regret de l'avoir attaqué.

— Mais que veux-tu? — reprit-il, — j'ai une vie d'enfer... Tu n'as pas d'idée de ce que j'ai à souffrir matériellement et tous les jours... On me jette au nez que je gagne quelques sous... Je loge au cinquième, je dîne à quarante sous, je fume des cigares à un sou... Qu'est-ce que tu veux que je fasse? Il faut que j'aille aux premières, et que je sois propre... je ne peux pas toujours être crotté... c'est le tailleur, les voitures... des dépenses nécessaires dans ma position... Il faut que je paye un dîner pour ne pas manquer une affaire... et tout file! Ah! ça va vite... ça m'a servi à faire des dettes, ma copie, et voilà tout. Je comptais sur une pièce qui me rapporterait une trentaine de mille francs... il ne faut qu'un hasard, qu'un succès... Ma pièce? elle dort, mon cher... elle a traîné partout... aucun directeur n'a voulu risquer de me jouer... Il y a des choses qui vous prennent à la gorge...

et que tu ne sais pas, toi. Entre en littérature avec dix mille francs de dettes, et tu verras!... les petits que ça fera! et comme ça repousse!... J'ai cru en sortir dix fois : on n'en sort pas!... Je les ai arrosés, je les ai payés, je les dois toujours!... Les arrangements, les renouvellements, est-ce que je sais! tout le diable et son train... qui vous pompent, qui vous sucent... et votre dette qui marche!... Et puis demain, quoi?... Demain, ce sera comme aujourd'hui. Rien ne peut me sauver, mon cher, que des choses impossibles... on n'en fera pas exprès pour moi, n'est-ce pas?... Montbaillard ne veut plus me faire d'avances... Tiens! Charles, j'ai idée que ça n'ira pas longtemps comme ça... Et comme je crois te faire mes adieux, je te fais mes excuses...

Il y avait un accent si vrai, une douleur si âpre, quelque chose de si étouffé et de si navré dans cette voix, que Charles fut apitoyé.

— Voyons, mon cher, — dit-il à Nachette, — que diable! des dettes! des dettes! ce n'est que de l'argent... Il ne faut pas que tu t'en ailles comme cela. Rien ne te rappelle à Paris... Change un peu d'air. Reste ici quelques jours. Nous chercherons ensemble quelque chose... Voyons, reste...

Nachette fit quelques difficultés.

— Nachette, mon fils! — cria Montbaillard, — qu'est-ce que tu fais? Viens-tu? Nous avons une bonne heure de marche.

— Il reste avec nous quelques jours... Il vous enverra sa copie d'ici, — dit Charles.

On reconduisit les Parisiens jusqu'au bout du parc.

— Bah! — dit Couturat qui se rapprocha de Nachette, — tu veux donc?... Ce pauvre Charles!... Mais tu sais, je te préviens, tu n'as pas de chances : on t'appelle le *vilain singe*...

— Je le sais. Mollandeux a déjà eu la bonté de me le dire.

— Pourquoi restes-tu, alors?

— Pourquoi? — reprit Nachette.

Et il ne répondit pas.

LXVII

Nachette resta huit jours à Saint-Sauveur. Il fut charmant pendant tout ce temps. On eût dit que cette hospitalité, comme une bonne fée, l'avait dépouillé de cette rudesse et de cette brutalité de formes qui lui avaient d'abord valu l'hostilité de Marthe. Il ne montra ni une susceptibilité, ni un nuage d'humeur. Il fut enfant, il fut bon enfant, plein de folies, et toujours en train de faire rire le ménage. Il n'était occupé qu'à distraire Charles de son mal, et Marthe de la campagne. Il les faisait veiller le soir, il les réveillait le matin; il les forçait à se promener, à visiter les environs; il montait de grandes courses qu'il égayait tout le long du chemin. Mais c'était aux eaux qu'il se surpassait : un comique eût envié les grimaces avec lesquelles il en avalait un verre, et l'on eût défrayé trois pochades de carnaval avec les charges qu'il faisait à l'homme préposé à la distribution des verres d'eau de la source. Il ne l'appelait que « mon neveu, » et lui racontait l'affaire Fualdès, mélangée avec le *Chapeau de paille d'Italie*, ce qui compliquait et embrouillait encore un peu le rôle de madame Manson.

Bref, Nachette amusa Marthe, il désarma Charles, et, dans la bonne poignée de main qu'il reçut d'eux quand il partit, Nachette emporta le droit de les revoir à Paris.

Nachette parti, la campagne sembla à Marthe vide de bruit, de mouvement et de vie, comme une maison que vient de quitter un collégien, et Marthe retomba plus profondément dans l'ennui. Elle prit en horreur toute activité, elle se refusa à toute promenade, et, se disant malade, tout en refusant de voir le médecin, elle passa ses journées couchée sur le divan, ne dérangeant le sommeil de son corps et de son âme que pour écrire des lettres de quatre pages à sa mère. Et il fallait des batailles et des luttes vives pour que Charles parvînt à la décider à aller faire un tour dans le joli jardin des eaux.

LXVIII

Montbaillard avait abonné le salon des eaux au *Scandale*. Voyant Marthe rire en lisant le numéro qui venait d'arriver, Charles le prit et lut :

UNE INGÉNUE EN PUISSANCE DE NÉVROPATHE

HISTOIRE D'AUJOURD'HUI

I

Il n'y a plus qu'un grand Turc en Europe : c'est le public.
Il n'y a plus que le public qui ait un sérail.
Le sérail du public est un sérail idéal, je me hâte de le dire; mais quel sérail, que ce sérail idéal ! — Toutes les femmes de Corneille, de Molière, de Racine, de Shakspeare, de Victor Hugo, d'Alfred de Musset, de M. Scribe et de M. Siraudin ! celles-ci qui viennent de la Circassie de la tragédie, celles-là arrachées toutes jeunes au sein de la comédie; des femmes en prose et des femmes en vers; des brunes, des blondes, — et tous les talents d'agrément qu'on peut désirer ! Il y a des danseuses de corde et des saltatrices gaditanes ! Il y a des déclamatrices, il y a des grandes coquettes ! Il y en a qui arrachent les larmes, — sans douleur ! et d'autres à qui M. Samson a appris le grand art de sourire naturellement ! Et d'autres qui pincent le couplet *cascaret !* et d'autres qui semblent ouvrir une cage quand elles

ouvrent la bouche, et lâcher des rossignols dans le lustre! Il y a même des jolies femmes! Mais ce n'est encore rien : il y a même des INGÉNUES!

Quand une des sultanes du grand Turc lui était infidèle, le grand Turc la priait de se coudre dans un sac et de se jeter dans l Bosphore : le grand Turc se vengeait lui-même.

Quand une des favorites du public le trompe devant M. le maire, quand une actrice se marie, — c'est Dieu qui nous venge!

II

La scène représente une salle à manger d'un château Louis XIII, — comme dans les romans de George Sand. — Un jeune homme et une jeune femme sont à table. La jeune femme semble une charmante jeune fille. Le jeune homme a la face cyanosée, *de fortes pattes d'oie, deux grands plis aux coins de la bouche. — La jeune femme se verse de l'eau, et ne remet pas le bouchon sur la carafe.*

LE JEUNE HOMME. — Rosalba! le bouchon!

LA JEUNE FEMME, doucement. — Quoi, mon ami?

LE JEUNE HOMME. — Le bouchon!

LA JEUNE FEMME, doucement. — Ah! le bouchon... Ne vous irritez pas... le voilà, mon ami. (Elle le remet.)

Un silence. — Jeu des mâchoires du jeune homme. — La jeune femme se reverse de l'eau et oublie de remettre le bouchon.

LE JEUNE HOMME. — Le bouchon, Rosalba! Les bouchons sont faits pour boucher les carafes!

LA JEUNE FEMME, doucement. — Oh! que je suis étourdie... j'avais oublié...

LE JEUNE HOMME, exaspéré. — Le bouchon!... le bouchon! tout de suite! Ne savez-vous pas que je suis *névropathe, névropathe... pathe!*

Et il manque de tomber dans une attaque de nerfs.

III

La scène représente une vieille charmille, — comme dans les romans d'Octave Feuillet. — La jeune femme est couchée dans un hamac. Le jeune homme est assis sur un banc. Un autre homme jeune raconte la dernière heure d'un poitrinaire et la nécropsie d'un phthisique.

LE JEUNE HOMME. — Qu'est-ce que cela sent ici, mon Dieu?

LA JEUNE FEMME, doucement. — Mais cela ne sent rien, mon ami.

LE JEUNE HOMME. — Vous avez fait vœu de me faire mourir avec vos odeurs!

LA JEUNE FEMME, doucement. — Mais, mon ami, vous savez que je ne me sers absolument que d'iris pour mon linge, depuis que...

LE JEUNE HOMME. — Mais, mon Dieu! qu'est-ce que cela sent donc?... Ah! le jasmin, le jasmin!... Donnez-moi votre tête!

LA JEUNE FEMME, doucement. — Mais...

LE JEUNE HOMME. — Donnez-moi votre tête!... Le jasmin, madame, le jasmin!

LA JEUNE FEMME, doucement. — Mais, mon ami, je ne puis cependant pas ne pas mettre de pommade...

LE JEUNE HOMME, exaspéré. — Ne savez-vous pas que je suis *névropathe?* mais *névropathe!...* Ne suis-je pas assez *névropathe*, dites, docteur?

Et il manque de tomber dans une attaque de nerfs.

IV

La scène représente un omnibus, — comme dans les romans d'Henri Monnier. — C'est l'omnibus qui transporte de la ville de Troyes aux eaux de Saint-Sauveur les malades anémiques. Il y a d'affreux enfants soufflés et gonflés comme des ballons. La femme qui est en face Rosalba, est une petite femme toute ratatinée, blanche comme la cire, les yeux vitreux, avec deux petites dents qui mordent par-dessus la lèvre, — la tête d'une momie qu'on démaillotte.

LE JEUNE HOMME. — Rosalba, vous avez un regard en dessous. Pourquoi regardez-vous en dessous?

LA JEUNE FEMME, doucement. — Mon ami, la vue de cette femme me fait mal... cela me fait vraiment mal!

LE JEUNE HOMME. — C'est me dire que je vous répugne.

LA JEUNE FEMME, doucement. — Oh! mon ami!... Dieu merci! jamais vous ne serez comme cela.

LE JEUNE HOMME. — C'est me dire que je n'en suis pas encore là!

LA JEUNE FEMME, doucement. — Calmez-vous, je vous en prie... pour nous-mêmes... On nous regarde.

LE JEUNE HOMME, exaspéré. — Qu'est-ce que cela me fait?... Vous oubliez, malheureuse! que je suis *névropathe... pathe!*

Et il manque de tomber dans une attaque de nerfs.

V

La scène représente un kiosque, une source, et un vieil homme qui remplit des verres, — comme dans les romans ferrugineux.

LE JEUNE HOMME. — Rosalba! eh bien, vous ne buvez pas?

LA JEUNE FEMME, doucement. — Mais pourquoi, mon ami? Je n'ai pas besoin... Je vais bien.

LE JEUNE HOMME. — Ah! vous allez bien, et je vais mal, n'est-ce pas?

LA JEUNE FEMME, doucement. — Oh! mon Dieu!

LE JEUNE HOMME. — Pas si mal que cela!... pas si mal, entendez-vous?

LA JEUNE FEMME. — Vraiment, il faudrait être une sainte...

LE JEUNE HOMME, exaspéré. — Une sainte! une sainte! Soyez donc *névropathe..., névropathe..., pathe..., pathe!*

Et il tombe dans une attaque de nerfs.

Et voilà comment Dieu venge le public, et comment il punit une ingénue infidèle au célibat, une ingénue qui manque à ses devoirs de garçon : par le mari — et la *névropathie*.

MOLLANDEUX.

— Il est drôle, n'est-ce pas, l'article? — dit Marthe.
— Je te fais donc bien souffrir, Marthe? — dit Charles.
— Mais ce n'est pas moi... Je n'ai rien dit, je t'assure... Mollandeux a fait tout ça de *chic*... Il n'y a que pour le docteur... Ah! le docteur, je ne dis pas..., je suis pour quelque chose dans le docteur..., mais pour toi, je te jure bien..., j'ai dit que tu étais un peu..., un peu nerveux..., mais voilà tout, bien vrai...

L'article de Mollandeux avait un ton trop bouffon pour blesser Charles. Mais Charles devina aux dénégations de Marthe d'où il venait ; — et ce fut là sa blessure.

LXIX

Le temps de leur séjour finissait. La veille du départ arriva; puis vinrent le jour et le départ.

Comme on chargeait les malles : — Et le hamac?... je n'y pensais plus... — dit Marthe.

Charles alla le chercher dans l'allée de marronniers. Mais, quand il y fut, il oublia un instant de le détacher, et y mettant ses deux coudes, il laissa son regard se perdre devant lui dans le brouillard lumineux d'une matinée d'automne. C'était comme une aurore qui flottait dans un nuage. Tout était vapeur. Mille rayons caressaient de blancheurs bleuâtres les bouquets d'arbres roses et la rivière d'argent. Une branche çà et là pleine de rosée brillait au soleil comme une branche de cristal. Et Charles demeurait accoudé, embrassant pour la dernière fois du cœur et des yeux ce ciel, et cette eau, et ces arbres dépouillés qui avaient vu les derniers beaux jours de son amour...

LXX

— Examine et critique, mon cher... Tu as du goût, toi... J'ai voulu, vois-tu, réaliser quelque chose dans le goût des intérieurs que Balzac donne à ses jeunes gens lancés...

Ainsi parlait Florissac à Charles tout nouvellement revenu de Saint-Sauveur. Il l'avait accroché au détour d'une rue, et l'avait forcé à monter chez lui pour voir son nouvel appartement.

— Eh bien ! — reprit Florissac, ils étaient dans le cabinet de toilette, — qu'en dis-tu ? N'est-ce pas, il y a ici tout ce qu'il faut pour être garçon...

— Et joli garçon, — ajouta Charles en souriant.

— Tu comprends, j'ai voulu ça grand d'abord... J'avais toujours rêvé d'avoir un cabinet de toilette dans des proportions convenables... Tu me diras qu'il y a des gens qui se lavent dans un placard, c'est vrai, mais je déteste les tours de force... Oui, mon cher, tel que tu me vois, je n'écris plus..., je ne fais plus rien, pas même des dettes !... et je vis de mes rentes : ce n'est pas plus ennuyeux que de vivre du hasard... J'ai trouvé sur mon chemin des banquiers qui m'ont plu..., ils mettent mon argent dans des trous où les pièces de cent sous engraissent... Mais passons ces épisodes ! Mon cabinet de toilette te va-t-il ?

Les murs du cabinet, et le large divan qui en faisait le fond, étaient habillés d'un cuir gros bleu, verni comme le cuir des voitures. Hors des têtes de chevaux à l'aqua-tinte, et des courses fameuses dans les fastes du sport anglais, encadrées dans des cadres de laque, tout le cabinet ne montrait que des choses de toilette. Éponges, brosses, étrilles, strygilles, tous les instruments des *alipili* et des *elacothesii* antiques, modernisés et perfectionnés, les mille outils brillants et clairs comme la trousse d'un chirurgien, les sachets, les savons, les pots pourris, les vinaigres, les cosmétiques, les essences, garnissaient, envahissaient, remplissaient le mur et les étagères de bois de citronnier. Sur une immense tablette de marbre blanc posaient le service de toilette avec toutes ses pièces de Bohême rose, et ses deux immenses cuvettes de cristal où un dernier rayon de soleil semblait jouer avec des rubis.

— Alors tu trouves cela convenable ?

— Très-bien... très-bien... le seul cabinet de toilette que j'aie encore vu.

— Ah! bien, je suis content... je tenais à ton opinion.

— Mais, dis donc, Florissac, ça doit avoir un succès fou, auprès...

— Auprès des folles courtisanes? — répondit Florissac en s'arrangeant les ongles avec une machine à ongles inventée de la veille, — ne m'en parle pas! Elles veulent tout emporter... J'ai été obligé de leur dire que ça me venait de famille..., que c'était les brosses à dent de mon oncle..., des souvenirs!

Une tête d'homme passa humblement par la portière de la porte entre-bâillée.

— Ah! c'est vous, — dit Florissac, — mettez ça..., tenez! là..., je n'ai pas le temps, je cause..., vous repasserez.

— Mais, — dit Charles, — que je ne te dérange pas.

— Me déranger?... Je suis ravi au contraire... Figure-toi que ce que tu viens de voir là est un tailleur..., mais un tailleur... un tailleur littéraire! Oui, il se permettait d'aimer les gens de lettres... Moi, dans le temps, par faiblesse, je lui faisais le plaisir d'écrire mes feuilletons chez lui... Mon cher, ça l'a grisé... A la fin, il se permettait de me lire, il épluchait mes épithètes!... un tailleur! un malheureux chargé d'avantager ses semblables!... Je ne suis pas fâché de le remettre à sa place à présent... Il voudrait m'avoir à ses soirées...

— Comment, il reçoit, ton tailleur?

— Certainement, il reçoit... Il reçoit tous les gens qui ne le payent pas : c'est très-bien composé... Et ta femme ? elle va bien ?

— Oui..., très-bien.

— A propos, on m'a dit... Sais-tu qu'elle se plaint de toi ?... tu devrais voir ça... Oh ! des cancans... Mais il vaut mieux dans ces choses-là...

— Mon Dieu ! c'est l'article de Mollandeux...

— Oui, l'article de Mollandeux..., mais tout de même à ta place, j'aurais eu une explication avec ma femme... Et on te joue ?

— Je suis en répétition.

— Et ta femme joue dans ta pièce ?

— Certainement... Pourquoi ?

— Non, je te demandais... Bon ! me voilà coupé... Eh bien, ce n'est pas heureux, leur nouvelle invention pour les ongles.

— Tu as les *Caprichos* de Goya, n'est-ce pas, toi ?... — c'était de Rémonville qui entrait. — Bonjour, Charles... Je fais un travail sur la caricature, et...

— Goya ? parbleu ! Rembrandt dans le pays des oranges... un exemplaire superbe !... Je vais te chercher ça, — dit Florissac en soulevant la portière de sa chambre.

— Est-ce que tu fais quelque chose, dimanche ? — dit de Rémonville à Charles.

— Non. Pourquoi ?

— Tu devrais venir avec nous autres, près de Sèvres, voir Galland qui s'est battu, tu sais ?... Il est intransportable... Tu le connais, Galland ?

— Je l'ai vu.

— Viens donc... Et puis tu lui dois bien ça : il s'est battu pour nous tous... Il a reçu un coup d'épée pour le roman de Ménars.

— Voilà, — dit Florissac en tendant les *Caprichos* à Rémonville.

— Es-tu de la partie, toi? — lui dit Rémonville, — une visite à Ménars, Dimanche... nous dînerons quelque part par là.

— Impossible! — dit Florissac.

— A quelle heure? — dit Charles à Rémonville.

— Trois heures et demie, chemin de fer Saint-Lazare... C'est décidé, tu ne viens pas? — dit Rémonville à Florissac.

— Je ne dîne jamais à la campagne... Si j'étais M. de Lalande, qui mangeait des araignées... mais je ne suis pas M. de Lalande...

Charles, dans la rue, se trouva derrière un homme et une femme qui ne se donnaient pas le bras et tenaient tout le trottoir. La femme lui était inconnue.

— Ah! mon cher, — disait la femme, — une jalousie! Jamais il n'amène quelqu'un. Il me donne à manger dans une cage!... et quand je sors, il a la petitesse de me faire suivre... même que ça lui coûte cinq francs chaque fois...

— Un vrai mari, quoi! — répondit Couturat. — Ça ne fait rien, on passe par des trous d'aiguille, les femmes, c'est connu!... et je te promets...

Charles n'entendit que cela. Arrivé au bout de la rue, il s'arrêta devant un marchand de tableaux. Il y avait en montre une grande aquarelle de Giroust représentant le bal Mabille, admirable dessin où le dessinateur, sortant de l'imitation, avait fait sa proie de ce monde parisien jusque dans les moelles, et avait donné, non-seulement la lanterne magique, mais encore la physionomie morale du vice de 1850. Charles était là devant, étudiant et applaudissant intérieurement, quand il lui passa dans le dos un éclat de rire et une poussée assez vive. C'était encore Couturat, mais cette fois avec Nachette, tous deux bras-dessus, bras-dessous, en pleine expansion l'un avec l'autre, et offrant à l'œil de Charles, qui s'était retourné, les deux dos d'amis les plus intimes de Paris.

LXXI

Charles dit à sa femme, en rentrant, que le dimanche il irait à la campagne avec ses amis savoir des nouvelles d'un journaliste qui avait reçu un coup d'épée, et qu'il ne dînerait pas avec elle. Marthe eut un très-joli : — « Bien vrai ? » — lui embrassa les deux yeux pour mieux y regarder. — « Eh bien, je dînerai chez ma mère, » — fit-elle sans un mot de bouderie.

Le dimanche, Charles trouva au chemin de fer Rémonville, Bressoré, Lamperière, Boisroger, Franchemont, et Grancey qui avait amené Giroust. On partit, on arriva, on vit Ménars, qui allait mieux, et qui devait être transporté le lendemain à Paris ; puis on se mit en quête du dîner, et l'on marcha à la découverte.

— Ah çà, où dînons-nous ?

— Allons tout droit.

— C'est le plus long.

— Allons à Sèvres !

— Un restaurant où il y a des verres de couleur ! Merci !

— Eh bien, Saint-Cloud ?...

— Oui, nous serons empoisonnés à la *Tête-Noire*... C'est l'ombre de Castaing qui fait la cuisine !

— Et Auteuil ?

— C'est au diable !

— Il y a des vers de Boileau dans les assiettes !

— Dînons dans le premier château abandonné !

— On n'en fait plus.

— Ma foi, — dit Charles, — j'ai, dans mes souvenirs de canotier, une espèce de cabaret par ici où il y avait de la vraie viande, des fritures frites comme à Naples, et un certain barbillon au beurre,... le triomphe du chef ! Ça vous va-t-il ? voulez-vous me suivre ? C'est là-bas, pas bien loin : au Bas-Meudon...

17

On suivit Charles. On longea la rive de la Seine, encombrée de tas de briques, noircie par les chargements de charbon.

— Donne-moi le bras, — dit brusquement, au bout de quelques pas, Giroust à Charles. — Des pierres, n'est-ce pas, là?... C'est que je deviens aveugle, mon cher.

— Toi?

— Je perds les yeux... je n'y vois plus... C'est à peine si je t'ai reconnu au chemin de fer... Je suis fichu... j'ai une... je ne sais plus le nom... ils ont des noms!... S'en aller par là, hein? moi, c'est dur!... Ça m'a pris sur un dessin... mon dernier dessin... vlan! un coup de pistolet... C'est Desmares qui me soigne; mais, bah! c'est fini... je suis cuit!... L'as-tu vu mon dernier dessin?

— Le *Bal Mabille*, n'est-ce pas? Oui, je l'ai vu. C'était très-fort, mon cher... La blonde épanouie au milieu... et les autres... des types... de la vraie peinture de mœurs!

— Oui, je ne chiffonnais plus... je commençais à faire quelque chose... Et ne rien laisser derrière soi... que des bêtises! Les illustrations m'ont dévoré... je n'ai rien fait, rien... Voilà trois ans que je rêve de grandes scènes de Paris; j'amassais des études... Avoir bûché douze heures par jour pendant dix ans!... au moment où j'allais être moi, me montrer... je n'avais rien fait, je te dis, je le sais bien... Mais tu aurais vu... J'ai passé des nuits pour ces s... éditeurs à m'échigner les yeux, au lieu de... J'ai fait de l'argent, voilà tout ce que j'ai fait!... A trente-deux ans, sacristi! être rasé!... C'est le petit chose qui m'a remplacé au journal... Mon *Mabille*, ce n'est rien; tu aurais vu!... Enfin, pas de chance! qu'est-ce que tu veux?... Il paraît que j'en ai encore pour six ou sept mois comme ça à y voir comme j'y vois... Il n'y a pas de luxe, comme tu vois... et après ça... après ça, bonsoir! j'y verrai avec les mains...

On était arrivé au restaurant de Charles. Les portes, les fenêtres étaient ouvertes, mais la maison semblait morte : ni un bruit ni une âme. Sur les volets de la porte, qui représentaient d'un côté des carpes, et de l'autre une friture, une bande de papier était collée, sur laquelle était écrit : « *L'établissement est fermé pour cause de maladie. On demande un successeur.* »

— Bon ! fermé !... Diable de Charles ! Que le bon Dieu te bénisse !

— Attendez avant de crier. — Et Charles entra dans la grande salle où était un mauvais petit poêle de fonte. Il reconnut l'estrade du fond où jadis le dimanche un orchestre criard et gai faisait sauter les couples. Il poussa une porte, descendit à la cuisine, — les autres le suivaient, — et trouva auprès du feu un pauvre bonhomme cassé et pelotonné, la figure ratatinée entre un bonnet de coton et un cache-nez de laine brunâtre, le corps serré dans un gilet de flanelle lui tombant par-dessus son pantalon. Ses deux bras étaient allongés et roidis, ses deux mains retournées et dos à dos s'appuyaient, en tremblotant, sur une canne. « Ah ! c'est vous... monsieur... monsieur Charles, — fit l'homme en se soulevant. — Je me rappelle bien... vous veniez avec ces messieurs de Longchamps dans le temps... C'est que, voyez-vous, je suis bien malade... voilà deux mois que mes douleurs ne me quittent pas... Ma femme est morte il y aura un an le 15 de ce mois-ci... Les médecins ont tout fait ; ils veulent maintenant m'envoyer aux eaux de mer... Ça ne fait rien, combien êtes-vous ? Je vais tâcher tout de même de vous faire quelque chose... Je ne peux plus guère, mais je sais encore, allez, monsieur Charles !... et s'il y a un barbillon... Jeanne ! »

Cette maison morte, cet homme malade, jetèrent une tristesse dans la bande. Les tiraillements d'estomac, l'attente du dîner, puis le vin reiche, mirent les convives dans une disposition nerveuse, et les tournèrent à l'aigreur. Les esprits étaient à l'humeur, la parole était pointue. Chacun se boudait et boudait les autres. Tous, d'ailleurs, avaient un fond de noir et d'irritation. Bressoré s'était aperçu que le ténor qui chantait dans son opéra en répétition ne faisait pas même semblant d'avoir de la voix. Franchemont avait été exécuté le matin, en quatre colonnes, dans un journal républicain, par un homme d'esprit très-poli. Lamperière pensait à quelque chose qui lui faisait plisser le front. Rémonville avait des bottes neuves qui lui faisaient mal aux pieds. Boisroger avait égaré la veille sa maîtresse. Giroust songeait à ce que lui dirait l'oculiste le lendemain. Et Charles réfléchissait, voyant tout si changé, qu'il est presque aussi sot de vouloir revenir aux bons endroits de sa jeunesse qu'aux beaux lieux de son bonheur.

— Eh bien, cela va-t-il mieux? — dit Charles à la table après la première bouchée.

— Hum!
— Du pain rassis!
— Ça promet.
— Enfin!
— En prends-tu?
— Non.
— Qu'est-ce que c'est?
— De la viande... en imitation!
— Messieurs, — dit Charles ennuyé, — il y a une chose bien simple : payons, et retournons dîner à Paris.
— Pour nous mettre à table dans une heure et demie, n'est-ce pas?
— Nous sommes ici à présent...
— Avec quoi font-ils ça?
— Quoi?
— Les beefteaks? — dit Bressoré, — ils font ça avec les filets de Saint-Cloud!

Le mot ne fit pas rire.

— Brrou!... Il y a des courants d'air...
— Le poêle fume comme un homme...

Les phrases tombaient une à une. On ne causait point; on mangeait soucieux.

— Sais-tu que tu nous a lâchés? — dit Bressoré à Charles.
— Comment, lâchés? — fit Charles, qui ne voulut point

parler de sa femme et répondit que son bonheur l'avait occupé.

— Après ça, si c'était ton idée... tu comprends...

Les fourchettes piquèrent les assiettes en silence.

Lamperière regardait Charles. Au bout de quelques instants :

— Tiens ! Charles, il faut que cela parte... tant pis ! ça me pèse sur le cœur... Aussi bien, je suis ton aîné... et ton ami... Tu te conduis mal avec ta femme...

— Moi ?

— Nous ne sommes que nous, et ça ne sortira pas d'ici...

— Comment, tu la laisses sans le sou... elle a été obligée d'emprunter vingt francs à la femme de Voudenet..

— De qui est la plaisanterie ?

— Elle n'est pas de moi... et je ne plaisante pas.

— Et tu as cru...?

— Quel intérêt ta femme aurait-elle à le dire ?

— Ah ! c'est elle... — Charles fit sonner son couteau sur son verre :

— La fille ! qu'on envoie à Sèvres... il nous faut une voiture de six places... Voilà pour la course... tout de suite, nous sommes pressés... Dînons toujours... je te répondrai à Paris à toi, Lamperière... et aux autres.

Alors sur le seuil de la porte du fond parut le pauvre homme qui les avait reçus :

— Ces messieurs sont-ils contents ? — fit-il humblement en tournant son bonnet du mieux qu'il pouvait entre ses mains paralysées.

Personne ne répondit.

L'homme attendit un peu ; puis il fit une sortie lugubre.

La voiture vint.

— Où nous emmènes-tu ?

— A Paris, chez moi.

On ne se dit rien en route.

Charles sonna chez lui. Antoine ouvrit : — Madame...? — dit Charles.

— Elle n'est pas encore rentrée, monsieur.

— Allez chercher un serrurier.

Antoine revint avec le serrurier.

— C'est pour ouvrir cette commode, — lui dit Charles en lui montrant la commode de sa femme.

La serrure sauta.

— Tenez, — dit Charles à ses amis en jetant une bourse où il y avait trois cents francs en billets de banque, en pièces d'or, en pièces de cent sous.

— Pardon, — lui dit Lamperière en lui serrant la main, — je te plains... et ta femme est...

— Assez ! Elle est ma femme...

Charles entendit fermer la porte. Ses amis étaient partis.

LXXII

Quand Marthe rentra, elle trouva son mari pâle et sérieux.

— Qu'as-tu ? — fit-elle, et elle alla pour l'embrasser. Charles la repoussa. — Charles !... Mon Dieu ! mais qu'est-ce qu'il y a ?

— Ce qu'il y a, Marthe ? Vous avez dit...

— Oh ! *vous*... — interrompit Marthe étonnée.

— Laissez-moi parler... vous avez dit que je vous laissais sans un sou... vous savez bien que cela n'est pas vrai...

— Oh ! quelles histoires !... C'est Rémonville ou Lamperière...

— Ce ne sont pas des histoires, Marthe... et vous le savez bien. Pourquoi ?

— D'abord, je n'ai pas dit ça.

— Vous avez été emprunter vingt francs à la femme de Voudenet, et vous aviez trois cents francs dans votre commode... Est-ce vrai ?... est-ce vrai ? Mais ne mentez donc plus au moins maintenant !

— Mais... je n'ai pas dit ça comme ça... du tout. J'ai dit que c'était pour m'acheter quelque chose que tu ne voulais pas... Non, tiens! j'aime mieux tout te dire : c'est une idée bête qui m'a passé... tu n'en as jamais d'idées bêtes, toi?... J'ai voulu me poser en femme malheureuse, là, tout bonnement... je te jure. Allons! mon Charles, je ne le ferai plus... C'est fini... j'ai eu tort... je te demande pardon.

— Vous poser en femme malheureuse?... Mais comprenez donc... ce ne sont pas des jeux, ces choses-là... vous n'êtes plus une enfant... Vous allez dire à une amie, à une femme, à la femme de Voudenet, une mauvaise langue, vous le savez... vous allez dire... Mais c'est une infamie, ma chère!... Vous me perdez, vous me déshonorez...

— On vous a monté la tête, je suis sûre... Vos amis ne m'aiment pas... Dis donc, Charles, à propos vous étiez tous hommes? — dit Marthe en essayant l'effet d'un sourire.

— Que vous êtes bête !

— C'est qu'on ne sait jamais avec vous autres, — et Marthe se pencha pour l'embrasser.

— Nous étions... — dit Charles en la repoussant, — vous savez bien qui nous étions : Rémonville, Franchemont...

— Ils t'ont parlé de ta pièce ?

— Ils la savent en répétition... ils attendent la première... Qu'est-ce que tu veux qu'ils m'en parlent ?

— Oh! tu sais... en causant... Tu es toujours sûr du feuilleton de Rémonville et du feuilleton de Franchemont? n'est-ce pas?

— Sûr... sûr, certainement, comme on est sûr... c'est-à-dire que, si je fais un four, ils ne m'empêcheront pas de tomber... mais ils me mettront des matelas...

— Oh! laisse donc, ça marche très-bien, ta pièce... Moi, je crois à un succès, à un très-grand succès... Au fait, j'ai bien envie de te laisser toute la gloire...

— Je ne comprends pas.

— C'est clair... puisque ça va tout seul, ta machine, tu n'as pas besoin de moi... Le rôle est fatigant, et...

— Tu ne jouerais pas?... tu ne jouerais pas dans ma pièce?... dans cette pièce où j'ai voulu... Tu ne jouerais pas? — et la voix de Charles s'arrêta.

— Mais voyons, je t'en prie, ne te mets pas encore dans tous tes états... Il ne manque pas de femmes au Gymnase... Qu'est-ce que tu veux? Ces effets-là ne sont pas dans mes cordes... La petite chose, par exemple... elle sera très-bien... Moi... moi, je ne sens pas ce rôle-là... J'ai mieux aimé de te le dire moi-même... Tu aurais pu l'apprendre...

— Tu ne veux pas jouer dans ma pièce, n'est-ce pas?

— Ça te fâche-t-il bien fort, dis?

— C'est très-bien, ma chère Marthe.

Le lendemain, après déjeuner :

— Où vas-tu? — dit Marthe à Charles qui sortait.

— Au théâtre.

— Tu ne m'attends pas pour sortir?

— Non.

Nachette était avec Marthe quand Charles rentra. Nachette était devenu l'ami de la maison, et il s'employait de tout cœur à tambouriner l'*Ut enchanté* dans les petits journaux.

— Bonjour, Nachette — dit Charles, — tu sais les dernières nouvelles?... Ma femme ne joue plus dans ma pièce.

— Bah! — dit Nachette d'un air étonné; et se retournant vers Marthe : — C'est vrai?... Quelle idée?

— Mon Dieu! je l'ai dit à Charles... La pièce n'est pas dans mes cordes, voilà tout.. Le public m'attraperait, et je ne voudrais pas compromettre...

— Vous me permettrez de vous dire que vous avez tort et grand tort, — dit Nachette à Marthe. — Quand on va savoir que vous avez quitté le rôle, après l'avoir accepté, étudié, répété, ça va être des cancans, des histoires... Le public va vouloir mettre le nez dans votre pot-au-feu... Les Courriers de Paris vivront sur votre

dos pendant huit jours... Si ce n'était que l'intérêt de la pièce!...
Mais il y a l'intérêt de votre ménage... Ça va être un tas de blagues désagréables sur Charles, sur vous... Non, vrai, ne faites pas cette bêtise-là... Je sais bien qu'après Charles, je ne vous convaincrai pas, mais...

— Oh! vous, mon cher, — dit Marthe, — je vous récuse... Vous soutenez toujours mon mari... Eh bien, j'aurai tort, grand tort, on fera des cancans, tout ce que vous voudrez... Mais je ne vois pas la nécessité de me risquer dans un rôle qui n'est pas dans mes moyens... je ne veux pas jouer, et je ne jouerai pas.

— Mais, — dit Nachette en paraissant chercher, — je ne vois personne au Gymnase pour remplacer...

— Si, — dit Charles, — Odile... Elle a accepté...

— Odile! c'est vrai, — dit Nachette, nous sommes sauvés!... Elle sera charmante...

— Allons! — dit Marthe à Charles, — je ne vous ai pas laissé de longs regrets, mon cher... Oh! vous avez parfaitement fait... Mais vraiment vous n'avez pas perdu de temps!

LXXIII

Une froideur glaciale s'établit entre Charles et Marthe. Ils vivaient l'un à côté de l'autre, ne partageant plus guère de la communauté que les repas, et ne s'adressant presque la parole qu'à table pour s'offrir, accepter et refuser. La conversation se dépouilla peu à peu et se réduisit à l'échange des monosyllabes.

Aussi Charles fut-il bien étonné, quand Marthe, se renversant un soir la tête sur sa chauffeuse, et allongeant les jambes devant le feu, se prit à dire :

— Avez-vous remarqué, mon ami, comme on revient quelquefois de ses impressions premières? On a commencé par être mal disposé, et puis peu à peu, sans qu'on y pense, souvent sans qu'on le veuille, l'antipathie s'en va, la sympathie vient doucement... Cela vous est-il déjà arrivé?

— Très-rarement.

— Moi aussi du reste... Mais quand je pense à la façon dont je l'avais jugé d'abord..., car je l'avais très-mal jugé..., je m'étais fait des idées... C'est qu'il n'est pas du tout l'homme que je me figurais...

— De qui parlez-vous, s'il vous plaît?

— De Nachette.

— Ah! de Nachette... C'est d'autant plus méritoire à vous que vous n'aviez pas commencé par l'indulgence... Vous avez raison, Nachette est très-aimable... Moi aussi j'ai changé d'idées sur son compte...

— Tenez! voyez vous!

— Il m'a étonné par sa patience... Vraiment, je l'ai vu supporter de vous des plaisanteries... Je vous assure qu'à sa place...

— Oui, — reprit Marthe en suivant son idée, — c'est bien singulier!... Et les choses même qui me déplaisaient..., ce regard qui me faisait peur, cette tête qui me semblait si méchante, jusqu'à ses manières brusques, cet air de sauvage, vous savez; toutes mes répulsions enfin..., croiriez-vous, Charles, que je n'y fais plus attention, mais du tout? C'est comme si je le voyais avec d'autres yeux... Je suis persuadée à présent que c'est une excellente nature.

— Ma chère, vous êtes comme toutes les femmes... Si vous aviez fait le monde, il n'aurait pas de milieu... Votre jugement va d'un extrême à un extrême... Nachette est tout bonnement...

— Oh! vous avez encore son article sur le cœur...

Charles haussa les épaules.

— Les femmes, les femmes... — reprit Marthe, — vous aurez beau dire, mon cher, elles se trompent encore moins que vous sur les gens : vous jugez, nous devinons... Eh bien! je trouve dans ce garçon-là une fièvre, des colères, des impatiences... enfin une passion, là... des haines qui me le font aimer... Je suis convaincue que c'est un garçon capable d'un grand dévouement, d'un véritable amour... Il a par moments, lui si brutal! des prévenances, une attention, des soins, des formes si caressantes, si...

— Ah! je vous en prie, Marthe, faites attention... vous me dites qu'il est amoureux de vous, et que vous êtes à peu près amoureuse de lui...

— Eh bien! oui, je vous le dis, mon ami, — dit Marthe en prenant la voix d'innocence d'un enfant.

— Vous m'avouerez que, pour un mari, c'est une confidence au moins singulière à entendre.

Marthe alors, de l'air le plus sérieusement ému, de l'accent le plus pénétrant, avec une lenteur qui appuyait sur chaque syllabe :

— Pardon, mon ami, mettons que je ne vous ai rien dit... Je me confessais... Je venais à vous... Je venais vous dire comme une honnête femme à un honnête homme : J'ai peur de moi... je me sens faible... mes forces s'en vont... l'abîme est là... aidez-moi... secourez-moi... sauvez-moi! vous, mon secours, vous, mon aide... vous, mon mari!...

— Je vous remercie pour cette pensée, — dit Charles froidement, — je vous remercie, Marthe... Mais je crois que vous rapprochez beaucoup les distances : l'abîme n'est pas si près. Vous vivez beaucoup ensemble tous les deux..., je ne sais trop pourquoi, si ce n'est pour vous plaindre de moi, et avoir un écho sous la main... Voyez-vous, je ne devine pas, moi, mais je sens, et je sens ces choses-là... Je ne tombe jamais à côté... Pour vous aimer, vous ne vous aimez ni l'un ni l'autre... Ce qu'il vous est, lui? C'est pour vous, je vous dis, une paire d'oreilles..., et puis un joujou de caprice..., et puis peut-être un épouvantail de jalousie pour moi... Lui, par exemple, ce que vous pouvez lui être..., je cherche... Mais, malheureuse! qu'est-ce que je vous ai fait pour ainsi me torturer? Quelle rage de me chercher des souffrances? Ah! j'en ai assez sans vous... Je suis malade, très-malade... Laissez-moi le repos... Laissez-moi mourir tranquille au moins!

— Vous voilà bien, vous autres maris..., vous êtes tous comme cela..., et puis un jour...

A ce mot, Charles sortit pour la première fois des façons et du ton d'un homme du monde.

— Mais tu es donc une comédienne..., et toujours ! Tu mens donc avec ton cœur, comme tu mens avec ta bouche ! Tu récites donc l'amour !... Mais tu es donc née dans le mensonge ! On t'a donc bercée, nourrie, élevée dans le mensonge ! Tu es donc la parole qui ne dit pas vrai, la voix qui trompe, le sourire faux, la larme imitée !... Tu es donc tout ce qui ment à l'homme !... et tout ce qui ment à Dieu !

— Monsieur, c'est la première fois que vous vous permettez..., et ce sera la dernière...

— Où allez-vous ? — lui demanda Charles pendant qu'elle mettait son chapeau.

— Chez Nachette ! — fit Marthe le plus dramatiquement possible.

— Allez ! ma chère.

LXXIV

Le lendemain, Charles reçut une lettre de Marthe. Elle s'était retirée chez sa mère, et le priait de lui renvoyer les meubles de sa chambre. Charles répondit, par le commissionnaire, qu'elle les aurait dans la journée. Mais une heure après Marthe était chez son mari. Elle se jeta au cou de Charles, elle pleura, elle eut ce torrent de paroles de contrition qui ne laisse point place au reproche, à la réflexion, au second mouvement. Elle lui dit qu'elle était folle, qu'elle avait le diable au corps, qu'il était bien bon de l'avoir supportée, qu'elle ne se pardonnerait jamais, qu'elle voulait l'aimer pour tout le mal qu'elle lui avait fait... Et larmes, et promesses, et confessions étaient coupées de ces baisers et de ces sourires pareils à des rayons dans une averse.

Marthe joua une heure cette adorable comédie du repentir amoureux. Une heure, elle fut une grande actrice; elle fut chatte, elle fut femme. Puis, quand elle vit se fondre sous ses caresses, sous ses regrets, sous ses agenouillements, la volonté de Charles, aux larmes qui désarment succéda le rire qui fait oublier. Elle se moqua, — et si joliment, — d'elle-même, et d'eux deux, de leur sottise, de la sienne surtout, quand ils avaient tout pour être heureux, jeunes, libres, l'avenir devant eux, avoir été se créer des tourments, des chagrins, avoir fait pleurer leur amour... Comment cela était-il venu? qui l'avait poussée? Car c'était sa faute à elle. Elle était une méchante, une taquine, une mauvaise tête; lui, il était trop bon, trop faible; il aurait dû la punir comme un enfant qu'elle était... Et le flux ne tarissait pas de ces paroles charmantes d'une femme qui se fait petite fille, et demande qu'on la gronde quand elle n'est pas sage.

Et leur belle vie recommença, et leur passé revint. Toute l'occupation de Marthe était de plaire à Charles. Elle mettait tout son empressement et toute sa recherche à lui être agréable. Sa coquetterie s'en alla. Elle n'avait plus de regard, elle ne semblait plus avoir de pensée que pour lui. Elle retrouva les anciennes fêtes de leurs matinées, ces réveils qui bousculaient si gaiement Charles dans de folles embrassades. Et qu'un mouvement d'humeur la prit encore? Elle le grossissait jusqu'à la caricature, l'exagérant d'une façon si comique, que Charles lui disait en l'embrassant : — Va ! notre bonheur est guéri !

LXXV

Au bout de quinze jours, — car cela dura quinze jours, — un soir Marthe redevint pensive.

— Qu'est-ce que tu as, ma petite Marthe? — lui demanda Charles.

— Moi?... rien.
— Rien? vraiment?... Rien de rien, Marthe?
— Mais non, je t'assure, rien.
— Je te crois... Qu'est-ce que c'est?
— Et si je ne veux pas?
— Ma petite Marthe...
— Eh bien, je veux bien, mais...
— Mais?
— Tu vois, ce n'est pas moi... Moi, je ne parlais de rien..., c'est toi.. Tiens! je te le dirai demain..., je te promets.
— Non, tout de suite.
— Ah! tu es entêté, toi... Eh bien! à une condition.
— Oh! oh!
— Donne-moi ta parole de me donner ce que je te demanderai.
— Mais songe donc, ma chère, que tu peux me demander..., je ne sais pas..., une mèche de cheveux de Silvio Pellico!... Je ne peux pas m'engager...
— Tu ne veux pas, c'est bon.
— Marthe!
— Non!
— C'est donc sérieux?
— Je ne sais pas.
— Mais enfin, ma chère...
— Eh bien, je reveux mon rôle..., voilà.
— Mais, ma petite Marthe, songe donc..., je voudrais bien pouvoir..., encore si tu m'avais dit cela plus tôt, mais maintenant..., là, raisonnablement, ma chère, quand il n'y a plus que quelques répétitions.
— Comme tu voudras.
— Et puis, veux-tu que je te dise?... J'ai un peu peur dans ce moment-ci, je doute, oui... Est-ce la fatigue des répétitions? Mais il me semble que je me suis fait des illusions sur ma pièce, et que ton rôle... Je t'en ferai un bien mieux, tu verras, je te promets...

— Enfin, c'est non?... C'est bien. Odile aura mon rôle... Odile aura le succès... Elle me prendra ma position au théâtre, elle m'écrasera, elle...

— Allons, ma chère enfant, tu te montes la tête... Tu donnes une importance à ma pièce... Si elle fait un petit nom à son auteur, c'est tout le bout du monde, le diable m'emporte !

— Tu ne veux pas, n'est-ce pas? tu ne veux pas? — répéta Marthe; et, prenant tout à coup un air d'ironie sèche et un regard clair comme une lame : — Eh bien ! mon cher, tu as peut-être raison... Si j'étais à ta place, j'en ferais autant... D'abord, tu m'aimes, et moi je ne t'aime pas...

— Marthe ! — dit Charles.

— Ah ! voilà... Qu'est-ce que tu veux ? je ne t'ai jamais aimé... Je t'ai épousé parce que j'étais une comédienne... Je voulais un mari, un vrai... et puis, une fois mariée, j'ai eu du regret... J'aurais pu en épouser un plus riche que toi, ou... je ne sais pas... Enfin, je t'avais sacrifié mon avenir... Dis-donc, tu sais, le jour que tu es revenu du Bas-Meudon? je t'ai menti... tu sais bien l'emprunt à madame Voudenet... je t'avais dit que c'était l'idée de me poser en femme malheureuse, que je voulais me rendre intéressante... Ce n'était pas cela, c'était...

— C'était ?...

Le ton de Charles arrêta la phrase de Marthe, qui reprit :

— Tu disais que c'était pour te déconsidérer... que je voulais te déshonorer... Eh bien ! il y avait peut-être bien un peu de cela...

— Tais-toi !... Tu as donc juré... Tu es folle !... tais-toi !

— Attends donc !... J'ai dit aussi que tu avais mis tous mes bijoux au mont-de-piété...

— Tu as dit cela? — dit Charles en lui prenant les poignets.

— Laisse-moi... laisse donc ! — Et elle essayait de se débarrasser de l'étreinte de Charles; puis d'un ton méprisant : — Tu n'es pas un homme à battre une femme, toi !

— As-tu dit que je te battais?... Tu voudrais pouvoir le dire, n'est-ce pas?

— Je l'ai dit.

Et comme Charles était tombé sur une chaise, anéanti, les larmes aux yeux :

— Pleure! va, pleure un peu! ça te fera du bien... Tiens! je ne t'avais jamais vu pleurer... Oh! la drôle de figure!...

Charles se leva, s'élança sur elle; puis, son désespoir changeant soudain d'idée, il se précipita la tête contre le mur pour se briser le crâne...

Charles s'était relevé et passait sa main sur ton front.

— Tiens! tu t'es raté! — dit Marthe.

Charles l'avait empoignée, emportée... La fenêtre était ouverte... Mais il sentit un corps mort dans ses bras : Marthe s'était évanouie devant le regard de son mari; elle était sauvée. Charles la laissa rouler à terre et se jeta dans l'escalier.

LXXVI

Charles allait dans les rues. Il était tard. Le reflet du gaz jouait sur les devantures fermées, sur les trottoirs déserts, sur le pavé gras ébranlé de loin en loin par un dernier omnibus. Et Charles marchait poursuivi par un petit bruit sec, une sorte de claquette : le bruit du crochet des chiffonniers contre leur hotte. Une rue le menait à une rue; une rue, enfin, le jeta sur le boulevard.

Charles marchait comme un homme ivre. Ses jambes allaient devant lui et l'emportaient. Une volonté confuse, impersonnelle et mécanique, le poussait. Rien de lui n'agissait plus en lui. Il ne se rappelait plus, il ne pensait pas. Il sentait seulement sa tête vide, et quelque chose comme le courant qui roule un noyé : c'était tout. Il se pressait et il errait. Les lumières des coupés, des réverbères, des cafés, des cercles, ne lui semblaient plus luire, mais bourdonner. Il cognait les passants, rompait les familles, pour aller à la lanterne d'un marchand de tabac, et de celle-là il se hâtait vers une autre, en rabattant de l'épaule les poignées des volets des boutiques. D'autres fois, arrêté devant quelque chose, il regardait sans voir. Il restait fixe devant un étalage que les garçons couvraient d'un entoilage, ou sur le bord d'un trottoir devant un ruisseau qui tombait dans un égout, ou devant une petite boutique de sucre d'orge gardée par une vieille accroupie et dormant pliée en deux. Au boulevard Montmartre, il s'arrêta longtemps devant un cadre où était dessinée en paraphes d'écriture de toutes couleurs la dernière scène de *Trente Ans ou la Vie d'un joueur*...

De temps à autre, une douleur lancinante, un éclair, lui traversait la cervelle; puis aussitôt le voile retombait, sa tête se rendormait, et il repartait brusquement... Il passa le Gymnase, il passa le boulevard Bonne-Nouvelle, ainsi s'arrêtant, puis remarchant; et, arrivé en face la porte Saint-Denis, il suivit le mur qui tournait et tomba dans la rue Saint-Denis. Tout dormait. Il n'y avait plus que les charcutiers qui flambaient, les marchands de marrons dont le fourneau rouge et le quinquet blanc luisaient, les arrière-boutiques de marchands de vin qui riaient. Charles fut cogné par une blouse blanche, puis arrêté par une femme qui lui parla, qu'il écouta, et qu'il n'entendit pas. Il avait un sentiment vague de froid aux pieds : c'était toutes les eaux de lavure des marchands de vin qu'on lui avait balayées dans les jambes. L'ombre alors le tenta, comme l'avait tenté la lumière : il se jeta dans une ruelle noire, au fond de laquelle tremblotait une lueur rouge. Il passa le long de bornes rongées, de soupiraux, d'auvents fermés, de portes d'allées béantes comme des portes de fours. Son pas entrait dans des ordures, coulait sur des pelures, glissait sur l'étroite chaussée en dos d'âne serrée entre deux ruisseaux. Son regard tâtonnait et errait, des lueurs douteuses filtrées par un rideau graisseux au rayon fumeux d'un quinquet dans le fond d'un boyau ignoble; il finit par se fixer sur un transparent rouge, et se mit à épeler longuement et une à une les lettres noires : *Chambres et cabinets meublés à louer au mois et à la nuit...* Charles repartit, s'enfonçant où le passage était étroit, sombre, plein de ténèbres immondes et de crapuleuses misères, cherchant machinalement et furieusement à se perdre, tournant et retournant mille fois dans le lacis des petites rues qui vont de la rue Saint-Denis aux halles, allant, allant toujours, battant d'un pied pressé, fiévreux et trébuchant, l'écho mort de ce labyrinthe de maisons sans nom et d'hôtels borgnes aux lanternes cassées. Puis il respira mieux, il lui sembla que sa poitrine s'élargissait : il était aux halles.

Il marcha encore, ouvrit la porte d'une gargotte, s'assit devant une table couverte de toile cirée au-dessous d'un casier plein de serviettes tachées de jaune d'œuf, ne se rappela plus ce qu'il voulait, fut pris de peur et se sauva... Puis ses jambes le ramenèrent à sa porte. Des halles chez lui, il ne vit rien, — que l'ombre d'une lampe au plafond d'une chambre sans rideaux, à un second étage, dans une rue.

Charles, en rentrant, entra dans la chambre de sa femme : il trouva Marthe au lit.

— Ah! vous vous êtes couchée, vous?... Vous dormiez peut-être!... Levez-vous, et allez-vous-en... Voyez-vous, vous avez été trop loin... Cette fois-ci, c'est fini, tout à fait fini... Je n'ai jamais eu la tentation de lever la main sur une femme, mais... on ne sait pas... je pourrais vous tuer.

Marthe se leva. Elle s'habilla lentement, avec de jolies impudicités et des coquetteries de courtisane. Charles marchait à grands pas, sans la regarder. Marthe le regardait; et à voir son regard singulier, implorant et dompté, on eût dit que cette brutalité dont elle ne supposait pas son mari capable, cette mort qu'il lui avait fait passer devant la face, et dont elle avait senti le froid, cette colère blanche dont elle entendait à côté d'elle le pas craquer sur le parquet, que cet homme enfin près d'un crime, lui mettaient au cœur en ce moment les humilités libertines de la femme à qui son amant fait peur...

— C'est donc fini, vrai, Charles?... fini pour toujours?

Charles ne répondit que par une affirmation de la tête.

— Ça ne fait rien, mon cher, — lui dit Marthe à la porte, — j'ai ton nom, c'est toujours ça!

Et elle s'enfuit.

LXXVII

Il y avait trois semaines que l'on répétait l'*Ut enchanté*, la pièce de Charles. On était à l'avant-dernière répétition, à la répétition qui devait précéder la répétition générale.

Dans la demi-nuit de la salle, voilée de housses et comme emballée, une grande filée de lumière blanche, s'échappant d'une ouverture du paradis, tombe de haut et prend en écharpe le côté à la gauche du public. Le jour du dehors frappe sur les rideaux rouges des loges, dont il fait des transparents de feu. Au milieu de ce jour crépusculaire, le lustre obscurci scintille sur huit ou dix points où tremble un éclair prismatique de rubis et de saphirs. Dans l'orchestre, dans la salle, aux balcons d'avant-scène, des taches noires, semées çà et là, et comme pochées par Guardi, sont le public : une vingtaine de spectateurs. Sur la scène, la rampe est basse; et dans les entr'actes, pendant les changements de décoration, entre le plafond qui descend lentement et les décors sur lesquels il va se poser, on aperçoit de vagues échafaudages de décors bleuissants qui semblent la charpente d'un clocher, ou les étages d'un glacier par un clair de lune. L'amoureux est tout emmitouflé dans un cache-nez. Les acteurs indiquent seulement le geste d'ôter leur chapeau, et le gardent. Je ne sais quoi de nocturne, de silencieux, de fantômatique et de mystérieusement mort, erre et plane partout autour de la comédie qui s'enrhume.

— Vous croyez au succès ?

Ceci était dit par une ombre à une autre ombre dans une loge d'avant-scène.

— Et même à un grand succès, oui, — répondit la voix de Nachette à la voix de Marthe. — Après cette dernière scène-là, il tient son public... Entre nous, c'est très-bien fait, sa machine... je n'aurais pas cru... Et puis il sera soutenu... Si vous le faites siffler, vous le ferez rappeler, voilà tout... Vous aurez les loges, vous n'aurez pas la salle... Et les feuilletons ! Il a des amis, de vrais amis dans le feuilleton... et qui le chaufferont... Mais elle est délicieuse, cette petite Odile... Il y a des femmes qu'on ne regarde jamais... Je ne l'avais jamais vue, ma parole d'honneur... Ah çà ! savez-vous que c'est un tour qu'elle vous a joué de prendre votre rôle, ça va la lancer... Très-bien, ma foi, très-bien !... Elle est capable de vous passer sur le ventre, cette enfant...

— Vous avez des mots... à vous, mon cher !... Qu'est-ce, là, de l'autre côté du balcon, cette femme ?...

— Ça doit être... oui, la Crécy... Vous savez qu'elle a une passion pour votre mari... Vous ne saviez pas ? Ah !... une toquade, une envie ! C'est drôle, ces femmes-là ! l'amour leur prend... comme aux autres...

Marthe l'interrompit :

— Les amis de Charles, n'est-ce pas, c'est Lamperière, Franchemont, Rémonville, Boisroger, Laligant ?...

— Oui, c'est cela.

Après un silence, Marthe reprit :

— Et vous croyez positivement à un succès, Nachette ?

— Regardez-la... non, vraiment, regardez-la... c'est qu'elle a une physionomie, cette petite Odile... Vous me disiez ?... Le succès, mais il est clair comme le jour... Tenez, entendez-vous rire ?

Marthe ne dit plus rien.

— Qu'avez-vous ? — lui demanda Nachette.

— Je pense.

— A quoi?
— A rien.

La répétition finie, Nachette reconduisit Marthe chez elle. Depuis qu'elle avait quitté son mari, Nachette était devenu son cavalier servant. Il l'accompagnait au dehors, il était sa compagnie au logis. Les badauds l'avaient pris d'abord pour l'amant de Marthe; mais certains mots amers de Marthe, des railleries qui n'échappent jamais à une bouche qui aime, avaient désabusé les observateurs, qui s'accordèrent pour ne voir en Nachette qu'un souffre-douleur, un *patito* des caprices de cette femme, un remplaçant du mari dans son rôle de martyr. Nachette laissait dire, et paraissait suffisamment satisfait de tromper le gros public, et de passer auprès des imbéciles pour être du dernier mieux avec cette élégante et jolie femme toujours à son bras.

Aussitôt dans sa chambre, jetant son chapeau et son châle, Marthe prit un petit coffret, joua avec la serrure, l'ouvrit et en tira des lettres. Nachette la regardait, cherchant à deviner, et ne devinant pas, voyant seulement que de mauvais sourires passaient sur les lèvres de Marthe.

— Qu'est-ce que c'est que ça?
— Des lettres, — fit Marthe.
— Je le vois bien.
— Ah! il a bien de l'esprit...
— Qui?
— Mon mari.
— Je n'en ai jamais douté... Après?
— Ah! mon cher, — laissa échapper Marthe toujours souriante, en se renversant avec un petit air de démon, — si je voulais!... Comment appelez-vous déjà ses amis... ses amis qui soutiendront sa pièce?

— Vous le savez bien : Franchemont, Lampérière... et les autres, vous les nommiez tout à l'heure,..

— Si je voulais..., — répéta Marthe en parcourant des yeux une des lettres. — Tenez!

Et elle lut à Nachette une dizaine de lignes où les aspirations, les illusions les plus secrètes et les plus chères utopies de Lamperière étaient raillées et parodiées à vif.

Ces lettres étaient les lettres que Charles avaient écrites avant son mariage à Marthe alors à Bruxelles. Charles, amoureux, craignant d'être oublié, se rappelait tous les matins au souvenir de Marthe par une sorte de petite gazette qu'il tâchait de faire amusante, et où il essayait de mettre le plus de sel et de gaieté possible pour ne point trop ennuyer l'actrice des fadeurs de ses tendresses et de la monotonie de son amour. Il y faisait épigramme de tout, pour la faire rire, de Paris, de ses amis, et de lui-même, et c'était sur tous ceux qui lui tombaient sous la plume de petites méchancetés où n'entrait rien de son cœur, mais qui malheureusement portaient presque toujours à l'endroit sensible de chacun, au seul ridicule dont les moins susceptibles font une question de pudeur et presque d'honneur ; à ce petit point imperceptible, à ce petit rien du caractère, de l'esprit, ou du physique qui, chez tous, est l'endroit vulnérable de la vanité. Le mal eût été moins grand si Charles n'eût touché qu'au talent des gens ; mais il touchait à leur nœud de cravate et à la forme de leurs ongles; et ces indiscrétions, qui, jetées dans le rire de la conversation, eussent été oubliées et pardonnées, ces indiscrétions écrites, publiées et venant au public, devaient lui faire de tous ses amis des ennemis acharnés et sans pitié.

— Ah ! voilà Franchemont... — et Marthe lut le passage. Puis ce fut le tour de Rémonville, de Laligant et de Boisroger.

— Mais c'est une providence, — dit gravement Nachette en regardant Marthe.

— Oh ! — dit Marthe en laissant retomber les lettres, — pouvez-vous croire?... Vous comprenez bien que je ne me servirai jamais...

— Oui, c'est vrai... vous ne pouvez pas vous en servir.... Eh bien! voilà... Demailly aura un succès à tout casser... Odile empêchera votre réengagement au Gymnase .. Et le succès, savez-vous ce que c'est? Il rallie tout, le succès! les sympathies, l'estime, la commisération .. tout! Le lendemain de la première, Demailly sera un bon mari... Vous avez pour vous l'opinion, vous l'aurez contre vous... Lui, il aura le beau rôle; vous...

— C'est mal ce que vous avez l'air de me conseiller là...

— Moi? je ne conseille pas... Quelle heure est-il? je vais dîner..

— Écoutez donc encore sur Lamperière... — et elle lut. — Eh bien?

— Eh bien, il faut vous rendre le service... — et d'un coup de main Nachette enleva le paquet de lettres, — le service d'empêcher tout ça!

— Nachette! Nachette! voyons, mes lettres! rendez-moi mes lettres!... C'est impossible!... Il serait horrible...

— Pas d'enfantillage, ma chère!... Vous venez de déménager, les déménagements sont faits pour la perte des correspondances...

— Mon Dieu! mais... Nachette! qu'est-ce que vous voulez en faire?

— Je vous le dirai dimanche, — et Nachette, prenant vivement son chapeau, disparut sans laisser à Marthe le temps de réfléchir.

LXXVIII

— Rue Childebert, numéro quatre, et vite! — dit Nachette en se jetant dans un coupé. Il lut en route les lettres, et enferma dans un trait de crayon une vingtaine de passages qu'il copia sur un calepin. Son travail était fait quand la voiture s'arrêta. Il se jeta dans un escalier humide et gras, monta au troisième, et tira une sonnette faite d'un fil de fer et d'une béquille de bois.

— La clef est sur la porte, — bougonna une voix de l'intérieur.

Nachette entra dans une chambre dont le papier tombait en lambeaux. Dans un coin, un lit anciennement peint en blanc avec des filets vert d'eau était gris de crasse, et des draps ignobles montraient le creux d'un lit non fait. Des paquets de paperasses ficelés erraient sur des planches. Sur la cheminée, il y avait un buste de Voltaire et un buste de Rousseau, les deux dieux de l'autographe. Là-dedans, un homme était assis, rouge, les joues plaquées et presque bleues de sang comme chez certains vieillards, les pieds à cru dans des chaussons de lisière, et les deux jambes contre un poêle éteint où posait un verre de marchand de vin aux deux tiers plein d'eau-de-vie.

— Monsieur Gagueur? — dit ironiquement Nachette en le saluant très-bas.

— Mets ton chapeau, — fit l'homme, — tes poux pourraient s'enrhumer.

— Tu es toujours le même, vieux gueux, — dit Nachette en se recoiffant.

— Ne te gêne pas avec ton père adoptif, celui qui t'a lancé à Paris, ingrat!... Mais tu me sembles assez convenablement nippé...

— Et le commerce?

— Un commerce de rien du tout!... Ah! si M. le procureur du roi avait voulu me laisser continuer mon ancien commerce... ça allait assez bien... Les collégiens et les vieux mordent à ces livres-là comme des anges...

— Abrége... Je connais tes malheurs.

— Oui... Eh bien, les grands hommes, vois-tu, c'est moins ferme que la rente... As-tu quelqu'un, — tu as des connaissances maintenant, — qui veuille m'acheter une collection de lettres de guillotinés de la dynastie de Juillet? J'en ai une bien complète... Ah çà! qu'est-ce qu'il te faut?... Qu'est-ce qu'il y a pour ton service: et ne fais pas ton *quoniam bonus*... Qu'est-ce que c'est que ça?

— Des lettres.

— Bon... Après?

— Il faut cataloguer ce paquet, extraire les passages... Je te les ai marqués au crayon, et faire imprimer sous la rubrique: *Vente d'une jolie collection d'autographes*... et toute la rocambole.

— Et les autres?

— Quelles autres?

— Les autres lettres... Tu veux que je fasse une vente avec ça?... et un nom que je ne connais pas...

— Eh bien! tu y joindras celles que tu m'as escroquées... tu m'en as pris des masses!... Tu y ajouteras quelques bienfaiteurs de l'humanité, et de tes guillotinés... puisque la vente n'a pas lieu.

— Ah! la vente n'a pas lieu... Alors, qu'est-ce que tu payes?

— Cinq louis, tout ce que je possède, tiens! — dit Nachette en exhibant les quatre doublures des deux poches de son gilet et des deux poches de son pantalon, — et dix autres samedi contre la remise de l'épreuve, voilà.

— Pas gras, mon bonhomme.

— Je te promets par là-dessus une correspondance de Déjazet... mais drôle!... qu'a un de mes amis et qu'il doit me donner... Dis qu'on t'oublie, vieux scélérat!... Et puis je vais avoir un tas d'autographes comme directeur d'un grand journal... Il y aura peut-être un poste de confiance pour toi dans les annonces.

— Blagueur!... Mais tu causes dans ta bride... Après ça, bah! il faut bien faire quelque chose pour les enfants qu'on a vus naître... Et les risques?

— Aucun... C'est le possesseur légitime qui vend... Y sommes-nous: tu fais de ça, avec ce que tu ajouteras, une feuille... L'épreuve, dimanche matin, il me la faut, entends-tu?... Tu feras distribuer, puis je te ferai annoncer dans une huitaine de jours que la vente n'aura pas lieu... un riche amateur étranger aura acheté en bloc... Tu me rapporteras les lettres avec l'épreuve.

— Non, je garde... Si le signataire voulait racheter?... j'ai des frais, je me couvre; tiens!

— Comme tu voudras... ça m'est égal... et tu es payé pour ne pas me nommer... Dimanche matin, au plus tard, hein? Il faut que j'aie ça, dimanche matin... Ah! Il y a là des *ma chère*... supprime les *ma chère*... C'est inutile.

— Compris!... On ne mettra pas le public dans la confidence que c'était adressé à une dame... L'honneur des femmes !

— Tu y es.

Et Nachette se dirigea vers la porte.

— Tu t'en vas?... reste donc une minute... Il fait une pluie que les chiens boiraient tout debout... Nous causerons un brin du pays.

— J'ai une voiture, je suis pressé. — Et Nachette allait sortir.

— Dis donc, filiot ! — fit narquoisement Gagneur en le regardant aux cheveux, — sais-tu que le bon Dieu t'a fait une belle grâce? Il voulait te brûler... il n'a fait que te roussir !

LXXIX

— Allons! je suis paré, dit Nachette en remontant en voiture, — Qu'est-ce qu'on peut me dire? rien. Je ne fais que répéter un catalogue tiré à quatre cents exemplaires. Ma réponse est simple : Voilà le catalogue, le voilà !... le voilà !

Il regarda à sa montre : — Huit heures!... diable ! Je ne dînerai pas aujourd'hui... Un peu vite, cocher!... Il faut que j'aie le temps de me ficeler...

— Payez la voiture, — dit-il au concierge, qui s'inclina et lui murmura à l'oreille : — Il y a une petite dame en haut qui vous attend.

— Hein? Vous laissez monter... quand je n'y suis pas?

— J'ai cru que c'était une ancienne à monsieur.

— On ne laisse jamais monter une ancienne, d'abord, entendez-vous ?

— Ah ! c'est vous, Marthe, — fit Nachette en entrant chez lui.

— Oui, mon cher Nachette... J'ai réfléchi... C'est impossible... Sérieusement, ce serait odieux!... Vous avez voulu me rendre service... mais là, vraiment... rendez-moi mes lettres... n'est-ce pas?

— Désolé, ma chère Marthe... Les révolutions ont un mot pour cela : trop tard !

— Ne dites pas cela, Nachette... Non, vous ne voudriez pas...

— Je n'en sais rien, — dit Nachette en l'enveloppant d'un regard froid.

— Voyons... vous m'aimez bien... un peu... — Et Marthe appela à elle toutes ses minauderies et toutes ses caresses.

— Moi ? — Et Nachette partit d'un éclat de rire qui frappa les vitres.

— Oh !... vous m'avez fait peur !... Je vous en prie... dépêchez-vous... Mon petit Nachette, mes lettres...

Les yeux de Nachette s'allumèrent tout à coup; les yeux des féroces ont de ces lueurs. — Mais vous ne comprenez donc pas que je me suis fichu de vous ? — Et il eut un autre éclat de rire; sa voix sourde vibrait. — Vous n'avez donc pas compris que le *vilain singe* était entré dans votre vie pour autre chose que pour vous aimer ? Vous aimer, vous ?... Mais est-ce que vous avez pour deux sous de cœur ?... Une femme qui s'est amusée à marcher sur l'amour d'un homme qui l'aimait, qui a fait piétiner le public dessus !... Votre corset ? ah ! parbleu ! on sait ce qu'il y a dessous : de la chair sur un caillou !... Une belle chance pourtant !... avoir trouvé un bêta de cœur qui vous aimait comme un imbécile; vous enfin, une cabotine que le premier venu tutoie ou peut prendre par la taille !... Il vous avait fait l'honneur de se marier pour de bon, de vous épouser devant un vrai maire... Ce qu'il avait dans la tête, il avait eu l'idée de vous le mettre dans la bouche, pour vous mettre de moitié dans sa pensée, dans son succès... Et vous croyez qu'on trouve deux imbéciles de cette force-là dans sa vie ?... Moi ? Mais vous n'avez donc pas senti que vous étiez un instrument entre mes mains, quelque chose menant à quelque chose ?... Vous ne m'avez donc pas regardé ? vous n'avez donc pas vu que ce bonheur de Charles m'éclaboussait ?... que j'étais jaloux, oui, jaloux ! jaloux de cette fortune qui le faisait son maître et libre du travail qui tue; jaloux de son foyer qui me crispait; jaloux des amitiés qui allaient à lui ; jaloux de son nom, de sa figure, de son livre... de tout, là! Vous ne m'avez pas flairé, éventé, deviné?... Vous êtes bête comme tout!

— Monsieur...

— Oui, je suis entré dans votre intérieur pour renverser la lampe, et vous repasser un peu de ce qui me démangeait et me dévorait... Y êtes-vous à présent?... Vous aimer? Ah! vous vous figuriez?... Je n'ai pas le temps, ma chère!... Mais dans peu, si la fantaisie m'en prend... car enfin, quoi? vous n'avez pas de talent; vos grimaces d'ingénue commencent à se faner, votre beauté est mauvais teint... Du théâtre, vous dégringolerez, et si bas, qu'un beau soir... un beau soir que j'aurai bien dîné...

— Monsieur!... — fit Marthe, affaissée sur une chaise.

— Nous parlerons de toutes sortes de choses... du joli petit salon de votre mari... des enfants que vous auriez pu avoir... On dit que la maternité est une corde qui ne casse pas chez la femme : nous verrons bien!... Mille pardons, je ne vous retiens pas... — Et, prenant une affreuse intonation de Bilboquet : — Je suis à ma toilette!

Et il ôta sa cravate.

Quand Marthe fut sortie : — Ça soulage!... — dit Nachette devant sa glace, en passant avec rage sa brosse sur ses dents. — Allons, ça marche!... Je suis sûr de Puisignieux, et... au fait, c'est bien ce soir l'invitation de Couturat? — Et il relut cette lettre :

« Mon vieux,

« J'ai le sac. — Ton couvert est mis le Vendredi 18 courant depuis neuf heures du soir jusqu'au lendemain. Le festin aura lieu dans l'atelier de Giroust, qui est allé acheter des abat-jour verts dans son pays. Nous aurons Maria, et un autre ange.

« A toi.

« Couturat. »

LXXX

Il n'était guère que neuf heures et demie quand Nachette fit son entrée dans l'atelier de Giroust.

— Hein? — fit Couturat en lui désignant de l'œil la femme qui accompagnait Maria.

— *Aux oiseaux!* — répondit Nachette en se servant d'un de ces idiotismes parisiens qui font l'effet d'un crapaud sortant d'une bouche humaine.

— Ma fille, — dit Couturat à la femme ainsi louée par Nachette, — pas d'émotion et de l'amabilité... Môsieur est le directeur des Délass'-Com' !

— Monsieur est?... — Et la pauvre fille regarda Nachette comme une pauvresse regarde un changeur.

— Lui-même! — reprit Nachette, qui avait saisi le clignement d'œil de Couturat et entrait carrément dans la peau de son rôle : — Oui, ma chère, l'homme aux engagements, c'est moi.

On s'assit autour de la table, Couturat aux côtés de Maria, et Nachette aux côtés d'Hermance, ainsi s'appelait la compagne de Maria.

— Il y a des catégories d'actrices, — disait Nachette à sa voisine, — comme il y a des catégories de viande... Il ne faut pas vous le cacher... nous avons des femmes qui donnent de l'argent au théâtre pour jouer... ça n'est pas votre genre, bon... Nous avons des femmes à qui on fait un engagement qu'elles puissent montrer... vous comprenez... mais que nous ne payons pas... ça n'est pas encore ça, n'est-ce pas, mon petit loup... Nous avons enfin la première qualité... des vrais engagements... et authentiques comme un livret de la caisse d'épargne !

Hermance hasarda : — Et qu'est-ce qu'il faut pour...

— Ce qu'il faut?... Il faut tout : des cheveux, des yeux, des dents et des mollets! tout ce que vous avez... Si vous possédez par là-dessus le talent de mademoiselle Mars ou d'Alphonsine, ça ne nuit pas. Vous ne parlez pas du nez, c'est déjà quelque chose ; et avec des protections...

— Mais je ne connais personne...

— Et le directeur, ma chère ? — dit Nachette, qui devint galant.

Les deux hommes, les deux femmes, buvaient et mangeaient. Nachette, entonné par Couturat, qui ne laissait guère son verre vide, buvait plus que tout le monde, et le songe d'Athalie, que lui récitait Hermance en scandant les hémistiches avec des hoquets, le jetait dans des attendrissements et dans des tendresses qui faisaient peut-être plus d'honneur au vin de Couturat qu'au talent d'Hermance. Maria, de son côté, avait commencé une chanson patoise avec accompagnement de couteaux sur les verres, quand, s'interrompant : — Dis donc, Couturat, qu'est-ce que c'est donc que toutes ces bêtises-là ? — Et Maria montrait au mur un trophée de mille petits souliers de soie blancs, enrubanés de bouffettes et de rosettes.

— Des souliers de danseuses espagnoles que nous avons rapportés de nos voyages... Des souliers autographes.

Maria sauta sur un tabouret, cueillait dans le trophée un soulier à nœud rouge, si extravagant de petitesse, qu'une mère chinoise n'y eût pas risqué le pied de sa fille ; et, l'apportant sous le nez de Couturat :

— Et il y avait une femme au bout de ça ?

— Presque ! — dit Couturat.

Les hommes fumaient. Les femmes écorchaient un couplet, un opéra ou un fruit.

— Mais on est très-mal comme ça !... ça vous scie le dos d'être à table, — dit Maria.

— Une idée ! — dit Couturat. — Si nous ôtions les tréteaux de la table ?

On posa par terre la table, qui était une table à modèle, et chacun s'assit ou se coucha autour dans l'abandon intime des poses de Lancret et dans la liberté d'un fin souper. Nachette, sur le ventre, attelé à une pipe turque et enveloppé dans un nuage de fumée de tabac, racontait à Hermance, la tête sur un coussin, la pièce dans laquelle il la ferait débuter, les mots qu'elle aurait à dire et le collant qu'elle aurait à mettre. Couturat, assis à la turque, les jambes croisées, le dos au mur, et prêtant son épaule à la tête de Maria presque endormie, regardait de temps en temps l'heure à une pendule de Boule dont l'aiguille marchait sur quatre heures du matin.

Sur la table, les verres, rangés tout à l'heure en flûte de Pan, sont débandés, éparpillés, errants. Quelques-uns montrent l'eau que les femmes se sont versée pour ne point trop se griser. Un verre de vin du Rhin est à moitié plein, et le vin blond semble, dans le verre glauque, une topaze tombée dans la mer. Le rose pâle du champagne laissé pétille dans les flûtes, plantées sur la table, comme des aigrettes de cristal. Les assiettes de Chine du dessert se sont rapprochées et voisinent, indiquant les familiarités comme des siéges après une soirée. Des grappes de raisin égrappées, des noyaux de fruits, des peaux de pêche, des pincées de sucre, brisent au hasard leurs fleurs et leurs arabesques. Au milieu de la table, la pyramide de poires est à bas; quelques fruits confits ont été oubliés dans le pillage sur le papier à dentelles. Les pêches, renversées l'une contre l'autre, se talent. Deux grappes de raisin posent encore sur les feuilles de vigne sèches et recroquevillées. Puis ce sont des petits pains fouillés au cœur par de petits ongles, une boulette de mie qu'Hermance a pétrie par contenance au commencement du souper. Éclairé par les bougies de la table, le lustre de Venise fait au plafond une grande ombre à mille pattes semblable à un insecte vu au microscope.

Il est cinq heures. Tout à coup, un coup de sonnette.

— C'est vrai! — dit Couturat, — j'avais oublié..., pardon, mesdames et messieurs, c'est que je me bats ce matin... — Et passant par dessus Hermance, il lui glissa dans l'oreille : — Tu sais que je ne sais pas que tu es la maîtresse de Puisignieux..., — et il lui reposa la tête sur la poitrine de Nachette.

Le jeune homme introduit par Couturat était enveloppé d'un grand manteau qui s'écartait à droite sous une boîte de pistolets, et se relevait par derrière sous la pointe de deux épées.

— Mesdames, monsieur le baron de Puisignieux... Merci! tu es exact... Oui, mon cher, je me préparais à la mort en famille, comme tu vois...

Puisignieux vit Hermance, il vit Nachette. Il eut un de ces regards qui voudraient tuer les gens; il fit: Ah! et s'assit.

Nachette, qui avait juste encore assez de sang-froid pour reconnaître le baron, confus et parlant pour parler, dit à Couturat:

— Comment?... qu'est-ce que cette charge-là?... tu te bats?

— Oui..., une affaire qui est bête..., bête!... une bousculade qui s'est terminée par un soufflet..., ma main qui s'est trouvée posée sur la joue d'un Anglais..., des gens qui nous séparent..., l'Anglais qui me crie: Après demain, terrasse de Saint-Germain, sept heures! et il me jette sa carte, je la mets dans ma poche, je rentre, je regarde, je vois: *London, Piccadilly*... Je suis tombé sur un Anglais qui habite Londres, sur le seul Anglais qui n'habite pas Naples ou l'hôtel de Windsor!... Impossible de mettre en rapport nos témoins, tu comprends... Ils s'entendront sur le terrain... Je comptais sur toi, tu faisais l'affaire avec Puisignieux... Mais tu m'as l'air un peu ému... Si! tu es ému... Je prendrai en passant Bourniche.

Et voyant Puisignieux immobilisé dans une pose morne et rageuse: — Tu as l'air d'un chagrin de cœur en marbre, mon petit, ou d'un garçon de caisse volé... Qu'est-ce que tu as perdu, hein?... Et toi aussi, qu'est-ce qui t'arrive? — dit Couturat à Hermance. — Hermance, ma chère, vous avez un air trop cornichon pour n'avoir pas des torts!

Et revenant à Puisignieux: — C'est ça, n'est-ce pas?... Ah! bah, mon cher, qu'est-ce que tu veux?... un malheur! Je suis désolé..., mais ça arrive à tout le monde, et tu serais aussi bête d'en vouloir à Nachette qu'à un aveugle qui t'écrase un cor..., que diable? Il ne pouvait pas deviner... Ah! voilà l'inconvénient de cacher ses

maîtresses à ses amis... Mais, pas de plaisanterie..., nous allons être en retard... Donne le bras à Maria, Puisignieux... Toi, Nachette, un conseil d'ami : va te jeter sur le lit de Giroust, tu descendras la clef... Décampons ! — Et prenant le bras d'Hermance :
— Pas un mot ! — lui dit Couturat, — il te reviendra..., et plus gentil qu'avant... Ton engagement est sur le feu..., et tu sais que je tiens parole aux femmes.

On ramena les femmes. Puis on fit lever Bourniche, qui entra dans l'affaire de Couturat comme un hanneton dans une lanterne. Il se répandit en questions et en interjections jusqu'à Saint-Germain : il avait vu cet Anglais, il était sûr de l'avoir rencontré; il levait un plan du soufflet; il se racontait la scène, en redemandait le récit à Couturat, imaginait les témoins qu'ils allaient trouver, se penchait à la portière pour apercevoir des favoris d'anglais, et, ne voyant rien, revenait à Couturat qui l'envoyait promener.

Arrivés à Saint-Germain, ils firent toute la terrasse; personne. Une heure se passa; rien. Couturat envoya Bourniche s'informer au pavillon d'Henri IV, et dans les hôtels les plus proches : aucun Anglais n'avait paru. A dix heures, Bourniche déclara qu'il avait besoin d'être à Paris à midi. Couturat se rappela connaître un officier en garnison à Saint-Germain, qui ne lui refuserait pas le service d'être son second; et, laissant partir Bourniche, déclara que pour lui il attendrait toute la journée, — « à l'instar des Espagnols. »

Resté seul avec Puisignieux, Couturat le promena dans la forêt; et là, dans les bois, dans cette atmosphère mystérieuse et tendre, dans cet air qui ouvre le cœur et dénoue l'âme, profitant de toutes les émotions du lieu et de la circonstance, Couturat, prenant la voix et le ton d'un homme prêt à mourir, et qui se confesse à un ami, dépouilla tout à coup sa blague, sa moquerie, le Couturat que Puisignieux connaissait. Il eut des notes caressantes et d'une douceur triste; il pressa le chagrin de Puisignieux, l'écouta, l'embrassa, le comprit, le pansa, le berça, le respecta surtout, et n'entreprit point de le consoler. Il s'apitoya sur lui, pleura sur son amour trompé, s'abandonna, lui dit que lui aussi avait été trompé; — et ce fut là le chef-d'œuvre de Couturat, — lui raconta son premier amour, cette première duperie qui l'avait fait, avouait-il, ironique et mauvais. Il le tint, et le mania ainsi toute la journée, promenant la caresse, essayant la prise sur toutes ses sensibilités, déliant ses défiances, entrant au fond de lui en paraissant se livrer, ôtant à ses confidences toute fausse honte, pénétrant dans sa jeunesse, s'emparant de lui à travers sa passion toute chaude et les premières larmes de ses illusions... Et quand ils rentrèrent à six heures du soir à Paris, Puisignieux et Couturat étaient amis comme s'ils avaient été trompés tous les deux par la même femme.

LXXXI

A six heures et demie, Couturat et Puisignieux, bras dessus, bras dessous, remontaient les boulevards, causant de la mort prochaine de la tante de Puisignieux, chez laquelle Puisignieux était monté en descendant du chemin de fer, et qui n'avait plus que deux ou trois jours « à aller. » Ils parlaient de l'avenir, de la succession, de ce que Puisignieux pourrait tenter, du beau levier qu'il allait avoir entre les mains, de la position qu'il devait prendre dans la publicité, quand ils tombèrent sur Montbaillard qui flânait, les mains dans les poches.

— D'où diable sortez-vous tous les deux? — fit Montbaillard, vous êtes crottés comme un chemin vicinal!... A propos, qu'est-ce que tu as donc eu avec Nachette?... Il est furieux contre toi... Il est en train de raconter au café la charge qu'il va faire sur toi, et sur ton duel d'aujourd'hui... Est-ce que tu t'es battu vraiment?

— Non, on n'est pas venu... Et toi, qu'est-ce que tu fais?

— Moi, mon cher, je m'embête... Je crois que je deviens trop vieux pour le métier... Paris me pue au nez... Je donnerais dix sous pour être à la campagne... Je tourne à la *Petite Fadette*, sans charge!... J'ai envie de voir des moutons...

— A tondre! — dit Couturat.

— C'est bon! — dit Montbaillard, en lui donnant un coup de poing amical, — tu verras, quand tu auras passé quarante ans dans ce vilain gueux de Paris... J'aspire à la vieillesse d'Odry : mourir à Courbevoie...'J'en ai assez de me casser la tête..., et de toute la boutique! Toutes ces machines-là..., et puis la casse, des duels ou la prison..., c'est gentil, quand on est jeune... Mais vois-tu, au fond, cette vie-là..., c'est de la blague!

— Tiens! Montbaillard, tu es bucolique ce soir comme un homme qui veut faire une affaire.

— A-t-il du vice, ce mâtin de Couturat!... Eh bien, oui, mon petit, je veux vendre mon journal. Nachette m'a tâté; mais il ne démasque pas son capitaliste..., et si j'étais enfoncé par Nachette, moi, tu comprends... Il n'y aurait plus d'enfants! Et puis je t'aime mieux, toi..., non, parole d'honneur, je vais te dire... On ne quitte pas un journal comme une chemise, c'est comme un enfant; et je crois qu'avec toi, il vivra, il ira, mon *Scandale*... Tu as en tête une concurrence, un grand petit journal quotidien, avec des correspondances, le diable et son train... Sais-tu le joint? C'est de m'acheter... Tu as d'abord des abonnés, un noyau, tu n'essuies pas les plâtres... Ah! si tu savais le nombre de journaux qui me sont crevé entre les jambes avant celui-ci!... Qu'est-ce qui t'empêche d'acheter?

— L'argent.

— L'argent? avec un gentilhomme comme monsieur! — dit Montbaillard en indiquant le baron. — Une bagatelle d'abord! Qu'est-ce que j'en demande? Quatre-vingt mille francs... Et tu sais qu'avec les annonces ça va dans les trente mille par an... Trouvez-moi beaucoup de placements dans ce goût-là... Eh bien! qu'est-ce que vous dites?

— Nous achetons! — dit audacieusement Couturat, en faisant

va-tout sur la faiblesse de Puisignieux, et en lui appuyant dans les yeux la volonté de son regard, comme un genou dans une poitrine, — n'est-ce pas Puisignieux? — et sans lui donner le temps de répondre, — Puisignieux t'achète, — dit-il à Montbaillard, — mais il n'a pas d'argent..., mais il en aura demain, après-demain, dans deux jours..., dans trois jours.

Montbaillard, qui paraissait parfaitement renseigné, ne dit mot. Couturat reprit : — Tu comprends, il t'achète; mais il faut lui laisser le temps de ramasser ses nippes; il t'achète quatre-vingt mille francs..., quarante mille payables dans six mois, les intérêts à partir d'aujourd'hui, quant aux autres quarante mille, il a la faculté de te les payer six mois après le premier payement, intérêt à cinq..., ou de te faire un seul payement de quatre-vingt mille...

— Mais alors, — dit Puisignieux, — je ne payerais que les intérêts de six mois.

— Bien entendu..., mais pas d'histoires! Quarante mille francs dans six mois... Ah çà! mon garçon, vous ne me faites pas poser avec votre fortune? Madame votre tante n'est pas une balançoire? — demanda Montbaillard avec un air de doute et une défiance trop bien joués pour que Couturat ne les crût pas joués. — Et les autres, les autres quarante mille, six mois plus tard ou en même temps... Eh bien! topez là, vous êtes propriétaire du *Scandale*... Ah! je vous laisse pour succession un joli numéro! Ce gredin de Nachette a déterré, imprimées je ne sais où, des lettres de Demailly... Boisroger, Franchemont, Rémonville et toute la bande y sont fièrement mordus! Ils vont faire une bonne tête, en lisant ça d'un ami intime. . Il n'y a que Nachette pour ces tours-là... Mais tu ne m'écoutes pas?

Montbaillard se trompait, Couturat était tout oreilles; mais il regardait devant lui comme un homme plongé dans une réflexion vague.

— Moi?... hein? non... qu'est-ce que tu disais?... Ah! tu parlais du numéro... Nous prenons possession du journal immédiatement, tu sais?

— Oh! vous me laisserez bien le numéro de demain... comme épingles.

— Les intérêts courent d'aujourd'hui, mon cher... et puis, un enfantillage! Puisignieux et moi, nous voulons entrer tout de suite en possession de ton fauteuil vert de directeur... Après dîner, nous passerons un petit traité entre nous, un projet, si tu veux, quitte à y mettre toutes les herbes de la Saint-Jean, après que la tante aura fait ses malles... Les traités avec la rédaction sont rompus en cas de changement de direction?

— Oui.

— Très-bien. Eh bien! à huit heures... tu nous installeras

— Allons!... mais c'est pour vous... je vous mets ce soir dans les meubles du *Scandale*... c'est dit, et je vais tambouriner la chose.

— Non... ne dis rien... Je veux que ça étonne.

Quand Montbaillard les eut quittés : — Mon cher, — dit Couturat au baron, — tu me remercieras... Hermance n'a qu'une idée : un engagement... Je la connais... Elle t'aime, parole d'honneur! Mais vois-tu? un blagueur qui lui promettra de la faire entrer aux Folies-Dramatiques... Que veux-tu? une idée fixe... Le théâtre est son meuble en palissandre, à cette fille... Avec le *Scandale*, dans quinze jours... tu pourras exiger un engagement, et alors... Alors tu la tiendras... et serré! tu lui feras peur avec le journal, comme un mari fait peur avec la cour d'assises.. On l'égratignera de temps en temps pour la maintenir dans le bon chemin... et je te jure qu'elle ne bronchera plus!

On dîna en cinq minutes chez Puisignieux, à qui Couturat fit faire sa paix avec Hermance. Couturat avait glissé dans l'antichambre à l'oreille de la femme : — Ça va... tu seras engagée... Maintenant, du bonheur à cet enfant, et chaud! Il y aura un joli coupon de rente pour toi...

— Si je te donnais une procuration? — dit Puisignieux en s'étendant dans un fauteuil.

— Pas de ça!... Les affaires avant les amours!... Je t'emmène, je veux que tu sois là... On dirait que nous t'avons égorgé... C'est toi qui achète... Moi, je ne suis rien... que ton rédacteur en chef... tu fixeras les appointements, voilà !... des appointements aussi honorables que tu voudras... Si tu tiens même à m'intéresser dans les bénéfices...

Ils allaient entrer au journal, quand une des plus grosses célébrités du siècle, qui avait essayé d'enlever un journal sur son nom, leur passa sous le nez.

— Tiens ! — dit Couturat en donnant un coup de coude à Puisigneux, et il se jeta au travers de la célébrité : — Cristi ! mon cher, vous avez la main heureuse... Il y a un gaillard dans votre journal, je ne savais seulement pas son nom hier... il donne une vie à votre journal... on ne parlait que de cela hier au café Riche... Les charmants articles !

— Mellin, n'est-ce pas ?... Oui, il a beaucoup de talent... As-tu lu mon article d'hier ?

— Non... — dit Couturat, — Mellin, c'est cela... Gardez ce garçon-là dans du coton, c'est la fortune de votre journal.

— Pourquoi as-tu été lui dire ça ? — dit Puisignieux, — ça a eu l'air de le chiffonner...

— Pourquoi ? tu le verras bien demain... Tu n'as peut être pas le désir de garder Nachette ? — Puisignieux fit un mouvement, — Eh bien, voilà Nachette remplacé.

— Comment ? remplacé ?

— Ce grand homme, mon cher, est, tout grand homme qu'il est, un homme de lettres... Si on parle un peu d'un de ses rédacteurs, on ne parle pas uniquement de lui... Mellin sera flanqué à la porte demain matin sous un prétexte, et nous l'aurons.

Montbaillard les attendait en se promenant de long en large dans le bureau du journal.

— Tu es exact, — lui dit Couturat.

— Comme une éclipse, mes enfants... Tout est prêt, voilà le projet de traité.

Couturat le reçut des mains de Montbaillard, et le passa à Puisignieux, puis le reprit et le relut attentivement.

— Parfait! — fit-il après sa lecture. — Puisignieux et toi, vous allez le recopier en double sur papier timbré... Moi, je vais voir les traités pour la rédaction...

Et pendant qu'ils copiaient, Couturat, amenant les épreuves qui étaient sur le bureau, parcourut de l'œil l'article de Nachette.

— Là! signons!... La plume de Fontainebleau, messieurs!— dit Montbaillard.

On signa.

— Messieurs, la maison est à vous... elle est bonne... Saperlotte! je suis tout chose... — Et ramassant ce qu'il y avait dans la caisse : — Voilà une clef qui a servi à autre chose qu'à enfermer des plumes de fer!... Et maintenant, que tout est consommé, j'ai bien l'honneur... je vais boire quelque chose... Ah! dis donc, veux-tu voir les épreuves, avant que je ne les donne?

— Pourquoi faire? — dit Couturat. — Non... donne le bon à tirer... là!... et descends-les...

Quand Montbaillard fut à la porte :

— Au fait, ne te donne pas la peine... j'ai besoin de faire un tour à l'imprimerie, je les descendrai.

Montbaillard sortit.

— Tu n'as plus besoin de moi? — dit Puisignieux.

— Si, — dit Couturat. — Dors un peu sur ce divan, on y est très-bien.

Couturat reprit les épreuves, et resta absorbé pendant deux heures devant une vingtaine de tronçons de phrases. Son monologue intérieur était le monologue suivant : — Un catalogue de lettres où on donne des extraits de lettres d'une illustration pas plus illustre que Demailly, c'est louche... Des extraits qui se trouvent frapper seulement et précisément Franchemont, Rémonville, Lamperière, les autres, c'est visé trop juste, c'est une méchanceté trop littéraire pour un marchand d'autographes... Je sens le mensonge dans tout cela... Ah! si on pouvait deviner à qui les lettres sont adressées, cela mettrait peut-être sur la voie... Voyons!... hum!... une tournure bien abandonnée pour des lettres écrites à un homme... Nous sommes généralement plus sur nos gardes que cela... Ah! ah! c'est à une femme... ils n'ont pas pensé à cet *e* muet, les imbéciles! Voilà un *e* muet qui tranche la question... Bon! c'est à une femme... Oui, mais après?... Relisons... Il y a un certain ton de respect qui ne peut s'adresser qu'à une femme... comme une femme légitime... Et puis le catalogue annonce les lettres autographes signées de son nom... Si c'était à une maîtresse, elles ne seraient signées que de son petit nom... Bête que je suis! ce sont des lettres de Demailly à sa femme... Nachette, qui tourne autour depuis quelques mois, aura eu communication de ces lettres, et le catalogue est une invention... Non, Nachette est plus fort que ça... Une infamie de cette bâtise-là est au-dessous de lui... Il faut qu'il y ait une vente...

Et Couturat retomba dans ses réflexions :

— Très-bien! — reprit-il en en sortant; — c'est ça... Gagneur, une canaille que j'ai vu rôder deux ou trois fois dans le bureau... C'est un simulacre de vente arrangé entre Nachette et lui... une couverture assez bien imaginée!

Il remit les épreuves sur le bureau, prit une grande feuille de papier blanc, et travailla toute la nuit à un programme de la nouvelle direction, qu'il recommença deux ou trois fois pour faire tenir une promesse dans chaque mot et un appât dans chaque phrase. Puis il attendit le jour en parcourant les registres d'abonnés.

Puisignieux, moulu de sa promenade de toute la journée, dormait tranquillement sur le divan, comme il eût dormi dans son lit.

On frappa violemment à la porte.

— Pardon, m'sieu! — dit un gamin de l'imprimerie, — on m'a dit de monter voir s'il y avait quelqu'un au journal... On n'a pas rendu les épreuves hier soir... Il va y avoir un retard...

— Ah! nom d'un chien!... moi qui ai oublié de les lire... Ça ne fait rien, tiens!... qu'on compose tout de suite... Pas d'épreuve... on ne fera pas de corrections.

— Je te demande un peu pourquoi tu m'as gardé? — dit Puisignieux en se réveillant.

— Attends donc!

Et Couturat se mit à se promener dans le bureau. Puisignieux prit le parti de se rendormir. Au bout d'une heure, il fut réveillé par Couturat :

— Tu vas descendre à l'imprimerie... tu presseras le tirage... Vois tirer... Tu n'as jamais vu tirer... c'est instructif... Quand il y en aura une cinquantaine de tirés, prends un numéro... c'est-à-dire tu en prendras deux, un qu'on te verra prendre, et un que tu prendras sans qu'on te voie... et remonte-moi-les.

Puisignieux revint avec les deux numéros.

— Très-bien! prends une bande... vite donc!... Écris : Monsieur Charles Demailly... Saute dans un coupé... file à son adresse, et envoie cela sous la porte cochère.

— Je ne comprends pas... — dit Puisignieux.

— Tu comprendras tout à l'heure... Va!

Couturat descendit aussitôt à l'imprimerie, le journal à la main. Le bruit de sa nouvelle qualité l'entoura du respect des compositeurs.

— Arrêtez le tirage! — cria Couturat, — à l'instant!... Où sont tous les numéros tirés? Tous, qu'il n'en traîne pas un!... Michel, prenez le paquet... Vous allez brûler ça devant moi, dans ma cheminée. Je ne veux pas de choses comme cela, dans le journal, moi... — Et Couturat désignait du doigt l'article de Nachette. — ...Des blagues, bien!... mais ça, c'est trop fort... Montbaillard a pu ne rien y voir... Qu'on décompose le journal!

Puis, après quelques instants de réflexion :

— Il faut qu'on paraisse cependant... Il n'y a rien là-haut, pas de copie... Gardez la composition... Qu'on décompose seulement dans la quatrième page l'annonce de la *Ville de Marseille*.

— Mais, monsieur Couturat, — dit Malgras qui redescendait du bureau où il était monté pour faire le départ du journal, — c'est une annonce de plus de deux cents francs qu'on va perdre ! Voilà trois semaines qu'elle est remise...

— Qu'on la décompose !... Je donnerais, voyez-vous, monsieur Malgras, mille francs pour n'avoir pas ce fichu numéro sur le corps... et mon premier numéro !... Qu'on attende maintenant... Nous paraîtrons aujourd'hui... demain... ou après-demain !

Puisignieux attendait Couturat dans le bureau.

— C'est fait.

— Bien.

— Tu as une idée ?

— Je n'en sais rien... Seulement, il y a un homme... tu sais de qui je parle... Il s'est mis deux ou trois fois en travers de mon chemin... Je veux simplement le jeter à la porte de manière... à ce qu'il se casse les pattes !

— Et le moyen ?

— Je le cherche... j'attends quelque chose... le hasard... la Providence... ce que tu voudras... quelque chose... ou quelqu'un... Mais c'est bien le diable s'il n'éclatait pas quelque chose de la bombe que j'ai jetée dans le café au lait de Demailly... Maintenant, mon petit Puisignieux, si tu allais embrasser Hermance ?... J'ai besoin d'être seul.

LXXXII

Couturat demeura deux heures à écouter les rumeurs de Paris qui s'éveillait, et attendant.

Un bruit de voix se fit enfin dans l'antichambre.

— Qu'est-ce que c'est, Michel ? — dit Couturat au garçon de bureau qui entrait.

— Un monsieur qui demande l'adresse de M. Nachette.

— Tu lui as dit?

— Que je ne savais pas... Il a dit qu'il l'attendrait.

— Comment est-il, ce monsieur?

— Un gros... court... qui a l'air d'arriver de son pays... et colère comme...

— Fais entrer.

— Monsieur, vous désirez?—dit Couturat en se levant d'un air froid.

— Monsieur, — dit le gros homme époufflé, et qui était entré comme une trombe, — je demande l'adresse d'un drôle qui s'appelle Nachette... et je ne croyais pas qu'on refusait...

Couturat eut un sourire digne : — Pardon, monsieur, mais permettez-moi de vous dire que vous me semblez ignorer complétement les habitudes d'un journal... Des raisons... d'économie sociale, vous me comprenez?... font généralement du domicile d'un homme de lettres un secret... pour ses créanciers... Mais pour vous, monsieur, qui me semblez mû par un motif tout autre...

— Je viens, moi, pour lui appliquer l'indignation d'un honnête homme sur les deux joues... je viens pour le battre... oui, le battre!

— Le battre?... Vous me paraissez bien animé, monsieur.

— Eh! je ne sais pas ce que je suis, monsieur!... Mais il faudrait n'avoir pas de sang dans les veines... Comment, monsieur? Des lettres qu'un misérable a volées à une femme!... On ruinera, on tuera le mari avec cela!... Sa pensée, monsieur, sa pensée sera rendue publique!... Ah! je vous parais animé!... et ce qu'il aura dit à l'oreille, une impression d'un jour, d'une heure... des confidences... sa confession... Un mouchard, monsieur, un mouchard n'aurait pas fait ça!

— Vous dites, monsieur?

— Je dis que ce monsieur a volé les lettres de Charles à sa femme... volé!... et...

— J'avais bien entendu, monsieur... Mais voudriez-vous avoir la bonté de m'expliquer comment M. Demailly a pu avoir connaissance d'un numéro non paru?

— Non paru!... Si vous aviez été dans ma peau, depuis une heure, vous auriez vu... s'il n'était pas paru!... Vous auriez vu si Charles ne l'a pas lu, votre numéro non paru!... Il est tombé le nez sur le parquet... à plat... un coup de foudre... On a couru chez le médecin... je ne sais pas s'il est mort ou vivant... C'était comme mon fils, monsieur... Et je suis sorti, moi qui ne sais pas tenir une épée... je suis sorti... je vous dis qu'il faut que je le soufflette!

— Vous ne savez pas tenir une épée?... C'est malheureux, monsieur, malheureux... Nachette est une seconde force très-distinguée!... Il a eu la main malheureuse, je ne sais où, à Nantes... Oh! après tout, dans ces affaires, le hasard...

Et Couturat qui interrogeait de l'œil cette bonne et chaude nature, ce tempérament sanguin et de premier mouvement, cette passion qu'il laissait s'épancher et se dépenser, en ne lui opposant que les froideurs de la politesse et de la pratique des choses, Couturat vit la réflexion revenir dans cette indignation, l'âge et la vie parler à cet homme, le souvenir des jolis enfants qu'il avait laissés là-bas, l'amollir et le lier doucement... Il y eut un silence que Couturat prolongea pour laisser agir l'humanité dans l'ami de Charles, et où il le vit imperceptiblement pâlir comme si la mort lui avait frappé sur l'épaule.

Couturat reprit :

— Quel que soit votre dévouement pour M. Demailly, dévouement que j'honore, monsieur, quel que soit votre mépris des chances d'une rencontre, vous me laisserez vous dire qu'il est regrettable que vous preniez la place d'un ami beaucoup plus jeune que vous, et que vous remplaciez sur le terrain un garçon de trente ans... qu'on ne croira pas malade, monsieur, je connais le public... Et puis enfin, — dit Couturat qui continuait à observer son interlocuteur, — quand vous aurez attrapé un coup d'épée, quel service aurez-vous rendu à M. Demailly?... Tenez, monsieur, —

et Couturat, quittant subitement son ton de rédacteur en chef pour un ton de bonne enfance et d'homme à homme, — savez-vous ce que j'ai fait, moi qui vous parle ? Sans rien savoir, si ces lettres étaient fausses ou vraies, d'où elles venaient, comment elles avaient été obtenues, ce qu'elles disaient, sur le seul soupçon de quelque chose dans le genre de ce que vous venez de me dire, j'ai fait arrêter le tirage du numéro... Oui, monsieur, au risque d'un retard... J'ai fait décomposer une annonce de cent cinquante lignes dont je perdrai l'argent... J'ai fait réunir tous les numéros tirés, et en voilà les cendres dans la cheminée... Le numéro reçu par votre ami est pour moi une énigme... à moins que Nachette n'ait fait un tour à l'imprimerie avant moi... ce serait la seule explication... Enfin, à l'heure qu'il est, je cherche une réponse qui cloue au dos de l'article de Nachette... ce que tout homme d'honneur doit en penser... Une note, dans huit jours, ce serait trop tard, et je veux dans le numéro même jeter le personnage à la porte, en lui faisant descendre l'escalier sur les reins... Vous êtes bien bâti... vous avez des bras, une poigne... Vous avez pour Demailly une de ces amitiés... que nous ne connaissons pas nous autres, enfin, suffit!... Vous allez courir... mais d'un bond, rue Childebert, 4... Vous trouverez là un certain Gagneur, un misérable, peureux et ivre... il est onze heures, il sera ivre... Vous le menacerez de l'étrangler... vous l'étranglerez même un peu, jusqu'à ce que vous ayez de lui une attestation que les lettres lui ont été remises par Nachette... Avec ça... c'est tout ce dont nous avons besoin... Et ne craignez pas de mettre les pouces ! Il faut que vous ayez l'air d'un homme qui vient pour tuer... Filez ! il y a un coupé en bas... Vingt minutes pour aller, vingt pour revenir, dix pour la scène... ce n'est pas une heure.

Au bout de trois quarts d'heure, le gros homme arriva, ruisselant, s'essuyant la figure, et levant en l'air une large main triomphante :

— Ç'a été dur... mais voilà !

Et Couturat lut :

« Je déclare que la vente désignée sous l'intitulée : *Vente d'une jolie collection d'autographes modernes*, et annoncée pour le 24 janvier, était une vente fictive. Je déclare que les lettres de M. Demailly, mentionnées audit catalogue, m'avaient été remises par M. Nachette, affirmant au surplus avoir agi en tout ceci sans en comprendre la gravité.

« Gagneur. »

— Vous avez mon estime, — dit Couturat dont les yeux brillèrent.

Et, se jetant à son bureau, il écrivit d'une haleine une cinquantaine de lignes.

— Michel ! tout de suite, à la composition, en queue de l'article de M. Nachette... et qu'on tire immédiatement !

— Monsieur, — dit Michel, — il y a quelqu'un qui demande à vous parler... M. Millin... Mellin...

— Impossible !... Dites-lui que je lui donne rendez-vous demain à dix heures... Ah ! envoyez-moi M. Malgras...

— Monsieur Malgras, — dit Couturat, — vous avez le nouveau programme... Biffez le nom de Nachette... Vous mettrez le nom de Mellin à la place... et donnez à imprimer.

Le gros homme fit mine de se lever.

— Ne vous en allez pas, monsieur, — lui dit Couturat ; — nous allons rire !

LXXXIII

Nachette s'était croisé dans l'antichambre avec Malgras.

— Je ne sais si vous restez, mon cher Nachette, je ne sais pas, — lui avait dit Malgras en lui montrant son nom biffé.

— Toujours des bonnes nouvelles, ce père Malgras !... Corbeau, va !

Et Nachette entra dans le bureau.

— Dis donc, qu'est-ce qu'on dit? — Et, pâle de colère, il s'avança sur Couturat. — Qu'est-ce qu'on dit, que c'est mon article qui empêche le journal de paraître? Je la trouve bonne, celle-là!... Qu'est-ce qu'il y a, hein?

— Rien... Ton article passe.

— Et mon nom biffé sur ton programme... Malgras me l'a montré... qu'est-ce que ça veut dire?

— Qu'il y a un nouveau directeur, et que les traités passés avec Montbaillard finissent en cas de changement de rédaction... Tu peux passer à la caisse, tu sais? tu as le droit d'y solder les avances que le journal t'a faites...

— Voyons, tu me fais une scie, Couturat... Tu ne peux pas me mettre à la porte comme cela... comme un chien... à propos de bottes... à cause de ton amitié pour M. Demailly.

Et Nachette eut un sourire ironique.

— Pourquoi pas? J'ai pu le blaguer, mais...

— Tiens! Couturat, tu as tort de jouer ce jeu-là avec moi...

La main de Nachette tourmentait la pomme de sa canne. Couturat, qui le surveillait de l'œil, jouait négligemment avec une règle de fer.

Nachette reprit en domptant sa voix :

— Tu ne veux donc pas qu'on blague ce cher Demailly?... Je n'y tiens pas, moi, si ça te fait mal... Moi? mais je suis prêt à lui trouver du talent, du génie, tout ce que tu voudras! Je dirai qu'il est le modèle des maris... méconnus! Je raconterai, dans le journal, ses bons mots sur toi... Tu vois, directeur de mon cœur! que je suis toujours digne de signer au *Scandale*... et tu me gardes.

— Impossible, mon cher... La direction nouvelle du journal ne veut pas d'un rédacteur qui fait des articles avec des lettres volées à une femme...

Et la règle de fer de Couturat se tourna, comme par distraction, vers Nachette.

— Tu mens!

— Vous savez bien, Nachette, que je me suis battu... quelquefois... et plus sérieusement qu'hier... — dit Couturat en appuyant cette dernière phrase d'un sourire de persiflage.

— C'est la femme de Demailly qui t'aura dit...

— Non, c'est Gagneur... tu sais bien, Gagneur... et c'est monsieur qui a apporté la déclaration de Gagneur... déclaration suivant laquelle... Tiens, lis!

Et Couturat tendit à Nachette le journal que Michel apportait en ce moment.

Nachette parcourut des yeux la note de Couturat et devint blanc comme sa chemise. Il laissa tomber le journal, et, s'assurant sur sa canne :

— Tu auras bientôt de mes nouvelles!

— Je ne te reconduis pas... — dit Couturat tranquillement.

Quand Nachette eut jeté la porte sur lui :

— Monsieur, — reprit Couturat en se retournant vers le gros homme tout ému, — si je vous assure ici de l'estime que je fais du caractère et du talent de Demailly, c'est que je suis certain que vous me croirez... Votre ami vaut mieux que nous tous, je le sais, et je vous le dis... Mais que voulez-vous? Le mal était fait. Je n'ai pu faire que ce que j'ai fait; et ma conscience me rend ce témoignage qu'en le faisant j'ai accordé à Demailly la seule réparation que je pusse lui offrir...

LXXXIV

A ce mot, par la porte ouverte brusquement, Charles Demailly se précipita, les pieds dans des pantoufles, la figure contractée et horriblement défaite, sentant l'éther à pleine bouche.

— Vous ici! Chavannes! — fit-il en apercevant le gros homme.

— Laissez donc! c'est moi que ça regarde, ça... Je sors de chez Nachette, qui était sorti...

Et Charles jeta un regard de provocation à Couturat.

— Tu es fou! — lui dit Chavannes, qui vit le regard et craignit un geste. — Monsieur se bat pour toi avec ce Nachette...

— Demailly ne m'aura pas cette obligation, — dit Couturat en le saluant; et malgré tout le bronze qu'il avait sous la peau, il cachait mal le coup que lui avait donné l'apparition de cette espèce de spectre. — Non... Demain, Nachette ne trouvera pas sur la place de Paris deux individus qui veuillent lui servir de témoins... Il y a des gens qui trouvent toujours deux témoins, mais lui, il a tiré sur tout le monde... Ça va être une débandade, vous allez voir... Demain, il ne trouvera pas deux amis; après demain, il n'en trouvera pas un, et s'il attend huit jours... dans huit jours, il est capable de battre tous les journaux, sans trouver une place grande comme la main pour mettre sa réponse... Oh! dans notre monde, on est impitoyable pour les vilaines choses mal faites... C'est comme dans l'autre pour les coquins qui se ruinent... Mes regrets bien vrais de n'avoir pas été au journal quand l'article a été apporté...

Et, s'oubliant un moment, Couturat dit cette phrase dans la sincérité de son âme.

— Enfin, ça réchauffe un peu le cœur, un homme comme ça! — dit Chavannes en descendant l'escalier avec Charles.

Charles le regarda, et eut un moment sur les lèvres tout ce qu'il avait deviné; mais il ne dit rien.

— Quelle imprudence de sortir!... Comment es-tu?

— Merci!... mieux... J'ai les jambes qui me brûlent... Ah! ce sont les sinapismes que j'ai oubliés... Le médecin a dit, je crois, que c'était une apoplexie nerveuse... Pouah! j'ai de l'éther plein la bouche... et la tête, c'est drôle, comme tout étonnée...

— Tu as bien souffert?

— Affreusement... Je ne sais pas ce qui s'est passé là-dedans... — et Charles indiquait sa tête. — Ce que je me rappelle, c'est que, dans le moment où je souffrais comme cela, ma pensée est allée à une phrase... je l'ai lue, je ne sais où, dans un livre de médecine... que les jeunes suppliciés ont quelque chose qui se durcit dans la tête dans le moment, peut-être dans la seconde qui précède l'exécution... Il me semblait sentir cela, ce durcissement de... de... j'ai oublié le nom.

— Quelle idée !... de l'arachnoïde...

— Je crois que c'est ça... Ah ! mon pauvre Chavannes, moi qui vous avais fait venir pour voir ma pièce !... vous enlever à votre chez vous, vous faire quitter... tout, tout ce que vous aimez... c'était bien la peine !... Il était dit que vous vous en iriez comme vous étiez venu...

— Par exemple !... Est-ce que tout cela va empêcher qu'on ne te joue demain ?

— Me jouer ?... Ah ! oui me jouer !... Ma pièce ? je la hais... elle me fait peur... L'amitié, l'estime des hommes que j'aimais et que j'estimais... elle me coûte cela ! Elle me coûte encore... vous savez... Non, tenez ! c'est fini... j'ai horreur du théâtre, j'ai horreur des lettres... Cette vie est horrible... Cette vie, j'en meurs, et je n'en veux plus !... Deux liards de célébrité achetés par des tortures... Mais si on les connaissait !... C'est un pacte trop bête à la fin... un marché d'imbécile !... Non, les livres, les journaux, les quinquets, Paris... je n'en veux plus ! Non ! non !... Montons au théâtre...

Charles trouva le directeur, qui avait eu vent de toute l'affaire, singulièrement refroidi pour la pièce et pour l'auteur. Charles déclara qu'il retirait sa pièce. Le directeur fit une défense de politesse, et, intérieurement enchanté d'être débarrassé de la première œuvre d'un nom inconnu au théâtre, d'un garçon sous le coup de tant de colères et d'un *four* parfaitement monté, laissa retirer l'*Ut enchanté*.

Chavannes resta quelques jours avec Charles. Il s'étonna de ne point lui entendre parler de Nachette, du bruit que faisait le retrait de sa pièce, des choses qui faisaient autrefois sa vie, sa pensée, sa causerie. Il trouva même qu'il lui demandait un peu souvent quand il partait, d'autant mieux qu'il ne restait à Paris que pour lui, et absolument pour le soigner. Quand il partit, Charles l'accompagna au chemin de fer, et lui promit, — Chavannes avait voulu l'emmener avec lui, — d'aller le retrouver bientôt, aussitôt qu'il aurait réglé quelques affaires à Paris.

LXXXV

Quand Charles fut remonté dans le fiacre qui les avait amenés, Chavannes et lui, au chemin de fer :

— Où allons-nous ? — lui demanda le cocher.

— Où vous voudrez.

— Vous voulez rire, bourgeois ?

— Non... où vous voudrez, je vous dis... Promenez-moi.

Le cocher remonta sur son siége, et alla le long des boulevards.

— Monsieur, nous voilà à la Bastille...

Charles ne répondit pas.

Le cocher prit mélancoliquement la rue Saint-Antoine et tomba sur les quais, se retournant à demi de temps en temps et regardant du coin de l'œil avec inquiétude ce bourgeois singulier, immobile, les bras croisés, au fond de la voiture. Les quais s'allongeaient. Le fiacre allait toujours. Enfin, descendant de son siége, le cocher ouvrit la portière :

— Non, — lui dit Charles, sans changer de posture, — je ne dors pas... Je vous ai pris à l'heure, allez.

— C'est que, bourgeois, mes chevaux n'ont pas mangé depuis ce matin.

— Où sommes-nous ?

— A l'entrée de la rue des Lions-Saint-Paul.

— Qu'est-ce que c'est? un écriteau d'appartement à louer, au-dessous de cette porte?

— Oui, bourgeois, un écriteau.

— Payez-vous.

Charles entra chez la portière. Il faisait nuit.

— Vous avez un appartement à louer?

— Oui, monsieur; — dit la portière, — mais...

— Mais quoi?

— Monsieur n'est pas sans savoir qu'on ne montre plus d'appartements passé sept heures.

— Montrez-le-moi. — Et Charles mit une pièce de dix francs sur la table.

La portière le précéda dans un grand escalier de pierre dont la rampe avait des balustres de bois, ouvrit au second, et lui fit voir, à la lueur d'une chandelle, un appartement composé de quatre ou cinq grandes pièces très-hautes et à grandes fenêtres, — un vieil appartement du Marais.

— Combien? — dit Charles.

— Je vous dirais mille; mais comme on voit tout de suite à qui on a affaire, ce sera huit cents, le dernier prix.

— Voilà le premier terme, et vingt francs de denier à Dieu. Apportez-moi un paquet de bougies et une chaise.

— Mais monsieur ne va pas pouvoir se coucher...

— Un paquet de bougies et une chaise, — répéta Charles.

La portière remonta avec les bougies et un fauteuil.

— Monsieur n'a plus besoin de rien?

— Ah! si, un seau d'eau.

Charles se promena toute la nuit dans l'appartement, trempant de temps en temps ses mains dans l'eau froide et les passant sur son front.

Au jour, il sortit et alla chez lui. Son domestique lui ouvrit :
— Ah! c'est monsieur... Nous ne nous sommes pas couchés, ma femme et moi... Mais comme monsieur est pâle! monsieur est malade?

— Préparez votre compte.

— Monsieur est mécontent de nous?

— Votre compte!... Vous allez aller chez le premier marchand de meubles... tout de suite... qu'il monte ici.

Le marchand de meubles arrivé : — Combien tout ça? — dit Charles en désignant d'un geste tous les meubles; il n'avait réservé que son ancien mobilier de garçon.

Le marchand de meubles, si habitué qu'il fût à voir vendre, ouvrait de grands yeux : — Tout?... Monsieur ne garde pas le lit de la défunte?

Charles fit un mouvement : — Tout... sauf cette pièce.

Le marchand offrit un prix. Charles l'accepta. Il paya les deux domestiques, chargea le portier de faire enlever les meubles qui restaient et de les lui envoyer dans la journée, et monta dans une voiture qu'il avait envoyé chercher. Mais, au moment où il allait fermer la portière, une femme se glissa et s'assit sur le bord du coussin de devant, avec l'embarras du dévouement qui craint d'être refusé.

— Ah! c'est toi, Françoise?... Eh bien, viens, puisque tu veux venir...

C'était la vieille femme qui l'avait élevé, et dont il s'était séparé au moment de son mariage, craignant les conflits et les jalousies ordinaires entre la vieille domestique et la jeune épouse. Charles lui avait fait une petite pension qu'elle venait chercher tous les mois. En tombant au milieu de cette vente, qu'elle ne comprenait pas, en voyant l'air de Charles, Françoise avait compris qu'il y avait encore un enfant à soigner dans cet homme; et, avec la spontanéité des cœurs du peuple, abandonnant tout, elle était montée dans la voiture qui emmenait Charles rue des Lions-Saint-Paul.

LXXXVI

Quand Charles se mit à la fenêtre, voici ce qu'il vit : — c'était la maison où il était.

D'abord, c'est une grande porte cochère carrée ; autour du cadre de la porte, des fers à cheval sont peints en noir sur le mur blanc ; — la grosse porte est relevée de bossages de bois cloués par de gros clous dont les têtes font des dessins et des croix ; — sous l'arche de la porte, dans l'ombre noire de la loge du portier, éclatent quelques éclairs de faïence, et sur les carreaux de la petite porte entr'ouverte un rideau de toile à matelas bleue frissonne ; — dans la retraite que fait la cour, à droite, la forge d'un maréchal ferrant s'enfonce dans la nuit des noirs de suie, où dorment les ferrailles confuses du métier ; — devant, est un cheval blanc, à moitié dans l'ombre d'un hangar, à moitié fouetté de soleil, une jambe pliée sur le genou d'un homme en bras de chemise, la corne du sabot fumante d'une fumée blanche qui monte dans le bleu de l'air ; sous le hangar, dans les jambes du cheval ou à côté, des coqs, de temps en temps, battent des ailes deux fois de suite coup sur coup, des poules piquent un grain entre deux pailles, une basse-cour va trottant, voletant, sautant, picotant, pépiant ; — le hangar, au bout, est fermé avec de vieilles planches, qui, nouées à la grosse, recousues de planchettes, font, en haut, avec une avance de pièces et de poutrelles, un pigeonnier de campagne tout bruyant d'envolées, et d'où sort à tout moment le froufrou d'un pigeon blanc ; — au fond de la cour, un entassement de vieux meubles barre à demi le palier à l'air du large escalier de pierre ; — puis c'est un encombrement de voitures à bras, roulées par les marchands des quatre saisons, où les animaux de la cour et de la maison, pigeons, poules et chats, perchent, se juchent, ronronnent, bruissent et remuent ; — à gauche, des vignes maigres, rongées, montées en arbre, plaquent au mur un bouquet de sarments entre les grandes fenêtres hautes du rez-de-chaussée; — aux carreaux de ces fenêtres couleur vert de bouteille, les carreaux cassés ont été bouchés avec du bois, du vieux bois, devenu gris; contre un vieux puits aux pierres déchaussées et usées, une chèvre blanche, balançant la tête, va se frottant et cherchant les aspérités qui l'étrillent. Et, dans ce fouillis de vie, court un petillement de couleurs, çà et là des coups d'ailes blancs, des crêtes rouges, des touches de vermillon, de bleu, d'argent, un barbouillage de lumière, dont vous n'aurez l'idée que dans les esquisses jetées par le pinceau de Fragonard dans une matinée de bonne humeur.

LXXXVII

Quelques jours se passèrent à s'arranger, à s'installer. Charles avait l'air de se plaire dans cette maison. Rien n'était changé dans ses dehors, rien ne semblait changé dans sa vie. Il aimait à rester, comme au temps de ses anciens travaux, dans sa chambre. Il sortait quand il faisait du soleil et que Françoise le poussait à sortir. Il dormait, il mangeait, et Françoise était tout à fait rassurée en le voyant manger : un homme qui déjeune et qui dîne ne peut être, pour le peuple, un homme malade. Il paraissait absorbé, préoccupé, il répondait à peine à ce qu'elle lui disait; mais Françoise l'avait déjà vu ainsi dans des coups de feu de travail, et ne s'en inquiétait pas. Ce qui l'étonnait le plus, c'est que, contrairement à ses habitudes, Charles n'avait point encore ouvert son piano, depuis une semaine qu'il était là. Vint un soir où Charles l'ouvrit. Il laissa d'abord ses mains aller, les harmonies errer; puis il lui revint dans le souvenir et sous les doigts une Styrienne qui lui était restée dans l'oreille. Cette fois, sous les notes s'envolant de ses doigts, tout revivait à ses yeux, la noce qu'un jour de voyage lui avait montrée venant à lui de la montagne, le violoneux et le cithariste qui allaient devant, la mariée et son regard, le jeune mari bien découplé, ses guêtres et sa culotte collante, et toute la noce, couple à couple et le poing sur la hanche, marchant en se dandinant sur le rhythme de valse que disaient de leurs deux voix le violon et la cithare... Et ses mains sur le piano, et sa voix dans l'espace, répétaient le cantique de l'écho, le mélancolique et berçant *la la la ou!* et chantaient la chanson des noces jusqu'à cette dernière note où le vieux ménétrier, brisant la mélodie, en jetait le reste au vent dans un éclat de rire, un rire dont Charles faisait vibrer d'un accent toujours plus étrange l'ironie et le déchirement...

Ce fut pendant trois ou quatre jours, du matin au soir, ce même air sous ses doigts et dans sa voix, la même mélodie délirante. Puis ce ne fut plus que ce trille diabolique; puis sa voix se tut, et sa main seule chercha l'air, puis bientôt l'abandonna, ne faisant plus qu'appeler d'un seul doigt, toujours et toujours, le résonnement d'une seule note : *la, la!*...

— Ah! monsieur, quelle vilaine musique vous nous faites là! — lui dit Françoise, pendant que Charles se perdait ainsi dans l'infini du son, — c'est à porter les morts en terre... Vous feriez bien mieux de sortir... Regardez... le beau temps...

— Non, je suis fatigué..., j'ai les jambes comme du coton... je sortirai... je sortirai demain.

Le piano resta ouvert. Charles n'y toucha plus. Il demeurait enfoncé dans son fauteuil, au coin du feu, sans une parole, avec l'air de ne penser à rien, s'abritant du jour, cherchant l'ombre, et il attrapait ainsi le soir. Et, la nuit venue, il semblait prêt à se mettre au lit comme il était : Françoise était obligée de le déshabiller.

Cette apathie de Charles, ces paresses de tout le jour, cette indifférence de son corps à toute chose, ce sommeil les yeux ouverts, alarmèrent la vieille domestique; et comme, depuis qu'il était tombé dans cet état, elle le voyait étonnamment soumis à tout ce qu'elle lui disait et se rendant à tout ce qu'elle voulait de lui avec une sorte d'obéissance machinale. Françoise, dans une après-midi où il se tenait sans bouger dans son cabinet auprès du feu, s'approcha de lui, et, lui présentant son chapeau et ses gants : — Allons! monsieur, il faut que vous sortiez..., il faut que vous vous amusiez!...

— Oui, — répéta Charles, — il faut que je m'amuse..., — et il restait assis. Mais Françoise tint bon. Il fallut que Charles se levât, il fallut qu'il sortît. Dès lors, il sortit tous les jours. Il marchait devant lui, sur ce triste quai de l'Arsenal, sur ce boulevard mort et froid, le long de cette eau qui va lentement. Il raflait d'une main traînante le rebord poli du parapet; il allait et revenait; il s'arrêtait aux boîtes d'un bouquiniste où il ouvrait un volume, et restait des heures à lire, sans tourner la page. Quand le bouquiniste, voyant qu'il n'achetait pas, était parvenu, en le poussant, en lui marchant sur les pieds, à lui faire lâcher la place, Charles allait se mettre contre un arbre, et regardait les militaires faire l'exercice, près du poste du pont, au milieu des gamins couchés à plat ventre, les coudes à terre, et le menton dans leurs deux mains, cherchant à surprendre, avec des regards de singe, la charge en douze temps. Une fois là, il ne pensait plus à s'en aller. Les gamins finirent par le reconnaître, et ils eurent des risées impitoyables pour le *Môsieu* ou le *Bêtat*, — c'étaient les deux noms qu'ils lui avaient donnés.

Étonnée de ne l'entendre jamais parler de ce qu'il voyait dans ses sorties, de ce qu'il faisait, de ses amis, de ses rencontres, enfin de tout ce dont autrefois il eût eu une impression et elle une confidence, la vieille Françoise voulut savoir où il allait, et le suivit. Elle le vit repoussé assez rudement par un bouquiniste, et poursuivi des rires d'une bande de gamins qui peu à peu s'enhardissaient.

A dîner, elle lui dit : — Mais pourquoi donc monsieur ne va-t-il pas voir ses anciens amis? Monsieur veut donc se faire périr de chagrin? Et si monsieur voulait, est-ce qu'il n'a pas de l'argent de quoi acheter toute la boutique de cet homme du quai?... Et pour les polissons qui font des farces à monsieur..., eh bien, et votre canne?

— Oui, c'est vrai..., j'ai des amis, moi..., j'ai de l'argent..., j'ai une canne, moi! — et sa voix s'anima. Puis son accent et son regard retombant: — C'est vrai, c'est vrai...

LXXXVIII

Chaque jour augmentait en lui le trouble de ce bien-être intime que fait dans l'homme la conscience de la raison. Entre lui et les sensations se rompait peu à peu la chaîne des rapports, et se glissait ce quelque chose d'interrompu et de mort qu'une mère folle sentait entre son baiser et la joue de ses enfants. Il se faisait lentement en lui le travail sourd d'une existence qui se décomplète, et où, dans une résolution indéfinissable de la constitution vitale, dans la disjonction des organes, chacun des sens, chaque partie du *moi*, désagrégée et isolée de l'être, semble perdre le pouvoir de se correspondre et de réagir de l'une à l'autre. Il sentait s'opérer en lui le désaccord de l'agent de l'intelligence avec les organes corporels. Il sentait sur toute la surface de son corps cette diminution de sensibilité, cet émoussement du sens du tact, qui commence sa perversion, et, par un phénomène bizarre, ses fonctions et ses actions lui semblaient privées de la sensation qui leur est propre, de la jouissance qui en est la suite.

Douloureux mystère! que la folie ne soit presque jamais la nuit complète des idées, la déportation d'une intelligence dans un monde de visions qui arrache le transporté au souvenir de sa patrie morale, de sa raison perdue! Dans ces âmes hallucinées, dans ces cerveaux qui se pétrifient, il y a des retours, des jours, des lueurs; il y a même chez quelques-uns la certitude, l'affreuse certitude que ce qui habite leur tête est un mensonge, que ce qui guide leurs actes est une possession, que ce qu'ils croient, que ce qu'ils entendent, que ce qu'ils touchent, que ce qu'ils goûtent, est un jeu cruel et qui les trompe ! Elle existe, cette certitude, jusque dans les folies les plus prononcées; et l'exemple est là de ces fous qui, voyant rire des visiteurs, leur souhaitent de n'être jamais fous ! Mais, avant cela, avant le mal incurable, quand l'irraison commence, quand la folie n'est qu'une tentation, qu'un nuage, quand elle chatouille et tâte le cerveau qu'elle a marqué, mais qui ne dort pas encore dans sa main de plomb, — qui dira les étreintes, les souffrances, le débat épouvantable, ce duel désespéré de la pensée qui vacille et se sent glisser, et glisse, enivrée de l'air de l'abîme et luttant encore, et s'accrochant à ses dernières idées saines, comme le vertige s'accroche à des broussailles? Qui dira l'humiliation de cette faculté d'orgueil, la torture de cette raison ? Et maintenant faites déchirer par toutes ces douleurs un homme ayant mis toutes ses espérances précisément là, dans ce cerveau, un homme qui s'était flatté d'en régler la fièvre et d'en tirer la fortune de son nom et l'immortalité de ses idées; qu'il sente entre lui et ce qu'il voulait faire le voile s'épaissir; qu'il sente la veille et le lendemain de sa pensée lui échapper ; qu'il sente s'en aller pièce à pièce l'organe-roi de son existence, et l'harmonie d'un monde à naître se briser en lui, — vous aurez le supplice de Charles.

Il résista, lui aussi. Et, ramassant un jour ses forces et son énergie, il voulut lutter une dernière fois sur son terrain. Il se jeta à une table, et se mit à travailler furieusement, écrivant, écrivant, couvrant en courant des pages d'écriture, et jetant tout haut des mots sans suite en l'air...

Puis il laissa retomber la plume, et vint se rasseoir accablé, et comme vaincu, au coin de la cheminée, sur un fauteuil qu'il ne voulut plus quitter.

LXXXIX

Voici une des pages qu'il avait écrites :

« ..... Je me trouvai dans un lavoir immense. Ce qui l'éclairait était semblable à une pierre de jaspe transparente comme du cristal. De l'eau du cuvier s'élevait cette odeur si suave, que Marie Madeleine laissa derrière elle en rendant l'esprit. Tout autour, des anges, pâles et blancs, et doucement rayonnants, semblables à un soleil d'hiver, vêtus de robes bleu tendre éclairées d'or, ou de robes blanches, ou de robes roses, des anges aux ailes d'or, agenouillés comme des laveuses à la rivière, lavaient des âmes. Et le battoir dans leurs mains divines sonnait avec la douceur de la voix des harpes, et chantait comme un refrain de travail : *Amen! Alleluia!* D'autres anges demi-courbés déballaient les mannes pleines d'âmes plus ou moins souillées, celles-ci innocentes et presque blanches, celles-là toutes salies et noircies par la vie comme l'Inconnu noirci par le brandon enflammé de saint Grégoire. Et d'autres à la porte, un lis, une croix, ou une branche de verdure à la main, le sourire d'une infinie charité dans les yeux, recevaient les paquets d'âmes, tenant, pour livre de blanchisseur, un livre d'azur, le livre de vie de saint Jean. Des échelles blanches allaient jusqu'à la voûte où les plus jeunes anges, couronnés de marguerites, s'élançaient d'un pied volant et se croisaient, montant sécher au ciel la lessive des âmes, pendues comme des paires de bas... »

Ici, il avait abandonné son idée, et avait écrit jusqu'au bas de la page en grosses lettres : Charles Demailly, Charles Demailly, Charles Demailly, — comme s'il avait craint que son nom n'échappât à sa mémoire !

XC

Depuis quelques jours, la vieille Françoise lui voyait donner des signes d'inquiétude. Il repoussait d'un geste impatienté, et semblait vouloir chasser quelque chose qu'il ne voyait pas. Il s'agitait sur son fauteuil, il portait la main à son oreille. Françoise l'observait sans oser l'interroger, quand tout à coup il laissa échapper : — C'est insupportable !... insupportable !

— Monsieur me parle ? — demanda Françoise.

Charles ne répondit pas ; mais peu après : — Ce n'est pas vrai, je vous dis que ce n'est pas vrai... vous mentez !... Oh ! cette voix de femme... toujours !... tu mens ! tu mens !... mais tais-toi donc ? tais-toi !... tu me tues...

— A qui en a donc monsieur ?

— Chut ! les entends-tu ?... Entends-tu ?

— Mais, monsieur, c'est le feu dans la cheminée.

— Tiens ! cette fois tu as entendu ?

— C'est le vent dans la rue, monsieur.

— Oh ! tu es sourde, ma pauvre vieille... Écoute bien... tu entendras la voix de femme... une voix qui a l'air de rire, et qui me dit toujours : *Fou ! fou ! fou !*

— Ce sont des idées qu'a monsieur... car enfin, monsieur voit bien... Il n'y a que monsieur et moi ici...

— Tais-toi ! les voilà toutes... toutes les *bavardes* y sont : les deux voix d'hommes... et l'autre... Tu ne diras pas cette fois-ci... Tu les entends, hein ?

— Oui, monsieur, — dit la pauvre femme, qui eut peur de l'état de son maître, — je vais leur ouvrir la fenêtre, et toutes les fois qu'elles reviendront, monsieur n'a qu'à m'appeler : je les chasserai...

Et après l'avoir aidé à se déshabiller, elle se coucha dans un fauteuil auprès de son lit. Au matin, voyant Charles dormir tranquillement, elle courut chez un médecin que la portière lui indiqua et le ramena.

Charles, en voyant entrer le médecin, jeta un regard d'interrogation à Françoise qui se hâta de lui dire : — Monsieur Charles, j'ai amené monsieur, parce que vous avez eu un peu de fièvre cette nuit...

— Monsieur, — dit Charles, — je n'ai besoin ni d'un médecin, ni d'un... espion.

— Je le vois, monsieur, — répondit le médecin, — votre domestique s'est alarmée sans raison... Donnez-moi votre pouls... excellent!... C'est très-vrai, vous n'avez pas besoin de moi. J'ai l'honneur de vous saluer.

Un livre jeté dans le monde à quelques milliers d'exemplaires, tombé au hasard dans cette foule, le public, s'il éveille bien des haines, bien des envies, bien des colères secrètes, vaut souvent aussi à son auteur cette grande et si douce récompense, trop souvent ignorée, d'un lien, d'une communion, d'une sympathie créées par son esprit dans le cœur de son lecteur ici, là-haut, au loin, souvent tout près de lui, sans qu'il le sache; précieuses et chères amitiés, dont le pressentiment ou plutôt la conscience fait l'orgueil et le courage de tout homme qui sème une idée au vent; dévouements mystérieux auxquels il faut une occasion, une rencontre, un hasard pour se révéler. Le livre de Charles avait eu cette fortune. Et ce médecin était un de ces amis inconnus. Le lendemain, après avoir pris toutes les informations sur les symptômes du mal de Charles auprès de la vieille bonne, il revint voir Charles. Il lui dit tout de suite qu'il ne venait point savoir de ses nouvelles, sûr qu'elles étaient bonnes, mais qu'il voulait lui témoigner tout le plaisir d'avoir été mis en rapport avec un homme qu'il aimait avant de le connaître; et il se mit à lui parler de son livre en lecteur qui l'avait lu et relu.

— Ah! oui, — dit Charles, — la *Bourgeoisie*... oui, j'ai fait cela trop jeune... Si vous lisiez ce que je voulais faire...

— Il y a une chose, — interrompit le médecin, — qui m'étonne dans votre livre. C'est ceci : tous vos types ont l'air d'être dessinés d'après nature, et, si observateur que vous soyez, il me semble bien difficile...

— Ah ! c'est que, voyez-vous, j'avais alors une certaine puissance d'intuition, une certaine révélation...

— Comme une espèce de voix, n'est-ce pas ? — dit le médecin en appuyant sur le mot *voix*, — dictant à votre cerveau les créations...

— Oui, une espèce de voix, une voix, c'est cela, parfaitement... mais une voix dans le cerveau comme vous dites, et pas comme à présent... pas dans les oreilles.

— Vraiment, vous entendez des voix ?... Ah ! c'est très-curieux... des voix imaginaires ?

— Non, des voix vraies.

— Des voix qui n'appartiennent pas à des corps ?

— Ah ! les corps... je ne sais pas... je ne les vois pas.

— C'est très-singulier... Et vous êtes bien sûr ?

— Attendez... là ! écoutez bien : il y a trois voix, une voix nerveuse, rageuse, une voix de jeune homme... une petite voix flûtée de femme... et puis... une grosse voix... goguenarde... Elles ne parlent pas toujours... ni toutes à la fois, mais la petite voix de femme, elle y est toujours... Je leur parle, je leur dis de s'en aller, je leur offre de l'argent : les *bavardes* n'arrêtent pas !...

— Mon Dieu, monsieur, je me suis laissé dire qu'il y avait de charmants mystificateurs dans votre monde, mais je ne sais vraiment s'il est de bon goût de prendre un vieillard pour plastron... — et le médecin, voulant pousser à bout l'amour-propre de Charles, pour tirer de lui par la discussion une confession plus entière de son illusion, continua : — Vous concevez bien, monsieur, que tout ce que vous me racontez là est impossible... Des voix !... Comment voulez-vous...

— Impossible ?... Mais, monsieur, qu'est-ce qu'il y a aujourd'hui d'impossible, avec la science : tout ce qu'on trouve est impossible, le daguerréotype, le télégraphe électrique... tout!... Et puis, si je me figurais cela, si ce n'était pas des vraies voix... mais vous m'appelleriez comme les *bavardes* m'appellent !

— Et comment vous appellent-elles ?

— Ça ne vous regarde pas... — Et, baissant aussitôt la voix, Charles reprit : — Elles m'appellent... Ce n'est pas vrai, monsieur !... Ce que j'ai ? j'ai la tête malade, parce qu'il m'est arrivé... bien des choses... Mais vous pouvez demander à la femme qui est avec moi... Elle vous dira... je suis tranquille... je ne fais rien de déraisonnable... J'ai un peu de trouble, oui, un peu... quelquefois de la peine à retrouver mes idées, mais... mais je les retrouve... et je ne sais pas pourquoi les voix m'appellent fou... je ne le suis pas... n'est-ce pas, monsieur, que je ne le suis pas ?

XCI

Le médecin appelé auprès de Charles appartenait à cette classe de médecins, déjà nombreuse, qui appliquent à une maladie qu'ils jugent une maladie morale le traitement moral. Combattre le mal au moyen de la confiance et de la douceur, avec un raisonnement indulgent et amical, et sans choquer tout d'abord le malade dans ses illusions, sans le heurter de face, rappeler et rassembler peu à peu en lui tout ce qui lui reste de conscience de lui-même, de jugement net, de vérités non ébranlées, de lueurs saines ; essayer et éveiller chez lui tous les sentiments d'amour-propre qui correspondent à la raison et la font jouer ; chercher à lui faire toucher, à lui faire avouer à lui-même, s'il est possible, sa propre insanité ; n'agir sur le physique que par une médication douce, des bains tièdes, des sinapismes, au besoin quelques applications de sangsues ; telle était la doctrine de ce médecin, et tel fut son traitement. D'ailleurs, dans cette illusion de l'ouïe, une des illusions de l'aliénation les plus ordinaires et non les plus graves, il ne voyait qu'un trouble passager, une confusion des facultés à la suite d'une commotion, dont le temps, un retour à sa vie et à ses habitudes, un déplacement de lieu, pouvaient guérir Charles sans laisser de traces. Et, entourant Charles de ses soins, le berçant doucement de projets, il essayait de le décider à un grand voyage d'Italie, cherchant déjà parmi les internes de son hôpital le plus gai et le plus doux compagnon de route pour ce pauvre esprit malade. Charles allait mieux. Mais cette terrible maladie, la maladie des fous, semble folle elle-même. Elle n'a ni marche, ni règle. Une figure entrevue, un souvenir rappelé par n'importe quoi, un dérangement physique, une variation du temps, souvent ce quelque chose d'intangible qui échappe à la science, que sais-je? une atmosphère pareille à l'atmosphère des journées de juin 1848 qui agita tous les fous de Bicêtre, mille électricités inconnues ont action sur elle, et la déchaînent. Tout à coup, sans aucune cause apparente, l'amélioration de l'état de Charles fit place à une aggravation. Les voix revinrent, plus incessantes, plus torturantes. Charles ne voulut plus répondre à rien. Une coloration momentanée du teint exprimait seule qu'il comprenait ce que lui disaient le médecin et Françoise. Il regardait au loin avec de grands yeux fixes, agrandis par une terreur immense. Et tout le long du jour, les deux coudes sur les genoux, une main serrée contre la poitrine, l'autre portant sa tête à demi renversée, le visage convulsé par l'angoisse, tressaillant au moindre bruit, immobile et tremblant, il semblait la statue douloureuse de la Peur aux écoutes... Hélas! il en était arrivé à cette triste période de la folie mélancolique, où la volonté inconsciente, envahie par le désespoir, cède à la déduction rigoureuse d'un principe faux : il en était à la manie du suicide! Déjà deux ou trois fois, en contemplation devant les nuages blancs courant dans le ciel bleu, les appelant, leur disant de venir le chercher, il avait essayé d'enjamber la fenêtre ; on l'avait arrêté à temps. Mais à ces élans, à ces appels instinctifs de la mort, à ces tentations du moment et de l'occasion, succédaient, sans se faire attendre, des résolutions et des plans de suicide arrêtés et mûris, dont la préoccupation n'échappa pas au médecin.

XCII

La femme de Charles fut prévenue. Chavannes, mandé à Paris, accourut. Un conseil de famille prononça l'interdiction, et le malade fut transporté à Charenton. Là, une chambre particulière, un domestique à lui, la pension la plus chère, entourèrent Charles de ce luxe et de ces soins, de ce confortable, et, si l'on peut dire, de ce bien-être de la maladie qu'ignore la misère.

La première impression d'un malade transporté dans une maison d'aliénés, jeté en face d'une cheminée grillée, d'une glace grillée, mis en contact avec des visages inconnus, dans un milieu nouveau et redoutable pour lui, enlevé soudainement au théâtre de sa folie et à son domicile, délivré de la perception de l'affliction de ceux qui l'entourent, trouvant des soins et des égards là où il craignait de trouver il ne savait quoi dont il avait peur, cette première impression est un sentiment de stupéfaction qui fait diversion au cours de son mal. C'est aussi un vague sentiment de crainte, qui, modérant l'excitation nerveuse, calme le malade et le dispose à la passivité, à l'obéissance, à l'accomplissement des ordonnances. Il arrive encore aux premiers jours que l'aliéné, devant cette surveillance qu'il sent tout autour de lui, renonce de lui-même à toute tentative de suicide, convaincu d'avance de son inutilité.

Le visage tiré, le teint jaune, les lèvres sèches et rouges, l'œil inquiet, Charles demeurait immobile auprès de ce nouveau foyer. Il faisait de courtes réponses coupées de longs soupirs, il s'écriait : « Je veux m'en aller... je veux savoir... » Et il continuait à frémir, à tressaillir au bruit, à s'épouvanter du silence, à montrer continuellement sur sa face l'anxiété du regret, de la terreur, du désespoir; mais il semblait avoir abandonné toute idée de s'étrangler, et, quoi qu'il fît mille difficultés pour prendre un bouillon, on parvenait à le lui faire prendre.

Le système du médecin en chef était spécialement pour la mélancolie, la *lipémanie* des médecins aliénistes, à peu près le système du premier médecin de Charles. Il était partisan du traitement moral, sinon comme traitement exclusif, au moins comme traitement prédominant; mais il avait été amené, par ses études et par ses expériences, à faire entrer dans ce traitement la douleur, non point comme un châtiment physique, mais comme un agent moral. Assimilant, dans sa pensée, les fous à des enfants, il pensait que la punition, si nécessaire à l'enfance, si bienfaisante dans les premières années de la vie de l'homme, devait être appliquée à la folie, à cette enfance d'un cerveau qu'il fallait ramener à la virilité avec l'aiguillon et le frein de la correction. Voulant laisser à Charles le temps de prendre ses habitudes, voulant aussi, en lui faisant attendre sa visite, le disposer à l'acceptation de cet ascendant qui est la plus grande arme du médecin contre ces sortes de maladies, il attendait la fin de la première semaine pour le voir, quand on vint l'avertir que M. Demailly refusait absolument de prendre aucun aliment. Le médecin entra brusquement dans la chambre de Charles, prit la tasse de bouillon et la lui présenta. D'un revers de main, Charles la lança au milieu de la chambre. Le médecin ne dit rien à Charles, demanda un autre bouillon, et lui tendit froidement. Charles détourna énergiquement la tête.

— Monsieur, — lui dit le médecin, — je suis désolé que vous nous forciez de recourir à une pareille extrémité... Mais, puisque vous ne voulez pas être raisonnable, nous allons être obligés d'employer la force...

— La... la force?... oh!

Et les yeux de Charles menacèrent.

— La sonde! — demanda le médecin.

Trois hommes s'emparèrent du malade, lui renversèrent la tête, lui comprimèrent le nez, lui mirent une sonde dans le gosier... Mais Charles, avec cette énergie et cette furie de volonté des mélancoliques qui veulent mourir de faim, recrachait le bouillon à mesure. Entre lui et les trois hommes, il y avait lutte. La sonde pouvait être dangereuse.

— Il y a de la glace dans le réservoir, n'est-ce pas? — dit le médecin. — Qu'on porte monsieur dans la salle.

Et Charles fut mis dans une baignoire, sous le robinet de la plus forte douche; l'affusion froide commença. La souffrance de Charles devait être horrible; il pâlissait affreusement; mais il ne desserrait pas les dents...

Le médecin le questionna, lui demanda s'il voulait manger. Charles restait muet. Il resta muet une demi-minute, une minute!... puis, sous la douche qui tombait toujours, fondant en larmes, se répandant en cris et en paroles entrecoupées :

— Pourquoi me faire souffrir?... autant souffrir?... Qu'est-ce que je vous ai fait?... Ah! je sais bien qui vous êtes.. J'en ai lu, moi aussi, des livres de médecine, quand j'ai eu peur... Vous êtes, vous, le médecin Hemroth! le barbare Hemroth!... et vous tous des bourreaux allemands!... Je vous entends, allez! Vous dites que la folie, c'est une maladie de l'âme, que c'est l'âme qui a péché... Oui, c'est toi qui a dit qu'il faut des châtiments à la folie... tu as dit péché! tu as dit châtiments! Oui, oui, je me rappelle bien... et que c'est parce qu'on n'a pas eu toute sa vie devant les yeux l'image de Dieu... mais... je l'ai eu, moi, l'image... et Dieu... toujours... Je ne veux plus de cela sur la tête, assez!... Je n'ai jamais fait de mal, moi, jamais, parole d'honneur!... Ce sont les voix qui m'en veulent... Non, vous n'êtes pas Hemroth... ni les amis d'Hemroth... Non, mes bons messieurs... je vous en prie... mais puisque je vous promets... je mangerai, là, je mangerai...

Quand Charles fut sorti du bain, on lui apporta un bouillon. Il le refusa; mais, à la menace d'un second bain, il se résolut à avaler. De nouveaux bains eurent raison de nouveaux refus; et Charles recommença à manger.

XCIII

Il était dans le bain sous la terrible douche.
Le médecin lui disait :

— Il n'y a pas un mot de vrai dans tout ce que vous me racontez... C'est pour cela que vous êtes ici, et vous ne sortirez d'ici que quand vous reconnaîtrez vous-même...

— Vous voulez que je n'entende pas ce que je vous dis que j'entends? — répondit doucement Charles. — C'est très-bien... Moi, je sais bien ce que j'entends; mais vous ne voulez pas que j'en parle... parce que vous dites que ce n'est pas vrai... je veux bien, je n'en parlerai plus... mais je ne peux pas ne plus entendre.

— Il faut que vous vouliez ne plus entendre.

Et la douche continuait.

XCIV

Les soins, un régime sévère, une médication habile, peut-être même ces douloureux moyens de correction, ce tonique de la souffrance employé contre la lâcheté de l'imagination, triomphèrent peu à peu, lentement, mais sans arrêt, du mal de Charles. Dans ses dialogues avec le médecin, dialogues qui étaient devenus des causeries, Charles ne parlait plus des « ennuyeuses voix » que comme de bruits qu'il lui semblait bien avoir entendus. Ce n'était plus une affirmation, mais une dernière défense, timide et honteuse, dont le médecin venait facilement à bout. La vie, la chaleur revenaient, de jour en jour, à ce misérable corps, amaigri et ravagé. Au milieu de ces promesses de santé, la volonté, cette faculté dominée et comme submergée, échappait à la domination et à l'envahissement de tous ses pouvoirs, et, reprenant ses forces propres et la personnalité de sa vie, recommençait à vouloir. Moralement et physiquement, Charles sortait de l'apathie, de l'immobilité, de l'inconscience, de la mort. L'exercice avait ramené l'appétit; toute crainte de lésions abdominales avait disparu, et la guérison complète du convalescent n'était plus qu'une question de temps dans la pensée et dans les espérances du médecin, qui le voyait commencer à railler « les voix » avec une espèce de sourire aux lèvres, reprendre intérêt aux idées qui n'étaient point les idées de sa maladie, et se remettre à lire, sans éprouver ce fatigant phénomène de la vision qui fait chevaucher devant les yeux les lettres l'une sur l'autre.

Charles, il faut le dire, était encouragé et aidé dans sa convalescence par les prévenances et les attentions de tous ceux qui l'approchaient. Il n'y avait que sympathies autour de lui. Tous, et les plus rudes même, dans cette maison habituée au malheur, avaient été émus par le malheur de ce jeune homme. Sa mélancolie si douloureuse d'abord, maintenant si doucement sourieuse, sa jeunesse, les manières affectueuses de sa reconnaissance, son histoire, qui, bien qu'ébruitée à l'oreille et incomplétement, le recommandait à tout homme de cœur, son nom aussi, que quelques-uns savaient par ses livres, lui avaient gagné cet entour de bons vouloirs, d'amitiés apitoyées et de charités délicates qui se fait dans tout établissement pareil, autour d'une pareille victime. Et ce n'était pas le moindre des secours de Charles contre lui-même, contre le retour de ses illusions et de ses désespoirs, que cette conspiration des vœux et des soins de tous pour son rétablissement, tant de mains qui semblaient le soutenir et le porter vers la santé, et ces soins dévoués et tendres de tout le personnel médical, qui peut-être ne croyait mettre à cette cure que l'amour-propre de la science, et y mettait le zèle de l'humanité.

Chavannes, qui était venu le voir à la fin de l'hiver, l'avait trouvé si bien, qu'il avait voulu l'emmener. Mais sachant, par de trop tristes épreuves, le danger des rechutes, et ne voulant rendre Charles à une entière liberté que parfaitement guéri, le médecin avait conseillé à Chavannes d'attendre le printemps, le vrai temps de la campagne, et le plus propre à la terminaison heureuse des maladies morales. En attendant, il avait délivré Charles de toute surveillance et presque de tout régime. Charles menait à peu près la vie d'un détenu politique dans une maison de santé; et, approuvant lui-même les appréhensions de la médecine, il attendait le terme fixé avec la raison d'un être parfaitement raisonnable.

Le mieux se soutenant, le médecin-adjoint, qui s'était lié avec Charles, obtint la permission de l'emmener quelquefois avec lui à Paris, de le promener, de le distraire de façon à le préparer et à l'acheminer à la reprise de possession de sa liberté.

Un soir, ils avaient dîné chez Bonvalet, le médecin lui disait qu'il n'y avait plus de raison pour qu'on le gardât, que la fin de l'hiver était très-douce, qu'il devrait aller retrouver son ami, que cela ne ferait aucune difficulté; tout en causant, ils se trouvèrent devant les lumières d'un petit théâtre du boulevard du Temple, et le médecin vit dans l'œil de Charles un si grand désir d'y entrer, qu'il prit une loge, et ils entrèrent. Ils s'assirent tous deux; et, quand Charles fut assis, le médecin vit pour la première fois sur son visage l'expression vivante et animée de l'homme que Demailly avait été autrefois.

— Je vous remercie bien, docteur... Décidément, c'est fini, bien fini, je le sens... C'était une envie que j'avais depuis bien longtemps, mais je n'osais pas vous en parler... Ah! si vous saviez comme je suis heureux! — Et des larmes de bonheur montèrent aux yeux de Charles et lui échappèrent.

— Je le savais bien que c'était fini... Voyons, du calme, mon ami...

Mais Charles, les yeux dans son mouchoir, pleurait, et c'était de si douces larmes qu'il pleurait, qu'il resta longtemps sans regarder la scène.

Quand il releva la tête, il y avait sur le théâtre une femme; et c'était entre elle et un jeune homme un dialogue d'amour assez vif... Le sang, en un instant, monta à la tête de Charles, ses yeux s'agrandirent effrayamment, ses lèvres frémirent... Le médecin voulut le faire sortir : — Non, docteur, puisque je ne suis plus fou, plus fou, je vous le jure! — Et une trépidation terrible agita tout son corps... Le médecin voulut le prendre dans ses bras et l'emporter; mais Charles s'accrocha des deux mains à la banquette, et, d'un violent coup d'épaules, se débarrassant de l'étreinte du docteur, et se dressant debout, presque élancé hors de la loge, dans l'étonnement de tous, son doigt montra l'actrice, sa bouche cria :

— *La voix... la voix adultère!*

XCV

Pendant qu'on s'emparait de Charles, le médecin entendit :

— Tiens! c'est ce pauvre Demailly ! — On le disait guéri... — — Il ne savait donc pas que sa femme était tombée du Gymnase ici?

Il fallut emporter Charles pour l'emmener. Il se défendait des pieds, des mains, des dents, de tout ce qui peut déchirer, mordre, ruer, frapper. Il fallut le lier dans la voiture. Arrivé à Charenton, les remèdes les plus violents, les plus énergiques moyens d'épuisement d'un transport, depuis les saignées à blanc jusqu'à l'épouvantable barre de fer rouge appliquée sur la nuque, échouèrent contre cet accès de rage, contre cette manie de destruction qui lui faisait mettre en pièce tout ce qu'il touchait.

A cette longue et effroyable crise, succéda la prostration. Et, si affaibli, si épuisé, si anéanti que fût le furieux, il lui échappait encore des cris de rage.

Puis enfin, Charles ne pouvait plus prononcer une parole. Il ne pouvait plus faire un mouvement qui indiquât qu'il fût sensible à la parole des autres. Il avait la face agitée de mouvements convulsifs, l'œil fixe et inexpressif, le corps, partout où il touchait les draps, couvert d'excoriations brunes. Le pouls était petit et lent. Le dernier assoupissement commençait; Charles Demailly allait mourir, il allait être délivré!... Mais il y eut un miracle. Il y eut une crise au bout de laquelle, sortant de ce sommeil et se réveillant vivant, il eut soif et voulut boire... Le malheureux! il ne savait plus les mots avec lesquels on demande à boire!

XCVI

Et il vécut. Il vit, comme s'il avait été dévoué à épuiser jusqu'à l'horreur les expiations et les humiliations de la pensée humaine. Il vit pour n'être plus, aux mains de la vie, que l'effroyable exemple des extrémités de nos misères et du néant de nos orgueils... Tout, jusqu'aux noms dont on nomme, dans le langage humain, les choses nécessaires à la vie, tout a quitté sa mémoire. Plus de passé, plus de souvenir, plus de temps, plus d'idées! Plus rien de survivant à la mort, qu'une masse de chair d'où sortent des petits cris, des grimaces, des pleurs, des rires, des syllabes inarticulées, les manifestations que les hasards de l'idiotisme poussent sans motif au dehors d'un être! Plus rien d'humain que ce corps, n'appartenant plus à l'humanité que par la digestion! ce corps lié sur un fauteuil, balbutiant les monosyllabes de l'enfant dans ses langes, immobile et remuant, avec un mouvement incessant d'élévation et d'abaissement des épaules, jetant dans l'air, à la vue du soleil, ce cri animal : *coc… coc*, ouvrant la bouche à la nourriture qu'on apporte, et se frottant contre l'homme qui lui donne à manger avec la caresse et la reconnaissance de la bête…

Paris, janvier 1860.

FIN

PARIS — IMP. SIMON RAÇON ET COMP., RUE D'ERFURTH, 1.

EN VENTE A LA MÊME LIBRAIRIE

CHANSONS DE GUSTAVE NADAUD. Troisième édition, augmentée de quarante-cinq chansons nouvelles. 1 vol. grand in-18 jésus. . . . 3 50

LE COMTE DE RAOUSSET-BOULBON et l'expédition de la Sonore. Correspondance, souvenirs et œuvres inédites, publiés par A. DE LACHAPELLE. 1 vol. grand in-18 jésus, avec portrait et carte. 3 50

LES COURS GALANTES, par GUSTAVE DESNOIRESTERRES. 1 volume in-18. . . . . 3 »

ÉNIGMES DES RUES DE PARIS, par ÉDOUARD FOURNIER. 1 volume in-18. 3 »

L'ESPRIT DANS L'HISTOIRE, recherches et curiosités sur les mots historiques, par ÉDOUARD FOURNIER. Deuxième édition, revue et très-augmentée. 1 charmant vol. in-18. . . . . 3 »

L'ESPRIT DES AUTRES, recueilli et raconté par ÉDOUARD FOURNIER. Troisième édition, revue et très-augmentée. 1 charmant vol. in-18. 3 »
Il en a été tiré 100 exemplaires sur papier vergé. . . . . 6 »

IAMBES ET POÈMES, par AUGUSTE BARBIER. Onzième édition, revue et corrigée. 1 vol. grand in-18 jésus. 3 50

MÉMOIRES DE MADAME LA MARQUISE DE LA ROCHE-JAQUELEIN, précédés de son éloge funèbre prononcé par Mgr l'évêque de Poitiers. Nouvelle édition, ornée d'un portrait, d'un fac-simile et d'une carte. 2 vol. grand in-18 jésus, illustrés de jolies vignettes dessinées par ANDRIEUX. . . . . 5 »

MŒURS ET COUTUMES DE LA VIEILLE FRANCE, par MARY-LAFON. 1 joli vol. in-18. . . . . 3 »

LES MYSTÈRES DU DÉSERT, souvenirs de voyages en Asie et en Afrique, par HADJI-ABD'EL-HAMID-BEY (colonel du Couret), précédés d'une préface, par M. STANISLAS DE LAPEYROUSE. 2 vol. grand in-18 jésus, avec cartes et vignettes. . . . . 7 »

PORTRAIT INTIME DE BALZAC, sa vie, son humeur et son caractère, par EDMOND WERDET, son ancien libraire-éditeur. 1 volume grand in-18 jésus. 3 50

LE VIEUX-NEUF, histoire ancienne des inventions et découvertes modernes, par ÉDOUARD FOURNIER. 2 jolis vol. in-18. . . 7 »
Il en a été tiré 50 exemplaires sur papier vergé. . . . 14 »

PARIS. — IMP. SIMON RAÇON ET COMP., RUE D'ERFURTH, 1.

www.ingramcontent.com/pod-product-compliance
Lightning Source LLC
Chambersburg PA
CBHW070844170426
43202CB00012B/1939